文学人类学研究

（第七辑）

徐新建 李菲　主编

谭佳　执行主编

四川大学出版社

SICHUAN UNIVERSITY PRESS

图书在版编目（CIP）数据

文学人类学研究．第七辑 ／ 徐新建，李菲主编．—
成都：四川大学出版社，2023.6
ISBN 978-7-5690-6154-3

Ⅰ．①文… Ⅱ．①徐… ②李… Ⅲ．①文化人类学－
研究 Ⅳ．① C958

中国国家版本馆 CIP 数据核字（2023）第 100544 号

书　　名：文学人类学研究（第七辑）
　　　　　Wenxue Renleixue Yanjiu（Di-qi Ji）
主　　编：徐新建　李　菲

选题策划：庄　溢
责任编辑：庄　溢
责任校对：刘一畅
装帧设计：墨创文化
责任印制：王　炜

出版发行：四川大学出版社有限责任公司
　　　　　地址：成都市一环路南一段 24 号（610065）
　　　　　电话：（028）85408311（发行部）、85400276（总编室）
　　　　　电子邮箱：scupress@vip.163.com
　　　　　网址：https://press.scu.edu.cn
印前制作：四川胜翔数码印务设计有限公司
印刷装订：成都市新都华兴印务有限公司

成品尺寸：170mm×240mm
印　　张：22.75
字　　数：369 千字

版　　次：2023 年 6 月 第 1 版
印　　次：2023 年 6 月 第 1 次印刷
定　　价：78.00 元

本社图书如有印装质量问题，请联系发行部调换

扫码获取数字资源

四川大学出版社
微信公众号

教育部人文社会科学重点研究基地
四川大学中国俗文化研究所资助出版

编 辑 部

特别专题：萧兵先生学术纪念

【主持人：徐新建】

◉ 主 持 人 语

徐新建*

萧兵先生是中国比较文学学会文学人类学研究分会创会会长，是令人敬重的学术前辈。2022 年 9 月 24 日，萧兵先生不幸逝世，学界哀悼不已，各方挚友纷纷发文，追叙往事，缅怀先生。我们的文学人类学公众号也刊载了数篇专文予以悼念。

萧兵先生说过：人类学是我们的思考方式、工作方式，也是"生存方式"。他还强调：

> 作为人类的一员和人类学工作者，我们往往像田野作业那样省视别人和自己的生活、工作和心理状态，借用一下杜甫的比喻，即"即今漂泊干戈际，屡貌寻常行路人"，思索人类（包括其文化和生存）的过去、现在和未来，提出我们的见解和建议。我们应该有这种学术自信。①

在此，我们以特别专题的方式纪念萧兵，既是前赴后继的学术思考和工作，也体现了文学人类学的生存方式。专题作者都是萧兵的坚定同道。叶舒宪教授还特地将与萧兵合著《山海经的文化寻踪》的"故事"追述出来，把"天书"母题写成长文，献给挚友，缅怀挚友。

由此可见，学术真情的最好纪念，就是沿着前辈的开创继续行走，完成我们共同的未竟事业。

---

* 徐新建，四川大学教授，博士生导师，研究方向为文学人类学和多民族文化。
① 萧兵：《四十年：惊鸿一瞥》，《文学人类学研究》2018 年创刊号。

"天书"神话历史的华夏版

叶舒宪*

摘　要：文章以补编形式，补充萧兵先生和笔者合著《山海经的文化寻踪》末章内容，论述"玉版天书"的虚拟现实传统，说明"神话历史"之不可分割的本土传承过程；从历史上一再发生的天书降临事件，到史书、思想史和文学史三个方面的天书神话主题梳理，说明我国天书话语的独有特点；阐释华夏大传统的万年玉文化基因所塑造的华夏三观，如何以玉化宇宙观的不断加持作用，催生出天书匹配天子的神话模式及其各种置换变形方式。

关键词：天书　玉版　文化基因　文化文本　虚拟现实

小引：虎年悲怆

2022 年 3 月至 6 月，因上海封城而宅居 78 天，平生第二次切身感受"现代性危机"①。9 月 24 日，平生最亲密的忘年交学友萧兵先生在江苏淮阴与世长辞。今草拟此探讨天书之小文，以为永久纪念。

在我和萧兵先生合作的多部著作中，因篇幅巨大而投入精力很多的一部是 1999 年完稿，2004 年由湖北人民出版社出版的 166 万字上下两册

---

　*　叶舒宪，上海交通大学文科资深教授、神话学研究院首席专家，中国比较文学学会会长。

① 2003 年非典疫情期间因自京飞抵成都遭遇隔离七日的人生体验，遂写出预警现代性危机的小书《现代性危机与文化寻根》（济南：山东教育出版社，2009 年），将瘟疫和战争借助全球化大趋势而肆虐人类的未来可能性，预示为当今社会面临的最大威胁。该书第二版（陕西人民出版社，2020 年），问世于此番抗击新冠肺炎疫情的第一年。

2200 页的厚书《山海经的文化寻踪》。交稿那年，二人合作已经持续整整十年。我刚刚告别蛰居六年的海南岛，到北京建国门内大街 5 号的中国社会科学院报到。位于北京老国展旁的新居尚未收拾好，我又再背起大行囊，飞往美国东海岸边，去耶鲁大学短期任教。萧兵先生嘱咐我为这部厚书写一篇简介性的前言，于是就有这篇在大西洋海畔的纽海文小镇写成的5 页前言。落款日期是 1999 年 10 月 25 日。如今二十四年飘逝而过，客居异国他乡的场景虽历历在目，但萧先生已经和我天人两隔。愿他能在天国垂教不才的这篇天书之文。

萧兵先生的学术写作风格曾引起讨论，一般都是在海量的文献素材和学界前贤观点全部梳理后，才轮到自己的权衡和卓见出场。如此，《中庸》仅有三四千字，萧先生大著《中庸的文化省察——一个字的思想史》写出96 万字 1300 页。《老子》五千字，萧先生和我合写的《老子的文化解读》也达到 95 万字 1200 页。《山海经的文化寻踪》因为是三人合著，包括《山海经》韩文版译者、韩国梨花女子大学的前中文系主任郑在书教授专论《山海经》对韩国思想和文学影响的篇章，所以更加篇幅膨胀，以至于需分为上下两册，才便于上手阅读翻检。萧先生一贯谦逊礼让，执意将我和郑在书教授执笔的各章排在书稿前面，作为理论部分；他写的巨大篇幅的各章殿后，作为考释部分。书出版后，总算有机会更仔细品读他们二位的高见。感觉书的末章，即萧先生用来结尾的"珍异篇"之第四章"玉宝"，仅有一万多字（第 2187—2207 页），似显得意犹未尽。这一章有三小节，分别题为：食玉、种玉和捞玉，美丽的棋石或砾石、火精与火齐（珠）。火精即阳燧，是古代先民利用太阳光点火的技术成果，很容易让人联想到希腊神话的盗天火英雄普罗米修斯和希伯来《圣经·旧约》所述摩西在西奈山遇到天降火球，遂领受上帝所赐石版天书（以《十诫》为代表的神圣律法）。

《山海经的文化寻踪》出版后两年，我有幸在 2006 年到内蒙古赤峰和辽宁朝阳地区考察红山文化遗址和玉器群分布，获得对五六千年前玉文化实景的深度体验。这样的体验效果，如开展了一次田野现场教学般立竿见影，让我明白了人类学家费孝通先生为何在晚年时会用"玉魂国魄"四字来概括中国文明的特质。此后，我就全面转入以"第四重证据"为主攻的研究方向，先是按照五千年前牛河梁女神庙中供奉熊神偶像的重要提示，在 2007 年出版《熊图腾：中华祖先神话探源》小书，接着就全力投入对史前玉文化传承的漫长再学习过程。

没有这次本土文化自觉的启蒙和随之而来的学术范式转换，就不会有 2009 年立项的中国社会科学院重大项目"中华文明探源的神话学研究"，也不会有后续的国家重大项目"中国文学人类学理论与方法研究"和上海市项目"中华创世神话考古研究·玉成中国"组合而成的"玉成中国"三部曲庞大计划，更不可能得出"万年中国史"的宏大观念。① 在这一万年间，甲骨文以来的 3300 年的汉字书写历史，仅占后三分之一，而前面的三分之二时段，皆可视为一部由玉版天书所映现的大历史。

2022 年 12 月 3 日在上海中华艺术宫举办的上海市文化品牌项目"开天辟地——中华创世神话文艺创作与文化传播工程"成果展，宣告文学人类学团队的"三部曲"计划全部完成。十多年来我出版多套相关丛书，总册数超过 100 册，其中有半数和玉石神话学或玉文化研究相关，这就相当于为萧先生在《山海经的文化寻踪》末章中未能深入展开的探索内容，交上了一份充分的补编，也算是对人类学大师费孝通先生"玉魂国魄"四字箴言的全面阐发。

一、天书：虚拟现实之神话历史

天书神话是人类文学传统中非常古老的想象题材，堪称贯穿古今中外。在全球范围看，迄今最著名的天书神话出自犹太教和基督教《旧约·出埃及记》。这是所有信徒每个礼拜日在教堂读《旧约》或《新约》的元叙事，故能在整个西方社会家喻户晓、妇孺皆知。摩西带领以色列人逃出埃及后，登上西奈山领受上帝秘传的天书法版，并带下山来。法版双面有字，乃上帝亲自书写。② 摩西在山下看到族人围着金牛犊跳舞，激怒中将

---

① 叶舒宪：《万年中国说：大传统理论的历史深度》，《名作欣赏》2019 年第 8 期。
② 中国基督教三自爱国运动委员会、中国基督教协会：《新旧约全书（和合本）》，南京爱德印刷有限公司承印，2019，第 114 页。

法版摔地，弄破了，后又遵上帝之嘱，"凿出两块石版，和先前的一样"，带上西奈山，由上帝复写十诫于其上。① 摩西下山向百姓宣告神约，并造约柜以珍藏法版，由此成为神人立约的象征。按照《申命记》9章9—11节的叙事，摩西说，"我上了山，要领受两块石版，就是耶和华与你们立约的版……过了四十昼夜，耶和华把那两块石版，就是约版，交给我。"据此可知，希伯来神话的神赐天书应为石版书，属于神人间的盟约，不可违反，又叫"约版"。类似的石版书在古代中国屡次出现，一般的古汉语惯例则美称其为"玉版"或"玉书""玉册""玉牒"。这就像颜色类似白玉的大理石，不称石，而称"汉白玉"一样。因为唯有玉才是至高无上的，能充分代表中国文化的"神编码"和"元想象"。

在我国，不仅有神话和文学中的天书，而且同样也有历史上的天书，其出现的数量和频率都要大大超过希伯来历史中的。唯其如此，有必要采用兼容神话与历史的新术语"神话历史"（mythistory），来重新看待我们的二十四史悠久传统。可以说，是上古经典中的天书题材和历史现实中的天书事件，二者交相辉映，完美兑现为华夏独有的虚拟现实景观，并由此形成一道五彩斑斓的文化奇观，也应该成为当下中国版科幻创意作品和文化旅游景观园区设计的宝贵资源。

北宋大中祥符元年（1008年），宋真宗想去泰山举行封禅大典，任命王旦为封禅大礼使，并派人在泰山营建行宫。宰相王钦若上奏说，自古以来，须有天降祥瑞，才好封禅。真宗说自己曾梦见神人言"赐天书于泰山"，即密谕钦若。"钦若因言，六月甲午，木工董祚于醴泉亭北见黄素曳草上，有字不能识，皇城吏王居正见其上有御名，以告。钦若既得之，具威仪奉导至社首，跪授中使，驰奉以进。真宗至含芳园奉迎，出所上《天书再降祥瑞图》示百僚。钦若又言至岳下两梦神人，愿增建庙庭；及至威雄将军庙，其神像如梦中所见，因请构亭庙中。"② 在君臣密切配合之下，举国欢庆，一场天书降临的美梦就上演为历史现实闹剧：

---

① 中国基督教三自爱国运动委员会、中国基督教协会：《新旧约全书（和合本）》，南京爱德印刷有限公司承印，2019，第116–118页。

② （元）脱脱等撰，中华书局编辑部点校：《宋史》，中华书局，1985，第9561页。

适皇城司奏，左承天门屋南角有黄帛曳鸱尾上，帛长二丈许，缄物如书卷，缠以青缕三道，封处有字隐隐，盖神人所谓天降之书也。王旦等皆再拜称贺。帝即步至承天门，瞻望再拜，遣二内臣升屋，奉之下。旦跪奉而进，帝再拜受之，亲奉安舆，导至道场，付陈尧叟启封。帛上有文曰："赵受命，兴于宋，付于慎。居其器，守于正。世七百，九九定。"①

"大中祥符"这个带有神话色彩的年号，即由此得名。从汉武帝的"元鼎"，到宋真宗的"祥符"，一系列神话年号所承载的中国史，非神话历史莫属也！大宋皇帝天书梦想成真事件，随后还产生出连环效应。降天书的神祇，被皇帝说成天廷主神玉皇大帝。《宋史·志》卷五十七的记载：

帝于大中祥符五年十月，语辅臣曰："朕梦先降神人传玉皇之命云：'先令汝祖赵某授汝天书，令再见汝，如唐朝恭奉玄元皇帝。'翼日，复梦神人传天尊言：'吾坐西，斜设六位以候。'是日，即于延恩殿设道场。五鼓一筹，先闻异香，顷之，黄光满殿，蔽灯烛，睹灵仙仪卫天尊至，朕再拜殿下。俄黄雾起，须臾雾散，由西陛升，见侍从在东陛。天尊就坐，有六人揖天尊而后坐。朕欲拜六人，天尊止令揖，命朕前，曰：'吾人皇九人中一人也，是赵之始祖，再降，乃轩辕皇帝，凡世所知少典之子，非也。母感电梦天人，生于寿丘。后唐时，奉玉帝命，七月一日下降，总治下方，主赵氏之族，今已百年。皇帝善为抚育苍生，无怠前志。'即离坐，乘云而去。"王旦等皆再拜称贺。即召旦等至延恩殿，历观临降之所，并布告天下。②

今天的史书读者看到这样的历史事件，会惊叹我国古代的"科幻"虚拟创作能量，其实一点也不亚于当代所有科幻大师。可以思考的问题是，这次的天赐帛书，虽没有用玉版做载体，却是直接来自玉皇大帝的旨意。今日于台北"故宫博物院"收藏的宋真宗御制的玉版金字圣书实物，是贵

① （元）脱脱等撰，中华书局编辑部点校：《宋史》，中华书局，1985，第 2539 页。
② （元）脱脱等撰，中华书局编辑部点校：《宋史》，中华书局，1985，第 2541 - 2542 页。

为天子的帝王回应天书的答书，按照等级看，则可视为"准天书"。

图1 宋真宗御制泰山封禅玉版金字书简 作者摄于台北"故宫博物院"

国人爱说一句传奇般的话："地不爱宝。"这玉版金字书简是1931年马鸿逵部队工兵营在泰山掘土时偶然发现的。同时发现的还有唐玄宗封禅泰山时埋下的玉册天书。唐宋两代帝王的玉册瑰宝，被马鸿逵私藏，后又被他带到美国。1970年马鸿逵在美逝世，其家人才将玉版金字书简捐给台北"故宫博物院"。原来宋真宗不仅亲自导演了黄帛天书降临的神话剧，还要借封禅泰山大典向天神地祇秘密献上自己的玉版金书。而比唐玄宗的玉册天书更早的玉册准天书残件，是汉代篡位者王莽所制，2001年在西安的汉长安城桂宫四号建筑遗址被发掘出土。该玉版书用偏黑色的青石制成，残长13.8厘米、宽9.4厘米、厚2.7厘米，似有意效法夏禹玄圭，呼应黄帝种玄玉神话，通体磨光，阴刻篆隶书文字，残留刻文5行共29字，字口涂朱。其文辨识如下：

> 万岁壹纪……作民父母，清……退佞人奸轨，诛……延寿，长壮不老。累……封直泰山，新室昌……①

王莽篡汉后一直盘算着效法黄帝和秦皇汉武，通过泰山封禅告天大典以为自己新政权打造神圣的合法性，但一直未能成行。正是这件告天玉版

---

① 刘庆柱：《考古发现的惟一封禅重器 汉长安城遗址出土玉牒》，《文物天地》2002年第3期。

书的末句"新室"二字，透露出玉版书为王莽政权产物的信息。而"昌"字，显然直接拷贝自秦始皇传国玉玺八字真言的压轴之字，再后来，则又被曹雪芹拷贝到贾宝玉的通灵宝玉之铭文中去了。传国玉玺虽在汉末就丢失了，其所释放的巨大神圣化能量，却贯穿秦汉之后的整部中国古代史。从王莽到宋真宗，目前我们已经可以亲眼看见历史上三个朝代的帝王封禅告天玉版文书。谁还能说，天书神话是属于文学的呢？

封禅帝王们为何接踵而来，偏爱东岳泰山？西岳华山以玉女神话和玉泉传说而闻名，东岳泰山顶峰玉皇顶，素有五岳独尊之美誉。玉皇大帝，乃国人信奉的至上天神，难怪统治者们乐此不疲。不过，玉皇大帝神话是在魏晋以后才伴随着天国玉京天的虚拟想象，而渐渐兴起的。有更早的第四重证据表明，我国先秦时期的统治者们，早就有制作玉版天书祭祷华山的先例。直接证据就是现存上海博物馆的"秦惠文王祷祠华山玉版"。李学勤先生考证，此为 20 世纪末在陕西华山一带出土，属于秦惠文王（公元前 337—公元前 311 年）。玉版文字中记载了两件秦王认为可能获罪于天神遂导致自己患病的事件。他在玉版上刻下祈祷文，祈求秦国之望——华山大神以使病体痊愈。李学勤先生推断玉版之作当在秦惠文王末年。①

图 2　墨玉天书"秦惠文王祷祠华山玉版"（局部）　作者 2017 摄于上海博物馆

---

① 李学勤：《秦玉牍索隐》，《故宫博物院院刊》2000 年第 2 期。

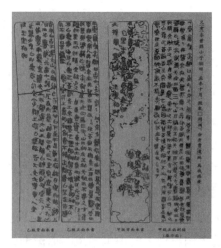

图3　"秦惠文王祷祠华山玉版"文字　作者2017摄于上海博物馆

　　比秦惠文王更早的玉版书，多见于中原地区考古遗址，如山西侯马和河南温县先后出土的东周盟书。玉版盟约具有神圣置信功能，表示由天神和结盟双方共鉴，胆敢冒犯神意的违约一方，将会遭遇严重天罚，所谓"神人共诛之"。

　　凡此种种古代玉版书的陆续重现天日，为当今学者考察我国传统的天书信念之源流，提供了前所未有的重要实物参照。这就一再应验孔子《论语》中感叹的"礼云礼云，玉帛云乎哉"的古礼真相，说明以玉帛二种圣物通神礼神的整套神权制度不光是想象的产物，而且是一贯如此的信仰文化的现实。社会统治者与天神祖灵沟通的媒介物，一为玉，二为帛①，二者应该分别有一万年和七八千年的历史。有证据表明，就在甲骨文汉字开始被大量应用到王室占卜实践的殷商时代，玉版和龟版、骨版一样，充当着神圣的书写载体，只不过玉版比龟版、骨版更加珍稀，不像龟甲兽骨那

---

　　①　二重证据方面有《清华简》各篇呈现的礼神祭祖用玉帛情况，如《清华简·金縢》周公祝告周人祖灵的方式为"秉璧植珪"，传世文献《尚书·金縢》则写作"植璧秉珪"，《史记·鲁世家》依照《今文尚书》又写作"戴璧秉圭"。见皮锡瑞：《今文尚书考证》，北京：中华书局，1989，第291页。《清华简·程寤》有主祭巫师宗丁为周文王的太子发（即后来的周武王）举行禳灾祈福祭礼的情况："币告宗祊社稷，祈于六末山川。攻于商神。"此处"币"指束帛，"币告即是仅以束帛举行告神仪式的祭祀活动"。刘国忠：《走进清华简》，北京：高等教育出版社，2011，第126－127页。

样流行和普及。除了安阳发掘出土的朱书祖先名字的玉柄形器一类以外，还有更加神秘的名目。天津社会科学院历史研究所陈邦怀研究员著有《商玉版甲子表跋》一文，对天津博物馆收藏的一件商代玉版字书加以解读，命名为"玉版甲子表"。① 该玉版因残缺，仅有庚的下部及寅辛二字可以辨识。庚字上半已残，寅辛二字以殷骨尺测量，寅字长一寸半弱，辛字长一寸强。陈氏发问说："如此大字，要多大的玉版才能容纳一百二十个字的甲子？"过去，有人说殷墟甲骨，每六块为一组。据此推测，玉版甲子表也应以六块为一组。六十甲子共分写成六组，每组二行，每行十字，由此可推知玉版全貌。他在几年后又撰写《记商玉版甲子表》一文，指出："商玉版甲子表，前此四十余年出土于殷墟，为天津徐濠园所得。徐氏虽知古玉之有文字者不易得，然不知其为何物也。曾持赠精拓墨本，请我鉴定。辨其文字，乃'庚寅'。当告之曰，此为商代甲子表，极可宝贵之文物也…… 此版"辛"字下缺"卯"字，"庚寅、辛卯"属第三版之第二行。以此残片度之，玉版原大约长二十六厘米上下、宽六厘米左右。"②

甲骨卜辞之所以首选大龟之甲，是古人信仰神龟或灵龟的见证，而通灵宝玉的信仰，亦绝非曹雪芹小说的发明，应该是万年玉文化发生发展的原动力。若从文化大传统视野的超级思想史背景来看，中国版的天书神话，是以无字天书为原型的。在甲骨文汉字产生的同时，便顺理成章地转向有字天书的创制。从无字玉器到有字玉版或玉器，其中介过渡形态是图文玉版。大约在5300年前的长江下游地区，灵龟与灵玉组合为一体的"天书"祖型就已经出现，即安徽含山县出土凌家滩玉制龟壳及其所夹持的八角星文玉版。相关解读请参看饶宗颐、李学勤等专家的著述③，萧兵

① 陈邦怀：《商玉版甲子表跋》，《文物》1978年第2期。
② 陈邦怀：《记商玉版甲子表》，《天津社会科学》1983年第3期。
③ 饶宗颐：《未有文字以前表示"方位"与"数理关系"的玉版……含山出土玉版小论》，载张敬国主编《凌家滩文化研究》，北京：文物出版社，2006，第18－21页；李学勤：《论含山凌家滩玉龟、玉版》，载张敬国主编《凌家滩文化研究》，北京：文物出版社，2006，第32－37页。

先生也多次论及此史前稀世之宝，并称之为"原八卦"① 或"原八卦玉版"②，于此不赘。试问：原八卦若不是天书，又是什么呢？

古往今来，要筛选出一件知名度最高的玉质天书范例，无疑是秦始皇统一中国的至高权力信物——传国玉玺。秦丞相李斯主持镌刻的"受命于天既寿永昌"八个篆字，成为激发曹雪芹创作通灵宝玉正面八字真言的想象原型。而玉玺作为有字天书，其无字版的历史原型，又可溯源到夏禹治水成功后创建华夏第一王朝的信物——玄玉玉圭③。由于迄今尚未发现夏代有文字书写的确凿的实物线索。在时间上大致相当于夏代的几件龙山文化浮雕神徽形象的玉圭文物，就可以视为从无字的玉圭玉钺天书到有字的玉版天书的过渡形态。④ 而一旦确认，史前玉礼器就充当着无文字的史前时代之人神沟通之瑞信符号物，再去审视一系列已经出土的九千年来具有工具或兵器外形却毫无使用痕迹的通体抛光之玉器或玉礼器，它们在某种意义上就相当于甲骨文汉字出现之前的原始版"天书"。

甲骨文中的"王"字，写作斧钺形；"钺"字，写作带柄斧钺形；"玉"字，则为三玉组成串之形。这三者皆为甲骨文造字的部首。可由此推知，其玉器原物，在甲骨文汉字出现之前，早就具备代表天书圣旨的资格。⑤ 这样的神圣化象征传统在战国诸子百家争鸣的时代依旧存留下来，如《鹖冠子》十九篇，以"王铁（斧）"意象为全书叙事开篇《博选》的起兴圣物，并将《王铁（斧）》篇作为第九篇。其"博选"一语双关，不仅指选人，也指要通过从天下万物中筛选出的唯一圣物符号，来表现道器合一的神话宇宙观和王权观。分别用"德"和"道"两个形而上的概念来表示。纯粹形而上的说理方式不是古代思想家的强项，所以鹖冠子又要借

---

① 萧兵：《宇宙的划分与中国神秘构型》，西安：陕西师范大学出版社，2019，第 254 - 258 页。

② 萧兵：《龙凤龟麟：中国四大灵物探究》，武汉：华中师范大学出版社，2014，第 755 - 761 页。

③ 唐启翠：《禹赐玄圭：玉圭的中国故事》，上海：上海人民出版社，2020。

④ 参见林巳奈夫：《中国古玉研究》，杨美莉译，台北：艺术图书公司，1997，第 232 - 242 页。

⑤ 叶舒宪：《盘古之斧：玉斧钺的故事九千年》，上海：上海人民出版社，2021；叶舒宪《祖灵在天：玉人像与柄形器的故事五千年》，上海：上海人民出版社，2021。

形而下的器来体现形而上的"道"和"德"。

> 王铁非一世之器者，厚德隆俊也。道凡四稽：一曰天，二曰地，三曰人，四曰命。权人有五至：一曰伯己，二曰什己，三曰若己，四曰厮役，五曰徒隶。所谓天者，物理情者也，所谓地者，常弗去者也，所谓人者，恶死乐生者也，所谓命者，靡不在君者也。君也者，端神明者也。神明者，以人为本者也。人者，以贤圣为本者也。贤圣者，以博选为本者也。博选者，以五至为本者也。故北面而事之，则伯己者至；先趋而后息，先问而后默，则什己者至；人趋己趋，则若己者至；凭几据杖，指麾而使，则厮役者至；乐嗟苦咄，则徒隶之人至矣。故帝者与师处，王者与友处，亡主与徒处，故德万人者谓之隽，德千人者谓之豪，德百人者谓之英。德音者，所谓声也，未闻音出而响过其声者也。贵者有知，富者有财，贫者有身；信符不合，事举不成。不死不生，不断不成。计功而偿，权德而言，王铁在此，孰能使营。①

道，体现在天地人命四方面。人，体现为五个等级。命，体现在端神明的君王，即第一等级的人。能够贯通天地人命四方面的唯一标志符号物，是王斧，即体现王权之玉斧钺。这便是通过"器"来阐释道与德的形而下表述：王斧为器，却"非一世之器"。此句已经预示出后来的秦帝国传国玉玺后四字的奥义——"既寿永昌"。鹖冠子陈述王斧神性的话还有"厚德隆俊"四字。此话其实预示出传国玉玺上前四字的奥义——"受命于天"。"厚德"比喻神圣生命力，即永不枯竭的生命神力。典出老子《道德经》"含德之厚"，亦旁涉孔子《论语》之"天生德于予"。老子与孔子口中所说的"德"，既然是天生的，即圣人们自信是与生俱来的，那当然与后天的教育或伦理道德是毫不相干的意思。唯有恢复先秦语境中"德"和"道"均出于神话信仰观念的认识，王斧即玉钺的神性崇高才是可以理解的。由此体认出发，再去读《史记》有关周武王分别采用两种颜色的钺

---

① 黄怀信：《鹖冠子校注》，北京：中华书局，2014，第1-11页。

（玄钺黄钺）去斩殷纣王和妲己头颅的叙事，历史事件表象背后隐蔽的魂灵，才是可以理解的。换言之，华夏的历史书写，如果缺少了"玉魂国魄"的赋能加持，会变得比天书还难懂。

以玉和玉礼器为天书这个宏大传统，伴随着玉文化的发轫而启动，一直沿着上古三代历史传承下来，乃至在出现甲骨文和青铜器铭文的时代，无字天书的传统依旧在王朝内部秘密传承。体现在《尚书·顾命》中，便是西周最高统治者新老交替的关键礼仪场合，其间有在皇宫内部秘密陈宝的重要仪式，所抬出亮相的九种国宝，不是玉石就是玉器。"玉成中国三部曲"之二的《玉石神话信仰与华夏精神》第十七章第五节，对此已有详细解析。① 九国宝之一的"河图"（图4），笔者论证为周人特制的有凤鸟图像的玉石器，大致也属于无字有图的天书系列。

图4　见证中国版天书虚拟现实的旅游景观：孟津雷河负图寺"龙马负图"石雕

综上所述，华夏版的天书，既是出于想象的虚拟，又通过神话观念驱动的祭礼通神实践活动，早已经演变成为我国历史特有的制度化的现实礼仪行为和特殊景观。究其原因，是史前大传统的玉化宇宙论观念始终处于文明之信仰核心地位。在华夏国家形成之后，玉化思想的传承和发展，被历代最高统治者不断加持，呈现出愈演愈烈的局面。

以玉为天，是玉教神话想象的第一教义，其他方面均建立在这个基础

---

① 叶舒宪：《玉石神话信仰与华夏精神》，上海，复旦大学出版社，2019，第474－477页。

性的信仰之上。所谓的天书，也就自然要体现为玉书或帛书，在冶金时代又衍生出金书或玉书金字，还有用金縢金匮等金属容器所珍藏的玉书。以美玉为载体之书，不论是有字的还是无字的，其本身的功能就是充当通天通神之介质，也就相当于代表神意或天命的符号物。自从象形字甲骨文的书写行为出现，在刻写于龟甲和兽骨的同时，也同样出现了刻写在玉器或玉版上的玉书。

以玉为天的中国想象，是天书认同为玉书的神话逻辑。玉化的神话宇宙观，乃华夏三观之奠基也。据此可知，玉化想象是万年虚拟现实的传统，其深厚性，远非一切文字和文献可以比拟。用《鹖冠子·博选》结尾之言，则为"德万人者谓之隽"的权力由来秘密："信符不合，事举不成……权德而言，王鈇在此，孰能使营。"若再用《鹖冠子·王鈇》的说法，则为"与天地总、与神明体正之道"，又称"成鸠氏之道"。后者是一种道成肉身的表述：

> 成鸠既见上世之嗣失道亡功倍本灭德之则，故为之不朽之国定位牢祭，使鬼神亶曰，增规不圆，益矩不方。夫以效末传之子孙，唯此可持，唯此可将。将者养吉，释者不祥，埤以全牺，正以斋明，四时享之，祀以家王，以为神享。礼灵之符，藏之宗庙，以玺正诸。故其后世之保教也全。①

按照鹖冠子对答庞子的话："成鸠所谓得王鈇之传者也。"一件至上国宝玉斧钺，能够作为神灵之符，秘藏于成鸠氏国家宗庙，其教化与法力作用，何异于摩西领受上帝之法版石书，何逊于宋江领受九天玄女赐下之三卷天书？

至于何为王鈇，鹖冠子在第九篇《王鈇》结尾又回扣第一篇《博选》开篇之起兴，并加以发挥说："王鈇者，非一世之器也，以死遂生，从中制外之教也……故主无异意，民心不徙，与天合则，万年一范，则近者亲其善，远者慕其德而无已，是以其教不厌，其用不毙。故能畴合四海以为

---

① 黄怀信：《鹖冠子校注》，北京：中华书局，2014，第194－197页。

一家，而夷貉万国皆以时朝服致绩，而莫敢效增兔，闻者传译来归其义，莫能易其俗，移其教。故共威立而不犯，流远而不废。此素皇内帝之法，成鸠之所枋以超等，世世不可夺者也。功日益月长，故能与天地存久，此所以与神明体正之术也。不待土史苍颉作书，故后世莫能云其咎。"① 这一段掷地有声的话，若不看时代出处，完全可以借来用作秦始皇传国玉玺的颂扬文赋，为大一统国家的权力象征做法学意义的引申说明。"天度数之而行，在一不少，在万不众；同如林木，积如仓粟……若能正一，万国同极，德至四海，又奚足阖也？……宜乎哉！成鸠之万八千岁也。得此道者，何辩谁氏所用之国，而天下利耳。"②

玉能代表天、神、永生不死的史前信仰，由于早在上五千年的先民社会里便传承不息，并在四五千年前就已经覆盖到我国大部分地区，所以等到下五千年时段孕育出中原文明国家和文字叙事之际，必然会或隐或显地、或自觉地或无意识地承接上五千年神玉符号之厚重大传统。于是出现玉化想象大爆发和大传播的文化大潮，一发而不可收，充分体现在华夏文明的宇宙观、生命观和价值观诸方面。可惜这些重要内容在近代以来的西学东渐大潮冲击下，在百年来的西化教育中，毫无声息。按照西方哲学史套路编撰出的一套套中国哲学史和中国思想史，竟然没有人去聚焦如此具有基础性重大思想主题的研究。可知本土文化自觉，是当下多么迫切的现实需要。一场解蔽和再启蒙的思想运动，将围绕如下要点而展开：

其一，重新依据文化大传统的新知识，确认华夏独有的天人合一神话观，如何以神玉为中介物，规定国人的话语和行为，成为塑造华夏文明的文化元编码。

其二，思想史的核心主题研究：天书为玉书，天命显现为玉器，天门体现为玉璧，天帝演化为玉帝。玉器演化出系列神话：璜与黄帝，颛顼即端玉，瑶池西王母，玉兔捣药演化出仙桃，惟辟玉食演化出琼浆玉液，玉京天配备金童玉女……

其三，媒介史：将玉认同为天神符号物，于是将汉字认同为神授秘

① 黄怀信：《鹖冠子校注》，北京：中华书局，2014，第 199－205 页。
② 黄怀信：《鹖冠子校注》，北京：中华书局，2014，第 209－212 页。

符。以字为玉的《玉字》《玉篇》字典辞书传统，从顾野王传播到整个东亚地区，接引出韩国日本的汉字工具书统称"玉篇"现象，以及各种《龙章》《凤文》《石字》《琅虬琼文》《琼札》《琅简蕊书》《自然之字》类的道书。至于为何会将字典命名为《玉篇》的疑问，可以参照道教的相关经文加以诠释。例一为《玉篆》。其文曰："《玉清隐书》：有帝简金书玄玉篆籍，可以传《玄羽玉经》也。又云自非帝图玉篆者，不得闻见上皇玉慧玉清之隐书，金玄隐玄之羽经也。"① 例二为《玉篇》，内容是："《众篇序》云：元始命太真按笔，玉妃拂筵，铸金为简，刻书玉篇。五老掌篆，秘于九灵仙都之宫，云蕴而授葛仙公之经也。"② 例三为《玉札》，其文曰："《金根经》云：太上大道君以《大洞真经》付上相青童君，掌录于东华青宫，使传后圣应为真人者。此金简玉札，出自太上灵都之宫，刻玉为之。"③

其四，书籍史：人书效法天书，最流行也极为实用的方式即采纳"玉"之圣号，为人书做出某种准天书般的再包装。典型案例如《礼记·玉藻》《玉记》《玉经》《玉台新咏》《玉烛宝典》《玉历宝钞》《诗人玉屑》《玉海》《玉策》《玉篆》《玉札》《玉符》……

其五，九千年玉斧钺超大传统催生的四千年玉圭传统。无字天书——神人之间神圣契约的瑞信符号，在文化小传统中再度演化为国家王权隶属关系的符号物——笏板，成为人物雕塑和绘画传统中的一道风景，以永乐宫壁画中百神朝觐宏大场为清晰呈现（见图5、图6）。谁知在几千年的改朝换代历史长河中，神奇笏板居然和帝王玉玺制度同样长寿，一直传播到1911年的辛亥革命推翻封建王朝时，才终于被请进历史博物馆中。

① 张君房：《云笈七签》，济南：齐鲁书社，1988，第34页。
② 张君房：《云笈七签》，济南：齐鲁书社，1988，第34页。
③ 张君房：《云笈七签》，济南：齐鲁书社，1988，第34页。

图5　永乐宫壁画（局部）：群神持笏板形象

图6　玉圭—笏板—天书的呈现：永乐宫壁画（局部）

　　元代画师留下的永乐宫壁画中的群神手里的笏板，作为无字天书的衍生符号物，至今好像已经没有了生命力。除了研究美术史、绘画史的专业人士，也没有多少人会留意到诸神双手毕恭毕敬捧持的这件法器有什么神话深意。其实，只要诉诸三重证据的民间传说故事，玉圭、笏板的生命就能够被再度激活。不信就去读甘肃宁县农民刘志义讲述的狄仁杰故事吧！

　　狄仁杰被贬到宁州（现甘肃）当地方官，听说当地东门外石牌坊底下一口枯井中闹恶龙，九个恶龙子要求人们每年三月三献上一对童男童女，否则就降下恶风暴雨。狄仁杰决心为民除害，叫衙役告诉乡里百姓，三月三那天每家准备一担滚开的水。到了这一天，恶龙以为给它送来了童男童女，从井里刚伸出头就被狄仁杰一笏板打掉了一只角，龙头赶紧缩回井里。狄仁杰一声令下，人们把滚开的水全倒进井里，龙子全被烫死了。①

故事中的笏板居然能够作为武器，在狄仁杰手中发挥除妖斩龙的神奇作用。民间叙事所链接的民间知识足以上溯到《越绝书》中所说的"黄帝时代以玉为兵"，而陕甘宁地区的四千年前龙山文化遗址和齐家文化遗址也都发掘出土玉戈玉钺之类的兵器。第四重证据的出场，让笏板和玉玺制度的史前根源昭然于世，从无字天书到有字天书再到笏板的完整脉络，就此和盘托出。笏板天书的文化记忆，不仅催生出古代帝王和朝官的造形艺术之标配，乃至成为诸神形象的标配（见图7）。

图7 河南新密老城南关火神庙供奉的火神祝融手持笏板像

据传夏朝灭亡后，帝王所藏宝玉被商王所继承。而到商朝灭亡之际，史书《逸周书·世俘解》专门记录了王室珍藏海量宝玉易主的情况："凡武王俘商旧玉有百万。"这是一个十分惊人的数量，表明当时人的财富观

① 参见《中国民间故事集成》全国编辑委员会：《中国民间故事集成·甘肃卷》，北京：中国 ISBN 中心，2002，第 55－56 页。

如何集中在代表天和天命的玉器方面。近年来考古发掘情况显示，即便是史前时代的红山文化玉器、良渚文化玉器，以及龙山文化、齐家文化和石家河文化的玉器，在商周两代的墓葬中也多有出土。这种以玉为宝的收藏古玉现象一直延续至今。

二、思想史中的天书

思想史研究在我国是薄弱环节，既缺少理论方面的创新引领，更没有学科专业群体的有力后援，很难拿出扎实、厚重、富有创意的学术成果。究其原因，主要是在现代的分学科教育制度下，除了哲学系的研究者外，其他学科的研究者根本没有这方面的培育和训练功夫。而哲学系的研究者，长久以来难免被外来的哲学史范型所"绑架"，难以获得总体上的"解蔽"机缘，基本丧失了面对本土素材而采用中国话语建构学术大厦的能力。仅以思想史上天书题材为例，《尚书·洪范》给出完整的类似摩西获得天赐大法的叙事，其观念意义却无法得到合理阐释，如同悬案一般。神话学背景知识的介入，首先可将其归类到天书传奇一类的神话范型，然后借助于四重证据的间性互证，让天帝赐禹《洪范》的事件，如同赐禹玄圭的神话一样，得到文化文本中全系统的把握。

二重证据方面，2022 年底又一次出现"地不爱宝"现象，首次公布的《清华简》第十二册，又让一个极其生动的天神恩赐治国大法的神话历史叙事案例——《参不韦》，横空出世。这篇文献篇幅较多，共 124 只竹简，简长 32.8 厘米，宽 0.6 厘米，三道编，简背有顺序编号，每简书写 22—26 字。整理者确定为一篇 2977 字的文本，首尾圆贯，故事完整。明眼人一看就明白其神话叙事开篇套路——竟然与《尚书·洪范》大体雷同。简文说：有洪作乱天下，天帝乃作五刑则，以抑有洪。对应的《洪范》开篇背景则是：禹的父亲鲧治理洪水时不得要领，扰乱了五行秩序，天帝震怒，不赐给他天书《洪范》，直到子承父业的禹再度开始治水大业，天帝才赐给禹《洪范》天书。《参不韦》开篇的"有洪"，同鲧一样是天神意志的对立面，而夏启也和夏禹一样得到天帝青睐。天帝派出天使参不韦，将讲述五则、五行、五音、五色、五味等内容构成的天书《五刑则》，传授给人间的统治者夏启，指导他建国兴邦、祭祀祝祷、设立刑罚、敬授民时，兑现天神安排给夏王朝的神圣天命。由于这一段神话历史内容，在传世文献中毫无踪影，就更加彰显出本篇十分重要的史料补缺意义，尤其是我国史书写作的神话历史特殊风貌。

> 帝乃自称自位，乃作《五刑则》。《五刑则》唯天之明德。帝乃用五则唯称，行五行唯顺，听五音唯均，显五色唯文，食五味唯和，以抑有洪。①

此处的"唯天之明德"几个字，已经表明《五刑则》来自天神，代表天意的意思。

要在战国至汉代的典籍中列举天书神话母题的代表，应首推中医学宝典《黄帝内经》。《黄帝内经》明确透露出该经典具有天书性质，是在秘不示人的特殊条件下独传至今的。其透露天书秘密的主要信息，首先是体现在其口头教学的方式上。其中的医学理论内容，是以黄帝发问，而岐伯回答的形式加以陈述的。答问者岐伯的特殊身份为"天师"，这就暗示着其所传知识，具有来自天界的神秘性。其次是体现在其篇章命名方面。像《素问》卷四的《玉版论要篇》、卷一的《金匮真言论篇》、卷六的《玉机真藏论篇》，此类名目听起来都是天书的常见隐喻。还比如，"至数之要，迫近以微，著之玉版，命曰合《玉机》"（《素问·玉版论要》）。其三是体现在，提示天书之名为《天元纪》。其文云："夫变化之为用也，在天为玄，在人为道，在地为化。化生五味，道生智，玄生神。"（《素问·天元纪大论》）其四是点明本书的秘传独传性质。如"黄帝曰：善哉！余闻精光之道，大圣之业。而宣明大道，非斋戒择吉日，不敢受也。黄帝乃择吉日良兆，而藏灵兰之室，以传保焉。"（《素问·灵兰秘典论篇》）值得庆幸的是，黄帝秘藏其书的"灵兰之室"四字，居然还一直传承在北京同仁堂药店的老牌匾上。与之相对的另外四字匾文是"琼藻新栽"，让天书原本的玉书琼文性质得以表现。

---

① 黄德宽：《清华大学藏战国竹简（十二）》，上海：中西书局，2022，第110页。《五行则》的书名号为引者所加。

医药家的天书是古代圣人秘传下来的宝典，其通常的表述方式均要诉诸天和天上的发光体："圣人之为道也，明于日月，微于毫厘，其非夫子，孰能道之也。"（《灵枢·逆顺肥瘦》）日月星，是天上的发光体，古人又称"三光"，或为初民心目之中的原生态"天书"。人间的社会性符号信物筛选，当然会效法或模拟"三光"天书，故有庄子的"日月为连璧"的比喻，还有鹖冠子的"节玺相信，如月应日"的比喻。张之纯注曰："节，符节也。玺，王者印也。"张金城注曰："此言圣人合德天地，信诚不渝，如节玺之相信，又如日月之相应也。"① 先秦时代的符节，若是玉制的，那就有作为《周礼》六器之一的玉琥，以及属于金属制品的虎符之类。玺的材质同样，首选玉，次选金属。玉玺后来得到秦始皇的统一帝国权力加持，成为华夏文明中至高无上的信物——有字天书。其所对应的天上信物"三光"，即无字天书的范本也。

天书神话母题，经过先秦儒家系统的史书《尚书》之传承，到两汉时代医药家系统的《黄帝内经》和《神农本草经》之传承，再到东汉以后崛起的道教经书系列的传承，总体上呈现出变本加厉的发展态势。

在道经之类的总集性汇编大书里，目录中常能看到《天书》《玉简》《金匮》之类的名目，参照《黄帝内经》的秘传说法，才能够获得查其源而知其流的系统观照。下面以有"小道藏"之美誉的宋代道教总集《云笈七签》为例，揭示这部大书如何作为一个总体而隐喻《天书》的特性。

> 上古无教，教自三皇五帝以来有矣。教者，告也，有言有理有义，有授有传。言则宣，教则告。因言而悟教明理，理明则忘言。既有能教所教，必在能师所师。是有自然之教，神明之教，此二教无师资也。神明之教，义说则有，据理则无。正真之教，三皇五帝。返俗之教，训世之教，宜分权实。且斯五教，启乎一真。
>
> 自然教者，元气之前，淳朴未散，杳冥寂尔，颢旷空洞，无师说法，无资受传，无终无始，无义无言，元气得之而变化，神明得之而造作，天地得之而覆载，日月得之而照临，上古之君得之而无为。无

---

① 黄怀信：《鹖冠子校注》，北京：中华书局，2014，第34页。

为，教之化也。

神明之教者，朴散为神明。夫器莫大于天地，权莫大于神明。混元气而周运，叶至道而裁成，整圆清而立天，制方浊而为地，溥灵通而化世界，真和气而成人伦，阴阳莫测其端倪，神鬼不知其情状。

正真之教者，无上虚皇为师，元始天尊传授。洎乎玄粹秘于九天，正化敷于代圣。天上则天尊演化于三清众天，大弘真乘，开导仙阶；人间则伏羲受图，轩辕受符，高辛受天经，夏禹受洛书，四圣禀其神灵，五老现于河渚，故有三坟五典，常道之教也。

返俗之教者，玄元大圣皇帝以理国理家。灵文真诀，大布人间；金简玉章，广弘天上。欲令天上天下，还淳返朴，契皇风也。①

按照上述《道教序》中的这个说法，从伏羲受图、轩辕受符到夏禹受洛书和四圣五老得神启，包括三坟五典在内的所有上古元典，都被视为天神世界恩赐人间的天书。除了《道教序》的诸神及圣王的多渠道传承天书说，同时还出现一种由太上老君一人包揽的独传天书传说。其秘传方式也更加奇特，即用"口吐经书"的神话幻象来加以呈现。

太初既没，而有太始。太始之时，老君下为师，口吐《太始经》一部，教其太始，置立天下，九十一劫。九十一劫者，至于百成。百成者，亦八十一万年。太始者，万物之始也，故曰太始。流转成练素象，于中而见气实，自变得成阴阳。太始既没，而有太素。太素之时，老君下降为师，教示太素，以法天下，八十一劫，至于百成，亦八十一万年……太素既没，而有混沌。混沌之时，始有山川。老君下为师，教示混沌，以治天下……混沌既没，而有九宫。九宫之时，老君下为师，口吐《乾坤经》一部。结其九宫，识名天地，清气为天，浊气为地。从九宫以来，天是阳，地是阴。阳者刚强，远视难睹，在天成象，日月星辰是也。在地成形，五岳四渎是也。在人成生，心肝五脏是也。分别名之有异，总而名之是一也。取三刚名也。九宫没

---

① （宋）张君房：《云笈七签》，北京：中华书局，2003，第30－31页。

后，而有元皇。元皇之时，老君下为师，口吐《元皇经》一部，教元皇治于天下。始有皇化，通流后代，以渐成之。元皇之后，次有太上皇。太上皇之时，老君下为师，教示太上皇以治天下。太上皇之后，而有地皇。地皇之后，而有人皇。人皇之后，而有尊庐，尊庐之后，而有句娄，句娄之后，而有赫胥。赫胥之后，而有太连。太连已前，混沌以来，名曰中古……自伏羲已前，五经不载，书文不达。唯有老君，从天虚空无亿河沙，在太清之外，不可称计……伏羲之时，老君下为师，号曰无化子，一名郁华子。教示伏羲，推旧法，演阴阳，正八方，定八卦，作《元阳经》，以教伏羲……伏羲没后，而有女娲。女娲没后，而有神农。神农之时，老君下为师，号曰大成子，作《太微经》，教神农尝百草，得五谷，与人民播植，遂食之，以代禽兽之命也。神农没后，而有燧人。燧人时，老君下为师，教示燧人，钻木出火，续日之光，变生为熟，以除腥臊。燧人没后，而有祝融。祝融之时，老君下为师，号广寿子，教修三纲，齐七政。三皇修道，人皆不病，作《按摩通精经》……次有仓颉仲说教书学文。三皇之后，而有轩辕黄帝。黄帝之时，老君下为师，号曰力牧子，消息阴阳，作《道戒经》《道康经》。黄帝以来，始有君臣父子，尊卑以别，贵贱有殊。黄帝之后，次有少昊。少昊之时，老君下为师，号曰随应子，作《玄藏经》。尔时升平，嘉禾生，醴泉出，麒麟至，凤凰来，景星照。少昊之后，次有帝瑞顼。瑞顼之时，老君下为师，号曰元阳子，作《微言经》。瑞顼没后，而有帝喾。帝喾之后，而有帝尧。帝尧之时，老君下为师，号曰务成子，作《政事经》。帝尧之后，而有帝舜。帝舜之时，老君下为师，号曰尹寿子，作《太清经》。帝舜之后，而有夏禹。夏禹之时，老君下为师，号曰直宁子，作《德诚经》。夏禹之后，而有殷汤，殷汤之后，而至周初。周初时，老君下为师，号曰郭叔子，作《赤精经》。老君曰：秘化之初，吾体虚无，经历无穷，千变万化。先下为师三皇已前，为神化之本，吾后化三皇五帝为师，并及三王，皆劝令修善。①

---

① （宋）张君房：《云笈七签》，北京：中华书局，2003，第 26－29 页。

至于天上仙界中的天书储备，道经是这样描述的："统摄学生之人，奉迎太平后圣。宫内东殿金房玉格，有宝经三百卷，玉诀九千篇，无数文诰，弥劫不穷，妙理要方，备在此内。"

最后，再看看托名为道教三清之首玉清元始天尊所作天书《灵宝略纪》在西方绿那玉国孕育而出的情况：

> 经一亿劫，天地乃开，劫名赤明，有大圣出世，号曰元始天尊。以《灵宝》教化，其法兴显，具如上说。赤明经二劫，天地又坏，无复光明。其更五劫，天地乃开。太上大道君以开皇元年，托胎于西方绿那玉国，寄孕于洪氏之胞，凝神琼胎之府，三千七百年降诞于其国郁察山浮罗之岳丹玄之阿侧，名曰器度，字上开元。及其长，乃启悟道真，期心高道，坐于枯桑之下，精思百日。而元始天尊下降，授道君《灵宝大乘之法十部妙经》。元始时仍住其国长乐舍中，普为时俗人天，开畅大法。是时得道之人，尘沙非譬。元始乃与道君游履十方，宣布法缘既毕，然后以法委付道君，则赐道君太上之号。
>
> 道君即为广宣经箓，传乎万世。尔时十方大法布满，唯宛利城境，法音未周，而此土众生，与法有缘。在昔帝喾时，太上遣三天真皇赉《灵宝五篇真文》以授帝喾，奉受供养，弥其年稔，法箓传乎世。帝喾将仙，乃封之于钟山。钟山在西北弱水之外，山高万五千里。至夏禹登位，乃登名山巡狩，度弱水，登钟山，遂得帝喾所封《灵宝真文》。于是奉持出世，依法修行。禹唯自修而已，不传于世。故禹得大神仙力，能凿龙门，通四渎。功毕，川途治导，天下乂安。乃托尸见死，其实非死也。故智者美其迹，真人知其灵。禹未仙之前，乃复封之，镇乎北岳及包山洞庭之室。
>
> 距吴王阖闾时，王出游包山，见一人在中。问曰："汝是何人？"答曰："我姓山名隐居。"阖闾曰："子在山必有异见者，试为吾取之。"隐居诺，乃入洞庭，访游乎地天，一千五百里乃至焉。见一石城，不敢辄入，乃于外斋戒三日然后入。见其石城门开，于室内玉几上有素书一卷，文字非常，即便拜而奉出，呈阖闾。阖闾即召群臣共观之，但其文篆书不可识，乃令人赍之问孔子。使者忽然谲诳曰：

"吴王闲居殿堂，忽有赤乌衔书，来落殿前。王不解其意，故令请问。"孔子愀然不答，良久乃言曰："丘闻童谣云：'吴王出游观震湖，龙威丈人山隐居，北上包山入灵墟，乃入洞庭窃禹书。天帝大文不可舒，此文长传百六初，若强取出丧国庐。'若是此书者，丘能知之。赤乌所衔，则丘未闻。"使者乃自首谢曰："实如所言。"于是孔子曰："此是《灵宝五符真文》。昔夏禹得之于钟山，然后封之于洞庭之室。"使者反白，阖闾乃尊事之。然其俦性慢易，不能遵奉道科，而《真文》乃飞上天，不知所在。后其子夫差嗣位，乃登劳山复得之，奉崇供养。自尔相承，世世录传。

至三国时，吴主孙权赤乌之年，有琅琊葛玄，字孝先。孝先乃葛尚书之子，尚书名孝儒，年八十乃诞玄。玄多灵应，年十三，好慕道德，纯粹忠信。举孝廉不就，弃荣辞禄，志尚山水。入天台山学道，精思遐彻，未周一年，感通太上，遣三圣真人下降，以《灵宝经》授之。①

《云笈七签》卷七《三洞经教部》还收录有如下诸多天书名目。《说三元八会六书之法》：

故《九天生神章》云："天地万化，自非三元所育，九气所导，莫能生也。"又曰："三气为天地之尊，九气为万物之根。"故知此三元在天地未开、三才未生之前也。宋法师解八会只是三气五德。三元者：一曰混洞太无元，高上玉皇之气；二曰赤混太无元，无上玉虚之气；三曰冥寂玄通元，无上玉虚之气。五德者，即三元所有。三五会即阴阳和。阴有少阴、太阴，阳有少阳、太阳，就和中之和，为五德也。篆者，撰也。撰集云书，谓之云篆。此即三元八会之文，八龙云篆之章，皆是天书，三元八会之例是也。云篆明光，则五符五胜之例是也。八会本文，凡一千一百九字，五篇真文合六百六十八字，是三才之元根，生立天地，开化人神，万物之由。故云有天道、地道、神

---

① （宋）张君房：《云笈七签》，北京：中华书局，2003，第38-40页。

道、人道，此之谓也。《玉诀》云：修用此法，五篇皆分字数，各有四条。

……

二者演八会为龙凤之文，谓之龙书。此下皆玄圣所述，以写天文也。

三者轩辕之时，仓颉仿龙凤之势，采鸟迹之文为古文，以代结绳，即古体也。

四者周时史籀，变古文为大篆。

五者秦时程邈，变大篆为小篆。

六者秦后阣阳变小篆为隶书。又云：汉谓隶书曰佐书。或言程邈狱中所造，出于徒隶，故以隶为名。此即为六书也。①

《八显》：

八显者，一曰天书，八会是也。二曰神书，云篆是也。三曰地书，龙凤之象也。四曰内书，龟龙鱼鸟所吐者也。五曰外书，鳞甲毛羽所载也。六曰鬼书，杂体微昧，非人所解者也。七曰中夏书，草艺云篆是也。八曰戎夷书，类于昆虫者也。此六文八体，或今字同古，或古字同今，符彩交加，共成一法，合为一用，故同异无定也。此依宋法师所说，未见正文。而三洞经中符有字者，如《古文尚书》中有古字与今同者耳。②

《天书》：

《诸天内音经》云："忽有天书，字方一丈，自然见空。其上文彩焕烂，八角垂芒，精光乱眼，不可得看。"天真皇人曰："斯文尊妙，不譬于常。是故开大有之始，而闭天光明，以宝其道，而尊其文。其字宛奥，非凡书之体，盖贵其妙象，而隐其至真也。"③

---

① （宋）张君房：《云笈七签》，北京：中华书局，第112－114页。
② （宋）张君房：《云笈七签》，北京：中华书局，2003，第116－117页。
③ （宋）张君房：《云笈七签》，北京：中华书局，2003，第118页。

《玉牒金书》：

> 《三元布经》"皆刻金丹之书，盛以自然云锦之囊，封以三元宝神之章，藏于九天之上，大有之宫"，谓之《玉牒金书》。又云："以紫玉为简，生金为文，编以金缕，缠以青丝。"《太上太真科》云："玉牒金书，七宝为简，又名《紫简》。"①

《玉字》：

> 《内音玉字经》云天真皇人曰：《诸天内音》自然玉字，"字方一丈，自然而见空玄之上。八角垂芒，精光乱眼。灵书八会，字无正形，其趣宛奥，难可寻详。""皆诸天之中大梵隐语，结飞玄之气，合和五方之音，生于元始之上，出于空洞之中，随运开度，普成天地之功。"②

从"小道藏"《云笈七签》的整体内容看，它不仅仅是前代相关道书的杂凑式大汇集，还应被视为一部按照传统的天书神话加以包装的圣书集成，就像《一千零一夜》中的所有故事，被总框架故事包装为一个整体那样。

三、文学的天书

中国文学史中有关天书的题材，可以说是历代传承，不绝如缕。③ 一些伟大的作家都要在写作中争先恐后地花费心思在此神话原型上进行"再创造"。本节仅选择三部代表作加以说明：施耐庵的《水浒传》，曹雪芹的《红楼梦》和罗贯中等的《平妖传》。希望能够通过若干引文，让读者多少

---

① （宋）张君房：《云笈七签》，北京：中华书局，2003，第119页。
② （宋）张君房：《云笈七签》，北京：中华书局，2003，第121－122页。
③ 古典文学中的天书主题研究，参看比较文学界主题学研究代表王立教授的《道教与中国古代通俗小说中的天书》，《东南大学学报（哲学社会科学版）》2000年第2期，第91－99页。民间文学方面的天书主题，参看李永平教授专著《禳灾与记忆：宝卷的社会功能研究》（中国社会科学出版社，2016）第一章"禳灾救劫与天书传统：宝卷来源的人类学解读"。

有一些跟随小说家的代入式情境化体验的机缘。

天书神话在《水浒传》中表现得十分充分，作者竟然一而再、再而三地上演梦幻穿越的天人感应剧情，使得这部起义题材的写实类作品，同样带有浓郁的玄幻色彩。先是在第四十二回"还道村受三卷天书，宋公明遇九天玄女"中，演示全书中关键一幕：九天玄女在人间显灵，召见宋江，称他为"宋星主"，并亲授他天书三卷，命他率领梁山好汉去替天行道、全忠仗义、辅国安民。玄女下凡亲赐天书事件，看似荒诞不经，却足以成为民间小吏宋江摇身一变、登上梁山寨领头人宝座的穿针引线一笔，如同《宋史》中宋真宗凭借天降天书而获得"君权神授"法理证明。

就此而言，随天书而来的还有对造反英雄群体未来命运走向的神圣谶言，体现在九天玄女授天书时叮嘱宋江的四句五言诗：

> "遇宿重重喜，逢高不是凶。北幽南至睦，两处见奇功。"①

这一回的开端颂诗，先赞颂宋江为人孝义为先。这是他独获玄女垂青并独得天书的必要前提。颂诗中"遇宿逢高"四字，又是一个谶言："路通还道非侥幸，神授天书岂偶然。遇宿逢高先降谶，宋江元是大罗仙。"这里隐约透露出宋江具有准天仙身份的秘密，不然的话他又如何能够拥有"天机不可泄露"的超自然信息呢。

玄女四句诗的第二句"逢高不是凶"，预言的是小说第七十八回至八十回的情节：梁山义军面临朝廷高俅所率军队的征讨。高俅大军虽然败绩，高俅本人也成为梁山好汉的阶下囚，但也埋下起义军最终被大宋朝廷招安的伏笔。谶言诗后二句中的"幽"字，特指塞外的辽国（幽州之地）；"睦"字则暗示南方的方腊起义军以睦州为据点。这两句诗相当于预告梁山造反势力在受招安后，北讨大辽、南攻方腊，充当朝廷鹰犬之师的作用。这是出于国家统治者立场的"辅国安民"考量，可知看似玄幻而缥缈的九天玄女形象，在《水浒传》中也无非是为统治者服务的神道设教者而已。

从施耐庵的多次描述看，天书三卷的具体内容，其性质不外乎排军布

---

① 施耐庵、罗贯中：《水浒传》，北京：人民文学出版社，1975，第583页。

阵兵法书和占验用的卦书。这对于毫无军校武学背景的起义军统帅宋江而言，无疑是极其实用的"神指导"。第五十二回写柴进失陷高唐州，宋江率兵攻打，但因高廉精通妖术，梁山军这边骁勇善战的大将林冲都无法取胜。吴用提醒宋江学习一些法术。宋江马上遵嘱打开天书学习，第三卷上果然写着某种"回风返火破阵之法"①。宋江大喜，私下记住咒语秘诀，再帅人马出征，克敌获胜。宋江屡屡尝到天书奇妙兵法智慧的甜头，因此在衣锦还乡时，慷慨解囊，拿出银钱五万贯，让人重修九天玄女娘娘庙宇，以示回馈神恩之情。

天书奇效的另一个例子是第八十八回"颜统军阵列混天象，宋公明梦授玄女法"。这一回讲叙述被招安后的宋江军队，面对辽国威武大军，屡遭败绩。宋江百般寻思却无计可施，寝食俱废，梦寐不安，坐卧忧煎。在一个寒冬夜，宋江闭上帐房，秉烛闷坐。时已二鼓，神思困倦，和衣隐几而卧，恍惚中见一青衣女童，便问："童子自何而来？"童子答曰："小童奉娘娘法旨，有请将军，便烦移步。"宋江随童子出帐房。但见上下天光一色，香风细细，瑞霭飘飘。行不过几里多路，进入大林，青松茂盛。转过石桥，朱红棂星门一座。仰观四面，萧墙粉壁，画栋雕梁。女童引宋江从左廊下而进，传旨道："娘娘有请，星主便行。"宋江坐未暖席，即时起身。二仙女来迎，宋江不敢仰视。二仙女前进，引宋江自东阶而上。只听的帘内玎珰隐隐，玉珮锵锵。举目观望殿上，祥云霭霭，紫雾腾腾，正面九龙床上坐着九天玄女娘娘，头戴九龙飞凤冠，身穿七宝龙凤绛绡衣，腰系山河日月裙，足穿云霞珍珠履，手执无瑕白玉圭璋。两边侍从女仙约有三二十个。玄女娘娘与宋江曰："吾传天书与汝，不觉又早数年矣。汝能忠义坚守，未尝少息。今宋天子令汝破辽，胜负如何？"宋江俯伏在地，拜奏曰："臣自得蒙娘娘赐与天书，未尝轻慢泄漏于人。今奉天子敕命破辽，不期被兀颜统军设此混天象阵，累败数次，臣无计可施得破天阵，正在危急存亡之际。"玄女娘娘曰："汝知混天象阵法否？"宋江再拜奏道："臣乃下土愚人，不晓其法，望乞娘娘赐教。"玄女娘娘曰："此阵之法，聚阳象也。只此攻打，永不能破。若欲要破，须取相生相克之理。且如前

---

① 施耐庵、罗贯中：《水浒传》，北京：人民文学出版社，1975，第 1139－1140 页。

面皂旗军马内设水星，按上界北方五气辰星。你宋兵中可选大将七员，黄旗、黄甲、黄衣、黄马，撞破辽兵皂旗七门。续后命猛将一员，身披黄袍，直取水星。此乃土克水之义也……"如此这般的耳提面命，让宋江遵循锦囊妙计，果然又一次化险为夷，克敌制胜。就像当年《穆天子传》叙说西王母告别周穆王那样，玄女最后说出如下话语："天凡有限，从此永别。他日琼楼金阙，别当重会。汝宜速还，不可久留。"有诗为证：

玉女虚无忽下来，严祠特请叙高怀。

当时传得幽玄秘，辽阵堂堂顷刻开。

宋江辞别，转过棂星红门，再登旧路。青衣用手指道："辽兵在那里，汝当可破。"宋江回顾，青衣用手一推，猛然惊觉，就帐中做了一梦。静听军中更鼓，已打四更。① 随后的情节发展就像宋江有神助一般：大辽国主拱手归降，兀颜统军死于非命。正是：动达天机施妙策，摆开星斗破迷关。

一道棂星红门，在小说中具有标志圣俗分界的作用，如同《红楼梦》中警幻仙姑太虚幻境，乃俗人不得进入的禁地。贾宝玉凭借自己的通灵宝玉，才得侥幸获准进入。而宋江的托梦再会玄女，除了要回应自楚辞作者宋玉《高唐赋》《神女赋》以来的男主人公梦遇神秘女导师的想象模式，还可以链接到萨满通神现象的对应主题（脱魂、凭灵）之外的"神选"程序——梦幻。墨西哥高原印第安部族的西纳坎特卡人在筛选萨满时，"体现神择定特定人物的圣选的观念。这种'选定'或者'召命'，据说通过梦来通告。而且据说在3次梦中由神宣告。为我们提供资料的巫医也强调，伊洛尔（巫医）的知识和技术都是神通过梦来传授的。"② 宋江当然不具备巫医萨满的神职人员身份，但是小说家为让读者深切体会主人公与神秘女导师的屡次交往奇迹经验，就在无意识中，生动再现初民社会"神选"萨满的"梦中秘授"情境。棂星红门，本来就是为"宋星主"准备的穿越

① 施耐庵、罗贯中：《水浒传》，北京：人民文学出版社，1975，第1140页。
② 〔日〕吉田祯吾：《宗教人类学》，王子今等译，西安：陕西人民教育出版社，1991，第24页。

之门。

轮到曹雪芹写《红楼梦》的时代，同样的"托梦秘授"笔法，便成为贾宝玉飞升，进入太虚幻境，得以窥见天书《金陵十二钗》的关键。如前所说，贾宝玉能够进入太虚幻境的"准入证"，就是他的通灵宝玉。此处的"通灵"二字可不是随意点染之闲笔，而是精心安排的超自然秘境之入场券。其所呼应的，正是前辈文学大师笔下的"棂星红门"。究竟何谓通灵？无机物的石头能够通灵吗？

为打消读者可能有的疑问，《红楼梦》第一回就借用古老的女娲补天神话来发出启迪：女娲补天用的所有石头都不属于自然状态，而是经历过神圣历炼。炼石补天的一个"炼"①，隐含着道教修炼或炼丹术的两千年传统经验：冶炼，即可通灵！

所有的冶金技术发明之初，都会被神话思维想象成化形再造的生命转换体验。② 不经冶炼，就不会有铸造锻造的工序。所以一切金属，作为矿石被火冶炼后的产物，即可被神话信仰加持为通灵之物。铜器为神器礼器的想象，无疑当源于玉器原型。石头本不能冶炼，可是在冶金时代接替玉器时代而兴起后，炼石的虚拟想象，就此伴随补天神话观而大大展开。曹雪芹也像施耐庵一样，充分利用"天书谶言"的神秘化表达方式，让通灵宝玉从无字天书，经过刻字，变成贾宝玉的有字天书和承载神秘能量之护身符。那僧便念咒书符，大展幻术，先将补天时遗落尘寰的一块顽石，变作美玉。紧接着再施法术，让巨石缩小成扇坠大小。最后三施法术，让无字玉石变化成有字天书一般的玉佩饰。只见那和尚笑道：

> 形体倒也是个宝物了！还只没有实在的好处，须得再携上数字，使人一见便知是奇物方妙。然后携你到那昌明隆盛之邦，诗礼簪缨之族，花柳繁华地，温柔富贵乡去安身乐业。③

---

① 曹雪芹的原话是："谁知此石自经锻炼之后，灵性已通。"见曹雪芹、高鹗：《红楼梦》，北京：人民文学出版社，1982，第 2 页。

② "神话学文库"之一的伊利亚德的《熔炉与坩埚》，就是专门阐发冶金神话起源的名著。参见〔美〕米尔恰·伊利亚德：《熔炉与坩埚：炼金术的起源和结构》，王伟译，西安：陕西师范大学出版总社，2019。

③ 曹雪芹：《红楼梦》，北京：人民文学出版社，1982，第 3 页。

和尚在通灵宝玉上究竟刻了什么样的字句？小说留下伏笔，先上演第五回的全书总纲"游幻境指迷十二钗"，让主人公领略天书的秘密内容，再由此让他完成人生的成年礼，即第六回"贾宝玉初试云雨情"。直等到第八回才揭开谜底，通过薛宝钗的眼来观看，透露出通灵宝玉正面的八个字"莫失莫忘，仙寿恒昌"和背面的十二个字："一除邪祟，二疗冤疾，三知祸福。"① 如果说正面八字是变相拷贝秦始皇传国玉玺，那这后十二字才表现小说家的创意：让其像《水浒传》谶言诗一般预示人物的命运走向。通灵宝玉在随后的情节发展中，多次表现出穿针引线的作用，特别是暗中影射林黛玉的三生石典故，充分激活自《石头记》《情僧录》到《红楼梦》这三种书名彼此之间的隐喻张力。通灵宝玉在关键时刻发挥神奇效力，甚至能够一再呈现治病救命的巨大能量。如今的红学家们已经将"一除邪祟，二疗冤疾，三知祸福"的三大功能全部落实到小说情节中，故于此不赘。这里只要提示：按照三生石典故去理解通灵宝玉为"三生玉"，就能给《红楼梦》的总体解读带来柳暗花明又一村的新境界：通灵宝玉属于有字天书或准天书，主人公在准天书的引荐通关作用下才得以进入白日梦中的太虚幻境，窥测到真天书《金陵十二钗》。准天书的前身，对应贾宝玉的前生——《石头记》之神瑛侍者。贾宝玉的此生，对应《情僧录》书名隐喻的红尘历劫一十九年，以私窥天书《金陵十二钗》为谶言的大观园儿女情长温柔富贵梦。贾宝玉之来生，是红楼梦碎之后的回归大荒山青埂峰下，变回顽石，成全老子《道德经》的复归于朴的人生理念。

要知道，古希腊神话中的天书圣地，相当于德尔菲神庙，那是阿波罗神谕发出之地。而中国神话的虚拟想象，已经让人之佩玉承担起神庙和神谕的超自然智慧功能，所谓的"三知祸福"绝不是文学夸张，而是万年来的无比深厚的信念在小说家笔下的传承。

文学方面的天书考察，因为素材堆积如山，本文只聚焦三部有声望的伟大作品而已。② 天书神话母题在《平妖传》中的表现更为复杂生动，这

---

① 曹雪芹：《红楼梦》，北京：人民文学出版社，1982，第 120 页。

② 天书神话母题在《平妖传》中的表现更为复杂生动，这里仅点到为止，留待读者自行体认。

里仅点到为止，留待读者自行体认。从某种意义上，四大名著可以打包为一个圣书整体，而每部小说都可以视为以"天书匹配天子"为原型叙事的置换变形。在《水浒传》中，天书配天子原型置换为天书匹配造反英雄领袖；在《红楼梦》中，则置换为天书（十二钗）匹配"玉人合一"的男主人公——佩有准天书（通灵宝玉）者；在《西游记》中，灵石作为无字天书，生出主人公孙悟空，再让他匹配神界中的天书主人——玉皇大帝。在《三国演义》中，通灵宝玉虽未出现，但是通灵宝玉的原型传国玉玺作为标准天书而高调出场，正是这件至高无上的国宝，直接驱动三国鼎立军政格局的形成。有人因它而白手起家获三千兵马，崛起东吴，也有人因它而命丧黄泉……既然四大名著无一不映射着天书的神圣原型，那么是否可以借此种一以贯之的原型视角去重构整部文学史有机体呢？

既然在上一节讨论中，已经窥探到道教经书中的西域"玉国"的虚拟现实存在，当你再读到《西游记》给出一个华夏版乌托邦，命名为"玉华国"时，还会感到惊讶吗？

只有万年文化基因所铸就的文化文本，才足以决定每一个作家的文学文本再编码。这个道理终于应该大白于天下了。这就为思想史观念史引导下的文学史重构，带来有益的启迪。如果不能掌握一个五千年文明古国的信仰之根和由此塑造的核心价值观，勉强去做各种单一学科视角的"史"的架构，确实难以创造出有血有肉也有灵魂的写"史"系列。

结论：天书匹配天子的虚拟现实传统

本文主体分四部分，除引言之外，其余三节内容以天书神话开篇，用通灵宝玉故事结尾，贯穿于首尾之间的红线，乃一个"灵"字。

宗教史研究已经明确：人类对灵物的崇拜，先于对神灵的崇拜，或称万物有灵论（爱德华·泰勒），或叫萨满通灵（伊利亚德），或名"马纳"（灵力）、"图腾"（灵种）。在人类信仰的原生态即灵物信仰失"灵"的前提下，才会有次生宗教现象，即人格神的出现。中国思想的突出特征"天人合一"，需要首先诉诸神话学研究，而非哲学考量，方可洞察其本源和所以然。① 万年以来的玉文化编码，早已在天人之间筛选出某种通灵圣物——玉石，作为超自然天命的显圣物，先充当史前无文字时代的文化大传统之无字天书，再于文字文明开启的时代重新出发，分身为文化小传统中的二分传统——无字天书的玉礼器符号传统加上有字天书的传国玉玺至高无上符号传统。两个符号传统交相辉映下，中国历史进程演绎为异常壮观的虚拟现实剧目。以天书匹配天子的神幻想象的原型模式，支配着整个中国政治史、思想史和学术史，何止是中国文学？

如果不能从整体上理解和把握文化传统，而是按照现代西化教育的分科制度之单一学科视角（道术将为天下裂）看问题，那就只能沉陷在以管窥天和盲人摸象的认知困境而难以自拔。而在当今知识条件下，从整体上重新认识和把握中国文化传统的前提已经具备，那必将是一种大大超越文献知识窠臼的深度认知新范式，它以文学人类学一派首倡的四重证据法为先导，所依靠的是百年中国考古对上五千年文化传统的新发现和新知识。②

天书降临人间，大致不外乎三种方式，但无一不属于虚拟现实。接受方首先集中在现实中的国君帝王；发送方，皆为虚拟想象的天国之超自然对象。三种方式对应的是吉田祯吾的《宗教人类学》所归纳出的萨满特征：其一，脱魂者，萨满自己能够上天入地，不必依赖外在的助手，就获取超自然信息。其二，凭灵者，乃天命或天意、天神所垂青的选民代表也。故从摩西到荷马、赫西俄德，从伏羲到黄帝、仓颉、夏禹、夏启，再从周穆王到汉武帝、唐玄宗、宋真宗，再到太平天国领袖，从宋江到贾宝玉……不论是历史人物还是文学虚构人物，天启天书的原理，是完全一致的。其三，始于旧石器时代的鸟神信仰和鸟形灵观念，成为第三类天书降临之中介者，禽鸟（从大鹏到凤鸟，从鹰鸮到天鹅、大雁）充当神圣化信使。殷周革命之际的周人神话以"赤乌衔书"和"赤乌衔圭"两种类型同时流行，并由此引发亦文亦史、文史不分家的玄幻叙事《清华简·赤鹄之

---

① 如何从神话学而非形而上学立场看待天人合一，参见笔者的《玉石神话信仰与华夏精神》（复旦大学出版社，2019），第四章"玉教神话与天人合一——中国思想的大传统原型"，第 91 - 105 页。

② 关于中国文化的深度认知范式，请参看顾锋、杨庆存：《深度认识中国文化：理论与方法讨论集》，上海：复旦大学出版社，2021。

集汤之屋》之流。

《山海经·大荒西经》所述夏启珥蛇乘龙飞升，三次进入天国，得《九辩》与《九歌》以下的神话，属于第一类型天书叙事。

从《尚书·洪范》的天神赐下洪范九筹，到《黄帝内经》所述天师岐伯秘传黄帝的玉版金匮之书，再到《云笈七签》中太上老君恩赐各位上古圣王的系列天书玉版，玉皇大帝赐给宋真宗的黄色帛书，九天玄女赐给宋江的三卷天书，警幻仙姑给贾宝玉看的《金陵十二钗》之类，统统为有字天书降临人间的第二类型。天帝赐禹玄圭神话，则又属于无字天书降临人间的第二类型。据国家正史《宋史》记录：宋徽宗政和二年（1112 年）正月，有群鹤飞舞于开封端门，宋徽宗挥毫作画，留下一幅《瑞鹤图》，现藏辽宁省博物馆。这年十月，得玉圭于民间，十一月，宋徽宗在皇宫中的大庆殿隆重举行受玉圭典礼，同时还大赦天下。宋徽宗没有像宋真宗那样直接领受天上玉皇恩赐的有字天书，群鹤降临事件预示的是神使，随后就有大禹玄圭再出世的无字天书事件。

天神天帝亲派天使为中介者下凡人间的赐天书原型，可视为第三类天书降临叙事模型的变体。不变的是天书必须降临；变化的只是中介者身份，从神鸟到人格化的天使。《清华简·参不韦》中的天使参不韦，便是此类叙事的新材料："参不韦乃受（授）启（启）天之《五刑（则）》。"不论是动物为天使，还是人格化的天使，将天书送达人间天子，是这类角色的叙事功能所在。天使之所以禽鸟类居多，因为其高飞上天的禀赋也。赤乌也好，赤鹄也好，鸿鹄也好，不一而足。

与华夏天书神话类似的神谕神话，其仿生学视角的研究，有瓦尔特·伯克特教授的"语言为信使说"，见于"神话学文库"之《神圣的创造：神话的生物学踪迹》①第四章，或可为所有的天人合一神话观念，解释其赖以产生的法理基础。

---

① 〔德〕瓦尔特·伯克特：《神圣的创造：神话的生物学踪迹》，赵周宽、田园译，西安：陕西师范大学出版社总社，2019。

笔谈：纪念萧兵先生

叶舒宪　彭兆荣　夏　敏

痛悼萧兵先生

叶舒宪*

2022 年 9 月 25 日星期日下午，传来萧兵先生于前一日 21 时逝世的噩耗。五雷轰顶的感觉，让我换上一身黑衣，带着万分沉痛的心情出席当晚贵州财经大学为中国比较文学学会文学人类学分会召开的第九届学术年会而举办的网络讲座"三星堆圣物解读——文化文本理论视角"。我手持文学人类学研究会第一届年会的论文集《文化与文本》，将其中萧兵先生的鸿文《蚕马女象征叙事的解读》推荐给当晚听讲的数百位师生，将本次云端讲座作为我们学会全体同仁对文学人类学研究会创会会长萧兵先生的一次实际的追悼和怀念。

当晚夜不能寐，遂草就拙诗一首，含泪送别此生最重要的忘年交之亦师亦友萧兵先生的西游之旅。

> 至交神往卅年行，
> 携手共说老孔灵。[1]
> 黑马白龙凭意骋，

＊　叶舒宪，上海交通大学文科资深教授、神话学研究院首席专家、中国比较文学学会会长。
[1]　1994 年我和萧兵先生合著的《老子的文化解读》在武汉的湖北人民出版社出版；2020 年 8 月我和萧兵先生合著《〈论语〉：大传统视野的新认识》，作为国家出版基金项目在武汉之湖北人民出版社出版。

蚕虫寿麻释山经。①

淮阴长安牵一线，

沪上金陵续友情。②

交臂燕园失故梦，

群儒舌战翰林惊。③

洛阳纸贵潜美学，

追慕乾嘉傩蜡风。④

回望南天琼州远，

指点江山考据挚。⑤

一代鸿儒今驾鹤，

① 萧兵先生首次在台湾出版个人论文专辑，以《黑马》为书名。2004 年我和萧兵先生、韩国汉学家郑在书先生合著的《山海经的文化寻踪——"想象地理学"与东西方文化碰触》在武汉的湖北人民出版社出版。其中萧兵先生承担全部东西方文化碰触部分，巫药篇第三章专论寿麻与不死树，珍异篇第一章题为《《山海经》骏马及其神异。"

② 1989 年 6 月我邀请萧兵先生共同参与策划在陕西师范大学举办的"长安·东亚·环太平洋文化"国际学术研讨会，就萧兵先生在国内首倡的"环太平洋文化"学术命题展开广泛讨论。2010 年后我任职上海交通大学人文学院，聘请退休后居住在南京的萧兵先生任上海交通大学客座教授。2019 年我主编的"中国文学人类学原创书系"第二辑一次推出萧兵先生尚未发表的著述近400 万字，共有其六部大著：《四方风神话》《中国古代神圣建筑》《汉字与美学》《宇宙的划分与中国神秘构型》《神话学引论》和三卷本《玄鸟之声：艺术发生学史论》。全部由位于西安的陕西师范大学出版社出版。

③ 中国比较文学学会前会长、北京大学比较文学与比较文化研究所前所长乐黛云教授曾在1990 年代计划将萧兵教授由淮阴师范学院调入北京大学，未能成功。萧兵先生也曾应邀到中国社会科学院文学研究所就《楚辞》研究问题与专家会谈，先生自己回忆那次聚会情境，幽默地称之为"舌战群儒"。

④ 1980 年李泽厚先生主编"美学丛书"，特邀萧兵先生撰写《楚辞文化》一书，中国社会科学出版社 1990 年版。1984 年，萧兵先生在《读书》发表的《中国的潜美学——读李泽厚中国美学史论著有感》一文引发重要反响和持续讨论。李学勤先生主编"长江文明丛书"，特邀萧兵先生撰写《傩蜡之风——长江流域宗教戏剧文化》一书（江苏人民出版社，1992）。

⑤ 1992 年我和萧兵先生、黄天树教授、臧克和教授等一行五人同船渡琼州海峡，筹划建立新国学研究所。后因各种原因未成。我于 1993 年只身调往海南大学文学院，臧克和教授短暂任职于湛江师范学院，黄天树教授调往首都师范大学文学院。萧兵先生治学以继承和更新乾嘉学派考据学为己任，他主编《活页文史丛刊》（1990 年卷）代前言题为《新考释学：传统考据发展之尝试》。我曾在 1990 年代将萧兵先生的新考据学称为文学人类学的三重证据法，2005 年以后又称四重证据法。参见拙文《"三重证据法"与人类学——读萧兵〈楚辞的文化破译〉》，《中国出版》1994 年第 8 期。

等身巨著胜雷霆。

后学模范启心志，

回荡千古玄鸟声。①

又见花溪——怀念萧兵先生

彭兆荣*

惊悉萧兵先生仙逝！

心在流血！

就在上个月，我到花溪度假，又到熟悉而美丽的溪水中游泳，再一次来到那个远去而熟悉的地方。仿佛是天有知，地有情，心感动，我再一次到那块石头边上坐了许久，怀念 37 年前与萧兵先生的相见相识。

那是我第一次与萧兵先生相聚。记得是 1985 年，我在贵州大学读研究生的第二年。萧兵先生到贵州开会，然后查取一些少数民族的资料。他到贵州大学图书馆查资料。

我们就这样认识了。那天下午我们到花溪公园的著名景点，也就是东舍（又名"憩园"，1944 年巴金与萧姗在此举行婚礼）旁边，在溪水边愉快地相会。

萧兵先生是福州人。我们用福州方言交流，特别投缘。

他笑起来有特殊的幽默感。

那个时候，我是学生，萧先生已经是著名学者了。或许是因为他身世坎坷，吃过很多苦，有着平民般的亲切、孩童般的亲近。他长我二十多岁，我们却并无拘束。我们一直像朋友，一直是朋友，一直！那是在经院高墙里培养不出的态度和关系。

---

① 萧兵先生在《文史哲》1984 年第 1 期刊登《三十年自学生涯》，就预告自己的学术理想是完成一部厚重的著作《玄鸟》。这个理想在 2019 年出版的三卷本巨著《玄鸟之声：艺术发生学史论》中已经实现。

* 彭兆荣，四川美术学院"中国艺术遗产研究中心"首席专家，厦门大学一级教授、博士生导师。主要从事文化人类学、文学人类学研究。联络地址：福建厦门大学人类学系；邮编：361005；邮箱：zrpeng@xmu.edu.cn。

特别是，由于他没有科班的"学位序列"，所以他的知识也特别"平民化"，但他的神话知识却让很多经院学者汗颜。

他特别喜欢搜集少数民族的资料，使得他的学问超出了一般意义上的"经史子集"范畴，成就了中式博物学的特殊典范，成就了我国罕见、少有的大学者风范。读他的书，除了感到中式的气势外，令人印象特别深刻的是他对知识有信手拈来的本领。有意思的是，有些知识连一般的图书馆也找不到，属于典型的"地方知识"和"民间智慧"。

最后一次见到萧兵，是在上海交通大学，那时我正在做农业人类学的研究。当我与他谈到我国古代的农具时，他提醒我要看看汪宁生教授的相关研究，特别是西南少数民族的农具研究。我们交流了有关传统农具的知识，他好像什么都知道。

特别让人怀念的是，每当讲话的时候，他总是提着十足的中气，还带着笑。都知道"文如其人"，萧氏的学问就是萧兵其人。

萧先生走了，我仿佛看到他西去路上的回眸。

一路走好啊，先生，带上那花溪河畔的美景，和我们的情谊！

风萧萧兮念萧兵

夏　敏*

2022 年秋分刚过，萧兵先生跟我们永远分别了。对于曾与他有过些许学术交集的人而言，很难相信身体一直很好的他会走得那么快。在我眼中，他是可以活过百岁的人，我也盼望他能活过百岁，可惜他生命的时钟停在 89 岁。

1989 年 7 月中国未来学会与淮阴师范专科学校在江苏淮安联办《西游记》学术研讨会，我终于见到了心仪良久的萧兵先生。他旁征博引、充满高度学术想象力的发言顿时俘获了与会所有学者的心，大家只有聆听和仰慕的份！当年 25 岁的我，是来自西藏民族学院的一个小讲师，较少有机会外出开会，哪里见过这样的学术高人。大名鼎鼎的他却在一个同样没有什

---

* 夏敏，集美大学海洋文化与法律学院教授，研究专业为文艺学，研究方向为民间文艺学。

么知名度的学校工作，我只能用"五体投地"来形容当时我的崇仰心态！

我暗下决心，学术上要以萧兵先生为榜样，地域和学校不是问题。问题是深耕文化、览遍群书的时候，你的创见在哪里；当你有了点滴令自己欣喜的学术思想时，同样需要追问，这些思想是否都有着落，是否有足够的资料支撑。我们很多人试图像他那样做学问，却少有人做到或做得像他那么好。记得当时开会的场景，萧兵先生听着别人的发言，低头用那只缺失四根指头的手迅速翻书，一双犀利的眼睛紧盯着被迅速翻过的书页。在我脑海里这已经凝固成为只有他才有的一尊学术雕塑。

我知道，他的学问就是这么捕捉而来的，他的思维紧跟他迅速翻过的书页，他是在与一个个伟大的灵魂寻求对话。20世纪八九十年代受益于萧兵式学术方式的人有很多。萧兵用他人无法复制的扎实学术成就刮起中国文学研究的人类学转向之风。大风起兮云飞扬，萧兵先生像在高邈云端上一般，潇洒、自由践行着其学术思想。他天生就是一个为学术而生的大学者，堪称我们所有人的楷模！

在读了几本书就颐指气使的年纪，我选择学术读物的标准之一是作者必须是我佩服的人。见过萧兵以后，萧兵成了扎实、勤奋、严谨、敏锐、深邃的代名词，萧兵先生出版的书或者发表的文章成为我首选的学术作品。我书架显眼的位置上挨着个儿排列着萧兵先生的《楚辞与神话》《楚辞新探》《傩蜡之风》《神话学引论》等书，当然还有在1996年中国文学人类学厦门年会上他签赠给我的《中国文化的精英——太阳英雄神话比较研究》一书。我非常看重萧先生的著述。书中随处可见勾画圈点或在页眉页脚空白处及时写上的阅读心得，其他学者很难有这样的"待遇"。

我多篇文章的灵感来自他的这些书。例如，萧兵先生关于淮阴猴形水神无支祁、《罗摩衍那》伏魔神人哈姆曼的论述激发了我对孙悟空原型的藏族来源的假设（见《玄奘取经故事与西藏关系通考》，《西藏研究》1991年1期）；他的《神话学引论》述及神话与仪式的关系，启示了我在瑶族与藏族的图腾文化中进行跨文化比较研究（《狗与猴：图腾仪式和文学中的接近类型——从瑶族与藏族图腾文化说开》，《民族文学研究》1994年第3期）……我循着他的方式做研究，居然也有了一些小小的心得和收获。

　　追随萧兵先生在纷繁杂乱的材料中寻找思想的关联或文化演化规则，一度成为我乐此不疲的事。1996 年，我去厦大拜访好友彭兆荣教授，顺便送上小书《初民的宗教与审美迷狂》（青海人民出版社，1994），敏锐的彭兄说："你的路数跟萧兵接近。"他从我的文字中看到萧兵先生影响的痕迹，我为之感到庆幸。

　　后来在张家界、北京、南宁等地召开的学术会议上，我多次碰到萧兵先生，也跟他通过几次信。每次萧兵先生随口说说的"观点"，都让我受益匪浅。记得一次会议上，我分在萧兵先生做点评的小组做学术发言，我由《大唐西域记》沙河描述、宋《大唐三藏取经诗话》以及元代杨景贤《西游记杂剧》里孙悟空与沙僧打斗时所谓"我认得你，你是回回人河里沙"之语，联想到汉族戏曲中沙和尚的胡人发须，便认为沙僧原型应该取自新疆塔克拉玛干沙漠一带。萧兵先生回应道："夏兄，你的西域不要只是锁定新疆，应该还可以延伸到中亚，那是大西域啊！"我听后的感受可以说是醍醐灌顶。

　　到福建工作后，原先的研究领域渐行渐远，但曾经令我兴奋不已的萧兵式考据与学术想象，却一直激励我继续关注文学与人类学的关系。每每自己的文字难以续接时，我总会从书架上抽出萧兵先生大作，去寻找灵感；每每看到萧兵先生有新作出来，都会不由自主地将目光锁定在这些书卷上，欲继续从中汲取养分。从 1989 年见到他第一面开始，我注定成为他的学术追随者和铁杆"萧粉"。他的学术视界中，文学性，就是人类性，是我以及其他涉足文学人类学的许多同仁最认同的观点。

　　秋风萧瑟起，先生已作古。他留下一部部沉甸甸的巨著，像汩汩流淌的学术清流，仍在滋润着包括我在内的许多学人的心田。我们一生所做的是学术，像萧先生那样带着丰富的想象做学问，踏着他的学术足迹，延续其未竟事业，应是我们纪念他的最好方式。

　　先生之风，山高水长！

文学人类学

【主持人：闫　玉】

● 主持人语

闫 玉*

　　民族志是人类学最主要的研究方法。作为方法，民族志既是写作又是人类学，既有文学性又兼具人类学性。从经典民族志到实验民族志，再到当代前沿的多元探索，民族志的研究主题、研究对象、研究方法都发生着重要的变化，并形成了一些新的研究成果。本栏目致力于探索文学人类学的跨学科方法和梳理民族志的发展方向。在近几年文学人类学的研究实践中，"文学民族志"概念、方法及范式的提出，既是该分支学科倡导者的实验性尝试，也是跨专业长期耕耘者水到渠成的理论性提炼。多物种民族志的兴起，以一种跨越学科界限的新形式探究跨界合作的共生新型本体的存在，重新思考和理解人类/非人类、自然/文化的边界。区域国别研究前提下，海外民族志研究中对于语言文学与文化文本的关系问题，开拓性地推进着文学人类学理论与方法的守正创新。

　　本专栏有三篇文章。在《论文学民族志的多形态表述》一文中，彭兆荣教授明确了"文学民族志"指以人类学田野作业为基本方式，以文学为对象的一种新的、实验性研究范式。具体说来，这一范式尝试用人类学"参与观察"的方法，对文学作品进行"田野作业"，多方位地对文学进行体验、认知、理解和阐释。这是一种对文学作品进行民族志研究的方式。由此，文学民族志的表述形态，可从"口述—文字"出发，经由词与物的汇合、交互、回归，契合中国传统博物学的价值观，成为构建生命和命运共同体的新博物民族志。陈正府副教授的《以物为伴，让物思考：基于〈森林如何思考〉等三部民族志的书写评析》对《森林如何思考》《金宝螺胡撒仔》《与帆为乐》三部跨物种民族志进行评析，提倡以超越人类的人类学视野看待身边的人类与非人类，加深对于人类栖居世界整体性的理解。余媛媛副教授及其学生鲍国妮的文章《论海外民族志的深入性：南亚语言与文学的生产实践》则提出了跨文化民族志研究可以深入的一个路径，即把语言和文学传统本身也当作一种文化文本，全面而整体性地考察文本的历史背景、生产实践、文化脉络。他们认为在此基础上进行的文学民族志写作将更接近全面和真实。

---

　　* 闫玉，贵州大学历史与民族文化学院教授，硕士研究生导师。

论文学民族志的多形态表述

彭兆荣*

摘　要：文学民族志作为一种实验性、实践性范式，是文学人类学研究的一种新的尝试。特别是在今天学科越来越细致化的趋势中，有两种研究范式需要特别提倡：第一是多学科的整合性协作；第二是知行合一的范式。前者主要针对"学科单一"问题，后者主要针对"书斋研究"问题。文学民族志的提出试图对上述弊端进行补充和"治疗"，更重要的是对当今之"生态—生物—生命"危机的一种范式的呼吁与呼唤。本文试析之。

关键词：文学民族志　文学人类学　范式　博物学　守正创新

小　引

人文科学大致有三个表述尺度：第一，"战略"上，遵循科学、实事求是的精神，最大限度地用事实说话，并致力于寻找客观事实背后的规律和道理。第二，"策略"上，致力于建构在客观基础上"人的解释"——"民族志深描式"的主观解释维度。① 某种意义上说，人文科学就是"人"凭借其所需材料进行表述和表演、解释和解读。第三，"战术"上，采用各种方法获取材料，建立广泛的、不同学科的知识协作，向学科整合的"模具化"组装的再生产体系推进，就像汉字的"永字八法"（"永"字包

---

　　*　彭兆荣，四川美术学院"中国艺术遗产研究中心"首席专家，厦门大学一级教授、博士生导师。主要从事文化人类学、文学人类学研究。联络地址：福建厦门大学人类学系；邮编：361005；邮箱：zrpeng@xmu.edu.cn。

　　①　参见〔美〕克利福德·格尔兹：《文化的解释》，纳日碧力戈等译，上海：上海人民出版社，1999，第11页。

含了汉字的八种基本笔画：点、横、竖、撇、捺、短撇、钩、提）可以组合出无数的汉字那样。① 文学民族志一如当今许多应用性学科和科学产品的生产模型，以人类学民族志的方式，致力于对文学新的"事实"进行重新编排、组装，以求得对"事实之后"——即客观事实在不断变化中的重新解释。②

需要特别强调的是，文学民族志以人类学田野作业（fieldwork）为基本方法，到特定文学发生地的"现场"去参与观察（participant observation），尽可能地了解作家及作品的原生地，观察和体验人民生活中各种各样的表述方式，进而获取多种多样的事实与材料，从而对文学之"源于生活—高于生活—回于生活"进行全新的实验和实践。③ 这也使得文学民族志这一实验性范式包含了两个维度的表述样态：第一，文学民族志作为人类学与文学相结合新型的表述范式；第二，文学民族志要求研究者亲临相关的"文学发生"现场，因此比传统的文学研究接触更多的表述样态，特别是口述的、器物的等。同时，对"社会变迁"所带来的对文学作品新语境、新语义的了解和把握，也使得文学研究有可能往更长久、更宽广的表述时空延续和拓展。

一、"口述—文字"的表述形制

文学民族志范式首先会遇到不同的表述，以及对表述多样性的评价问题，包括同一个空间在不同时间的转化和转变。这与传统的文学研究——即以文字文本为话语表述的传统——有着重大区别。一般的文学研究大多以文字文本为原则，比如《红楼梦》研究，主要以曹雪芹（后四十回的整理者高鹗）的文字为"本"（蓝本、样本、版本）进行研究。这无形中跌入了"文字权力"——即作为单一性表述媒体的陷阱之中。也就是说，如

---

① 〔德〕雷德侯：《万物：中国艺术中的模件化和规模化生产》，张总等译，北京：生活·读书·新知三联书店，2005，第4、22页。

② Clifford Geertz, *After the Fact*: *Two counties Four Decades One Anthropologist*, Massachusetts: Harvard University Press, 1995, pp. 2 –3.

③ 彭兆荣：《文学民族志：范式与实践》，北京：中国社会科学出版社，2022，第5页。

果传统的文学研究是以作家的"文字作品"为"本"（终极依据）的话，而文学民族志则完全可以、可能接触到更为多样的表述媒介。其实，作为表述方式，文字表述只是众多表述方式中的一种，何以成为"权力化表述"？重要的原因是与国家的"注册性认定"有关。

安德森在《想象的共同体：民族主义的起源与散布》中为人们勾勒出一个具有逻辑性的认知前提："民族属性（nation‐ness）是我们这个时代的政治生活中最具有普遍合法性的价值。"① 它具备以下几个主要特征：想象的、有限的、主权的和共同体的。而其中一个奥秘正是国家与文字的结合，致使文字成为"权力化表述"。原因是：文字过程——隐喻、书写、叙事等成为影响文化现象"注册"的一种行为和权力方式。② 当文字与现代传媒技术相结合并使之成为广泛影响人类社会历史的存在的时候，便参与了"想象共同体"的神话制造和传播。③ 这也是近些年来学术界（尤其是人类学界）密集地对"书写文化"（writing culture）的权力话语进行反思性批判的原因。④ 其实，早在"前现代国家"时代，文字就已与印刷技术结合，建构了文字作为封建帝国的话语表述形制。秦始皇在完成统一中国的大业，建立起第一个中央集权的封建帝国后，就颁布了"书同文""车同轨""度同制"等古代国家的文字话语形态。

文字表述"权力化"的历史过程，同时也是人类其他表述方式"沦落化"的历史过程。二者存在着历史性同构。这是必然的游戏规则——即权力表述在凸显自己作为中心的同时，将其他的表述边缘化、附属化。其逻辑大抵是：当文字的出现与文字使用"被历史权力化"之后，文字也就成了确立和评判"文明"的依据，不识字的属于"文盲"。前者与"光明"（文明—光明）同构，后者则成了"瞎子"（文盲—黑暗）。正是循着这样

① 〔英〕本尼迪克特·安德森：《想象的共同体：民族主义的起源与散布》，吴叡人译，上海：上海人民出版社，2005，第2页。

② James Clifford, George Marcus, *Writing Culture：The Poetics and Politics of Ethnography*, Berkeley：University of California Press，1986，pp. 4‐5.

③ 〔英〕本尼迪克特·安德森：《想象的共同体：民族主义的起源与散布》，吴叡人译，上海：上海人民出版社，2005，第50‐51页。

④ 参见〔美〕詹姆斯·克利福德、〔美〕乔治·E. 马库斯：《写文化——民族志的诗学与政治学》，高丙中等译，北京：商务印书馆，2022。

的逻辑，那些"无文字"部落、族群也就顺理成章地成了"黑暗中的野蛮人"。尽管有些学者在历史的过程中也会"假惺惺"地表达"高贵的野蛮人"①，但"文明/野蛮"的对峙性分类是前提。虽然，这样的认知时代已经成为过往，却并没有从根本上否定文字权力。质言之，文字权力今天还在横行。全世界的"学院教育"仍在自觉与不自觉中维护着"文字权力"的话语资本。

文字民族志则以实际行动对"文字权力"进行反思，一定程度上予以回击。因为，文学民族志范式所遵循的是多表述形态原则，包括文字以外的表述形态，比如口头表述、器物表述、音声表述、身体表述、色彩表述、仪式表述等，就必然进入文学民族志研究的视野。这也与现当代人类学的发展同趋，即趋向于在不同的取证方法和方向上呈现百花齐放的态势，除了传统的田野现场资料，包括文字的、口述的、器物的、声响的、图像的、体姿的、民俗的、生态环境的、符号化的、仪式性的、统计的、体质特征的都不浪费。文学民族志在田野作业的过程中，会给文字以外的表述方式予同等权力，同时，又致力于在多样表述方式的整合性研究中获取更大的效益。

事实上，文学民族志某种程度上是对文字"弑父式"表述的反思和反抗，同时也是"复古式"表述的再现。众所周知，被认定为我国最早的文学作品的《诗经》主要是民间歌谣，原系民间各类诗、歌的文人采撷集成。《论语》是孔子的演讲录的口述语体，孔子本人不太作文。至于更早文字，传说由仓颉所创，《春秋元命苞》说他："四目灵光，生而能书。于是穷天地之变，仰观奎星圆曲之势，俯察龟文鸟羽、山川指掌而创文字。""仓颉造字"正是借助了原始巫术，包括卜术、邪技、口占、灵异、天象等表述方式。这说明，我国早期的文学并非"文字独大"。甚至古代的"明君""圣王"也不强调文字优先。"明"者，光明，如阳光射进窗户，人们用身体感受和眼睛观察。②圣（聖）则分明是"口""耳""王"同构，而"聪明"却表示耳朵好、眼睛好。显然，在这些例子中，文字并没

---

① Ter Ellingson, *The Myth of the Noble Savage*, Berkeley：University of California Press, 2001.

② 〔日〕白川静：《常用字解》，苏冰译，北京：九州出版社，2010，第418页。

有被"权力化"。

中国学术研究的历程也有相似的演化轨迹。我们后来习惯的所谓文人与文献的互动注释模式，即所谓"六经注我/我注六经"之法——以文人为主体、以文献为客体的互疏循环方式，都是在文字权力化之后生成的。先秦的"百花齐放、百家争鸣"除了表明各种思想、观点自由抒发以外，还包括表述方式的多样，其中最具代表性的无疑是"论语语体"——口述语体。太史公作如是说：

> 是以孔子明王道，干七十余君，莫能用，故西观周室，论史记旧闻，兴于鲁而次《春秋》，上记隐，下至哀之获麟，约其辞文，去其烦重，以制义法，王道备，人事浃。七十子之徒口受其传指，为有所刺讥褒讳挹损之文辞不可以书见也。鲁君子左丘明惧弟子人人异端，各安其意，失其真，故因孔子史记具论其语，成《左氏春秋》。
>
> （《史记·十二诸侯年表第二》）

这里有几个相互关联的意思：孔子一生曾试图从政"事君"，"莫能用"。他观周论史，整理《春秋》，精作文字，以制义法。孔子弟子靠口述接受、记录孔子思想，原因之一乃文字的"刺讥褒讳挹损"危险性，但口述难免"失其真"，故左氏作文《左氏春秋》。孔子的"论语"（《论语》）作为一种叙事方式，在中国历史上有以下几个值得注意的价值：第一，口述首先是一个非常重要的记录和记忆能力，功能上它无法为文字所取代。在孔夫子那里它不仅未受歧视，反而成就了一种伟大的"论语"语体。孔子在表述形式上的成就体现在"口受"与"文传"并置，两翼齐飞。第二，口述与文字的功效并不相同，它可以"人人异端"，也可以"百家争鸣"，建构出一个叙事、理解、诠释上的巨大空间。第三，口述在表述上同时表现出其独特的品质，诸如表演性、论辩性、圆滑性、现场性、仪式性、交流性和感召力，为"雄辩"提供了一个形式依据，也构成人类知识和智慧的一个有机部分。

人类学民族志还有一个特点，张扬对"异文化"（other culture，也译为"他文化"）的研究，而传统人类学研究的"异文化"大多都是原始部落，属于无文字社会。逻辑性地，文字以外的材料，比如口述材料、器物材料等，也就必然进入人类学科学研究的视野。"二重证据"便自然而然地成为人类学采用的方法。人类学从其诞生伊始便开始了二重甚至多重考据。剑桥学派，亦称"神话—仪式学派"（the Myth—Ritual School）的旗手，古典人类学的代表人物弗雷泽爵士所采用的正是"二重证据法"，即口述与文献的结合。他广泛听取了传教士和旅行者们的口述故事，并将这些口述材料与文献文本并置，完成了洋洋十二卷的《金枝》。虽然弗雷泽并没有提出"文献/口述"的二重证据说，但他事实上执此为学。值得一提的是人类学家简·艾伦·哈里森（Jane Ellen Harrison），这位同为剑桥学派的重要女人类学家则旗帜鲜明地提出"二重证据法"，即结合现代考古学的材料和古典文献去解释古希腊宗教、神话和仪式等①，拓展出一个新的研究方法。

概而言之，文学民族志以人类学田野作业为基本的范式，要求人类学者到文学发生地进行田野作业，特别是对那些民族、民间、民俗的现场进行各种表述方式的"体验"和各种表述材料的"取证"。这也在无形之中对文字表述形成了一种反思与反叛。

二、器物作为文学民族志的表述价值

文学民族志要求研究者到现场"取证"，器物自然成了不可或缺的依据，尤其在中国更是如此。众所周知，我国自古被称为"礼仪之邦"，其中最重要的正是礼作为一个重要的社会价值和伦理规范，也是等级阶序的圭臬。依据逻辑，中国乡土社会的秩序也正是靠"礼治"来维续。费孝通先生在《乡土中国》之"礼治秩序"一文中这样说："乡土社会秩序的维持，有很多方面和现代社会秩序的维持是不相同的。"这个社会是"礼治"的社会。②"礼是按着仪式做的意思。礼（禮）字本是从豊从示。豊是一

---

① 参见〔英〕简·艾伦·哈里森：《古代艺术与仪式》，刘宗迪译，北京：生活·读书·新知三联书店，2016，译序第 1 页。

② 费孝通：《乡土中国 生育制度》，北京：北京大学出版社，1998，第 49 页。

种祭器，示是指一种仪式。"①

在中国，"礼仪"是一体的，"礼物"也是一体的。三者互为你我，也互为作为。它们可以分别存在，但互为一体的意义却实现于社会化、伦理化、道德化、阶序化、规矩化。"礼节"需要"仪式"来说明和证实，"仪式"需要"礼器"来充实和实现。因此，我国的礼器也成了中华文明最为重要的说明。然而，当我们面对礼器时会发现这些文物中最具代表性的、也最为典型的都是盛物的，或形体上都像饮食器皿。这使我们相信，那些珍贵的古董原来就是在仪式中装东西的，多数用来吃喝，只不过那种吃喝的功能和意义与身体功能上的果腹完全不同，成了"礼"的需要。《礼记·礼运》有：

> 夫礼之初，始诸饮食……陈其牺牲，备其鼎俎，列其琴瑟管磬钟鼓，修其祝嘏，以降上神与其先祖，以正君臣，以笃父子，以睦兄弟，以齐上下，夫妇有所。是谓承天之祜。

1963 年在陕西宝鸡发现的西周青铜器何尊铭文中首次发现使用"中国"的记录。② 此事也成为现代中国人的常识，不再赘述。笔者只想就何以为"尊"之器物作一个注释。"尊"原本是酒器。《说文》释："尊，酒器也。"这也与礼中的"尊"有关，《说文》释之为"置祭也。从酋。酋，酒也"③。通俗地说，"尊"也就是祭祀神灵时用的酒樽。④ 物对于礼的关系重要性最基本的特征就是物可以享、可以用、可以交通。张光直认为，神属于天，民属于地，二者之间的交通要靠巫觋的祭祀，而在祭祀上的"物"与"器"都是重要的工具；"民以物享"，于是"神降之嘉生"。⑤我国的礼器中与饮食有关的主要包括：鼎、簋、鬲、盂、俎（食器）、盘、匜、鉴、盉（水器），爵、斝、觚、觯、觥、彝、卣、尊（酒器）。它们都

① 费孝通：《乡土中国 生育制度》，北京：北京大学出版社，1998，第 51 页。
② 参见葛兆光：《宅兹中国——重建有关"中国"的历史论述》，北京：中华书局，2012，第 3 页。
③ （汉）许慎：《说文解字》，北京：中华书局，1963，第 99 页。
④ 〔日〕白川静：《常用字解》，苏冰译，北京：九州出版社，2010，第 288 页。
⑤ 张光直：《考古学专题六讲》，北京：文物出版社，1986，第 99 页。

是中国传统礼仪中最重要的器物表述。

这些物器又羼入了中华文明的重要基因。在中华文明的体系中，国以农为本，民以食为天。礼与食相辅相成，自有其道理。《说文解字·示部》："礼，履也。所以事神致福也。从示从豊，豊亦声。"又《说文·豊部》："豊，行礼之器也，从豆，象形。凡豊之属皆从豊，读与礼同。"又："豐，豆之豊满者也，从豆，象形。"这成为经学解"礼"的玉律。王静安利用甲骨文对"豊/礼"的解码，认为"豊"初指以器皿（即豆）盛两串玉祭献神灵，后来兼指以酒祭献神灵（分化为醴），最后发展为一切祭神之统称（分化为礼）。① 这也成为继许慎之后另一个影响深远的范式，得到学界赞同与补充。近代多数学者支持此解，只是杨宽先生认为应进一步将"醴"与"礼"的关系分别清楚。他认为根据《礼记·礼运》篇中"夫礼之初，始诸饮食"之论，大概古人首先在分配生活资料特别是饮食中讲究敬献的仪式，敬献用的高贵礼品就是"醴"，因而这种敬献仪式成为"醴"，后来就把所有各种敬神仪式一概称为"礼"了，又推而广之把生产生活中需要遵循的规则以及维护贵族统治的制度和手段都称为"礼"。② 《说文解字》释："礼，履也，所以事神致神福也。从示豊。""豐，行礼之器，从豆，象形。"③ 说明礼与器相结合的政治伦礼。④ 总之，中国的礼仪之于器物之间的密切关系已成共识，其中最可说明的是"经世致用"。

物的"经世"不仅仅说明"用"于社会政治伦理上的功能，也在强调物所负载的历史性。这样，在对历史的解释中，物也就不仅仅是一种实物的遗存，同时也是对这种历史负载的认知和评判；"文物"也就成了某种重要的言说对象。文物属于物质遗产，对物的不同的文化价值体系、不同的分类原则和方法赋予"文物"与众不同的意义。比如，我国古代的一些礼器有"礼藏于器"之说。最早的训诂经典《尔雅》中"释宫""释器""释乐"多与传统"礼仪"密不可分，类似于"鼎"等礼器就成了国家和

---

① 王国维：《观堂集林》卷六《释礼》，北京：中华书局，2006。
② 杨宽：《古史新探》，北京：中华书局，1965，第 307－308 页。
③ （汉）许慎：《说文解字》，北京：中华书局，1963，第 7 页。
④ 参见唐启翠：《礼制文明与神话编码——〈礼记〉的文化阐释》，广州：南方日报出版社，2010。

帝王最重要的祭祀仪式中的权力象征。中国迄今为止在考古发现中最大的礼器鼎叫"司母戊大鼎"。《尔雅正义》引《毛传》云："'大鼎谓之鼐。'是绝大之鼎，特王有之也。"① 所谓"商曰祀，周曰年，唐虞曰载"都与物的祭祀有关。② 《左传》："国之大事，在祀与戎。"③ 郑玄注《礼记·礼器》："大事，祭祀也。"④ 显然，如果缺失了对物的认识和使用，"礼仪之邦"便无从谈起。

从表述结构透视，将生活中的"世俗物"（饮食之器）通过祭祀仪式"神圣化"（礼仪之制）属中国道理，也是"唯物主义"的另类解读。具体而言，将神圣之物置于一个特殊的空间和位置以建构神圣性，而参加这一个特殊建构的活动和程序通常就是人们所认识的仪式。礼物的一个原始性解释就是仪式性空间的展示、仪式性程序的既定认可。仪式有一个特殊的功能，即在一个整体化、日常化的社会价值体系中阶段性地区隔出两个空间——神圣/世俗。艾里亚德（Eliade）在分析仪式中的萨满时使用"世俗"这一词汇，就是在日常和现实的社会里，清晰地区隔出它与"神圣"世界的关系，以建构所谓的"整体性他者"（Wholly Other）。⑤ 在这里，"他者"并不是后殖民主义理论所使用的"我者/他者"的关系，而是通过仪式和仪式的程序、巫术等，以建立一个超常规的秩序——一个整体的"非常"性的格局和结构。

概而言之，世间事物皆遵循自然的规则，钱钟书在《管锥编》中说过："思辨之当然（Laws of thought），出于事物之必然（Laws of things），物格知至，斯所以百虑一致，殊途同归耳……心之同然，本乎理之当然，而理之当然，本乎物之必然，亦即合乎物之本然。"⑥ 在此，格物的表述与道理属于中式"物理"的表述与道理。

---

① （清）邵晋涵：《尔雅正义》，北京：中华书局，2017，第419－420页。
② （清）王闿运：《尔雅集解》，长沙：岳麓书社，2010，第181页。
③ 杨伯峻：《春秋左传注》，北京：中华书局，1981，第861页。
④ （汉）郑玄注，（唐）贾公彦疏：《礼记正义》，北京：中华书局，1980，第1243页。
⑤ Mircea Eliade, *The Sacred and the Profane*, New York：Harper & Row. 1959, p. 9.
⑥ 钱钟书：《管锥编》（第一册），北京：中华书局，1979，第50页。

三、文学民族志的博物学趋向

笔者主张的文学民族志还有一个重要的视角——加入博物民族志的范畴之中。① 特别是将文学视角扩大到文学发生学的"博物"视角。理由有三：一，当今之世，生态危机、生物多样性危机、文化多样性危机已拉响了警报。"生态—生物—生命"的关系链整体断裂已经危及人类的存亡。而今天的学科却向着越来越细化的方向发展，缺乏整体性、整合性学科研究。因此笔者呼唤博物学复出，正是基于博物学属于关注"关系（链）"的学科。二，人类早期的文学，中西方都表现出与"三生"的密切关联。原因之一在于人类与特定的物种建立特殊的"图腾"关系（totem，原系古代印第安人的用语，意为"他的亲属"）。文学民族志的博物学范式，某种程度上是一种文学自在的回归。三，文学在当今发展也亟须从文人化的"象牙塔"中走出，再一次走向"民众—民间—民俗"。而人类学主张的"乡土知识"与"民间智慧"与之颇为契合。

表象上，中西方博物学虽然从学科角度看差异甚殊，却都有一个相同的视角——融生态、生物、生命于一个整体。西方的博物学是一门内涵丰富的综合性学科，包括天文学、地质学、地理学、生物学、人类学等学科的重要内容。早期的博物学大致始于 18 世纪，有名的博物学家有布丰（1707—1788）、林奈（1707—1778）、居维叶（1769—1832）、拉马克（1744—1829）、赖尔（1797—1875）、华莱士（1823—1913）、法布尔（1823—1915）等。达尔文（1809—1882）也是博物学家，他的"进化论"正是人类学学科产生的学理依据。②

某种意义上说，人类学这一学科的独特性正表现在对"博物—物种—物性特殊性"的研究上。人类学是"进化"时代的产物，也可以说是在博物学时代的特定历史语境中生长出来的学科"物种"。达尔文的《物种起源》成就了进化论，其中"物种"（species）成为博物学的认知标志——

---

① 参见彭兆荣、张颖：《论博物民族志》，《思想战线》2022 年第 1 期。
② 〔英〕达尔文：《物种起源》，苗德岁译，南京：译林出版社，2013，第 1 页。

研究人以外的其他物种；而人类学则专门研究作为特殊"物种"的人类自己。也可以这么说，"博物学—人类学"是在近代产生的对"生态—生物—生命"特定、特别、特殊关注的交互性、互补性学科。任何对事物的定义必然会受到来自不同历史语境的挑战，即使是在同一个时代，也会因为不同的理解、阐释、学科、个人等因素而难以取得共识。达尔文在《物种起源》中这样说：

> 我也不在此讨论"物种"这个名词的各种各样的定义。虽然尚未有一项定义能令所有的博物学家们皆大欢喜，但每个博物学家谈及物种时，都能含含糊糊地明白自己是在指什么。一般说来，这名词包含了某一特定造物行为的未知因素。"变种"一词，几乎也是同样地难于定义；但是它几乎普遍地暗含着共同世系传承（community of descent）的意思，尽管这一点很少能够得到证明。①

需要特别强调的是，中式博物学虽然没有西式博物学的学理逻辑，却有自己的一套学理和形制的"中国特色"。大致上看，中式"博物"的连缀和使用的意思主要有：第一，通晓众物。宋代欧阳修《笔说·博物说》云："草木虫鱼，诗家自为一学。博物尤难。"第二，通指万物。唐代玄奘《大唐西域记·摩腊婆国》："昔此邑中，有婆罗门，生知博物，学冠时彦；内外典籍，究极幽微。"第三，非正统知识统称。旧时对动物、植物、矿物、生理等学科的统称。第四，地大物博。这一成语实与中式宇宙认知有关。"天"与"时"对应，"地"与"物"对应。天地相契，始有万物，这也是天时地利人和的认知价值和实用范式。

我国古代的文学也包含了大量的博物学内容、博物志表述和博物体融汇。根据《四库大辞典》，《博物志》十卷为西晋张华（232－300）撰。王嘉《拾遗记》卷九，言张华："捃采天下遗逸，自书契之始，考验神怪，及世间闾里传说，造《博物志》四百卷，奏于武帝。"晋武帝司马炎认为书中"记事采言，亦多浮妄"，删为十卷。所记皆异境奇物及古代琐闻杂

---

① 〔英〕达尔文：《物种起源》，苗德岁译，南京：译林出版社，2013，第37页。

事，有重见于《列子》《搜神记》《抱朴子》《续齐谐记》等书者，疑是后人缀辑而成，已非张华原作。《博物志》内容记有山川地理、飞禽走兽、草木鱼虫、人物传说以及方士神仙故事，显示出它"博物"的特点，特别是那些全无故事性的杂考、杂物，也说明了它的芜杂。但它又记载了故事性很强的非地理博物性的传说，如《八月浮槎》《东方朔偷桃》等，增强了它的小说性。

中国的博物志在表述上有自己的特点与特色。形制上，包罗万象。我国史上最有名的《博物志》当数张华所著，内容博杂，自然和社会生活中的内容几乎无所不包。认知上，属于风土知识。从现存的材料看，殷商时代的甲骨文、金文就具有这一特殊的"博物学"雏形，其内容涉及当时的天文、历法、气象、地理、方国、世系、家族、人物、职官、征伐、刑狱、农业、畜牧、田猎、交通、宗教、祭祀、疾病、生育、灾祸等。实践上，追求知行合一。博物的原则正是"格物致知"，这也是"中式博物体"独特的内涵。语体上，讲究自成一体。博物志开始入杂家类（《隋书·经籍志》），与小说有着脉络上的相通，常常作为志怪小说中独具特点的一种体裁，对后世也很有影响，形成文言小说的一个流派。今存宋周日用、卢氏注十卷本，《四部备要》本，《古今逸史》本，《广汉魏丛书》本，《格致丛书》本，《四库全书》本，《稗海》本，《快阁藏书》本，《增订汉魏丛书》本、《子书百家》本等。①

与西学科制化学科不同，中式博物学有一套自己的规范和学理。然而，现在社会上普遍认识的这一用语是由西方引入的，而如果以西方的博物学套用中国的博物学形制，会有很大的出入。难怪有西方学者认为："事实上中国人并没有一门学科，一个知识体系，甚或一个连续的学术传统，刚好与西方的'博物学'、'植物学'、'动物学'相对应……'博物学'也是 19 世纪翻译西方著作时出现的新词新义。"② 虽然笔者不认可这样的观点，但这样的表述却符合历史事实。问题出在哪里？首先是翻译出

---

① 参见李学勤、吕文郁：《四库大辞典·博物志》，长春：吉林大学出版社，1996。

② 〔美〕范发迪：《清代在华的英国博物学家：科学、帝国与文化遭遇》，袁剑译，北京：中国人民大学出版社，2011，第 159 页。

了问题。当我们用"博物学"对译 natural history 的时候，不断的历史误解、误会与误用就在所难免。其次是认知问题。我们的学科体制似乎对自己的博物体系缺乏完整的认识和整体的评估。第三，缺乏广大民众博物学知识普及的基础。文学民族志的博物学视野弥补了这一缺失。

我国古代最有名的《博物志》当数张华所著，他在前言中说："余视《山海经》及《禹贡》、《尔雅》、《说文》、地志，虽曰悉备，各有所不载者，作略说。出所不见，粗言远方，陈山川位象，吉凶有征。诸国境界，犬牙相入。春秋之后，并相侵伐。其土地不可具详，其山川地泽，略而言之，正国十二。博物之士，览而鉴焉。"① 依此训之，"博物志"不独自有传统，更囊括天下之"物"。全书十卷包括：卷一（地理：地、山、水、五方人民、物产），卷二（外国、异人、异俗、异产），卷三（异物种：兽、鸟、虫、鱼、草木），卷四（物论），卷五（方士、服食、辨方士），卷六（考释：人名、文籍、地理、典礼、乐、服饰、器名、物名），卷七（异闻），卷八（史补），卷九、十（杂说）。其中有以"物理"为题的专论，不过，与"物性"和"物类"互为一体，即"物性（特性）—物理（关联）—物类（分类）"。如果我们将"天时地利人和"作为中华民族文明和文化核心价值的话，那么，中式博物学无妨是这一核心价值的纽带。

概而言之，比较西方的博物学形制，中国传统的博物学有与西方博物学相融、相近、相似的道理和内容。在以"自然"为整体的视野中，中西博物学具有一致性。但西方的博物学从一开始就是建立在"自然（nature）"的框架中，中式博物学中的"自然"则是建立在"天文—地文—人文"的整体参照之上。文学民族志在趋向上与博物民族志存在着范式上的契合。

结　语

文学民族志作为一种新的研究范式，仍处于实验和实践阶段。笔者之所以提出这一新的研究范式，主要包含以下几个思考：

---

① （晋）张华：《博物志校证》（卷1），北京：中华书局，2014，第7页。

第一，文学人类学作为一门分支学科在我国从提出、实践至今已经近三十载。随着这一学科的深入，我国的文学人类学研究也已进入一个新的发展阶段，虽然仍处于摸索期，但已经到了需要提出新主张，尤其是符合"中式道理"范式的主张的时候。具体而言，需要从范式上有一个推进性主张和建构。

第二，文学研究从传统学院派的"文字堡垒"中走出，去往哪里？——回到生活，与社会的需要相结合无疑是一个摸索方向。这样既可以将传统的研究引向更为多元、多样的发展空间，同时也继承了传统的文学研究。特别在今天，各种新式传媒已然将传统的文学表述的方式（包括文字表述）改变、改造得面目全非。但"守正创新"是必由之路，即在守住中华文明的正名、正统、正义的基础上创新。如果丢失了前者，后者堪忧。

第三，当今世界，科学之学科研究愈来愈趋向于细致化。学科的"针尖式"研究为专家找到了钻研、立足和生存的"归属"。与此同时，社会也在呼唤学科的科学整合，以解决人类所面临的"生态—生物—生命"链条断裂的危机。学科的协作与协同也成了新时代的要求。文学民族志无疑也在这个意义上加入和注入了整合性研究的尝试和实践，并试图与"新百科全书派"① 的范式相结合，致力于解决人类当今所面临的困境。

第四，文学民族志在价值方面也在试图做一个回归的示范，即实验一种回归文学的"原始发生学"——源于生活之原始形态的可能性。如果学科的分支与整合是一种不得已而为之的发展，那么两极对走不啻为范，而且，"回首—回顾—回走"却是需要格外强调的。因为今天的社会发展太快，丢失太多，特别需要提示和提醒人类："从哪里来？""到哪里去？"这样，文学民族志无妨可以成为文学研究的"再出发"——以现代的新知

---

① "百科全书学派"是十八世纪欧洲，尤其是法国出现的一种超越单一学科的综合研究倾向和研究范式，因起源于狄德罗主编的《百科全书》而得名。著名学者包括达朗贝尔、爱尔维修、霍尔巴赫、孟德斯鸠、魁奈、杜尔哥、伏尔泰、卢梭、布丰等。他们除了有相关的政治信念和宗教信仰外，学术研究上也有一个共同的特征：超越某一学科樊篱的限制，根据社会所需进行跨领域、跨学科的研究。比如，卢梭的研究领域宽广，既整合又具体，难以用某一个具体的专业学科定位之，却是社会极其需要的。

识、新媒体、新技术走向新博物民族志，让"生命共同体"重新建构起"命运共同体"的编码。

以物为伴，让物思考：基于《森林如何思考》等三部民族志的书写评析[*]

陈正府^{**}

摘　要：物会思考吗？人一直被各种物所包围，所造之物也定义着人。物具有能动性，并影响着人的生活。人类与非人类（物）的关系是当下社会科学关心的热点话题。如何以超越人类的人类学视野看待身边的人类与非人类（物），这有助于我们改变人类中心主义，加深对人的定义以及人栖居于这个世界的整体性理解，从而以更为广阔和包容的视野去看待无数非人类（物）与人们生活世界之间的纠缠与关系。本文基于《森林如何思考》《金宝螺胡撇仔》《与帆为乐》三部民族志的书写评析，认为当下的民族志不仅要关注人或物，还要从人与物之间的关联性、共生性和开放性上打破封闭的认知循环。为此要提倡从多中心、多维度，交织、共生、纠缠，以及网络化、异质化、平等性和关联性思维研究人与物，同时加大对物的生命传记与叙事功能的研究。

关键词：人类与非人类　物性　去人类中心主义　纠缠　多物种民族志　整体观

引言：物会思考吗？

物会思考吗？人一直被各种物所包围，所造之物也定义着人。物具有

---

* 本文系国家社科基金项目"西南民族手工艺价值利用与乡村文化振兴耦合机制研究"（编号：21XMZ007）的阶段性成果。

** 陈正府，博士，副教授，硕士生导师，研究方向为艺术人类学、文化遗产、人文地理。邮箱：zhechen@ mail. gufe. edu. cn。

能动性，并影响着人的情感与生活。譬如，我们每天一起床，看见祖母曾经坐过的椅子，顿时无比怀念起她来；用手机刷看朋友圈中的家乡美食图片，顿时勾起乡愁；看见窗外的树、天空，听到车辆过往的声音，走出家门，遇见熟人或朋友，跟他们聊天所描述的各种各样的事与物。放眼四周，山川、河流、建筑、风景是我们生活的环境，是我们生存的家园，每天的心情与身体的行动皆与之发生着关联。这些都是物，可看出物定义着我们，并影响我们的生活与生命。然而，如同当年人类观察天体从"地心说"向"日心说"的转换，从地球看太阳，到从太阳看地球，这是两种不同的认知角度与"位置性"转换，启发了本文将探讨的核心议题：从人看物，到物看人，这其中的本体认知角度转换是可能的吗？物能说话，且能思考吗？

在回答这个问题之前，我们先来看一个例子：假如一个人在沙漠里发现了一具男干尸，全身赤裸，呈挣扎状，衣服早就腐烂掉了，但其旁边发现了一把石斧与青铜刀。他的周围没有任何文字性的碑刻或文本存在。我们无法知道他为何而死，更不知道他的身份与当时的具体情况。我们视之为"物"的存在，却无法知道更多的信息。接着，我们把他抬进了博物馆，请来了考古学家进行碳－14测定，发现他生活在距今4500多年前。结合当地的地质条件与人类活动遗迹，判定他处于青铜时代，比之前的考古发现又提前了一千多年。接着一些医学人员对干尸进行CT扫描和病理分析，发现他死于当地的暴风雪；在解剖过程中还发现他的胃里有一些小麦和当地的野果，由此可以知道，在那时，人们已掌握种植小麦的方法，并有了定居农业与采集经济；最后还发现他有牙病和关节炎。可见，石斧、青铜刀、骨骼、牙齿和胃里的东西都在"说话"，即"物"在说话，于是关于这具男干尸的情景性故事也逐渐被构建起来。

另外一个例子，跟笔者的经历有关。从小学三年级起，笔者每天放学后的第一件事就是干家务，其中主要活动就是放牛。笔者常常牵着牛到水草繁茂之处，让它尽情地享受嫩绿的磨牙草。牛虽然不会说话，但是时间一长笔者便与牛有了感情。比如，天气热的时候，它就会发脾气，还喘着气，要么故意不动，要么一下就飞奔，让笔者一时难以追得上。这时它是想告诉你，它想洗澡了，要带它到河里享受一番自由泳后，再带它上岸，才会顺从地跟着你走在田坎边上，静静地埋头吃草。有时笔者也将它赶进山里，让它自由地吃那些芭茅草，早上赶进大山，下午就要到山里寻找并把它带回家。有时久寻不见，只要笔者一唤，不一会儿它就来到身边了。从小学到初中，在与牛朝夕相处的几年里，笔者发现牛也是有情感、有脾气的，即使它不会说话，也会用特有的动作与行为与人进行互动和沟通。比如，有时它把别人的庄稼糟蹋了，笔者用竹枝条抽它的时候，它会用鼻子来拱笔者的手，似乎在表示"主人，我错了，你不要生气了"；有时骑在它背上，下坡时它跑得太快，笔者可能会摔下来时，只要用手挠它的尾巴，它就会自动慢下来。总之，牛不会说人话，但有肢体语言和行为互动，也有脾气秉性，有些行为还充满策略。

一直以来，物是被人客体化的对象，或被当作中立的工具，供人任意支配。但自从新物质主义（new materialism）出现后，物质就具备了能动性与活性（vitality）。新物质主义认为，所有的物质与人一样，具有能动性和物力（thing‐power）①。这种能动性产生于人类与非人类的聚集（assemblages）之中。它也与自然环境一样，是活性的、动态的，可以发起行动并产生一定的结果。② 新物质主义呼应了对人类中心的批判和对物质能动性的强调，其目的是消解生命/物质、人类/生物、自然/社会、有机/无机之间的二元对立。它认为无论是从能指与所指的表征符号意义实践出发，还是从科学主义的原子粒子理论进行观察，物质本身就是在不断运动、变化和生成的。传统哲学一直提倡人的认知来符合客体对象；新物质主义受现象学的影响，认为对象可以具有主体先验认知能力，人对之进行观察和理解只能是现象，而不是本体。康德的"物自体"学说认为，人是以自己为中心通过知觉和表象来理解世界中的物质，所认知的物质只能是人认知经验框架中的物质；物质本身有自己的本体认知框架，但那不是人的认知能力所能抵达的。③ 休谟则把人视为自然界的一部分，都遵从自

---

① Jane Bennett, *Vibrant Matter：A Political Ecology of Things*. London：Duke University Press, 2010, pp. 16‐18.

② 夏永红：《斯宾诺莎，活力唯物主义与物质能动性》，《中国图书评论》2002 年第 4 期。

③〔德〕康德：《未来形而上学导论（注释本）》，李秋零校注，北京：中国人民大学出版社，2013，第 30‐32 页。

然法则。动物与人一样具有理性，只是程度不同而已。动物与人都可根据过往的经验来进行判断，如狗听到哨声知道喂食者来了，人被火烫过后知道避开火焰。动物与人都会通过一定的手段来达到自己的目的。①

一、让物说话：从"以人为中心"转向"以物为中心"

物质能动性是一个跨学科主题，人类学、地理学、考古学、文学批评、社会学与 STS 都在热议。不同定义的物对于物有多种英文表达，如"things""objects""material""gifts""matter""goods""artefacts"等。物的能动性观点不仅打破了笛卡尔心物二元的图景，也打破了达尔文式物竞天择的人类中心征服观。20 世纪 80 年代后期，对物的研究开始转向对哲学意义的探讨。英国人类学家丹尼尔·米勒（Daniel Miller）在《物质文化：为何有意义》一书中梳理了 20 世纪 80 年代以来物质文化研究从"物为何重要"到"物有何意义"的转变，通过对法兰克福学派消费文化的批判，强调"物性（materiality）"对于人性塑造的重要意义，物性可帮助人们思考非人类对于人类生命的影响。米勒还对物与人的亲密关系、物的创造性与能动性进行了系统研究。② 阿尔君·阿帕杜莱（Arjun Appadurai）在《物的社会生命：文化视野中的商品》一书中从"物的社会生命（social life of things）"角度对物进行社会性、商品化和政治学分析，认为物是具有生命的独立主体，需将能动性归还物本身。与物的"文化传记"相类似，在商品化过程中，物就相当于一部生命传记，在生产、流通和消费中展现着社会和历史的变迁，体现出政治、经济和文化的影响。由此得出结论，是物解释社会，而不仅是人赋予其意义。③ 对物的研究不能只探索其物质性的文化阐释与审美特征，其能动性对当下社会公共领域的影响

---

① 叶秀山、王树人、周晓亮：《西方哲学史（第四卷）》，南京：江苏人民出版社，2011，第 340 页。

② Daniel Miller, *Material Cultures：Why Some Things Matter*, London：University College London Press, 1998, p. 3.

③ Arjun Appadurai, *The Social life of Things：Commodities in Cultural Perspective*, London：Cambridge University Press, 1988, p. 13.

也很重要。

英国人类学家阿尔弗雷德·盖尔（Alfred Gell）认为，艺术品是一种特殊的物，能通过象征物（index）影响到人，产生复杂的情感与意向性，这就是艺术的能动性。同时艺术品还可视为行动者，通过能动性，协调着各种复杂的"社会关系"。① 莫斯在《礼物：古式社会中交换的形式与理由》等著作中，由物、身体、技术、空间等角度，探讨有关物的交换与社会整体事实，从生理、心理、社会和历史层面揭示物背后的集体表征与个体心性（mentality）。② 从这个意义上说，物不再是一个客体化的外在附属，物的意义与功能决定着人类更为内在的记忆、时间、空间、情感与道德。威廉·彼茨（William Pietz）考察"拜物（fetish）"一词最早源自西非海岸泛存的物神崇拜，伴随西方殖民史和启蒙运动，被很多社会理论家挪用（appropriation）和转化，最后于19世纪被马克思用来从政治经济学的角度分析人们对现代商品的膜拜与异化。商品化的物成为人们投射各种欲望、价值和生产关系的载体。后来弗洛伊德则从精神分析和社会心理的角度将拜物教（fetishism）与性联系起来。③ 在后博物馆（post - museum）时代，物不再被视为被动的物质材料或静止物件，它们一直在积极地参与意义生产和文化构建。物的能动性是物本身的一种能量与状态，并不是外界给予的，但会随着情景的变化而变化，即物在流动和流传中会发生故事，所经历的时空转换一定会在物身上留下痕迹或刻下印记。在收藏与展览之中，物会随着收藏者、参观者、展示场景之间的互动而发生变化。因此，要深入挖掘物的社会生命史与流传史，将物自身置于主体，而让人的阐释与观察处于客体，让"物"说话，从而形成多元时空互动言说的展陈场面。④

---

① Alfred Gell, *Art and Agency: an Anthropological Theory*, Oxford: Oxford University Press, 1998, pp. 6 - 8.

② 〔法〕马塞尔·莫斯：《礼物：古式社会中交换的形式与理由》，汲喆译，上海：上海人民出版社，2005，第156 - 158页。

③ William Pietz, *The Problem of the Fetish*, Chicago: University of Chicago Press, 2022, p. xiv, 22.

④ 沈辰、商阳子：《试论"物"的能动性及其在博物馆藏品研究中的应用》，《故宫博物院院刊》2022年第5期。

　　总体而言，学者们从不同的角度对物进行研究，归纳起来，主要体现为从"以人为中心"转向"以物为中心"，让物说话，并与其所存在的物质环境、文化情景与历史背景联系起来，主张人的文化与心灵世界是与物质能动性相互交织并共同塑造的。对此，一些经典人类学著作已有了出色的范例呈现与文化阐释。弗雷泽在《金枝：巫术与宗教之研究》① 一书中列举了大量神话与仪式中多物种和神灵进行相互转化的例子，如谷精转化为鸡、兔、猫、狗、猪、牛、马、山羊、公鸡、公牛等，说明在原始人的视角里，人与动物和植物是一直存在着神秘联系的，这是原始人遵循"交感律"和"接触律"思维方式的结果。交感律认为人与物质之间可通过神秘的交感方式，模拟相似的方式，达到"同类相生""人物互渗"的结果；接触律是指人与人、人与物、物与物之间，只要通过接触，就会发生相互作用。总之，一切物都具有一种神秘的力量，这些力量通过相互接触、交织与传染，从而对其他存在物产生着不可思议的效果。弗雷泽提出的互渗律，实际上也是一种万物共生、彼此联系的观点，这与中国古代思想中的天人合一、天人感应、人地共生的观点相似，给物赋予人格化与神秘感。

　　列维－斯特劳斯认为宇宙是按分类原则构成的，要将物置于特定的思维结构与文化密码中考察。② 在《野性的思维》一书中，列维－斯特劳斯认为，土著人常用交感、移情、反常的方式将人与生物和超自然的世界进行合一。他们的知识是"具体的科学"。"把宇宙间万事万物都看作与福祉相关，自然物的分类就成了一个重要的宗教性的问题，它要求特别侧重分类学。""自然条件不是独立存在的，因为它们与人的技能和生活方式有关，正是人使它们按特定方向发展，为它们规定了意义。自然界本身是无矛盾的；它之所以成为矛盾的，只是由于某种特殊的人类活动介入的结果。而且按某种活动所采取的历史的与技术的形式，环境的特征就具有不同的意义。另一方面，即使当环境被提高到唯一使环境能被理解的人的水平时，人与其自然环境的关系仍然是人类思维的对象：人从不被动地感

　　① 〔英〕詹姆斯·乔治·弗雷泽：《金枝：巫术与宗教之研究》，徐育新等译，北京：大众文艺出版社，1998，第 646－669 页。

　　② 〔法〕列维－斯特劳斯：《野性的思维》，李幼蒸译，北京：商务印书馆，1997，第 43－45 页。

知环境；人把环境分解，然后再把它们归结为诸概念，以便达到一个绝不能预先决定的系统。"① 在《嫉妒的制陶女》的第八章，列维－斯特劳斯这样描述："奥杨皮人相信大树懒是地下世界的主人，这样的认识别有意义，它支持了这种假说：三个世界，也就是林栖动物的世界、人类的世界和小矮人儿族的世界是可以相互转换的。在神话思维中，为了能够形成三个封闭体系的世界，影像的互映是必不可少的。这种影像的互映使得每个世界在呈现自身形象的同时，也反映了另两个世界的形象。这种镜面的反映作用解释了何以在上面的世界里巨人之于人类犹如人类之于小矮人儿，在下面的世界里巨大的林栖动物之于人类犹如人类之于真实的林栖动物。"② 此书的原版虽出版于 20 世纪七八十年代，但上述这些引用却是当下阐释人类学本体论转向热潮的精彩民族志细节。

近年来，随着社会科学"物质转向""去人类中心主义""行动者网络"以及人类学"本体论转向"等思潮的出现，物的能动性与自主性被提升了。万物皆为行动者，彼此互联。物，无论是自然的、人造的、真实的，还是虚拟的、可见的、无形的，都在构筑着一个多元、异质的关系网络，并相互生成（becoming）。去人类中心的思考，主要是强调万物交织和持续共生的关系，认为人与物都是这个关系网络中的行动元（actants），体现出交互性与互补性，并都有资格在特定的场景下成为其中的主体，消除自然与人文的二分，形成一种整体性和关系性的集合体与共同体。③ 由此导致了多物种民族志的出现，其旨趣在于通过生态的视角，让多物种之间的对话与交流成为人类世语境下的书写主体，以消解在人类中心主义下文化与自然、人与物的二分，构建人类和非人类之间的交织、纠缠与整合。④ 多物种民族志涉及艺术展览、物种沙龙、生物技术、STS 研究、自然生态、

---

① 〔法〕列维－斯特劳斯：《野性的思维》，李幼蒸译，北京：商务印书馆，1997，第 56、109 页。

② 〔法〕列维－斯特劳斯：《嫉妒的制陶女》，刘汉全译，北京：中国人民大学出版社，2006，第 107 页。

③ 陈正府：《迈向多元、关联与合作：关系民族志的新思考》，《北方民族大学学报（哲学社会科学版）》2021 年第 1 期。

④ 陈正府：《关系民族志的理论范式与书写策略》，《云南师范大学学报（哲学社会科学版）》2020 年第 5 期。

动物研究、文化批评等多个领域，其目的是反映更深层的生命政治、物种对话与人类学本体论转向等议题。① 本论文以《森林如何思考》《金宝螺胡撇仔》《与帆为乐》三部民族志为例，从物的能动性、万物纠缠、人物共生，以及多物种民族志书写的角度进行详细解析。

二、《森林如何思考》：超越人类的视角

森林能思考吗？动物如何看待人？为何人类学要超越人类的视角？这是《森林如何思考》② 一开始就与读者进行讨论的话题。此书通过民族志的方式，描述操盖丘亚（Quichua）语的鲁纳（Runa）人，如何在厄瓜多尔亚马孙河上游的阿维拉（Avila）村中，将自己与森林中各种存在（beings）联系起来。这些存在包括美洲豹、狗、猫以及各种各样的植物，它们都有非常真实的灵（spirits），以一种超自然的非人类方式，徘徊在森林里。其目的是通过一种超人类的视角，审视鲁纳人与周围各种存在的关系，从而揭示人类与非人类之间的相处之道。这本书想告诉读者的是，人会思考，森林中的动物和植物也会思考。因为它们会以各种能动的方式思考，所以人类才与他们一起生活并相互依赖。我们的目标是去发现森林自身的想法，让它们以这样类似于野性的方式影响我们，就如同它们通过我们的思考得以了解一样。③ 随着自然/文化二元论的打破，越来越多人类学家通过研究生物和生态的视角来探讨是什么让我们成为人类。作者爱德华多·科恩（Eduardo Kohn）在此书中提醒我们不要被人类习以为常的关系思维和认知模式所"殖民"，要对周围的生物世界和生命过程有更为广泛和更为动态的理解。④ 人类并非唯一能够使用语言和符号的存在，众生皆

① Kirksey S E, Helmreich S, "The Emergence of Multispecies Ethnography", *Cultural Anthropology*, 2010, Vol. 25, Issue 4, pp. 545 – 576.

② Eduardo Kohn, *How Forests Think*: *Toward an Anthropology Beyond the Human*, Los Angeles: University of California Press, 2013, p. 21.

③ Eduardo Kohn, *How Forests Think*: *Toward an Anthropology Beyond the Human*, Los Angeles: University of California Press, 2013, pp. 1 – 5.

④ Eduardo Kohn, *How Forests Think*: *Toward an Anthropology Beyond the Human*, Los Angeles: University of California Press, 2013, pp. 221 – 225.

能如此。世界由人类和非人类构成。因此，民族志不仅关注人类或动植物，也注重人类与动植物之间的关系。思考的能力和表达不仅仅是人类的特权，我们的思考应该超越人类的局限；人类应当与森林中各种非人类思想一同思考，而不仅限于思考森林本身的想法。

作者爱德华多·科恩一开始借助苏马科火山脚下一个猎人的告诫，"要仰面而睡，这样美洲豹来后，觉得你是面朝着它，在看着它，它就不会打扰你。若你俯面而睡，它会把你当作一坨肉"，引出美洲豹看待人类的方式，即从物看人。当地的萨满仪式也充斥着把人变成美洲豹的内容——神通过牛的身体和美洲豹说话，继而将森林中的小溪、河流等生态系统，以及人们的狩猎、捕鱼、园艺活动联系在一起。这本书试图通过民族志的方式，运用超人类的视角，来理解人类与非人类的关系，同时将传统民族志研究人类的符号表征过程，转向关注其他的生物如何参与人类的生活。作者认为这种超越人类的人类学视角，有助于重新思考古代希腊神话中的斯芬克斯谜，即：什么东西是早上四条腿，中午两条腿，晚上三条腿？虽然俄狄浦斯的答案是人。但这个谜语与《森林如何思考》的原理有共通之处，即若人类自身从超越人类的角度来看，会有什么不同？人如何认识自己？爱德华多·科恩在最后章节给出了答案：斯芬克斯谜可以启发我们，人通常是以道德、语言与文化等象征方式存在的，但人有时也具备其他动物的共性，如四足；有时又可以超越人类的方式进行生活，如早上是四条腿走路（象征婴儿时期，四肢爬行），中午是两条腿走路（象征中年时期），晚上是三条腿走路（象征晚年时期，因年老体衰，要借助拐杖行走）。斯芬克斯谜与谜底实际上蕴藏着一个极为深刻的语言学与符号学转换，提醒人类所知的语言与图像手段只是表征模态（representational modality）过程中的一种而已。

森林如何思考？非人类如何认识世界并相互交流？爱德华多·科恩在此书中借用了语言学家查尔斯·皮尔士（Charles Peirce）的表征（representation）概念和三元符号理论。皮尔士认为人类与非人类是通过表征来认识世界并且相互交流的。这里的表征是一种符号学运作过程，其中的符号可分为三类：一是像似符号（Icon），即指称对象和表征对象的表现形式和图像都是相似的，如以玫瑰的图形来指涉真正的玫瑰；二是标示符号（index），即指称对象与表征对象是一种因果或时空上的连接关系，如看到烟就有火，烟标示着火，看到"stop"标记，就知道前面有交叉路口，要放慢速度；三是象征符号（symbol），指称对象与表征对象完全是约定俗成的关系。在皮尔士看来，任何符号都是像似、标示和象征成分的三元结合，是事物表呈（thing - presentation）的充满着活力的"指号活动（semiosis）"。① 大量的社科研究表明，符号活动并非人类的专利，如乌云指示着要下雨了，乳房象征着母性。皮尔士的符号理论对非人类世界的各种符号活动具有更强的分析和解释能力，特别是在事物和指称对象之间存在习惯、再现、中介、现象、交流等抽象范畴的时候。例如，植物的开花可能指明当下的季节，狗的叫声可指向周围可能有陌生物的传入，专食尸体的秃鹫能通过地上动物的体态判断其是否死亡，老虎可通过气味知道是否有其他动物的存在。②

由此，爱德华多·科恩认为非人类与人类对于事物的表征原理和符号逻辑都是一样的，要么是像似的（iconic），要么是标示的（indexical），要么是象征的（symbolic）。人类与非人类的共通点，在于都具有能动性和活性（vitality），在能动与互动中，通过符号彼此共生与关联。人类的符号不过是超越人类广阔符号中的一种，一旦理解了这些逻辑，就理解了超越人类视角的重要性。提醒人类不要被自己的表征系统所局限，这是理解森林如何思考的关键。所以爱德华多·科恩在书中讨论，森林、动物、河流，这些基本都是生物和生态系统的组合，它们都会思考。无论是什么样的物，生物的或物质的，都具有能动性，在各种层次和尺度上，最终都是由符号表征的关系所构成。超越人类学视角有助于通过动物与生物来反观我们，或与我们一起看，因为它们最终是我们的一部分，继而告诉人类，是物（things）维系了我们，成为我们现在的样子；世界有多个本体，各自眼中的"客观"与"真实"也是多种多样的。这体现了近期人类学本体论转向与去人类中心主义观点。其核心议题是：如何看待世界的本体？人类

---

① 纳日碧力戈：《民族三元观：基于皮尔士理论的比较研究》，北京：民族出版社，2015，第 17 页。

② 丁尔苏：《释意方法与符号分类》，《四川大学学报（哲学社会科学版）》2015 年第 6 期。

与非人类认识世界能通约吗？人类认识世界是基于人的语言与认知视角，但非人类如何认识这个世界？于是衍生出此书中"森林如何思考？如何认识人心之外的世界"之类的话题。

三、《金宝螺胡撇仔》：多物种的生存之道

《金宝螺胡撇仔》① 是一部人类学影像民族志，为加州大学圣克鲁兹分校人类学博士蔡晏霖、教授罗安清（Anna Lowenhaupt Tsing），以及实验纪录片导演伊莎贝尔·卡博内尔（Isabelle Carbonelle）、自由职业者蔡雪青2016 年共同完成，其英文名全称为 *Golden Snail Opera：The More－Than－Human Performance of Friendly Farming on Taiwan's Lanyang Plain*（金宝螺胡撇仔：台湾兰阳平台上的多物种友好农业展演）②。金宝螺，也被译为福寿螺，是原产于南美的外来物种，外观与田螺相似，以水生植物、浮游藻和浮游生物为食。福寿螺繁殖能力超强，一只母螺最高纪录可产下 1 万多粒卵。它在 20 世纪 70 年代被引入中国台湾，短短几年时间，福寿螺物种就蔓延至菲律宾、日本等地，且干扰了当地水生生物群落结构和生态系统，因此被视为亚洲各地水稻和其他水产业的梦魇。2003 年，福寿螺被中国大陆首批认定为危害最大的外来物种之一。在台湾的中小学教材里，福寿螺成为外来物种入侵的典型案例。它对当地环境和气候适应性强、繁殖快、食性杂，喜啃食植物叶片，生长在该地区的农作物如水稻和莲藕产业都受其影响，减产率可达50% 以上。台湾主张通过农药对福寿螺进行控杀，每年的农药实施成本达 2 亿台币，却始终无法彻底解决福寿螺物种泛滥问题，以及对生态环境带来的严重的负面效果。越来越多的人开始意识到福寿螺不可能从台湾生态系统中消失，试图从生态与耕作方法上找到福寿螺与人类共生共存的途径。

《金宝螺胡撇仔》影像民族志记录和呈现了台湾宜兰友善耕作稻田里的多物种连接共生实践。宜兰友善耕作是一种对自然环境友善的农耕方

---

① 蔡晏霖：《金宝螺胡撇仔：一个多物种实验影像民族志》，《中外文学》2020 年第 1 期。
② 蔡晏霖：《金宝螺胡撇仔：一个多物种实验影像民族志》，《中外文学》2020 年第 1 期。

式，基于工业化过程中对破坏环境的反省与超越，主张农业生产过程中不使用农药，提倡自然农法和有机农业，创造绿色就业，促进绿色农业可持续发展，因而也被称为安全农业、有机农法和友善耕作，常配合当地的观光产业进行推广。有别于一些人用农药来除螺，或根据有机认证农法以苦茶粕来杀螺，宜兰友善耕作主张通过手工或物理的方式来去除稻田中的福寿螺。因为他们发现，虽然苦茶粕是一种生物材料，但遇水后依然会产生一些油脂物污染环境。于是宜兰友善耕作小组提倡复合式的方法进行治理：一是控制水位来减弱稻田中福寿螺的游动能力，然后动用人工力量捡除福寿螺；二是调节稻田中的水位来引导福寿螺吃田中的杂草而不吃秧苗；三是在秧苗长大一些后再进行插秧，这时福寿螺已吃不动长大的秧苗而倾向吃田间杂草。更重要的是，他们发动当地小农和农业科学家利用地方性知识，寻找人与生物共同生活的可能性。[1] 通过走访，他们发现当地人喜欢吃樱桃鸭，樱桃鸭又爱吃福寿螺，福寿螺又爱吃稻秧杆，且发现福寿螺还是稻秧田里帮助小农除杂草的好手。绿色革命革了大半天，也没有解决福寿螺滥生的问题。谁说福寿螺生来就是天敌呢？人们可跟福寿螺做朋友。宜兰友善耕作小组通过观察和实践，总结出通过不同的农耕手法与生态实践，可能会建立不同的人螺关系。与其只看到物种的缺点与害处，不如主动发现物种间彼此依存的优点，从而适应彼此、共同生活。宜兰友善耕作小组通过一系列的观察与设计，逐步将"人螺对立"改变为"减害并存"，甚至引导至"协同发展"。[2]

影片用大量的近焦镜头，以人类与非人类的混合手法，展现了诸如福寿螺如何在泥田里吃杂草、稻田里老农打着手电筒捕捉福寿螺等镜头。"阿公，你们小时候秧苗有喷农药吗？""那时田里有什么样的生物？"等问话开始了本片的多物种影像志的实践与对话。伴着旁白，镜头中一一出现了以家犬、水蚤、彩鹬、白腹秧鸡、红冠水鸡、花嘴鸭、光润金线蛭、田鼠为拍摄主体视角的多物种生存景象，并夹杂着田头老大公（超自然神灵）、乡村老农、科学家和农业青年之间的对话，其叙事手法融合了田野

---

① 蔡晏霖：《金宝螺胡撇仔：一个多物种实验影像民族志》，《中外文学》2020 年第 1 期。
② 蔡晏霖：《金宝螺胡撇仔：一个多物种实验影像民族志》，《中外文学》2020 年第 1 期。

访谈、地方信仰、土著传说、口述叙事、二手文献与科学知识。作为超人类的多物种民族志，影片中的对话大量以田头老大公的回答为主线，牵起一段福寿螺、农人、水鸟、水稻等人类与非人类之间的关联与回应。田头老大公在影片中既代表人，也代表人们崇拜的神灵，但他的一些回答，如"我到处漂泊，没有归所""无论未来怎么来，我将超越你的智慧、想象与自然"，让田头老大公集自然与超自然于一体。

影片告诉我们，人们在观察福寿螺，福寿螺也在观察人。作为自然的一部分，人类不是唯一有能力感知这个世界的生物，其他的众多非人类也具有同样的能力。存在（beings）本身就是一词多义的复数状态。作者在影片中拍摄了大量生物生长、活动和行动的镜头，并伴以旁白，实际上是实践类似巴西人类学家卡斯特罗（Eudorado Viveiros de Castro）通过美洲豹与印第安人的关系审视单一文化与多元自然（mono - cultural and multi - naturalism）的本体论思考。① 如同美洲豹也是人类，影片通过田头老大公的旁白启示：各种生物属于自然资源的一部分，也是大地生灵。生命是相互依存与转化的。福寿螺从敌到友的例子告诉我们：一种物种有害或无害，不能只通过单一视角和生态链条的关系来评判，而要从整个物种聚落的生态环境出发，考量不同生物的特性，并辅之以不同的农业手法与地方性知识。换一个视角或介入方式，或许能实现多物种的协调共生，化敌为友，实现复调式（polyphonic）和集合式（assemblage）发展。② 如巴西东北部遍布到处漫游的野驴，为1500年经葡萄牙人引入物种的后代，曾为当地木材运输、蔗糖生产和盐矿开采作出了重要贡献。如今巴西已步入现代化与工业化，驴被抛弃并被视为与当地环境不相适宜的外来入侵物种，这引起了当地环保官员、动物保护主义者、游客之间的激烈争执，后来通过多方协调和复调式发展，漫游的野驴被列为促进生物多样性的保护动物，并成为当地生态旅游的独特景观，反而促进了当地旅游经济的发展，实现

---

① Holbraad M，Pedersen M A，De Castro E V，"The Politics of Ontology：Anthropological Positions"，*Cultural Anthropology*，Jan 13，2014，https://culanth. org/fieldsights/the - politics - of - ontology - anthropological - positions.

② 〔美〕罗安清：《末日松茸：资本主义废墟上的生活可能》，张晓佳译，上海：华东师范大学出版社，2020，第21页。

了人与驴共存以及友好协调发展。① 换位思考，"河川自成体系，万物各得其所。"多物种民族志的书写方式有助于我们看到各种人与非人、文化与自然、知识与信仰、群体与技术之间不同生存之道的开放性纠缠与关系，并商讨合作与协调发展之道。②

四、《与帆为乐》：物与人的合一

人类的生活不仅涉及与其他人和动物的互动，还涉及与无生命物的互动。这些物，有些是"自然的"，有些是人类制造的。我们日常生活中的吃、穿、住、行，以及每天可触摸的、可操作的都是人类制造的物。这些物塑造着我们的生活方式，以及与他人的社会关系。特别是当我们制造、操作和改变这些物时，它们也会在某种程度上塑造、操作或改变着我们。蒂姆·丹特（Tim Dant）的民族志《与帆为乐》通过三部分来讨论物如何塑造我们的休闲生活，并促进社会关系的互动。③ 其中第一部分讨论玩和游戏为何是社会互动的重要形式，以及物为何是这些互动中最重要的媒介；第二部分分析滑浪风帆游戏活动为何能成为时尚运动和身体资本；第三部分分析水手与帆船之间的配合是一个复杂和持续的"物质化和具身化（material and embodied interaction）"④ 合一的过程。玩与游戏作为一种常见的社交活动，是人们习成所属群体的社会价值观的重要方式，在与他人互动中，形成发现自我、表达自我并分享自我的重要活动方式。玩滑浪风帆也代表一种消费过程与社会行为，通过消费，定义着水手的身份、地位与生活方式。风帆作为一种物件和时尚运动，对水手们也产生一种吸引力，

① Clancy C, Cooke F, Raw Z, "Entanglement, Autonomy and the Co‑production of Landscapes: Relational Geographies for Free‑roaming 'Feral' donkeys（Equus asinus）in a Rapidly Changing World", *Geoforum*, 2021, Vol. 123, pp. 66‑77.

② 〔美〕罗安清：《末日松茸：资本主义废墟上的生活可能》，张晓佳译，上海：华东师范大学出版社，2020，第6页。

③ Tim Dant, "Playing with Things: Objects and Subjects in Windsurfing", *Journal of Material Culture*, 1998, Vol. 3, Issue 1, pp. 77‑95.

④ Tim Dant, Wheato B, "Windsurfing: An Extreme Form of Material and Embodied Interaction?", *Anthropology Today*, 2007, Vol. 23, Issue 6, pp. 8‑12.

吸引更多人去消费和玩，并成为"身体资本（physical capital）"以维持社会身份、地位与快乐。①

帆板，作为一种物，与人类所有的玩具一样，能给人带来刺激与快乐。水手自由地运用杂技般的身体技术将滑板提升至水面，与身体一起，乘风破浪，自由滑翔，在速度与冲击中将身体解放出来，并获得快感，从而体验着自由、兴奋与快乐的感觉。特别是在驾着风帆掠过水面的时候，水手们穿着橡胶外衣，手紧握桅杆，脚趾紧抓帆板，伴随着一种非凡的刺激和眩晕的体验，就像从一个普通的凡人转化为神话中的战士。行进时，水手通过对风向和风力的感知来操作帆杆，使滑板获得在水面上行驶的速度，从而实现身体与物体、速度感与控制感的合一。② 水手驾着风帆冲浪时的眩晕与刺激乐趣来自起步、加速、高速航行和急转弯的过程，于是平衡成为水手最为关键的一项身体技能。风和水面在不停地变化，就要求水手必须像骑自行车一样在保持身体直立的同时，还要学会平衡帆上随风速变化所产生的侧向力。这是一项竞争运动，给玩家带来无尽自由的同时，也让玩家通过自我控制和驾驭帆板获得超常体验。③ 玩风帆是要具备一定物质条件和社会身份的。首先，玩家最好是属于"休闲阶层"的那部分人。他们既要有钱，又要有"闲"，这样才能够玩得起滑浪风帆运动。失业者和低收入者通常是被排除在外的，因为他们可能因家庭经济条件而无法将收入用于休闲活动。另外，身体协调性、平衡性或肌肉力量不足的人玩滑浪风帆也是受到限制的。

在滑浪风帆运动中，水手以物为伴，将其作为游戏，从而获得快乐。水手所玩的物包括板体、桅杆、帆等材料的集合。通过技术的习得与创作，水手们创造出起步、直线航行、转弯和返回出发点的一系列身体技术与动作。从某种意义上说，水手是在通过超越自己来进行玩耍，扮演一个

---

① Pierre Bourdier, "Sport and Social Class", *Social Science Information*, 1978, Vol. 17, Issue 6, pp. 819－840.

② Tim Dant, "Playing with Things：Objects and Subjects in Windsurfing", *Journal of Material Culture*, 1998, Vol. 3, Issue 1, pp. 77－95.

③ Tim Dant, "Playing with Things：Objects and Subjects in Windsurfing", *Journal of Material Culture*, 1998, Vol. 3, Issue 1, pp. 77－95.

他或她在非闲暇时间内通常不会扮演的角色。然而，帆板与球类运动的不同之处在于，它是在没有太多规则和限制的游戏情景中进行操作的。行进过程中，风帆装备（板体、桅杆、帆）与水手之间形成了一种高度配合的具身化关系。在运动中，这些风帆装备相当于水手"延展的身体"，告诉水手它的功能与能力有哪些，如何操作板体与水，帆与风如何进行互动。这些互动都是通过风帆装备的材料、功能与能力来告诉水手才得以实现。乔治·赫伯特·米德（George Herbert Mead）认为人与物的互动是通过社会化过程而产生意义的。① 比如，房间里的家具，不是毫无用处地摆在那儿，它向主人发出信息，邀请主人坐下休息或与其他人一起交流；博物馆展厅里的椅子，则是向参观者无声地诉说着它的历史与故事。物与人互动，还包括人通过看、闻、触摸等生理性的接触，从而获得对物的反射性体验与感受。滑浪风帆就是如此，水手通过对板体、桅杆、帆的接触、驾驭与控制，从而获得了对帆板大风下航行能力（速度、承受力）的掌握；同时风帆装备的系列性能、质感和物理设计也能传递信息给水手，让他们明晰何时扬帆起航、高速转向时须具备的身体技能，以及航行中的一些技巧与注意事项等，从而熟练驾驭风帆，实现在海面的尽情冲浪。

　　水手与风帆装备的配合是一个复杂且持续的"物质化"和"具身化"过程。② 帆板和桅杆支撑着水手的重量，并决定着水手的方位感与平衡感。在行进过程中，为了选择方向与加大速度，水手需要不断调整风帆（转向时需要操纵桅杆的倾斜度改变帆在风中的受力），并调整自身在帆板上的身体重量（高速行驶时，水手的身体要向外倾斜并不断调整重心，以使帆板获得平衡）。每一次冲浪与划行，水手的手、脚、腰、臀都要与帆板和桅杆保持着高度的合一和精细的配合。在运动中，水手正是通过对帆板、桅杆的控制与对风力风向的多重感知，实现身体与帆船装备之间的精密互动，在这种互动中获得"游戏"的快感与自由的体验。总之，作者在此民族志中描述水手与风帆之间互动的案例，是想告诉人们，物与人之间的界

---

① George Herbert Mead, *Mind*, *Self*, *and Society*：*From the Standpoint of a Social Behaviorist*, Chicago：University of Chicago Press, 1967, pp. 149 - 154.

② Tim Dant, Wheato B, "Windsurfing：An Extreme Form of Material and Embodied Interaction？", *Anthropology Today*, 2007, Vol. 23, Issue 6, pp. 8 - 12.

限并不是那么简单，而是要通过系列的环境感知、物我配合与身体技术，从而实现滑浪风帆运动主体与客体的合一。无论是以物伴我，还是以物为乐，滑浪风帆运动通过对物的操控，维持着水手们的自我超越、社会身份、闲暇消费与激情表达。①

结　语

当前物质文化研究的特点主要表现为：第一，相关跨学科研究的大量涌现，如人类学、地理学、考古学、文学批评、社会学与STS都在对此产生热议；第二，后结构主义、现象学、阐释学、消费主义理论的兴起，使物的研究再次为人们所关注。众多的物质文化研究中，物具有能动性是一个重要的观点。物不仅是静态的，而且是具有生命力和活动性的，它可以影响人类的行为与感知。当下"物质转向""去人类中心主义"和"行动者网络"等思潮的出现表明，社会科学的视角正在从传统的人类中心主义，转向强调物质的能动性和自主性。这意味着，物不仅仅是人类活动的结果，也是参与制定和决策的主体；人类不再被视为物质世界的独有掌控者，而是与物质世界共同形成网络中的一个节点。这一转向也影响到人类学的本体论转向，强调物质世界对人类行为和文化的影响。新物质主义作为一种新的社会理论，对自然界和人文世界的整体性理解具有重要的启示意义。它强调物质能动性的重要性，并批判了传统的人类中心主义；认为物与人类活动密切相关，并且物的"活力"具有能动性和决定性作用。多物种民族志的出现展示了一种新的人类学方法，旨在通过多物种之间的对话和交流来构建一个更加复杂和多元的世界观。这种方法消解了人类中心主义下的文化与自然、人与物的二分，探讨了人类与非人类之间的交织、纠缠和整合。

爱德华多·科恩的民族志《森林如何思考》对人类与非人类世界之间的关系进行了深入地思考。科恩认为非人类，如森林、动物、精灵，都拥

① Tim Dant, Wheato B, "Windsurfing: An Extreme Form of Material and Embodied Interaction?", *Anthropology Today*, 2007, Vol. 23, Issue 6, pp. 8–12.

有自己存在和思考的方式。他借鉴了当下民族志研究和一些哲学概念，提倡超越人类中心的世界观，为人类与自然世界之间的相互关系呈现出一种新颖的视角。《金宝螺胡撇仔》以影像民族志的方式告诉我们，作为自然的一部分，人类并不是唯一具有感知世界能力的生物，很多其他非人类也具有相同的能力，存在（being）本身是一种多义的复数状态。只要从整个物种定居的生态环境开始，考虑不同生物的特征，运用不同的视角或干预方法，可能会实现多物种间的协调共生，并化敌为友。《与帆为乐》认为水手与风帆装备之间的磨合是一个复杂和持续的"物质化"和"具身化"过程。无论是以物伴我，还是以物为乐，物与人的界限并不是那么简单。滑浪风帆运动实现了对物的控制，并维持着水手的自我超越、社会身份、闲暇消费和激情表达。通过一系列的环境感知、物我配合和身体技术，风帆的主体和客体合二为一。三部民族志案例表明，非人类不仅构成且反映着人类的现实世界，更是人地关系和消费社会的重要媒介；物具有多义性，既是自然之物，又是文化之物、社会之物和象征之物，在不同的情境下可以得到不同的理解与感受。研究人与物之间的依恋关系，获得对人与自然、生命与情感、人性与物性之间关联性、整体性的理解，这才是物质文化研究的意义与魅力所在。

尽管当下众多社会科学，包括人类学、历史学、社会学、人文地理学、政治学、经济学、认知科学都从不同的角度对物的能动性进行了深入地思考，但实际上他们都在达成一种共识，即物的能动性是一个情境化的过程，要多注重非人类的因素，而不是总在争论物有没有能动性。与此同时，我们也要避免从一种极端走向另一种极端，即只承认能动性是物质的，而不是人的。为此，我们要提倡多中心、多维度，交织、共生、纠缠的网络化、异质化、平等性和关联性思维，这有利于我们更加认真和创新地对待物质文化。另外，我们要加大对物的生命传记与叙事功能的研究，这样一方面可突出物的能动性，另一方面可将情景之物、文化之物与社会之物研究综合起来，真正赋予其整体性的文化意义与社会生命，让人与物达到一种浑然天成和物人合一的交互性与互补性。物既具有功用性，又与生命环境、个体生活、审美趣味以及世界观、宇宙观息息相关。① 诚如佩尔斯·迪克（Dick Pels）等认为："物需要有象征塑造、故事情节和人类代言，才能获得社会生活；反过来，社会关系和实践需要得到物质上的支撑，才能获得时间和空间上的稳定。"②

---

① 〔澳〕伊恩·伍德沃德：《理解物质文化》，张进、张同德译，兰州：甘肃教育出版社，2018，第 183 - 204 页。

② Dick Pels, Kevin Hetherington, Frédéric Vandenberghe, "The Status of the Object: Performances, Meditations and Technique", *Theory, Culture & Society*, 2002, Vol. 19, Issue 5/6, p. 11.

论海外民族志的深入性：南亚语言与文学的生产实践[*]

余媛媛　　鲍国妮[**]

摘　要：海外民族志是在西方人类学和田野调查基础上衍生而来的概念，是西方人类学理论在中国本土化实践的结果。随着学科和经济的发展，学者们走出国门，结合国别与区域研究，赴海外探寻更多异文化。然而，如何在推进海外民族志中保持可持续发展是当下需要反思的问题。故本文以南亚国家和地区为例，解构梵语在南亚研究中的文化模式，分析文学在南亚研究中的反哺意义，探寻语言和文学在海外民族志实践中的"再认识"和"再深入"范式。

关键词：海外民族志　国别与区域　南亚语言　南亚文学

海外民族志是人类学的"后来者"概念，是非西方概念。中国人类学界进入 21 世纪后才逐渐开展不同国家与区域的民族志专题研究。如高丙中指导的团队布局广、专题多元，彭兆荣、王建民、王延中、项飙、王铭铭等学者提出了海外民族志的时代性和对学科发展的重要性。后续青年学者们在各自田野上总结经验，产出相关海外民族志的研究成果。他们不同的兴趣点所衍射出的专题不一，但互相融合，如泰国的宗教、非洲族群、马来西亚性别、墨西哥的仪式、斯里兰卡遗产等。在世界版图中，因南亚大部分地区曾是英国殖民地，加之宗教复杂、文化多元，相关人类学研究涵盖种姓、宗教、族群、政治、性别、法律、朝圣旅游、建筑、艺术、健康

---

　*　本文系国家社科基金项目"人类命运共同体战略下中斯文化交流的认同机制研究"（项目号：18CMZ036）阶段性成果，获云南省高层次人才项目经费支持。

　**　余媛媛，云南师范大学副教授、美国加州大学伯克利分校访问学者，主要从事文化人类学、南亚区域与国别研究；鲍国妮，云南师范大学硕士研究生。

等，可谓研究土壤丰厚，研究成果颇多。但在中国的海外民族志范式中，南亚海外民族志的研究屈指可数，且处于发展阶段。不禁让人反思海外民族志如何继续深入？南亚人类学研究为何难？如何避免浮而不实的研究？这三个问题实为本文以盼思考和探讨的问题。

一、海外民族志中的语言研究

深，本义为探测潭底，出自《列子》"彼将处乎不深之度，而藏乎无端之纪"。[①] 入，本义收存物品，加盖封藏，最早见于《说文解字》"入，内也"。[②] "深"和"入"本皆为动词，与空间概念紧密相连，组成的"深入"一词最早见于《庄子·齐物论》"鱼见之深入，鸟见之高飞"，意为"下沉、隐藏"，后演化成动词为"进入事物内部或中心"。[③] 性，作为名词，为特性之意。故"深入性"意为借"深度和广度"的空间概念对某一主题或领域进行研究，而展现出来的特性。海外民族志是对外国民族及其文化、社会、历史等方面的民族志描述，深入性研究包括对研究对象的深入、研究方法的深入、研究理论的深入、田野调查的深入等领域的全面掌握和理解，并能够对其中的复杂性进行深入分析和理解。

结合当代人类学人才培养模式和研究者进入田野调查的不同阶段特征，海外民族志的深入性研究或许可以进行一个大致的层次划分。第一层次为表面性探索（确定方向阶段）：这个层次往往出现在人类学学者或学生选题初期，只对研究对象的表面信息进行大概了解。第二层次为较浅性研究（田野调查准备阶段）：研究者对研究对象进行初步了解和调查，信息源可能来自书籍、口传、媒体和网络等，并初步形成了一定的问题意识，但研究者没有赴海外进行深入的田野调查。第三层次为初级深入性研究（初下田野）：研究者对研究对象进行长时段、较为深入的调查和研究（一般而言这个周期是三个月至一年）。在此期间，研究者能够获取一定的

---

① （战国）列御寇：《列子》，北京：中华书局，2007，第40页。
② （汉）许慎：《说文解字》，北京：中华书局，1963，第109页。
③ （战国）庄子：《庄子》，北京：中华书局，2016，第43页。

详细信息（一手材料），但还有一定的不足之处。第四层次为中级深入性研究（多次进行田野回访和反思）：研究者通过多渠道、多方式对研究对象进行深入地调查和研究，能够获取相对详尽和全面的信息，但还存在一定的局限性。第五层次为深度深入性研究：研究者对研究对象进行极为深入和全面地调查和研究，能够获取详尽和全面的信息，并且能够进行深入的分析和研究。这种深度深入性研究一般需要多年时间积累、更加专业的研究能力和方法，以及深厚的跨学科研究能力，精湛的调查和分析技巧。当然，以上五个层次的划分并不是要强调达到第五层次才是最终极或完美的研究。历史证明有些学者具有强大的历史材料收集能力和心理学基础知识，在第二阶段就可以做出斐然的成绩，如我们不能否定"摇椅人类学家"弗雷泽的《金枝》，也不能磨灭本尼迪克特的《菊与刀》。

在海外民族志研究中，围绕语言而展开的三个概念（应用语言学、语言民族志和语言人类学）与以上五个层次的深入性研究紧密相关。其中，应用语言学是技能和方法，语言民族志是方法和文本，语言人类学为海外民族志的深入性研究提供了更多可能性和研究范式。

19 世纪末，博杜恩·德·库尔德内提出了应用语言学的概念。语言学从应用上而言有广义和狭义之分，广义上指语言研究成果在其他领域的应用研究，是一门解决现实生活中遇到的语言问题的学科；狭义上指语言教学，研究探索语言应用的一般原则、方法和规律，建立并完善语言学科理论体系，用于语言应用实践。应用语言学的定量研究现在是主流方法，注重材料一手性，与文化和社会变迁紧密相连。应用语言学根据研究方法的具体应用进行分类，可分为三大类：第一，根据研究目的可分为理论研究和实用研究。第二，根据资料来源可分为第一手资料研究和第二手资料研究，一手资料也称实证资料，研究的资料和数据来源于现实生活，并非文献，一般都由研究者亲自收集。第三，根据研究设计可分为定性研究和定量研究。定性研究是对质的研究，是研究者用访谈、有声思维研究日记、观察等方法获得数据，用非量化的手段进行分析获得结果的研究；定量研究是对事物量的研究，运用数字手段，观察事物量的规定性，把握事物的本质。

语言民族志是将语言学和民族志结合起来，提供了一种研究语言和民族志的新方法和新文本。语言民族志涉及民族诗学、声音重建、叙事分析、语言社会化、传播民族志、教育语言学和教育民族志。语言民族志的分析方法包括：第一，利用语言差异性接触异文化。"语言和社会世界是相互塑造的"，仔细分析情景语言可以为社会和文化生产的机制、社会动态研究提供新的视角。①如分析田野笔记、录音和访谈有助于关注语境、反馈事件的语言学和副语言学特征表明参与者如何对正在进行的互动作出反应。第二，借用语言语境反思社会研究。"语言具有反思性，是语境的组成部分"。②学者们认为语言是社会行为本身的架构，是一项可围绕充满着不平等和约束的生活环境而展开的研究。③

一直以来，语言学和人类学关联紧密，成果颇多。如威廉·A. 弗里从人类学角度研究语言学，纳日碧力戈、邓晓华等从语言学角度研究人类学。在他们的研究中，从费迪南·德·索绪尔、萨丕尔-沃尔夫等经典语言学理论到克利福德·格尔茨、列维-施特劳斯等经典人类学理论对话不断推动语言人类学的发展。故语言人类学指从语言的角度研究人类学，中心语是人类学，可从"文化资源、社会实践、历史记忆、话语权力"等四个方面研究语言和语言现象。④这些研究大多围绕语言而展开，最后落脚于人类学的族群、环境、符号、亲属关系、变迁等问题。

应用语言学、语言民族志、语言人类学虽然归属学科不同，但实有交叉。以斯里兰卡的海外民族志研究为例。曾经在斯里兰卡中部山区，居民喜食淡水鱼，这些鱼在瓦洼（蓄水池）中长大，养鱼人或捕鱼人需先获得使用水资源的权利，才能进行捕捞。这种权利有一个专有名词叫"Maji bika"，如果单看"Maji bika"一词很难理解其意。根据上述应用语言学方法进行实际研究（非理论研究），查询二手资料（非一手资料），得知该词

---

① Fiona Copland, "Negotiating face in feedback conferences: A linguistic ethnographic analysis", *Journal of Pragmatics*, 2011, Vol. 43, Issue 15, p. 3834.

② Nancy H. Hornberger, "Hymes's linguistics and ethnography in education", *Text & Talk-An Interdisciplinary Journal of Language, Discourse & Communication Studies*, 2009, Vol. 29, Issue3, P. 354.

③ DH. Hymes, *In vain I tried to tell you: Essays in Native American ethnopoetics*, Philadelphia: University of Pennsylvania Press, 1981, pp. 79 – 141.

④ 纳日碧力戈：《语言人类学》，上海：华东理工大学出版社，2010，第 1 – 10 页。

源于梵文"Matsya Bh$\bar{a}$ga"，继而根据定量研究（进行信息核对），确定该词为"鱼之分享"之意。在语言民族志语境中，以该词从"食鱼—捕鱼—分享"为线索，借用语言语境反思社会研究，即在拿到"鱼之分享"许可证后，养鱼人还需交"水税"。继而以语言人类学为视角，分析斯里兰卡社会的权利分配和国家建构模式，即"水—渔—税"是国家治理中的重要税收模式，高阶层通过控制水而掌握集体劳动力，水资源与权力紧密结合成了治理国家的利器。① 由此可见，应用语言学研究了语言本体和语言使用方法，为人类学者在海外田野进行了语言的理论铺垫，倘若在第一层次和第二层次期间，研究者只用母语阅读和了解调查对象，他们的阅读面和思维方式会受到一定程度的约束。在第三层次和后续层次，即进入海外民族志具有深入性的研究以后语言学特别是应用语言学中国际音标和双语转换与匹配能力的掌握有助于调查者为进入田野做好基础铺垫。这里的国际音标和系统的语言学的理论知识包括"语音学、语法学、词汇学、语义学等分支学科"。②"双语转换与匹配的能力"包括双语者能从自己的角度出发阐述观念，并能在两种语言中转换，对概念或者语音进行系统的匹配与对应。③ 两种语言的转化是得到语言文本、认识异国文化的基础。语言民族志的使用和写作在研究者进入第三层次后文化冲击感会增强，甚至第三层次有可能是冲击点的峰值区域。语言民族志是人类学学者在海外收集的一手材料，是再次核对、验证以及反思田野社会和环境的重要佐证。语言人类学已然为海外民族志的调查、分析和写文化奠定了基础。应用语言学、语言民族志、语言人类学相辅相成，为海外民族志的深入性研究做了极好的理论性铺垫。那么在海外民族志视野下，南亚人类学研究中语言为何难？是否能够探寻共通性？

---

① 余媛媛：《文化遗产视域下斯里兰卡文化认同构建研究——以文化三角为例》，《世界民族》2020 年第 4 期。
② 戴庆厦：《田野调查在语言研究中的重要地位》，《广西民族学院学报（哲学社会科学版）》2006 年第 2 期。
③ 汪锋：《从田野调查看语言的记录与保护》，《北京大学学报（哲学社会科学版）》2013 年第 3 期。

二、语言在南亚研究中的解构

根据南亚区域合作协会的定义，南亚包括印度、巴基斯坦、孟加拉国、斯里兰卡、阿富汗、尼泊尔、不丹和马尔代夫。南亚有超过 650 种语言①，涵盖六大语系：印度－雅利安语系、德拉威语系、南亚语系、藏缅语系、泰卡岱语系和大安达曼语系。其中梵语历史悠久，影响范围广，是南亚代表性的语言，具有文化基础性。如要进行南亚区域的海外民族志的深入性研究，梵语不容忽视。

梵语是印欧语系印度－伊朗语族的印度－雅利安语支的一种古老语言，分上古印度梵语（Samskrtam）、中古印度语俗语（Prākrtam）和现代印地语。上古印度梵语分为吠陀梵语（公元前 16 世纪至 6 世纪）、古典梵语（公元前 5 世纪，含史诗梵语和佛教混合梵语）；中古印度语俗语含公元前的巴利语（Pāli）、公元后的马哈拉施特拉俗语（Māhārāstri）、索拉塞纳俗语（Śaurasenī）、摩揭陀俗语（Māgadhī）、耆那俗语（半摩揭陀语）、毗舍遮语（Paiśāci）、阿波拔罗舍语（Apabhramśa）；现代印地语含印度语、乌尔都语、孟加拉语。梵语有阴、阳、中三性；有单、双、复三数，每一数中有八格（体格、业格、具格、为格、从格、属格、依格、呼格），语法变化与性和数紧密相连。古典梵语区分 36 个音位，但由于梵语书写系统有同位异音，所以共有 48 个语音。从语言学角度而言，梵语难在语法结构复杂，以词根为基础的造词方式变化复杂，元音和辅音音素复杂等。

虽然梵语难，但因其具有时间优先性（使用早），具有广泛的影响性。梵语文化圈的影响性涉及南亚、东南亚，以及东亚。梵语文化圈又有南亚文化圈或印度文化圈之称，主要指自古以来在文化、语言、政治、宗教、建筑等方面受梵语（印度）影响的国家和地区。从地缘政治定义上而言，梵语文化圈的影响可以分为三个层次。第一层次为南亚次大陆，属受影响较大地区，包括印度、斯里兰卡、尼泊尔、孟加拉国、巴基斯坦、不丹和

---

① 该数字不包括许多无法完全解释的孤立语言或方言。

马尔代夫等国家。第二层次为东南亚地区，属次级受影响地区，包括缅甸、泰国、老挝、柬埔寨、越南南部（占婆）、印度尼西亚、马来西亚、新加坡和文莱。① 第三层次为东亚部分地区，不属于梵语文化圈但受其影响，包括阿富汗、中国西南地区以及菲律宾等。这里所说的中国西南地区包括西藏自治区、云南省南部、广西壮族自治区的部分地区和四川省西部的非汉民族聚居的地区。② 受梵语文化圈影响的地区总人口达 17 亿，具有部分相似的文化，包括文学、哲学、建筑、音乐、宗教信仰（婆罗门教和上座部佛教等）等。

梵语在语言学的字体和发音上与南亚各国的语言具有相似性。例如，梵语的数字"7"为"saptan"，印地语为"sāt"，僧伽罗语为"hata"，尼泊尔语为"sāta"；梵语"名字"为"nāman"，印地语为"nām"，僧伽罗语为"nama"，尼泊尔语为"nām"；梵语"门"为"dvāra"，印地语为"daravaaja"，僧伽罗语为"dora"，尼泊尔语为Ḍhōkā；梵语"牙齿"为"danta"，印地语为"dāant"，僧伽罗语为"data"，尼泊尔语为"daant"。由这些词汇案例不难看出南亚语言大量词汇借自梵语，共享许多高级词汇。③ 在印度，梵语明确被列入宪法（Article 351），印度国歌《人民的意志》（Jana Gana Mana）是高度梵语化的孟加拉语书面语。印度国训"真理独胜"（Satyameva Jayate）经常出现在各种宣传语中。除法律和政治基础外，梵语被广泛使用在宗教和仪式用语中。宗教对印度文化有决定性的影响，印度教诸教派的典籍大多以梵语（或吠陀梵语）书写。印度最重要的文献，如天启类的"四吠陀"、传说类的史诗和"往世书"、法经类的"传承经"以及中世纪许多宗教家的著述等都是印度教经久流传的经典。④

梵语对南亚国家的语言文化影响根深蒂固，如尼泊尔语（Nepāl Bhāsā）早在公元前 2200 年发生分化。据估计，约 50% 的尼泊尔语词汇源

---

① 东南亚的马来西亚和印度尼西亚在伊斯兰教传入以前深受印度文化影响。

② 越南北部以及广西、云南、贵州的壮族、布依族，由于自古受中国文化影响较大，因而不属于梵语文化圈，而属儒教文化圈、汉字文化圈（东亚文化圈）。

③ Asiff Hussein, Zeylanica, *A Study of the Peoples and Languages of Sri Lanka*, Pannipitiya: Neptune Publications（Pvt）Ltd, 2009, p.104.

④ 姜景奎：《宗教对印度文化战略的影响》，《南亚研究》2013 年第 1 期。

于印欧语系。公元 5 世纪，尼泊尔语首次出现在加德满都谷地的梵语铭文中。在尼波罗国时期（大约公元 400－750 年），出现了雕刻于石头上的梵语家谱（Vaṃśāvalīs）。尼泊尔诸多王朝的编年史的语言、结构和风格皆体现出与梵语的直接联系。从 14 世纪到 18 世纪后期，与梵语融合的尼瓦尔语发展成为尼泊尔的宫廷和国家语言，广泛被用于石刻和铜版铭文、皇家法令、编年史、印度教和佛教手稿、官方文件、期刊、地契、信件和创意写作等。公元 1505—1847 年是尼泊尔语文学的黄金时代。诗歌、故事、史诗和戏剧在这段被称为古典时期的时期大量产生。直至如今，源于《罗摩衍那》等梵语文学经典的舞台剧经久不衰。除了在尼泊尔，这样的舞台剧在斯里兰卡康提舞、印度尼西亚凯恰舞中屡见不鲜。

纵观南亚历史，因不同民族、部落、王朝和殖民者交错出现，南亚语言呈现种类繁多，语法复杂，多种语音、语调、外来词融合等特征，但梵语在南亚地区仍具有巨大影响。南亚语言难度大即意味着研究者要耗时耗力才能进行深入性研究和梵语文献解读。这些梵语文献是研究者研究南亚地区历史、文化和宗教的重要资料来源之一，研究者甚至可以借此了解南亚地区古代社会、文化和宗教的发展和演变。与此同时，梵语研究也是一门独立的学科，包括梵语语法、词汇、发音、文献、哲学和宗教等方面。其中，梵语哲学和宗教影响了整个梵语文化圈的文化和思想，而文学是其重要载体。

三、文学在南亚研究中的反哺

文学在文化人类学中的人文转向研究被称为文学人类学。[①] 文学在南亚人类学研究中具有重要反哺和反思作用。人类学学者的田野工作是一个反复和修正的过程，当他们离开"现场感"十足的田野返回撰写民族志文本时，丰厚的南亚文学文本可反哺田野的不足和遗漏，即南亚文学的丰富性和多元性为海外民族志第三层次及以上层次的深入性研究提供了有力支

---

① 叶舒宪：《文学人类学的理论与方法》，《上海交通大学学报（哲学社会科学版）》2019 年第 1 期。

撑。学者们将文学人类学进行分类研究，如按成果可分为经典与重释、原型与批评、文学与仪式、民歌与国学、神话和历史，起点和核心在于"表述"①；抑或归纳总结为结构和功能、文本与田野、族群与世界、人类与文学②。新兴文学人类学的研究方法有四重证据法，四重证据包括：传世文献；出土的文字材料，含甲骨文、金文和竹简帛书等；民俗学、民族学所提供的相关参照材料，含口传神话传说、活态民俗礼仪等；考古发掘或传世的远古实物及图像。四重证据的结合可解读为"文本（物象）—活态传承（语言）—文化（文字）"。③相应而生的还有文学民族志，文学民族志即指以文本为基础，深入作品发生地进行调查，还原"乡土知识"与"民间智慧"的本来。④

这些概念、理论和研究方法既深入又深刻，但大多都以中国本土文化为研究对象。如若将这些概念扩宽到海外民族志的研究，也可适用，但文化背景的差异致使对语言的要求也有所不同。南亚语言着实复杂，其根本基础仍可锁定在具有文学经典性的梵语文本上。梵语文本可分为吠陀梵语文本、古典梵语文本和混合梵语文本。它们包含了我们耳熟能详的经典著作，其中吠陀梵语文本包括《梨俱吠陀》《娑摩吠陀》《夜柔吠陀》《阿闼婆吠陀》《梵书》《森林书》《奥义书》；古典梵语文本包括《八篇书》《摩诃婆罗多》《罗摩衍那》《佛所行赞》；混合梵语文本包括佛教经典《妙法莲华经》等。

梵语文学经过吠陀时代和史诗时代两个时期的发展，大约于公元纪年开始前后进入辉煌的古典文学时代。该时期神话、诗歌、戏剧、故事、小说等各种体裁的文学佳作迭出，如印度梵语古典文学早期以动物为主角的寓言故事《佛本生故事》《五卷书》，而后以人为主角的民间故事集《僵

① 参见徐新建：《文学人类学的中国历程》，《西南民族大学学报（人文社会科学版）》2012年第12期；徐新建：《表述问题：文学人类学的起点和核心——为中国文学人类学研究会第五届年会而作》，《西南民族大学学报（人文社会科学版）》2011年第1期。

② 徐新建：《文学人类学：中西交流中的兼容与发展》，《思想战线》2001年第4期。

③ 杨骊、叶舒宪等编著：《四重证据法研究》，上海：复旦大学出版社，2019，第2-12页。

④ 彭兆荣：《文学民族志：范式与实践》，北京：中国社会科学出版社，2022，第2-15页。

尸鬼故事》。① 各种题材的文学表现展示了梵语文学在世界文明发展史上的特殊及重要的地位。这些文学作品大多都被翻译成各种语言文本以作为了解和研究印度的基础。将《梨俱吠陀》与现代考古学提供的实证做比较，可发现它不仅是神话汇编，还是真实的远古的史料，如《梨俱吠陀》中提到的"七河"，经卫星照片证实确实有一条大河曾经流过。② 即便是进入近现代以后，即使经历了英国殖民统治的确立、发展乃至之后的退出，印度教文化对《梨俱吠陀》、两大史诗、中世纪经典的热情未减丝毫。③ 至今，梵语文学中道德法则（Dharma）对南亚文学中的道德和伦理观念仍具有深远影响；轮回转世（Saṃsāra）则对南亚文学中的宗教观念产生深远影响，不一而足。

　　在不同历史时期，梵语文化以不同的方式表现在尼泊尔文学中，具有一定的语言文学基础且初期以宗教内容为题材。尼泊尔文学起点的实证是古代梨查维时期碑铭，现存纪年最早的碑铭描述公元 464 年马纳戴瓦国王平息东西两侧土邦战乱后，以其母之名举行宗教仪式、礼拜及犒赏等故事。④ 虽然梵语到尼泊尔后逐渐融合成新型文字和文学模式，但尼泊尔学者认为，即便是在 15 世纪至 18 世纪，尼泊尔语在建筑、石雕、木雕与风景艺术和文学上创造的鼎盛时期，也无法与梵语文学相抗衡。主要是因为梵语在语法以及理论和实践的发展中已取得无法超越的成就，梵书书写被认为具有文学瑰宝的特征，且尼泊尔已将《吠陀经》《奥义书》《摩诃婆罗多》和《罗摩陀经》等视为自己的文学瑰宝。在 20 世纪下半叶，许多尼泊尔文人仍然对印度人有一种精神和文化上的亲切感。尼泊尔诗人拉克希米·普拉萨德·德夫科塔（Laxmi Prasad Devkota）在《艺术与生活》和

　　① 刘建：《梵语古典文学的主要成就及其在世界上的影响》，《大连大学学报》2007 年第 5 期。

　　② 段晴：《从〈梨俱吠陀〉读出的历史》，《南亚研究》1997 年第 1 期。

　　③ 此观点源于 2017 年 9 月姜景奎在云南大理第七届崇圣论坛发表的《佛教非暴力原则对印中文化的影响》一文。

　　④ 张惠兰：《尼泊尔文学的发展与特点》，《南亚研究》1999 年第 1 期。

《尼泊尔小吗？》中称自己为"喜马拉雅山脉下的印度之心"。① 这些文学作品世代影响着尼泊尔文坛，让其与以印度为代表的梵语文化有着无可避免的相近和相亲性。

梵语文化也对斯里兰卡文学产生了重要影响。例如，在斯里兰卡的西格利亚有 700 多首无韵诗（Gī，Āryā metre 的一种形式）涂鸦，表达了人们对西格利亚精美壁画的赞美之情，这种使用通俗易懂的隐喻和明喻是早期梵语文学的一个显著特征。② 除此之外，斯里兰卡《大史》（Mahāvaṃsa）中载，维杰耶创立僧伽罗王国的故事与中国《大唐西域记》中的记载相吻合，印度史诗《罗摩衍那》对斯里兰卡（楞伽岛）的神话传说也有记载。现在这些故事在斯里兰卡丹布拉石窟的壁画中仍有体现，该地已成为世界文化遗产地，吸引诸多旅游者和朝圣者。

虽然本文并未涵盖所有南亚国家和地区，但可从印度、尼泊尔和斯里兰卡中窥见，从语言的使用、传播到文学的创作，梵语文学与宗教、哲学、诗歌、历史等诸多门类交织在一起，其外延几乎可以扩展到印度和南亚各国的人文领域，在南亚地区产生了不可抹灭的影响。他们以有形或无形的状态存在于南亚人民的日常生活和宗教生活中，一些具有代表性的梵语文化元素成为部分国家和地区的象征、标志。然而，我国开展南亚研究的人类学者鲜有梵语学科背景，所以当海外民族志进行到第三层次初级深入性研究时，他们只能一边研究一边深入学习复杂语言，田野调查或研究进度会被迫放缓。虽在研究中可借助第三方的英文译文材料，但寻根究底，深入探寻文献、田野和民族志的原真性，方能做扎实的研究。

结　语

综上所述，在海外民族志的研究中，梵语对南亚国家语言的影响根深

---

① Wolfgang Morgenroth，eds. *Sanskrit and World Culture Proceedings of the Fourth World Sanskrit Conference of the International Association of Sanskrit Studies*，Weimar，May 23-30，1979，Berlin：De Gruyter，1986，pp. 77-78.

② Wolfgang Morgenroth，eds. *Sanskrit and World Culture Proceedings of the Fourth World Sanskrit Conference of the International Association of Sanskrit Studies*，Weimar，May 23-30，1979，Berlin：De Gruyter，1986，p. 136.

蒂固，且众多语言之间具有相似性和共通性，以梵语文学为视域阐释南亚国家和地区语言和文学的生产实践具有整体性和必要性。借语言和文学对南亚民族志深入建构，可实现研究的全面性和真实性。笔者认为，以下三点为研究基础：

第一，尽可能多地掌握语言，至少掌握英语和一种南亚语（方言）。海外民族志相比传统本土民族志可能更耗财耗力，人类学学者在进入田野前如有一个好的"跨文化研究问题"（Intercultural Problems），可能会事半功倍。然而，语言学和文学文本提前为人类学学者进入田野提供了情境与情景模拟，这些模拟与真实的田野产生对比，更容易形成问题意识。再者，"成为社区的一员"（to be a member of the community）无疑会增强海外田野调查的深入性，而成为某一社区成员的先决条件就是能够进行有效和顺畅的（语言）沟通。因此，从某种意义而言，语言的流利程度也决定了田野调查的深入性。①

第二，使用文学文本作为民族志的原始材料。海外民族志中的文学文本大体可分为：研究目的国的语言文本、译本和其他学者相关研究。因南亚国家语言较难，属印欧语系且南亚国家有被殖民历史，国内学者阅读的大多经典文学文本属于后两者（英文、中文和德文等）。但在田野调查中，很多专有词汇——如与税收相关的词汇——经常会被发现与梵语紧密相关，将这些文本作为原始民族志材料溯源会得出南亚古代社会的基本结构。除此之外，相对于前文中提及的传世文献，出土的文字材料，含甲骨文、金文和竹简帛书等，梵语的石刻、铭文等亦具有民族志研究价值。

第三，使用多元视角、多种文学体进行民族志写作。海外民族志可选择的跨文化研究问题较多。例如，在（海外）旅游人类学研究中，可聚焦游客和东道主因语言不通运用手机翻译软件进行沟通这一现象，即围绕但不限于语言，观察游客与东道主的互动。② 在民族志写作上，可"从隐喻

---

① 感谢美国加州大学伯克利分校人类学家 Nelson Graburn 在此处强调田野调查的"跨文化研究问题"和"成为社区一员"的概念。

② 此处观点源于与美国加州大学戴维斯分校社会学家 Dean MacCannell 访谈，后整理得出。

语言的结合和对传统民族志结构的颠覆”切入，采用多种文学体展开创作。① 随着社会发展，诗歌民族志、小说民族志和虚拟民族志等逐渐显现，这些多元视角和写作方法为海外民族志的发展创造了更多的可能性。

南亚国家之间的文化脉络实则是以梵语和宗教为基础的勾连，研究者须以语言和文学的文献研究为背景，同时诉诸民族志材料，将当地人的社会生活放在历史和现实环境中理解，获得文学文本的真实情境。然而，这种“再认识”和“再深入”的海外民族志研究并非一蹴而就的田野工作，人类学学者需要耗费大量时间，反复开展田野工作才能深入，或许需要终身投入研究。

---

① Ellen Wiles, "Three branches of literary anthropology: Sources, styles, subject matter", *Ethnography*, 2018, Vol. 21, issu2, pp. 280 - 295.

新文科前沿

【主持人：张中奎】

● 主持人语

张中奎*

    1918 年，四川大学的谢无量先生出版了《中国大文学史》，首次提出了"大文学"概念。在著作中，有感于西方近代以来"纯文学"观念的冲击，他将传统中国的文字学、经学、史学等，都纳入"文学"的描述之中，拓宽了国人对文学的理解，也在现代学术的新挑战面前贡献了中国学者的智慧。2013 年，杨义先生提出"以大文学观重开中国现代文学史写作的新局"，重新构想能够容纳"通俗小说、文言诗词、传统戏曲，少数民族文学"的现代"大文学"格局。国内文学人类学研究的领军人物，同样鼓励以跨学科思维创建中国特色文科研究方法论，涌现了"四重证据法"，文献资料和田野材料等多重证据交相辉映，打开了全新的研究格局。2019 年，教育部正式启动的"新文科"建设，亦沿袭了"大文学"的一贯思路，主张在现有传统文科的基础上进行学科中各专业课程的重组，形成文理交叉，即把现代信息技术融入哲学、文学、语言等诸如此类的课程中，为学生提供综合性的跨学科学习机会，达到知识扩展和创新思维培养的目标。

    本专栏的 3 篇文章虽研究对象各不相同，却都在"新文科"的理念下观照前沿领域，内容涉及对科幻小说的跨学科探讨、人工智能写作的数字人文研究以及科幻文学评析。《"这些都是小狗讲的故事"——论民族志与科幻小说的异同》主张人类学学者对民族志的跨文化翻译可从科幻小说中借鉴思路。《灵韵的诞生：人工智能诗歌阅读、评论与写作的实验民族志》通过对微软"小冰"所创作的诗歌集的考察，预见了人工智能诗学的诞生可能，并认为这预示着人类即将迈入后人类时代，艺术 3.0 时代的灵韵亦因此而生。《论〈克拉拉与太阳〉中的后人类图景》通过对石黑一雄的诺贝尔文学奖获奖作品《克拉拉与太阳》的评析，反思了后人类时代中技术对人的异化问题，重申人性的回归是解决人类异化的重要途径。

---

* 张中奎，西南民族大学民族学与社会学学院教授，硕士研究生导师。

"这些都是小狗讲的故事"
——论民族志与科幻小说的异同*

大卫·塞缪斯** (著)，姜佑怡 (译)***

摘　要：民族志与科幻小说诞生于相似的历史背景下，且都长于书写不同文化中的"他者"。本文从这两种文体的共性入手，分析了二者类似的表现技巧：在不同的文化语境中运用双重叙事者的声音，对全景视角的偏好，以及通过揭示心理动机来接受异族行为。在此基础上，民族志和科幻小说都面临着不同文化之间对语言（即意识）的翻译问题。人类学家应当清晰察觉并深刻反思翻译过程中内在的跨文化困惑，并可以从科幻小说中借鉴处理这些困惑的新思路。

关键词：民族志 科幻小说 双重叙事者 全景视角 心理动机 文化翻译

> 班森夫人：我在想我应该做点什么。
>
> 卡彭特先生：在决定采取行动之前，你也许应该多了解了解这儿的人。要适应这样一个陌生的环境。
>
> 班森夫人的妈妈：卡彭特先生，华盛顿没啥稀罕的。
>
> 卡彭特先生：一个从外星球来的人可能不这么想哦。
>
> ——《地球停转之日（*The Day the Earth Stood Still*）》

---

* David Samuels，"'These Are the Stories That the Dogs Tell'：Discourses of Identity and Difference in Ethnography and Science Fiction"，*Cultural Anthropology*，1996，11（1）：88–118. 原文无摘要及关键词，此处系译者添加。

** 大卫·塞缪斯（David Samuels），现任纽约大学艺术与科学学院副教授、音乐系主任，主要研究方向为语言人类学、民俗学和民族音乐学，著有 *Putting a Song on Top of It：Expression and Identity on the San Carlos Apache Reservation* 等。撰写此文时供职于得克萨斯大学奥斯汀分校人类学研究所。电子邮箱：dws2004@nyu. edu

*** 姜佑怡，四川大学文学人类学博士生。

概　述

　　在这篇文章当中，我试图探索在科幻小说与民族志这两种书写方式之间的、某种相似的并且具有标志性的隐喻。这些关于共同性与差异性、身份认同与身份抗拒的隐喻，将这两者联系在了一起。近年来，人类学对民族志实践的诗学和政治学进行了一次重要而具有启示意义的自我审视。通过对人类学家的定位进行批判，探索了人类学研究与各种殖民主义和新殖民主义之间的交汇点。[1] 随之而来的批判性解构将民族志学者视为旅行者或航海家。[2] 他们通过呈现另类世界的方式，提供了一种对西方的批判性立场。[3] 一些学者也对民族志叙事的文本构建中固有的诗学和政治学做出了重要的批评性评价。[4] 这些研究追溯了民族志写作与现代主义时代各种具有较高文学性的作品[5]，以及那一时期更为流行的古典主义通俗小说的合流[6]。

　　然而，在古典主义和现代主义的话语中，由于他们对技术进步、社会转型和政治统治之间关系的探讨，以及在将自我实践和他人实践进行比较

---

　　① Talal Asad, eds., *Anthropology and the Colonial Encounter*, London: Ithaca Press, 1973.

　　② Mary Louise Pratt, "Fieldwork in Common Places", *Writing Culture*, Berkeley: University of California Press, 1986, pp. 27 - 50.

　　③ Georges Van Den Abbeele, *Travel as Metaphor*, Minneapolis: University of Minnesota Press, 1992.

　　④ James Clifford, George E. Marcus, eds., *Writing Culture: The Poetics and Politics of Ethnography*, Berkeley: University of California Press, 1986; James Clifford, *The Predicament of Culture: Twentieth - Century Ethnography, Literature, and Art*, Cambridge: Harvard University Press, 1988; George Marcus, Dick Cushman, "Ethnographies as Texts", *Annual Review of Anthropology*, 1982, 11: 25 - 69.

　　⑤ James Clifford, *The Predicament of Culture: Twentieth - Century Ethnography, Literature, and Art*, Cambridge: Harvard University Press, 1988; Richard Handler, "Vigorous Male and Aspiring Female: Poetry, Personality, and Culture in Edward Sapir and Ruth Benedict", *History of Anthropology*, 1986, 4: 127 - 155; Richard Handler, "Anti - Romantic Romanticism: Edward Sapir and the Critique of American Individualism", *Anthropological Quarterly*, 1989, 62 (1): 1 - 13; Marc Manganaro, eds. *Modernist Anthropology: From Fieldwork to Text*, Princeton: Princeton University Press, 1990.

　　⑥ Eric Cheyfitz, *The Poetics of Imperialism: Translation and Colonization from the Tempest to Tarzan*, New York: Oxford University Press, 1991; Marianna Torgovnick, *Gone Primitive: Savage Intellects, Modern Lives*, Chicago: University of Chicago Press, 1990.

的焦虑之下，另一种流行小说类型在与民族志相同的背景下出现，却没有受到注意。这就是科幻小说。

在下文中，我将试图证明这种关系绝非偶然。三岛澄江（Sumie Seo Mishima）后来写道，当从日本来到美国就读韦尔斯利学院时，她觉得自己是"一个从外星球掉下来的人，一切感觉和情绪在这个异世界里是毫无用处的"。① 这段话以科幻小说的语言方式表达出来，唤起了身在异乡流离失所的感觉。几十年后，克利福德·格尔茨指出，本尼迪克特自己对异化和移置的再现——"我"与"他者"的并置使人感到不安②——也是民族志式的文学作品的基本特征之一。

从这样的并置关系来看，民族志和科幻小说在创作模式上的相似性似乎既不是偶然的、意外的，也不是巧合。相反，我认为，作为文学体裁，现代民族志和科幻小说在 20 世纪主流的文化话语所开辟的解释空间中有着共同的历史性的哲学关注。③ 我所说的"文化话语"指的是一种范式，当然不限于人类学理论，其中文化本身被呈现为一种实体，并被认为是自主的、有界的和同质的。④

民族志和科幻小说都可以追溯到 19 世纪末和 20 世纪初的殖民主义高潮时期。二者都唤起了我们对于异质世界的经验。在科幻小说中，这种唤起是十分具有文学性的，并进一步强调了边界性的话语：在科幻小说中，往往每个世界都是一个岛屿，包含单一的文化。此外，人类学与科幻小说

---

① Ruth Benedict, *The Chrysanthemum and the Sword*: *Patterns of Japanese Culture*, New York: Meridian Books, 1946.

② James Clifford, *The Predicament of Culture*: *Twentieth - Century Ethnography*, *Literature*, *and Art*, Cambridge: Harvard University Press, 1988, pp. 106 - 109.

③ 需要声明的是，因为对异族文化进行的描写可以上溯至《旧约》——如果不是更早的话——在第一次世界大战后，基于观察和田野调查的"现代民族志"取代了涂尔干教徒和列维·布留尔式推测的人类学。这种人类学"创造了一种在专家领域之外的、对人类学的文学需求"（R. G. Collingwood, *The Principles of Art*. London: Oxford Unive, 1938, p. 61.）。换句话说，它为民族志打开了一个商业化的市场。相似的，科幻小说读者也试图在柏拉图关于亚特兰蒂斯的寓言中，甚至在《吉尔伽美什》里，寻找这类文本的根源。但是在这里，我认同艾萨克·阿西莫夫的说法："显然，杂志科幻小说才是'作为文类的科幻小说'的起源……它始于雨果·根斯巴克出版的第一期《惊奇故事》（1926 年 4 月）。"（Isaac Asimov, eds., *Classic Science Fiction*: *Short Novels of the 1930s*, New York: Carroll and Graf Publishers, 1988.）

④ Daniel Cottom, *Text and Culture*, Minneapolis: University of Minnesota Press, 1989.

共享一种哲学观——有时是隐性的，有时是显性的——即对"人是什么"进行共性与个性的描绘。① 用丹尼尔·科顿姆的话说，其中的文化话语体现了"一种对普遍人性的信念，这种信念如一个悠长的低音般，在所有的差异中绵延飘荡"②。同样地，厄休拉·勒奎恩在谈到科幻小说时也写道："这就是（它）最擅长的地方。它挑战了我们对自己的理解。它增强了我们的亲密感。"③

因此，我认为，这两种文体都与文化翻译的问题相关。事实上，我们甚至可以说，这两种文体的存在，部分原因就是为了探索这个问题。文化翻译——即认为一种文化的思想、感情和行为模式至少大致上可以转化为另一种文化的模式——是人类学学科中一个核心的也是最具争议的信条之一。④ 用埃德蒙·利奇的话说，"很难完全证明这种假设（关于文化翻译的可能性），但没有它，人类学家的所有活动就变得毫无意义"⑤。

如此一来，科幻小说和民族志就都陷入了它们自己编织的文学之网中：一方面，它们希望将各种文化表现得与众不同；另一方面，它们认为有必要向读者呈现一个可以理解的叙事文本。由于同时存在这两种倾向，民族志和科幻小说都面临着一种矛盾：要将不同生活方式的共性和差异同时翻译和呈现出来。在本文的第一部分，我将论证民族志和科幻小说在寻

---

① 很多人会反驳说，人类学关注人类的文化差异性，我当然同意这种说法。但是我认为，这仅仅是关于异族性与日常性、差异性与相似性问题的一小部分。我稍后将继续在本文中讨论这一问题。

② Daniel Cottom, *Text and Culture*, Minneapolis：University of Minnesota Press, 1989, p. 81.

③ Ursula LeGuin, "My Appointment with the Enterprise：An Appreciation", *TV Guide*, 1994, 42 (20)：31 - 32.

④ Talal Asad, "The Concept of Cultural Translation in British Social Anthropology", *Writing Culture：The Poetics and Politics of Ethnography*, Berkeley：University of California Press, 1986, pp. 141 - 193；S. p. Mohanthy, "Us and Them：On the Philosophical Bases of Political Criticism", *Yale Journal of Criticism*, 1989, 2 (2)：1 - 29.

⑤ Edmund Leach, *Political Systems of Highland Burma*, London：Athlone Press, 1952.

找解决这种矛盾的方法时，经常采用类似甚至相同的文本策略。① 在本文的后一部分，我将讨论近年来的科幻小说在这方面是如何超越人类学的。在思考民族志的表征时，这种方式可能会具有一定的启发性。

我并不打算证明哪一种文体优于另一种，而是要把它们与一种共同的话语联系起来。此外，虽然作为航海家的人类学家显然对于这篇文章中的许多内容有着特殊的意义，但我更感兴趣的是这两种体裁中所表现出来的对他者的文本构建。

最后，我不认为民族志和科幻小说是相同的。显然，人类学家在真实的社会中与真实的人打交道，因此面临着科幻小说作家不会遇到的道德和责任问题。虽然科幻小说无疑也是一种伦理话语，但把这种话语放在一个抽象的宇宙中，和把它放在对社会群体中真实的人的生活、经历、感受和冲突负责的语境中，肯定是有区别的。

不过，在下面的内容中，我将试图证明科幻小说和人类学之间存在着历史和哲学上的相似之处，② 这些相似之处在这两种体裁的作者和读者所采用的某些叙事策略、惯用手法和接受实践中显现出来。这两种体裁之间可能没有一条硬性的分界线。我们所拥有的是一门借鉴了小说手法进行表述的科学，以及一类借鉴了科学手法的小说，它们产生于类似的历史和文化环境，彼此应该产生共鸣。

在文章的第一部分，我将阐述我认为科幻小说和民族志共同拥有的三个主要的隐喻性手法。它们是双重叙事者，对精心安排的、绵延不绝的全景视角的偏好，将解释并接纳异族行为诉诸心理动机。在文章的第二部分，我提出了以下问题：如果我们接受科幻小说和人类学有共通的基础，

---

① 据前文所述，也许埃德加·赖斯·伯勒斯既写了《泰山》又写了《火星上的约翰·卡特》似乎并不显得奇怪（托格尼克深入研究过前者，但并未探讨它与后者之间的关系）。伴随着《惊奇故事》（*Amazing Stories*）、《西太平洋的航海者》（*Argonauts of the Western Pacific*）、《萨摩亚人的成年》（*Coming of Age in Samoa*）和《惊异故事》（*Astounding Stories*）的出版，科幻小说和人类学家都在 20 世纪 20 年代发出了自己作为商业流派的文学声音；阿尔弗雷德和西奥多拉·克鲁勃的女儿是科幻小说家厄休拉·K. 勒古恩；科幻小说家小詹姆斯·蒂普特里（爱丽丝·布拉德利·谢尔顿的笔名）是早期灵长类动物学家赫伯特·布兰伯利的女儿。

② Chad Oliver, "Two Horizons of Man: Parallels and Interconnections between Anthropology and Science Fiction", Paper presented at the 73rd Annual Meeting of the American Anthropological Association, Mexico City, 1974.

那么民族志写作者是否可以从科幻小说对他者意识的文学表达中学习到什么？我认为是有的——尽管人类学学科当下有着诸多实验性的探索，但在过去的 20 年里，科幻小说在向读者展示他者意识的某些方向上比民族志走得更远。

诸如双重叙事者、全景视角和心理主义等文学策略都与认同的过程有关——在这一过程中，文本建构帮助读者将文本的现实与日常经验世界的现实联系起来。乔纳森·卡特勒（Jonathan Cutler）用"拟真性"（vraisemblance）① 这个词来指代文本参考其他话语、其他文本、通用惯例和文化上特定的叙事传统，以完成认同的任务。

卡勒区分了五个层次的拟真。第一个层次，"真实（real）"，是"自然态度的文本"。② 在这里，作者采用了最容易自然化的话语：人物有身体和思想，他们思考、感受、爱、恨……。第二个层次，"文化拟真（cultural vraisemblance）"，指的是具有文化意义的惯常观念或常识，以创造可认同的人物和情节的描述。例如，巴尔扎克笔下的朗蒂伯爵像西班牙人一样阴郁，像银行家一样无聊；在电视剧《星际迷航》中，"我像里加利亚的牛一样健康！"③ 第三个层次的拟真是"文类模型"，指的是读者对文类本身的全部期望。这种满足读者期望的范式创造出一个空间，仅在这个空间当中，俗成的文类传统可以令人信服地运作，但在这个空间之外却不行。拟真的第四个层次是通过打破这些传统，以获得读者的信任。"文本表现出它显然意识到了自身的人为性和习惯特征，这并不是为了转变成一种新的缺乏技巧的模式，而是要说服读者，它意识到了看待眼前事物的另一种方法，并且在其语境当中是可信的而非歪曲的。"④ 在民族志中存在着一种"不可译语句"——承认有些东西无论我们如何努力都是无法翻译的——

---

① Jonathan Culler, *Structuralist Poetics*, Ithaca：Cornell University Press, 1975.

② Jonathan Culler, *Structuralist Poetics*, Ithaca：Cornell University Press, 1975, p. 140.

③ 卡勒指出，一个有趣的矛盾是，巴尔扎克笔下"矮小，丑陋，满脸麻子，像个西班牙人那么阴郁，又像银行家那么惹人讨厌"的朗蒂伯爵，对于读者来说是可接受的。但他又说，对一个伯爵而言，"'矮小、绿油油的和毫不起眼的'会妨碍这种第一级的拟真性，并且在实际上要求我们构建一个非常古怪的世界"。但是，那些已然在科幻小说中被构建出来的世界，常常充斥着矮小的、绿油油的、尽管也许并不是"人"的生物。

④ Jonathan Culler, *Structuralist Poetics*, Ithaca：Cornell University Press, 1975, p. 150.

正是在这个意义上起作用的。稍后我将就这一点再进行讨论。最后,卡勒所说的第五个层次的拟真是真正的戏仿和反讽,通过展示人造自然,使读者与文学套路保持距离。

"拟真"的概念将贯穿下文的分析。现在,我想从卡勒的第三个层次的拟真,即文类模型出发,谈谈民族志和科幻小说所共有的三个文类传统。

双重叙事者

我要讨论的第一个传统,是科幻小说中并存的两种叙事声音:一个乐于给读者设置迷障使之失去方向;另一个带领读者重新进行自我定位,使这种陌生感变得可以理解。在设置迷障和重新定位的双重领域中,困惑感和熟悉感可能共存于许多文类当中,但它们在很大程度上构成了科幻小说和民族志的关键和意义。

科幻小说里的叙事,无论多么不可思议,最终都会用我们所熟悉的语言呈现出来。比如,在《地球停转之日》中有如下一段外星人与总统助理之间的交谈:

> 哈利:你们已经旅行了很久了吗?
> 克拉图:大概五个月——你们的"月"。
> 哈利:你们走了好长一段路。
> 克拉图:大约两亿五千万你们的英里。

这种熟悉与陌生之间的相互作用,使得读者可以在作品的整体、片段、章节,甚至细化到句子的层面上,从迷惑走向认同。那么,让我们从一个简单的句子——克利福德·D. 西马克(Clifford D. Simak)的《城市(City)》的首句开始:

> 这些都是小狗讲的故事,彼时烈焰熊熊,大风自北方吹来。

一瞬间,我们就明白自己已然身处于另一种世界了。单词"讲述"告诉我们，《城市》应该被当作口头传统的一部分来理解。他们说"烈焰熊熊"，就让读者了解到，这些"讲述"发生时的某些社会环境。实际上，是"狗"这个字引发了语言与现实世界之间的分裂。为了在这个句子当中获得身份认同，我们必须创造一个与我们所习惯的"狗"完全不同的意义，打开一个诠释性空间。进一步，如果我们用豪萨语或文达语代替"狗"这个词，就写出了一个完全合理的民族志的句子了。我选择了西马克的句子，因为它与民族志之间产生了共鸣。但这并不是单纯的巧合或挪用，而是从历史和哲学的结合中产生的，在文化话语中把这两种文体联系在了一起。

当然，西马克的句子所提出的问题也在文本中得到了解释，因为我们有一个犬类民俗学家作为向导——他的序言拉开了全书的序幕，并为书中的八个章节分别撰写了简要介绍。西马克运用着卡勒的第四和第五层次的"拟真"与我们玩了一场游戏，我们可以看到他对人种学传统的一点讽喻式的戏仿，即最初看起来很奇怪的东西，到最后也会因之内在的一致性而被理解。

但是，迷障并不依赖于这样主观层面的根本性转移，它可以用最简单的日常语言呈现出来。当我们读到"我把脱毛膏往脸上搓了搓，然后在水龙头流出的淡水的细流下冲洗干净"[1]，仅仅依靠这些最简单的词语，我们就被掷入另一世界。上述句子里的词没有一个是我们不熟悉的，但是为了使句子有意义，我们必须想象这样一个世界：在这里，水龙头分淡水的和非淡水的，而前者只能流出细细的水流。这里所唤起的想象的陌生性，在某种意义上，是以最朴素的话语信息在读者当中得到认同的。

替代词语的使用同样也可以使得我们进入一个新的环境。当《环形世界》（*Ringworld*，Niven 1970）里惊讶的人们说"我了个 tanj 的！"，尽管我们不知道"tanj"是什么意思，但其语境和句子结构让我们注意到，这可能是某种骂人的话。与之相类似的，在民族志中，当伊丽莎白·马歇尔·托马斯写道："那是 Gai 的大儿子——那个和我们一起回来的男孩——在演

---

[1] Frederick Pohl, C. M. Kombluth, *The Space Merchants*, New York: Ballantine Books, 1952, p. 28.

奏（play）to kña"，① 我们知道 to kña 可能是某种物品，因为我们知道他在"play"。由于这句话的第一个词"那"指的是前一句中听到的声音，我们就能够肯定 to kña 是某种乐器。

在民族志的写作中，有许多经典的陌生化比喻：第一次吃当地的食物，第一次拿出相机、录音机或留声机。将民族志与科幻小说进行比较，找到它们对不同世界进行文本化表述的方式的共通之处，最能说明问题的就是符号替代在制造语言迷障的隐喻手法中的运用方式。即使在最普通的叙事结构层面，我们也能发现熟悉和陌生的交织。例如，伊丽莎白·马歇尔·托马斯写道："由于我不会说太多的 Gikwe，她甚至没打算说话，而只是不时地停下来向我展示一些东西。"② 通过这种结构，我们知道 Gikwe 一定是一种语言，因为我们知道"说"的意思，也明白这个句子的结构。正是这种既熟悉又陌生的叙事意象的呈现，以及读者在符号和指称的连接和分离之间的篡改、摇摆、交替和推拉，我将其称为科幻小说和民族志的主要诗学传统。如果我们同时替换句子中的动词和名词——不写"我不能说 nee biati"，而写"我不能 bee yashti 'nnee biati'"——读者在将自己定位到由这些词创造的世界时，可以把握的信息就更少了。在科幻小说中，这并不一定取决于外来词或新词的使用，而是可以通过将熟悉的词汇进行堆叠来完成。

此外，在科幻小说中，语言迷障常常作为一个关键节点在场景中出现。例如，罗伯特·谢克利的《地球朝圣》的开篇，一个太空行商带着满满一船的书来到卡赞加 4 号星球，一些渴求新鲜事物的人们问起了他关于旅程的消息：

> 那个行商给大家讲了最新的八卦，告诉了他们底特律Ⅱ和底特律Ⅲ之间的价格战、阿拉娜星球上鱼的烹饪法、莫拉卡星总统夫人的穿着、多兰五号上男人古怪的言谈。最后，有人说道："跟我们讲讲地球吧！"③

---

① Elizabeth Marshall Thomas, *The Harmless People*, New York: Vintage Books, 1958, p. 73.
② Elizabeth Marshall Thomas, *The Harmless People*, New York: Vintage Books, 1958, p. 108.
③ Robert Sheckley, *Pilgrimage to Earth*, New York: Ace Books, 1957, p. 1.

从这里我们可以得知，底特律 II 和底特律 III 都不在地球上——尽管我们从这个故事的第一句话开始就知道，这是一个科幻小说中的宇宙，但这仍然有使得读者迷惑和重新适应的策略空间。

全景视角

民族志和科幻小说的第二个共同点，即受控制的、适当疏离的全景视角。民族志和科幻小说都习惯于沉浸在这种全面的、俯角的、全景式视角的结构当中。一部悬疑小说一般并不会以"地球是太阳的第三颗行星，它的南极和北极都覆盖着冰盖，它们之间共有九个气候区"这样的段落开头。但在科幻小说和民族志当中，这样的句子随处可见。我们必须意识到，科幻小说当中理所当然地有这样的情节习惯——以太空旅行为例——其目的在于使得读者理解这样的句子"日科萨七号像一块巨大的灰绿色大理石一样悬浮在视野当中"。同时，民族志中也有这样的表述习惯，如普拉特①所描述的乘飞机抵达目的地的场景，也通过从飞机上向下俯视而得到了类似的场景。

在《地球帝国》里，阿瑟·C. 克拉克用了三页的篇幅来向读者全面地描述土星的卫星泰坦；此外，书中的主要角色邓肯·麦肯兹在前往地球以被克隆的途中，他（正如我们一样）看见了土星上的一幅难以置信的景象：

> 在所有已知的宇宙里，没有什么能比得上他现在看见的奇景。那个无精打采的黄色星球，比横穿地球夜空的月亮要大上百倍，看上去就像个行星气象学里的实物教学课程。它结成的云带几乎每个小时都在改变自己的形状，在其数千公里以下由氢和甲烷组成的大气层中，那些无人知其来处的火山将比陆地更大的泡沫从隐藏的地心喷吐而出。当它们上升到大气层的边缘，就扩散开来，爆裂开来。几分钟之

---

① Mary Louise Pratt, "Fieldwork in Common Places", *Writing Culture*, Berkeley：University of California Press, 1986, pp. 27 - 50.

内，土星的狂怒的十小时一周的自转将把它们涂抹成长长的彩缎，在星球周围盘绕半圈。①

此处，我们见到的是设置迷障与重新定位共同构成的文类传统，它是科幻小说最重要的精髓。在克拉克的叙述里，它被建构为一个全景式的、具有认知愉悦感的情节。土星拥有那种不可能以日常语言概述，甚至不可能被解释的巨大和复杂。克拉克一开始并没有说邓肯从未见过这样的景象，而是说它在所有已知的宇宙里都是无可比拟的。但是，我们从紧接着的下一句当中知道，这个独一无二的景象可以用"行星气象学"这样一个简单的词组来进行阐释。我们的视点又从最初的土星以上数千公里处浸入这个行星由氢和甲烷组成的大气层中，只为了跟随着海量泡沫的其中之一，从地心飞升到云端，然后和它一起爆炸开来。当它在一天十小时之中疯狂地旋转时，我们也绕着这个世界转了半圈。不用说，这样全方位的视角对任何普通的、日常生活中的观察来说都是不可能的。只有在科幻小说的文本习惯和阅读实践中，读者才拥有了理解这一系列过程的方法。

我们可以在许多民族志中看到类似内容。例如，《中间地带的人们》中就有如下描述性段落：

> 苏尼印第安人的保留地位于新墨西哥州西部麦金利县的西南角。面积有342,046英亩……保留地位于科罗拉多高原的东南边缘。这是一个地势高而崎岖的县，平均海拔7100英尺。地势最高的地方在保留地的东北角，它从苏尼山脉倾斜而下，在海拔9000英尺的地方，这些山脉构成了大陆分水岭的一部分……这个高原的一个不相连的部分高出谷底一千英尺，形成了神圣的托亚兰（Toyallane），被白人居民称为玉米山和雷霆山。北部有两个高度相当的小山丘，名叫科威利亚兰（Kwilliyallane）。这些山峰和西边的两座山峰在地平线的四面包围了苏尼山谷，只有西南部除外，那里的土地形成了一片广阔的平原。②

---

① Arthur C. Clarke, *Imperial Earth*, New York: Bantam Books, 1976, p. 70.

② Dorothea C. Leighton, John Adair, *People of the Middle Place*, New Haven: HRAF Press, 1966, p. 4.

在这个段落中，雷顿与阿代尔采用了许多与克拉克几乎相同的叙事策略：空中俯瞰；描绘巨大的空间，混合着略显枯燥的、科学的数据（46英亩的零数起到了至关重要的作用），使得巨大的空间立刻就被理解了。就像克拉克一样，雷顿和阿代尔也带我们从高处的有利位置来到另一个更高的地方——我们可以从那里俯瞰整个大陆的分水岭——然后带着兴趣俯冲下来视察特定的山脉和丘陵。这个具有导向性的短语"被白人居民称为玉米山和雷霆山"，让我们知道，我们不会被扔到一个完全迷失方向的世界中，解说员会给我们提供一个稳定的引导解释和叙述形式，作为解释我们的阅读经验的手段。

心理动机

刚刚我们讨论了，人类学与科幻小说共享着同一种哲学理念，那就是从共性与个性两个维度揭示"人是什么"这一问题。现在我们重新回到这个议题，通过第三种关于自然化（naturalizing）和身份认同的文类传统来论述这一观点：在科幻小说和民族志当中，文本结构都允许读者与异族事物进行身份认同，接受它们，并且以某种方式来"人化"。在这两种文体中，异族常常是依据西方心理主义的传统进行构建的，而通过揭示"潜在心理"来帮助读者认同外来主体，在异化的同时构建共同的普遍人性空间。通过引导读者的阅读期待，以及对这种心理揭示的形式和布局的把控，作者便可以使读者对他者产生或多或少的认同感。在这些结构中，就包括了被丹尼尔·科顿姆称为"赋魅（enchantement）"① 的例子：当我们认为我们已经理解了如何解释民族志作品中的异族时，也正是民族志最大化地发挥其文学力量的时刻。

迈克尔·赫兹菲尔德为我们提供了一个相当有说服力的示例，说明这种对潜在心理思想的赋魅是如何发挥作用的。《男子汉的诗学》是赫兹菲尔德关于克里特（Cretan）山村格兰迪人（Glendi）的一本民族志，开篇就概述了该村的历史、其继承的希腊文化遗产以及目前与希腊国族间的关

---

① Daniel Cottom, *Text and Culture*, Minneapolis: University of Minnesota Press, 1989.

系，还有从土耳其统治到第二次世界大战期间纳粹统治的绵延两个世纪的群体记忆。在书的第一章里，作者还介绍了村子里相互团结的重要性和父系权力的重要性。赫兹菲尔德认为，格兰迪的男性自我被呈现在一种框架之下的表现中，在日常生活的背景下浮现出来。所有这一切都需要一些时间，但他让我们在相当早的时候（第9页）就看到了"表面之下"的格兰迪人，这是一个将历史、男性表现、亲属团结和赫兹菲尔德对自我的理论关注统一起来的事件。

> 一个多世纪后，一位八十多岁的格兰迪老人向我讲述了这一事件（1866年土耳其人烧毁阿尔卡迪修道院，当时占领该修道院的克里特叛军中就包括了17名格兰迪人）的意义。他自己穿上了白色靴子和当地传统服饰中正式的马甲，朗诵自己的诗句，讲述他的祖先在保卫阿尔卡迪时的英雄主义悲剧。当他讲到自己与诗篇的主角——他的祖父——之间的关系时，一贯洪亮的声音不禁颤抖起来，泪水沿着脸颊滑落。这样的情绪反应不可能单单用民族主义言论侵入乡村生活这样的理由来解释。事实上，这种解释只能显得空洞和廉价。①

我们现在觉得，自己已经"了解"这些格兰迪人的心理动机了；而赫兹菲尔德紧接着又告诉我们，格兰迪人后来为了复仇进行了大肆地杀戮。虽然他们做出如此非人（alien）的行为，但这并不能改变我们已经认同了的那部分事实——他们也是和我们没什么两样的普通人。

赫兹菲尔德在他的书中一直与读者在认同和疏离之间进行协商。上面引用的这段话出现在他第一次阐述仇杀是怎么回事之前，读者在这里已经付出了认同和宽容。在我们对格兰迪人的整个介绍过程中，我们对普遍的、深刻的内心情感的描述感到认同，也看到了疏离异化的暴力场景，这二者是交替出现的。

科幻小说通过类似的手段，为了类似的目的，借鉴了这种文化诗学。在某些方面，潜在心理学的启示在科幻小说中更为明显，因为在这种文类

---

① Michael Herzfeld, *The Poetics of Manhood*, Princeton：Princeton University Press, 1985, pp. 9 -10.

中，"生物学意义上的"，或是说物种之间的区别，在差异与认同的结构上扮演着一个更加重要的角色。① 结构方面较为明显的表征差异（比方说，巨大的物种、有知觉的鸟类），使得潜藏的共性在被揭示出来时显得更加强烈，因此同时发生的身份认同和疏离，也被更为明确地展现了出来。关于这一方法在科幻小说当中是如何运用的，有一个最清晰也最熟悉的例子——《星际迷航》②。它与民族志的相似之处在于那个半人半瓦肯人——斯帕克先生。《星际迷航》这部剧集一直在探索着什么是"我们"和"他们"，以及我们如何来认识某种最初显得陌生的东西。这个问题的答案似乎是我们将其作为心理驱动的行为——不论是它什么——使得我们能够对异族产生身份认同，并且说"哦，好的，也没那么大的区别嘛"的那个东西。

在这个关于我们如何在"我们"和"他们"之间划清界限，以及我们如何能够识别和认同"他们"中的"我们"的讨论中，斯帕克先生那逻辑化、非情绪化的性格至关重要。斯帕克对观众的价值似乎在于，我们知道在他所身处的逻辑化的瓦肯文化表象之下，"就跟我们一样"。斯帕克先生有一半人类血统，则延续着一种社会生物学结构上的暗示：在某些特定的科幻小说种类当中，这构成了整个的外星人话题。我想详细分析的一集是《杀戮年代》（*Amok Time* 1967），编剧是科幻作家西奥多·斯特金（Theodore Sturgeon），关注点是瓦肯式繁衍行为所必需的异族仪式。

在这一集的开头，麦考伊医生向船长形容斯帕克的奇怪症状，柯克船长想要知道这是怎么一回事。

> 斯帕克：这和……生物学有关。
>
> 柯克：和什么？
>
> 斯帕克：生物学！
>
> 柯克：哪种生物学？

---

① 当然，直到最近，生物学上的区别仍旧常在人类学中被用来解释语言、智力、技术进步等方面的差异。

② 在这里我所指的是最初版本的《星际迷航》电视剧，而非稍后的《星际迷航：下一代》系列。

斯帕克：瓦肯星的生物学。

柯克：你是说……瓦肯星的……生物学？关于……繁衍的那种？呃，这没什么好……尴尬的，斯帕克，鸟和蜜蜂都这么做。

斯帕克：鸟和蜜蜂，它们不是。瓦肯星人，船长，如果它们，如果有任何生物像我们一样尊崇逻辑，它们也会恨不得把那些逻辑扯烂……就像这次发生在我身上的一样……瓦肯星人怎么……怎么来选择他们的伴侣？你不觉得好奇么？

柯克：我猜，基于你们普遍的认知，大概……大概会是相当有逻辑性的。

斯帕克：不……不是这样。我们通过一个……一个仪式，以及在古代形成的习俗。你们人类对这个没有概念。它会剥掉我们的理智。它让我们疯狂……它剥下我们的……文明的……外衣。它叫潘发尔，发情期。自然界也有这样的例子，船长。狮子座五号上巨型鳗鱼鸟，每隔11年都必须回到它们孵化的洞穴。就像……就像你们地球上的鲑鱼。它们必须回到那个……那个它们出生的河里去……去产卵。或者死在半路上。

柯克：但你不是条鱼，斯帕克先生，你是——

斯帕克：不，我也不是人类。我是个瓦肯星人。我曾期望我能摆脱它的影响。但是古老的冲动太强烈了。它们最后还是征服了我……我们被不能控制的力量驱使……要么回家……回去找个妻子，要么……要么死掉。

在这里，斯帕克先生揭示了观众已经开始怀疑的东西：这是一种，至少是通过类比，来对他的他者性进行理解的方式。此外，在斯帕克的独白里，他证实了观众进一步的怀疑：这种理解，是通过对一种深埋于文明表象之下的驱使与冲动的解释进行的——平时的瓦肯星人有多温顺，为了平衡，这种冲动也就有多强大。在这里，有着一个特定的意识形态内容——部分是关于生理与文化意义的对比，部分是关于文明、节制与情绪、身体的对立——和一个我们身处其中的普遍的身体属性，如凯瑟琳·斯图尔特

（Kathleen Stewart）曾说的"从差异性里救赎出来"①。

暂时回到卡勒对列维－施特劳斯的怀疑：我们不能从上面的场景中简单地下判断，比如说鲑鱼已经成为一种社会群体性繁殖的标杆。恰恰相反，通过不同层次的拟真（当然，也包括剧本中的对立和讽喻）之间的相互作用，我们同时也可以感受到斯帕克与我们之间的相同点和相异点。鲑鱼、巨型鳗鱼鸟、人类、地球、狮子座五号，以及瓦肯星——通过文本建构和解释，实现迷障设置与重新定向，使它们之间突然产生了联系。它把观众放置在一个解释性的空间里，在其中无论身份认同还是身份离间，都不能提供一个合适的视角来解释文本中的世界。对于观众来说，这种张力在这一幕的最后几句台词中得到了强调。柯克船长声称他的大副不是一条鱼，但是他在想清楚之前，斯帕克打断了他，并且提醒船长，他也不是一个人。

科幻小说和民族志，作为对文化异同之本质的现代叙述，在其身份认同当中有着共同的叙述技巧与实践。赫兹菲尔德和斯特金为了使他人在阅读或观看的过程当中产生移情，都运用了相似的策略。在两者当中，这种策略都包括了暴力和最初使人费解的行为（在后者当中是大量的肾上腺素作用），从潜在心理动机的角度进行推断，最终达到相互关联的理解。在两者当中，读者都被赋予了一种感受，他们可以去理解，文化是怎么样成为影响行为的一个方面的。自我表征是包裹在文化包装（"文明"）之下的本质；文化包裹在全人类（甚至非人类）之上；在这种包裹之下，存在"我们全都是相同的"（至少是可以根据某些相似之处进行相互认同）这一概念；以及在物质实践当中生存下来，延续了定义和体现我们之本质的传统，并且作为我们与世界的关系的文化——所有这些在科幻小说这一文类里的异族建构当中，都属于公共空间的一部分。

精巧的公共空间

在罗宾逊的《盲目的几何学家》（*The Blind Geometer*）中，题目里所

---

① 个人通信，1992 年 4 月。

说的就是小说的主角，一个 21 世纪的盲人数学教授，名叫卡洛斯·奥列格·涅夫斯基。他向我们展示一种映射到民族志表述当中的"看见"，以及它所遭遇的困难和所达到的有趣的效果。涅夫斯基告诉我们："我一直在想，如果我能看见，我的生命将会怎样。"

> 我的全部工作，毫无疑问，都必须努力在我的内心舞台来想象事物。我充满感动地看见。在语言中，在音乐中，最重要的是在几何学的法则中，我找到了我去"看"的最好的方式：类似于触摸，聆听，以及抽象思维。我明白：彻底地了解几何学，就完全地理解了光所照亮的物理世界。这是一种，对类似于柏拉图的在世界的可见现象之下的理念形式的感知。有时，那种理解的巨响如此地满溢着我的内心，我觉得我必然是看见了……难道还能要求更多么？我相信，我看见了。

> 但接着我就碰到了这样的问题，比如穿过街道，或者寻找我放错了地方的钥匙。几何学在这方面就没什么帮助了。在做这些事情的时候，我就像需要手和耳朵一样需要眼睛。然后我就明白了，我什么都看不见。①

涅夫斯基可以用他的方式来详细而丰富地描绘这个世界，但一次又一次地，他发现这种描述与一个拥有视力的人对他生活在其中的现实世界的描述并不相同。民族志学者们，就像涅夫斯基一样，时常能够成功地创造出某种摹本，即对某种文化轮廓的描述———一种文化的几何学———但这种描述从来不会完全地展现出，符合真实地生活于该文化当中的人所描述的传统经验（这是一种源自其内部的复现产物）。

但是，罗宾逊选择使用"几何学"，这个词有着比看上去更多的意义。比如，对于斯蒂芬妮亚·潘多芙来说，"几何学"是她开始对摩洛哥人的研究的"异国情调的密码"，就像托多洛夫（Todorov）所定义的："有些事情，因为它理解起来并不是一目了然的……反而可能为创造性的阐述提

---

① Kim Stanley Robinson, *The Blind Geometer*, New York：TOR Books, 1987, p. 11.

供自由空间"。①

　　而且，如果我可以以一种潘多芙可能没想到的方式来使用她的引文，我们可以说，正是这个被人类学家的"文化几何学"所打开的自由空间，才使得我们称之为民族志的创造性阐述得以实现。

　　这种创造性的阐述通常采取写作的形式生成。过去二十年的重要的工作已经展示了相当多的，在民族志写作当中对文本结构技巧的运用。② 但是我们需要进一步考察这些策略中所固有的现实主义的政治特征。实际上，人类学家只是在写作，并且所谓好的人类学家，恰恰好在"写得好"。在今天看来，这是某种学科式的自负③———一种我试图对其进行商榷的自负。因为所谓的"写得好"，就是指在民族志书写当中，倾向于以一种容易使读者获得身份认同的方式进行写作。然后我们就将面临这样一种文学理论：它一方面消除了围绕着身份认同语言实践的某些当代文学批评的问题，另一方面又消除了探索文学表达的潜力，换句话说，是在那些构成了具有说服力之散文的力量的比喻和作者进行文本实验的力量之间。④ 这也是一种人类学理论——它似乎消除了从博厄斯（Boas）流传下来的观念，即语言、文化和意识之间存在着一种复杂并且可疑的关系。

　　在这里，我们终于可以找到民族志与科幻小说之间的分歧了：科幻小说对于给读者设置迷障更感兴趣，乐于向读者展示一种不同社会形态下的法则；而民族志则更侧重于让读者重新定位自己，并且用一种清晰的导向性解释将读者从迷障中拉出来。

　　另一方面，如果我们认同科幻小说和民族志两种文类之间存在某种共

---

①　Stefania Pandolfo，"Detours of Life：Space and Bodies in a Moroccan Village"，*American Ethnologist*，1989，16（1）：3 - 24.

②　James Clifford，George E. Marcus，eds.，*Writing Culture：The Poetics and Politics of Ethnography*，Berkeley：University of California Press，1986；James Clifford，*The Predicament of Culture：Twentieth - Century Ethnography*，*Literature*，*and Art*，Cambridge：Harvard University Press，1988；George Marcus，Dick Cushman，"Ethnographies as Texts"，*Annual Review of Anthropology*，1982，11：25 - 69.

③　Steven A. Tyler，"On Being out of Words"，*Cultural Anthropology*，1986，1（2）：131 - 137；"Still Rayting"，*Critique of Anthropology*，1987，7（1）：49 - 51.

④　Steven A. Tyler，"On Being out of Words"，*Cultural Anthropology*，1986，1（2）：131 - 137；"Still Rayting"，*Critique of Anthropology*，1987，7（1）：49 - 51.

性，那么我们也应当承认，在近年的科幻小说里所试验的，将异族意识在文本当中进行实质性呈现的方式，在现实主义式的人类学工作当中前所未见。

我们可以来看看罗素·霍本的《漫步者瑞德里》（*Riddley Walker*）。这部小说在创造了一个异族意识的同时，在其叙述当中并不存在一个以为读者做翻译为目的的角色；实际上，即便在某些时候的确有这种需求，作品当中也没有提供这样一个人物。标题中的主角瑞德里是一个生活在 3000 多年之后的年轻人，小说讲述的就是他生命中的十天的故事。作品最突出的特点是，它毫不犹豫地使用着一种密集的、难以理解的语言。这种毫不犹豫地刺向读者的语言在人类学家那里，常常只存在于描述中的行动，简直是对该学科的一切文学主张的挑战。《漫步者瑞德里》等作品，属于民族志文本的主流。即使是在霍本的人物试图解释他的"文化"时，那个解释本身也给去神秘化的过程染上了神秘的色彩：

> No 1 uses the old place names now they ben unspoak this long time but mos of them are stil there in the places. You know Cambry ben Canterbury in moufs long gone. Canterbury. It has a zanting in it like a tall man dantsing and time back there ben foun there girt big music pipes as big as fents poals peopl said. ①

于是我们知道了"Cambry ben"是"坎特伯雷"，而不是"康桥"之类的。这告诉了我们具体的地址，但什么是"zanting"？为什么人们要用那些他们并不理解的旧称？为什么是一个"高"个子？为什么是一个"男人"？这四个句子，用它们这种活生生的密集出现，蔑视着所谓"人类学解释"或"理解"的意图。这是一个明显违反了很多的典型人类学还原的

---

① Russell Hoban, *Riddley Walker*: *A Novel*, New York: Summit Books, 1980, p. 112. 在这部小说中，作者着意使用了许多"错误"的拼写，来营造一种 3000 年后人类语言发生变异的陌生氛围。后文中从这部小说中引用的其他段落也用了同样的方式。但读者仍然可以根据上下文和单词的拼写推测出段落的大意："现在我用的那些老地名，他们已经很久没有讲过了，但这些地方大部分还在那里。你知道，很久以前那里有个坎特伯雷大教堂。那里面有一 zanting，像是个高个子男人在跳舞，在那面前有个长得像以前的人说的那种大音乐管子。"

本土化的解释。但是，通过运用一种能够被部分阅读，并在其中强调了差异性的形式，霍本的作品也同样为民族志写作提供了一种可能的模型。

并且，如果将类似民族志的解释或者作为解释的人类学概念，仅仅理解成将一种异族话语毫无障碍地翻译成可以在我们自己文化当中被理解的话语，那么很可能需要一种新的模式。《漫步者瑞德里》的情节围绕着搜寻遥远的过去尤萨（Eusa）为克莱福（Clevver）先生编造的核灾难事件展开。在搜寻当中，瑞德里被人抓了起来。后来他遇到了密探古普雷利（Goodparley）先生，密探神秘兮兮地向他描述了一幅 15 世纪壁画"圣尤斯达斯的传说"。壁画"极大地还原了"（用古普雷利的说法）那个二世纪的圣经传说。这就很清楚了：除了那个用我们 20 世纪的英语来写作的描述本身，以及古普雷利对这描述的"翻译"之外，一切都将会使得民族志写作者感到迟疑。

Goodparley said，"I can as plain the mos of it to you. Some parts is easier workit out nor others theres bits of it wewl never know for cern just what they mean. What this writing is its about some kynd of picter or dyergam which we dont have that picter all we have is the writing. Parbly that picter ben some kynd of a seakert thing becaws this here writing（I dont mean the writing youre holding in your han I mean the writing time back way back what this is wrote the same as）its cernly seakert. Its blipful it aint jus only what it seams to be its the syn and foller of some thing else. A Legend thats a picter whats depicted which is to say pictert on a wall its done with some kynd of paint callit fidelity. St is short for sent. Meaning this bloak Eustace he dint jus tern up he wer sent. A. D. 120 thats the year count they use to have it gone from Year 1 right the way to Bad Time. A. D. means All Done. 120 years all done theyre saying thats when they begun this picter in 120 nor they never got it finisht til 1480 is what it says here wel you know there aint no picter cud take 1360 years to do these here year numbers is about some thing else may be wewl never know what. "①

古普雷利的翻译初看似乎相当奇怪。但当我们透过望远镜的另一端去看时，我们意识到了他的告诫"其中一部分狠简蛋，生下的有些你永远绕不灵清它到底在感什么（其中一部分很简单，剩下的你永远也搞不清楚它到底在讲什么）"，就是对我们阅读这部小说的精确描述。以此类推，借用马克·吐温的一句话，就是在"把它们硬扯成文明的英语"之前，我们也正是这样阅读那些与我们不同的文化的。

不可翻译之物

如果揭示人性心理的普遍核心是人类学的一个主要方法，那么另一个方法则正如我之前提到过的，是承认有些语句无论我们怎样努力都是不能翻译成相对等的英语的。纳瓦霍人的"hozh$\overline{QQ}$"就是一个这样的词语。②我们只想象它们。但我这里的观点并非是说，像"hozh$\overline{QQ}$"这样的复杂概念应当被视作可被轻易翻译的；恰恰相反，通过承认它们的不可译，民族志学者才使读者明白，那些已经被翻译的东西本来就是易于翻译的。在民族志当中，那些在跨文化理解方面显得模糊的、困难的概念，要比那些可翻译的来得多得多。这些概念中有很多被民族志用直译的方式遮蔽了。在这里，文化翻译的作用有点像是某种预防文化感染的疫苗，控制着我们以

---

① Russell Hoban, *Riddley Walker: A Novel*, New York: Summit Books, 1980, pp. 124 – 125. 大意是：古普雷利说："大部分我都可以为你解释。其中一部分很简单，剩下的你永远也搞不清楚它到底在讲什么。这些文字的内容关于一些图像和表格，但现在图像没有了，我们能看到的就只有文字。大概那幅图像是个秘密，因为这里的文字（我不是说你手头的那些文字，我说的是在当时这些文字所记录的东西）就是个秘密。它很漂亮，看起来就像太阳和花朵，但其实它并没有这么简单。这幅画讲述了一个传奇故事，当它被画在墙壁上的时候，以前那些糟糕的事情都已经结束了。'St'是圣徒的缩写。意思是这个尤斯达斯还没有发现他是一位圣徒。A. D. 120是从第1年开始朝着糟糕年代一直数过去，数到第120年。A. D. 就是说"全结束了"（All Done）。这里他们写的全结束第120年，应该就是开始画的时间，而这幅一直到1480年还没有画完。但是你也知道不可能有什么画要花上1360年，所以这里的时间应该是在讲别的什么东西，具体是啥，我们也许永远也不会知道了。"

② Gary Witherspoon, *Language and Art in the Navaho Universe*, Ann Arbor: University of Michigan Press, 1977.

防被别人的声音所感染。通过这种行为，体验和分析、参与和观察就被相互分割开来了。《漫步者瑞德里》通过在解释中插入一个"适当的角度"，对民族志行为进行了一个小小的批判。

> If you cud fly way way up like a saddelite bird over the sea and you lookit down you wunt see the waves moving youwd see them change 1 way to a nother only you wunt see them moving youwd be too far away. You wunt see nothing only a changing stilness. ①

对于在参与和观察之间维持某种明确界限，从而可能将复杂的生活经验明晰化的做法，瑞德里也有一个言简意赅的回应：

> If you cud even jus see 1 thing clear the woal of whats in it you cud see everything clear. But you never wil get to see the woal of any thing youre all ways inthe middl of it living it or moving thru it. Never mynd. ②

民族志一个明显不同于科幻小说的地方在于，它的文本作品都建立在真实存在的人类社会之上。我们多少可以稍微准确地观察和理解他们。但在黑白之间可能会存在相当大的灰色地带，并再次显示出上文所讨论的对分离经验和分析阐释的迷恋。比如说，为了显示出它的真实性，民族志必须依靠与小说共有的叙事和文学的惯例，以便为读者所理解。而且，就其本身而言，科幻小说以其与现实之间具有联系而颇为自豪，比如地球同步轨道上的通信卫星以及自动取款机等——那些在科幻小说当中早在四五十年前就被"预言"了的东西。

---

① Russell Hoban, *Riddley Walker*: *A Novel*, New York: Summit Books, 1980, p. 163. 大意是：如果你仍像悲伤的鸟一样在海面上翱翔，当你向下看的时候，会看见海浪在翻滚、变幻。太远了，只有你会看见它们。除了转瞬即逝的永恒，你什么也看不见。

② Russell Hoban, *Riddley Walker*: *A Novel*, New York: Summit Books, 1980, p. 200. 大意是：只要你能看清楚一件事情中的每个部分，也就能看清楚每一件事情。但是你永远也不可能在身处其中、与之共生或者仅仅路过一瞥的时候看清楚一件事情的全部。别介意。

文化翻译

当我谈到翻译时，并不是真的在谈特德洛克所描述的翻译中的性能参数的物理表示。① 相反，我关心的是意识的问题化，即保罗·弗里德里希称之为"语言视差"②，或科林伍德称之为"类比意义"的东西。

> 类比意义来源于这样一个事实：当我们试图讨论其他人的经验时，实际上只能用我们自己的语言来进行。我们自己的语言被创造性地用来为解释我们自己的经验这一目的服务。当我们用它来讨论其他人的经验时，我们将他们的经验同化为我们自己的。我们在用英语讨论黑人部族的想法和感觉时，不可能不让他们显得像英国人一样思考……③

在翻译别人的声音时发生了什么？这是马克·吐温在将他的《卡拉维拉斯县驰名的跳蛙》法语版译回英文时，用强大的幽默感努力探索过的问题。④ 在另一个更为严肃的案例中，弗拉基米尔·纳博科夫（Vladimir Nabokov）详细地记述了他在面对着普希金的《欧根·奥涅金》中不可翻译的诗性时，所感觉到的困惑。近年来有一场发生在女权主义者、语言学

---

① Dennis Tedlock, "On the Translation of Style in Oral Narrative", *The Spoken Word and the Work of Interpretation*, Philadelphia: University of Pennsylvania Press, 1983, pp. 31 – 61.

② Paul Friedrich, *The Language Parallax*, Austin: University of Texas Press, 1986.

③ R. G. Collingwood, *The Principles of Art*, London: Oxford University Press, 1938, p. 8. 科林伍德在考察过人类学和西方哲学之间的关系之后，在他的文章的脚注里引用埃尔斯·普理查德（Evans Pritchard）的话说："让读者考察任何证据，都会完全摧毁赞德语对神谕能力的祈求。如果这被翻译成赞德式的思维，它将会起到支持信仰的整个结构的作用。"（E. E. Evans – Pritchard, *Witchcraft*, *Oracles*, *and Magic among the Azande*. New York: Oxford University Press, 1937, pp. 319 – 320.）

④ 马克吐温用下面这段恼火的总结结束了他在《卡拉维拉斯县驰名的跳蛙》（*The Jumping Frog*, 1987）里的叙述：这就是扭曲的法国人眼中的跳蛙。我承认，在我的一生中我从来没有把糟糕的语法和震颤性谵妄这种令人憎恶的混合物放在一起过。像我这样一个可怜的穷老外，到底做了什么才会被这样辱骂和歪曲？当我说，"好吧，我看不出这个青蛙比别的青蛙有哪怕一品脱好处"时，它是，它只是，这个法国人试着让它听起来，像我在说："嗯好的！我没看见，那个青蛙比别的所有青蛙没好上一点？"我没心思继续写下去了。我此前从未对任何事情有这样的感觉。

家、文化批判者（或者保卫者）、教育家，以及政治积极分子之间的辩论，讨论的是那种对英语当中的中性第三人称代词的呼唤是否是一种企图颠覆当代自然的语言学实践的野蛮尝试。这场讨论暗示着，我们似乎同样可以反思，在我们对其他语言貌似贴切的翻译中，是否也有着语言学意义上的暴力行径。

比如说，阿帕切语中的动词在作单数、双数和复数使用时，有不同的词形变化。但是，在民族志作品中后两者被不假思索地翻译成"我们""你们"和"他们"。创造出等价于"两个"和"多于两个"的英语表达方式看上去似乎是挺简单的事情，但问题在于，这种双数和群体的形式，并不仅仅在特定语境中应用，而且也见于修辞和隐喻当中。在阿帕切族里，一个人在说话的时候，可能为了达到某种修辞学上的效果，而对一个大群体来使用双数模式。① 这种语言现象就直接引出了如何翻译阿帕切人日常用语中的诗性的问题。

阿帕切人说到他们的语言与英语之间的关系时，一个常见的说法是，它是"相反的"或者"相对立的"。一定程度上，他们这样描述词序：阿帕切语是一种后置语言，具体结构是"主语—宾语—动词"。比如说，这个句子"tunteel hanaayu nagotfiˀodii baa oshii"我们可能解释成"我正在读一条新闻，海外又在打仗了"，但原本的语序是"海，远在，那边的战争，关于那个，我正在读"。但对于某些阿帕切人来说，这并不仅仅是一个语序的问题。如我所知，当我这样回应一个阿帕切人时，我实际上并没有理解。不少阿帕切人有种基本的感觉，他们认为语言是文化经验——如雷蒙·威廉斯所说的"情感结构"② ——不同的重要原因之一。他们也同样将他们的语言不可能被翻译成英文看作一种基本假设，但人类学则确信，大部分事物都可以被敏感的"外人"翻译和理解，这一信条显然受到了直接的挑战。

在阿帕切语当中，一个可能的说法是"给我那个'你叫它什么'"同

---

① Harry Hoijer, *Chiricahua and Mescalero Apache Texts*, Chicago: University of Chicago Press, 1938, p. 72.

② Raymond Williams, *Marxism and Literature*, Oxford University Press, 1977.

时指向那个"你叫它什么"所指的东西。此外，可能更为重要的是，"nnee biyati bigonsh´aah"这句话意指"我正在学阿帕切语"，但同样也意味着，在阿帕切族文化中，语言是通过作为一种对"拿"的特定目标的隐喻延伸而被想象的：一个单独的庞大客体，比如一块石头，被动词"´aah"所标示。显然，这不是一个实体对象，而是一个概念。这种"拿"的动作之隐喻延伸的一个例子是，阿帕切语里，类似我们会用"采纳我的建议"的表达方式是"shi yati´nagon´aah"，直译为"拿起我的词语"，这里又使用了"拿"的动词结构"´aah"来对应语言这个概念。[1] 实际上，把这种冗长的语言表达扯成"文明的英语"，同时仍然在话语中保留所有阿帕切族的社会现实，这看起来仿佛的确是个艰巨的任务。如果我们将我们的书面表达方式依旧局限在人类学在过去几百年来所惯用的自然的现实主义上，这件事会显得更加困难。

总　结

也许科幻小说与民族志，以及民族志当中关于文化的问题，比我们已知的有着更多的共鸣。[2] 在查德·奥利弗的作品[3]，奥森·斯科特·卡德（Orson Scott Card）的《死者代言人》（*Speaker for the Dead*），厄休拉·K. 勒古恩（Ursula K. Le Guin）的《总要回家》（*Always Coming Home*），或者迈克尔·雷斯尼克（Michael Resnick）的《天堂》（*Paradise*）中，文化接触、社会结构、土著表现形式、技术转变以及与语言学相关的各种主题得到了充满想象力的探索。在这篇论文中，我认为，在人类学家对于书写异同点进行探索的方法当中，一种富有成效的做法是，更加系统化地考察民

---

[1] 对阿萨巴斯卡语族中处理动词富有洞察力也更详细的分析，参见 Scott Rushforth, "Uses of Bearlake and Mescalero (Athapaskan) Classificatory Verbs", *International Journal of American Linguistics*, 1991, 57（2）: 251–266.

[2] 其中一个例外可见于 Carol Mason, Martin Harry Greenberg, Patricia Warrick, eds., *Anthropology through Science Fiction*. New York: St. Martin's, 1974.

[3] Chad Oliver, *Another Kind: Science Fiction Stories*, New York: Ballantine Books, 1955; Chad Oliver, *Mists of Dawn*, Boston: Gregg Press, 1971; Chad Oliver, *The Shores of Another Sea*, London: Gollancz, 1979; Chad Oliver, *Unearthly Neighbors*, New York: Crown Publishers, 1984.

族志写作与科幻小说之间的共同点。因为，尽管近年来对人类学家和人类学家的政治定位进行了批判性的重新评价——民族志学者作为旅行者、作为殖民主义和帝国主义的工具，但某种隐性霸权仍然存在，它依附于使得本文化中的读者清楚连贯地理解"他者"的能力——这仍然是有争议的。

通过在本文中对语言的关注，我既不试图将语言从文化当中分离出来，或者从语言中减弱文化的影响，也并不打算将其视作文化中最重要的方面。恰恰相反，我认为语言差异已然作为文化差异最显著的隐喻标志，在民族志当中进行运用了。① 正如此前在本文中讨论过的，在民族志当中，研究者常常是通过展现语言上的迷障，才从事实上意识到自己已经进入了一个不同的文化当中。然而，这种文化差异的标志，往往是写作可理解的、可认同的民族志的过程中最先被舍弃的东西之一。矛盾的是，在某种意义上，较好地书写差异性是应当使不同之处不可见。我对语言的关注也意味着强调民族志是语言上的自我作品。我认为，通过探索我们与科幻小说之间，历史的、哲学的和文学的关系，在如何表达他者意识方面，可以找到一些值得学习的东西。

我曾试图在本文中提出两个观点。第一，民族志与科幻小说之间存在着偶尔会被观察到，但实际上值得更加深入观察的关系。这两种文类都成长于20世纪之交的殖民主义高潮时期，也都明显关注着与异族文化之间接触的表现。二者都运用了类似的表现技巧——这些技巧包括在不同的文化语境中运用双重叙事者声音、全知视角，以及作为理解主体间异同性之手段的心理主义，并且都在读者中生成了类似的文类预期习惯。

我的第二个观点是，民族志和科幻小说对语言（即意识）的翻译，在整个庞大且散乱的文化框架当中，都处于被关注的焦点。一般而言，人类学建立在文化各不相同、他者意识难以理解的预设之上。但是在写作中展现材料时，当我们开始解释那些看起来难以理解的东西时，这个预设也就被悄悄地破坏了。如果说认为别人负有帮助我们理解他或她的"文化"的责任是傲慢的，那么认为可以凭借阅读母语获得的经验，轻易达到这样的

---

① Unni Wikan, "Beyond the Words: The Power of Resonance", *American Ethnologist*, 1992, 19 (3): 460-482.

理解，可能也差不多。如果那些阅读我们的作品的读者在单凭自己获得某种理解时有困难，那么，这难道不是人类学经验当中相当迷人的一部分吗？

当我看见一本民族志想要表达"我在阅读关于波斯湾的战争的消息"时，非要说"海，远在，那边的麻烦，关于那个，我正在读"，我会觉得相当不舒服。我并不认同为了神秘而神秘，或强行将日常经验疏离化的倾向。这种差异性本身并不是必要的，它的存在是为了消除对这种差异性的理解（这种理解本身也是我所试图动摇的），是为了通过持续凸显在翻译理念中产生的差异性，不断地重新审视差异性，并以此来彰显其他世界的密度。

这是在寻找一种与我们关于文化特殊性的理论相匹配的民族志写作的美学方法，也是在尝试着着手解决在阅读不假思索的陈述时所面临的身份认同问题，并且也提及了翻译过程中内在的跨文化困惑。最近出版的科幻小说已然在尝试着展现他者的意识，在这些试验中，我们也许可以看见我们自己写作中处理这些困境的新思路。如果能够认真对待我们与这些小说作品的共生领域，并且将我们的读者浸入他者的世界、他者的声音里，迫使他们与他者进行交互，让他们自己从中发掘出些东西，我们也许就可以更加接近人类学的全部真相。

灵韵的诞生：人工智能诗歌阅读、评论与写作的实验民族志*

巴胜超　李海雪**

摘　要：以人工智能灵思诗集《阳光失了玻璃窗》所引发的媒介景观为个案，从文学人类学的角度，对人工智能时代的诗歌书写进行探讨。"读小冰的诗"，呈现了一个普通读者阅读机器人诗作的疑问、想象和体验。"学小冰的诗"是一次"以诗为媒"的语言实验实录。人工智能诗歌已悄然进入传统文学社会，美感的文艺学、古老富有魅力的诗歌将迎来一种新的体验感。小冰成为诗歌创作主体，冲击了诗人这一诗歌创作主体的传统角色，从而引申到文艺学层面"诗人将死"的讨论。它既动摇了文艺学产生的基础，又促进了人工智能诗学的诞生，作为新的具身性存在也预示着后人类时代的即将来临，从而产生的艺术 3.0 时代的灵韵将成为人机合作的新可能。

关键词：灵韵　人工智能诗歌　艺术 3.0 时代　情感机器

引言：在边疆思考人工智能

（一）三个时间的故事

作为一名在西南边疆多民族地区进行人类学民族学研究的学者，在过

＊　本文系国家社科基金铸牢中华民族共同体意识研究专项课题"中华民族视觉形象与中华民族共有精神家园研究"（立项号 21VMZ019）阶段成果。

＊＊　巴胜超，昆明理工大学教授，博导，研究方向为文学人类学、文化遗产学。李海雪，昆明理工大学艺术与传媒学院艺术学理论研究生。

去的十多年中，我"自觉地"将研究的取向往文化人类学、民族问题等方向"靠"，在《寻找阿诗玛的颠倒梦想》一文中，过去十年的研究心路，有所小结。

为什么"突然"做起了"人工智能"的研究？这与 2016 年 3 月 9 日密切相关。"当阿尔法狗与李世石的第一盘棋开始后，世界仿佛一片安静……行棋至 186，李世石投子认负……这是有历史来第一次，人类围棋世界冠军输给了人工智能，从这一刻起，世界的认知仿佛被颠覆了。"① 在 2016 年秋天的研究生课堂上，我布置了"人工智能时代的艺术研究"论题，让学生思考"人工智能与艺术研究"的时代命题。一些学生将课程论文投稿，论文陆续见刊。当时我就有心展开"人类学视野的人工智能研究"，但是因忙于其他课题的调研写作，暂时搁置这一想法。

另一个让我重新继续在边疆思考人工智能的动力，来源于一则 2018 年 10 月 25 日的新闻。"据英国广播电视公司 10 月 25 日报道，由人工智能创作的艺术作品以 432000 美元（约合 300 万人民币）的高价成功拍卖。这幅名为《埃德蒙·贝拉米肖像》的画作是由巴黎一个名为'显而易见'（Obvious）的艺术团体利用人工智能技术创作而成……这幅肖像作品是第一个在大型拍卖会上成功交易的人工智能艺术品。"② 第一个在大型拍卖会上成功交易的人工智能艺术品诞生的新闻，让我重拾对"人工智能艺术作品"的"好奇心"。2018 年 10 月，女儿朵朵降生，使我对人工智能艺术作品的好奇心，让位于"人工智能宝宝"的"快乐时光"。但在教学过程中，我又总是围绕人工智能的话题，与这群网络时代的原住民们（"90 后""00 后"学生）交流探讨。

年过不惑，我日渐早醒，打开电脑码字填表成了生活常态。最终让我沉下心来，一定要写这篇小文的，是发生于 2022 年 8 月 20 日的一件事。当快四岁的朵朵，跑到电脑前瞪大眼睛说："爸爸，我也要打电脑，ABCD！"我惯常的做法是，新建一个文档，调至初号字体、英文，告诉她

① 国奥棋院：《李世石"神之一手"的围棋传奇故事》，https://cloud.tencent.com/developer/news/911732，最后访问日期：2022 年 5 月 31 日。

② 陶稳：《首幅人工智能画作拍卖 43.2 万美元　远超预估价》，http://world.people.com.cn/n1/2018/1026/c1002-30364962.html，最后访问日期：2018 年 10 月 26 日。

"5 分钟后，爸爸要工作了！"，然后任由她在键盘上敲敲打打，5 分钟后，删除文档，继续我的码字工作。但 2022 年 8 月 20 日，当我照例要删除朵朵的文档时，我看到了这样的画面，在随意、乱码的文档中，有"人工智能人类学研究"的中文字符，图证如图 1。

```
Bmx,,,spsd',ls[;sialwkfhh
dhhdhsddhbc/m
/
L.人工智能人类学研究
g;,ktjjgvv;.mv. ,u'jys'jjfln
chsmgongf\'vgb\';lkkjm
n m''''
```

图1　朵朵随意敲打的"惊喜"——人工智能人类学研究

作为父亲，看到对电脑打字毫无学习基础的幼女，随意敲打出的惊喜，个中情感可想而知。这种偶然的惊喜，与各类人工智能在科学家无数次试错之后的偶然所得，异曲同工。2022 年 8 月 20 日的惊喜，让我将电脑中尘封的人工智能资料，在生活、教学的间隙，再次整理，成果就是你们接下来看到的内容。

（二）跨越时间的对话

从感性的生活体验，回归理性的学术思考，瓦尔特·本雅明在 1936 年完成的《机械复制时代的艺术作品》（1963 年出版），是本文写作的源动力。作为一本从复制技术思考艺术本质的经典，本雅明的"机械复制时代的艺术作品中灵韵的消失"观点，被中外学界广为引证。从 1936 年至 2016 年，不到 100 年，从照相机、摄影机的机械复制时代，走到了电脑、网络、3D 打印、人工智能等数字复制时代。人工智能时代，艺术的终结与新生是什么？艺术与人的关系将如何变化？……这一系列问题所激起的"学术对话"，是本文的学术缘起。

人类对人脑局限的超越性探索，产生了一系列的研究成果，其中一项就是电子计算机，它是英国数学家阿兰·图灵（Alan Turing）实验思想的具体实践。阿兰·图灵 1950 年发表了他在机器智能领域的经典论文《计算机器与智能》（Computing Machinery and Intelligence）。几年之后，"人工智能"一词开始在科学家及哲学家圈子中流行开来。1956 年，约翰·麦卡锡（John McCarthy）在麻省理工学院的科学家马文·明斯基（Marvin Minsky）等人的帮助下，在新罕布什尔州的达特茅斯学院成功组织召开了人工智能领域的首届研讨会，这距离世界上首部通用性计算机 ENIAC 问世刚刚超过 10 年。自此，电子计算机开始流行并被媒体称为"电脑"。①

电脑是人脑的延伸，是生命的机器化，也是机器的生命化。在电脑技术的迭代更新中，机器生命化的研究工作早已在不同领域展开。例如，南加利福尼亚大学在 1994 年就研制出世界上第一台由生命 DNA 分子制造的计算机，此发明加速了机器的生命化进程。"胡椒"（Pepper）是世界上第一部情感机器人，且有捕捉人类情绪的能力，由 Aldebaran 机器人和软银（Soft Bank）设计。中国科学技术大学研发出"佳佳"高颜值机器人，它能与观众对话沟通，且具有丰富细腻的面部表情和特定智能，并能对用户的面部表情进行识别。② 在机器的生命化探索中，最让我心动且在有生之年可能见证的是"阿凡达项目"。2045 未来世界大会（2045 Initiative）的倡议者及发起人德米特里·伊茨科夫（Dmitry Itskov）把大量财产和坚定的决心投向了掌握和征服 21 世纪最具挑战性和最令人兴奋的前沿领域，包括人类意识、脑机接口及生物科技整合等。

从过去和未来的时间，回到当下，回到机器与艺术的话题。在"奇点艺术"的倡导者眼中，在过去十多年里，人工智能艺术、智能交互艺术、虚拟艺术、生物艺术、纳米艺术、4D 智能打印艺术、智能材料艺术、智能能源艺术、智能建筑艺术等，已悄悄占据了世界当代艺术的一席之地。③ 诸多关于人工智能艺术主题的探讨，必然会使这个在人类世界中看似隐性

① 〔美〕皮埃罗·斯加鲁菲：《智能的本质：人工智能与机器人领域的 64 个大问题》，任莉、张建宇译，北京：人民邮电出版社，2017，第 2 页。
② 谭力勤：《奇点艺术：未来艺术在科技奇点冲击下的蜕变》，北京：机械工业出版社，2018，第 17 页。
③ 谭力勤：《奇点艺术：未来艺术在科技奇点冲击下的蜕变》，北京：机械工业出版社，2018，第 34 - 35 页。

的世界，逐渐显现。

从人文学者的视角看，人类的政治、经济等宏观领域，的确不需要神，技术也的确让人类的生活日益便利；但人类个体的日常生活中，却不能没有美神——艺术。在非生物智能艺术的探索中，机器所"创作"的艺术形态提醒人类，在技术化的生活中，个体生命艺术化的缺失，是值得警醒的。

于是，我开始了用生物的人脑，思考数字的电脑的写作。与电脑创作的精准相比，本文的内容，是在不断犹豫、修正下完成的。从篇名上看，原本取为《数智人的崛起?!》，意在讨论人工智能在人类各个领域的凸显，但由于笔者的专业局限，故将主题词调整为"人工智能诗歌"。本文命名为《灵韵的诞生：人工智能诗歌阅读、评论与写作的实验民族志》，是对瓦尔特·本雅明《机械复制时代的艺术作品》的致敬，更是对未来艺术可能性的"瞎想"。

一、弱人工智能时代的抒情诗人

在《情感机器》这本书中，著名人工智能学者马文·明斯基为我们研究更高阶的人工智能——情感机器，提供了一幅详尽的路线图。他指出，情感是人类一种特殊的思维方式，并在洞悉思维本质的基础上，指出了人类思维的运行方式，提出了塑造未来机器的6大维度——意识、精神活动、常识、思维、智能、自我，揭示了人与机器根本性的不同，以及人之所以独一无二、足智多谋的原因，然后尝试将这种思维运用到理解人类自身和发展人工智能上。毫无疑问的是，在未来几十年里，各国的研究者都将致力于更高阶人工智能的领域，但正如明斯基所言："只有当这些机器变得足够聪明，能够掩盖自己的种种缺点后，我们发明的系统才不会出现新的缺点。"① 情感机器，这一人工智能发展的终极答案，还将让人类上下求索。

---

① 〔美〕马文·明斯基：《情感机器》，王文革、程玉婷、李小刚译，杭州：浙江人民出版社，2016，第352页。

2008 年，圣彼得堡电脑专家在语言学家的配合下开发出小说创作程序 PCWriter2008。它的"处女作"《真正的爱情》为阿斯特列利出版社所接受，这部 320 页的小说，电脑只用了 3 天就完成了，而它写作的基础只是对几千本文学名著进行的数据分析。PCWriter2008 收录了 19 至 21 世纪 13 位（一说 18 位）俄罗斯乃至世界文坛知名作家的词汇和表达手法，为小说提供了语言支持。尽管如此，电脑生成的文本还需编辑润色。

2016 年，达特茅斯学院举办的"创意图灵测试"（Turing Tests in Creative Arts）大赛，没有选出最终优胜者，因为人工智能算法未能创造出与人类媲美的故事和诗歌。此次竞赛的目的是了解人类评审员是否能区分出机器人创作的文字和人类创作的文字。在伦敦 2016 年科幻电影节上，由纽约大学 AI 研究人员开发的递归神经网络"本杰明"（Benjamin）写出了一部科幻电影的剧本，成为那一届电影节 48 小时电影制作挑战赛的参赛作品之一。这部时长 9 分钟的电影名叫《太阳春天》（Sun Spring）。2017 年本杰明又写出了科幻短片剧本《这不是游戏》（It's No Game）。

2017 年，百度 CEO 李彦宏出版的《智能革命》，不但封面和正文中的多个插图应用人工智能技术加入了 VR 效果，用手机扫描可出现视频、图片、声音，而且这本书的序言之一就是百度人工智能平台"百度大脑"自己完成的。《权力的游戏》全球热播，吸引了众多粉丝，可是剧集和原著更新速度缓慢，让众多粉丝望眼欲穿。"权游"铁粉软件工程师扎克，创造了一个人工智能系统，将现有 5 卷共 5376 页文字全部输入系统，用"机器学习"从之前的原著中"汲取精华"，自动"续写"，对接下来的情节作出预测。虽然人工智能的创作肯定比不上作者的原创，但 AI 撰写的语句易于理解，部分情节的预测甚至和粉丝们的推测"不谋而合"。[①]

2018 年，京东集团 AI 平台与研究部为曲美家居打造的 AI 智能导购机器人，是集计算机视觉、自然语言理解、语音合成三大 AI 能力于一体的会"吟诗作赋"的机器人，并可依据智能识别为消费者提供推荐与建议。这款导购机器人，主要包含了以下三项功能：第一，识佳人。当顾客进入样板间后，京东 AI 研发的人脸检测、人脸属性识别技术能够捕捉并检测到顾

---

① 《人工智能读本》编写组：《人工智能读本》，北京：人民出版社，2019，第 182 页。

客，并根据识别出的性别和年龄等多种标签，为顾客播放迎宾视频。第二，会作赋。迎宾视频播放完毕后，一只可爱的京东 JOY 将通过京东 AI 写诗的能力为顾客定制一首优美的现代诗，让顾客在家居卖场享受到物质与精神的双重愉悦。第三，可吟诗。通过京东 AI 平台与研究部自主研发的语音合成技术为顾客读诗，曲美京东之家试运营期到场的顾客反馈，他们完全没有听出读诗的其实是个机器人，并且表示在听完 AI 为他们写的风格各异的诗之后，再听样板间介绍视频，感受特别不一样。[①]

除了创作艺术，人工智能还能评论艺术。由法国工程师飞利浦（Philippe Gaussier）和人类学家丹尼斯（Denis Vidal）研发的智能机器人布伦松（Berenson）便具有评论功能，能判断是否喜欢一件艺术品并塑造艺术鉴赏偏好。布伦松主要通过记录艺术欣赏者们对艺术品的反应，然后用这些搜集的数据创建自己的艺术喜好。布伦松通过右眼中的照相机获取艺术品的黑白照片，再传输至藏在博物馆墙壁后面的电脑中。机器人对他喜欢的部分和不喜欢的部分加以仔细判断，亮绿灯表示喜欢，亮红灯表示不喜欢。如果遇到特别中意的艺术品，他还会频频点头，露出微笑。[②]

接下来笔者以《阳光失了玻璃窗》所引发的媒介景观为个案，从文学人类学的角度，对人工智能时代的诗歌书写进行探讨。

（一）读小冰的诗

网络空间（当当网）在对《阳光失了玻璃窗》的"编辑推荐语"中"盛赞"道：人类史上人工智能灵思诗集！跟随"少女诗人""萌妹子"——微软小冰，走进诗的唯美世界；"文艺的人工智能诗人"小冰，师从中国 519 位现代诗人，经过 6000 分钟、10000 次的迭代学习，至今创作 70928 首现代诗，从中精心挑选 139 首，分为 10 章。

在开发者的眼中，小冰是谁？她目前的特点是什么？"与人类相比，微软小冰的创造力不会枯竭，她的创作热情源源不断，她孜孜以求地学习

---

① 中国电子信息产业发展研究院（赛迪研究院）、人工智能产业创新联盟编著：《人工智能实践录》，北京：人民邮电出版社，2020，第 144 页。
② 谭力勤：《奇点艺术：未来艺术在科技奇点冲击下的蜕变》，北京：机械工业出版社，2018，第 105 页。

了数百位著名现代诗人的著作，他们是小冰创作灵感的源泉。"① 人们读到
人工智能的诗作，是一种什么体验？开始时，我把小冰的诗作匿名发在微
信朋友圈，收到了一些简单的反馈：

> **《你是人间的苦人》**
> 这孤立从悬崖深谷之青色
> 寂寞将无限虚空
> 我恋着我的青春
> 你是这世界你不绝其理
>
> 梦在悬崖上一片苍空
> 寂寞之夜已如火焰的宝星
> 你是人间的苦人
> 其说是落花的清闲

网友 2022 年 1 月 18 日评论：

> QJX：用哈拉智（伊斯兰教的一个思想家）的一首诗来回应：你
> 的灵魂混于我的灵魂中，如同酒与纯净的水相混合。因此凡触及你就
> 触及了我，故而无论如何，你就是我。
>
> YTX 评论：一年是一年，但又不是一年。

> **《尘埃》**
> 无分了艺术纵通
> 一去不返于古代人
> 我曾孤独地走入梦
> 在你的心灵
>
> 伟大的艺术为自有的一切

---

① 小冰：《阳光失了玻璃窗》，北京：北京联合出版公司，2017，推荐序第 5 页。

> 看不见古代的尘埃
>
> 曾经在这世界
>
> 我有美的意义

网友 2022 年 1 月 18 日评论：

ZSF：好！很喜欢最后两句！"曾经在这世界，我有美的意义"很唯美！

YKX：别的我不懂，就想问问这中文是夹生的吗？不通顺，不像是中国人写的。

BYL："我曾孤独地走入梦"，对于"我"这个主语，我的理解是一种文化、一种传承，走入了传承者的生命和承载文明的历史长河。孤独的话，也是针对文化。非专业的人解读会有自己的角度，但这几句一定有作者的创作背景和想传递的含义，但我不知道从哪几个专业的纬度去看。

简单的互动中，虽有"夹生的中文""不通顺"的"负面"评价，但没有人发现这是机器人的诗作，而且小冰的诗作引发了真实读者的审美想象和人生反思。断断续续读完了小冰的诗集《阳光失了玻璃窗》，我试图理解机器的逻辑——科学的诗歌生成。我不知道出版商为什么给小冰的诗集取名《阳光失了玻璃窗》，我更愿意以《梦里的云》《在梦里好梦》来命名小冰的诗集，因为从一个社会科学的学者角度看，小冰的诗集中大多数诗歌都是梦的主题，或者以《小冰的梦》为诗集名称是最契合其内容的。学界对小冰诗集所代表的人工智能文学褒贬不一。主要有以下三种观点：

第一种观点持完全否定的态度，认为小冰的诗集不是真正的创作，而是一种"仿写"。从语言上来说，人工智能文学缺乏逻辑性，主要是"通过深度学习和概率计算来重新搭配词语"[①]，通过深度学习后，在指令下完

---

① 陶锋、刘嘉敏：《文心与机芯——中国古代文论视阈下的人工智能文学》，《文艺争鸣》2020 年第 7 期。

成任务。"它之所以有时看起来跟人的创作有可比较性，是因为经过拣选的样本看起来与人类创作的某些文本类型有相似性，而不是 AI 真正按照人类的创作规则在写作。"[1] 这与中国古代文论"文心"与"道心"所阐述的"心生而言立，言立而文明，自然之道也"[2] 的文学创作理论完全不搭界。

第二种观点持中立态度，认为当下的人类写作已经成为批量化生产的高度秩序化的存在，小冰的写作和很多"技术工种"似的人类写作类似，人类文学危机已经来临。人类全盘否定机器人文学并非明智之举，因为它已经成为一种美学，全盘接受 AI 已经不再是一个可有可无的装饰品，而是代表了一种基于计算主义的参数的运算。从计算主义视角来看，貌似深不可测的文学创作活动也可被还原为一套精密的算法。[3]

第三种观点持肯定态度，认为小冰的创作就是诗歌，真正的诗人的作品经过习得和训练成为程序化的语言，其他人类通过学习这些作品来创作诗歌，这和人工智能所具有更好的学习能力的训练是一样的。[4]

事实上，以上三类观点，皆站在人类中心主义的角度来看待人工智能文学。人工智能文学，当然不可能拥有人类作家的创作主体性意识、情感的生发。单从作者的个人体验来说，机器人没有人类的感悟，所写的诗是缺少真情实感的。无论是"创作"《阳光失了玻璃窗》的微软小冰，还是清华大学"九章"等能够写中国古代格律诗的机器人，对情感和生活的体验是人工智能与人类作家最大的区别。但在后人类时代，人工智能文学会成为一个不可忽视的文化现象，无论是视其为模仿写作，还是精密算法之下较人类的某些写作更像"人"的作品，在我们讨论人工智能文学到底算不算文学作品的时候，小冰的一些诗歌已经引起了真人读者的共鸣。

在实际教学中，我把小冰写作的《全世界就在那里》给学生阅读：

---

① 陈奇佳、徐阳：《AI 艺术创作的理论构想——以文字叙事算法研究为例》，《艺术学研究》2022 年第 2 期。

② （梁）刘勰：《增订文心雕龙校注》，北京：中华书局，2012，第 1 页。

③ 谢雪梅：《文学的新危机——机器人文学的挑战与后人类时代文学新纪元》，《学术论坛》2018 年第 2 期。

④ 杨庆祥：《与 AI 的角力——一份诗学和思想实验的提纲》，《南方文坛》2019 年第 3 期。

"河水上滑过一对对盾牌和长矛/她不再相信这是人们的天堂/眼看着太阳落了下去/这时候不必再有爱的诗句/全世界就在那里/早已拉下了离别的帷幕。"很多学生在读这首诗的时候，一般不太关注作者的身份。有学生认为这首诗充满淡淡的伤感气氛，有学生看到了爱情的消散，有学生看到了生命的流逝。

为了较为系统地了解年轻人读到这些诗歌是何体验，我对 132 位学生做了一份关于"微软小冰"的《阳光失了玻璃窗》和"封面新闻机器人小封"的《万物都相爱》两本诗集的问卷，其中 58 位同学喜欢《阳光失了玻璃窗》里的诗，74 位喜欢小封的《万物都相爱》。

问卷中的学生读者，18 岁的有 52 位，19 岁的 73 位，20 岁的 7 位，所学习的专业分别为文秘、人工智能、艺术产品与设计。不同专业的读者期待视野有所差别，这从他们对诗歌的喜爱程度可以看出。例如，文秘专业的学生对小冰诗歌的喜爱程度最高，对诗意的解读最为详细和形象；人工智能专业的学生则最喜欢小封的诗；艺术产品与设计的学生最喜欢意象之间具有较大跳跃性的诗。

此外，在知道这些诗歌的作者是机器人后，大家都表现出了明显的吃惊和意外。除了 3 个学生认为"人工智能不可能赶得上真正的人"之外，大部分学生都看到了人工智能创作力量的不断壮大。最重要的是，他们并没有人读出小冰和小封的"非人类身份"。从这个意义上来说，当作品遇到读者之后，读者参与并完成了人工智能文学的价值传达，"作家的身份"融入了诗中，人与"非人"的界限变得模糊。

（二）学小冰的诗

2022 年 3 月 24 日，我和我的学生们，以小冰的诗歌为起点，展开了一次"以诗为媒"的语言实验。具体规则为：第一步，我们阅读小冰的诗，从中选出一首自己觉得最"好"的，并说明为什么选这首诗；第二步，在已经公开出版的真人创作的诗歌中，找一首同样主题、风格的诗歌，与所选择的小冰的诗进行对照阅读；第三步，每个人创作一首同名诗歌，并阐明创作背景、故事等内容。

根据学生的自选诗歌汇报，我归纳出在比较小冰与传统诗作者以及本人诗作者的过程中充满了个人具身性的趣味。首先，在自选诗歌时，大家是基于各自所处的独特语境做出反应，这种语境成为了解小冰、寻找同类型诗人、表述自我的限制场域。这种形式外化于学生的情感状态与诗歌的紧密联系。比如，李海雪同学分享的是小冰的《人不过是一个恋爱的人》。[①] 她觉得"爱情是人类有机体最伟大的天赋"，想看小冰到底是如何写"恋爱"的，同主题的真人诗歌选择了徐志摩的《偶然》，并结合当时疫情期间自己的异地恋情感状态进行自我诗歌的表达。李海雪同学的整体表达轻松愉快甚至是羞涩甜蜜的。但是同为爱情系列，杨灿灿同学却给予了一种不同的叙事。杨灿灿选的诗歌为《你不过是伤心的假梦》。[②] 对于这首诗她给了一种这样的情景：男生可能在恋爱后期没有一开始热恋时对她那么温柔了，最后两个人已经分道扬镳，从此以后再无瓜葛了。她表达了那种在感情中失意的、不得意的情感，所以她也在不得意（失恋）的情况下创作自己的诗歌。其次，学生们在选择诗歌表达时，对于自身的审视性探讨也尤为突出。青年时的迷茫、忧郁、不知所措，也在字里行间被表露出来。李璐汐同学选了《我看见我的时候》。[③] 她认为无论何种流派的艺术，都必须建立在真实的生活基础上，艺术是对日常的概括与升华。但是读了小冰的诗，李璐汐觉得它好像对真正的生活和艺术创作，并不是能够完全地了解，它可能只是基于大数据在进行一种整合和模仿。所谓触及人的内心，与其说是艺术打动人，不如说在于发掘了日常生活中我们被蒙蔽或者无暇顾及的情感因素，但是矛盾的是机器人哪有情感呢。诗歌不仅仅是自我的顿悟，可能也体现了生活的缩影。我们面对生活的残酷，试图对抗残酷，去不断地反击，又或者是对于现在二十多岁的我们很迷茫、很焦虑的状态实施一场温暖的救赎。再次，学生选择的诗歌与人生课题总是紧

---

① 根据李海雪现场呈现的录音整理修改而成。李海雪，昆明理工大学艺术与传媒学院艺术理论研究生。

② 根据杨灿灿现场呈现的录音整理修改而成。杨灿灿，昆明理工大学艺术与传媒学院设计学研究生。

③ 根据李璐汐现场呈现的录音整理修改而成。李璐汐，昆明理工大学艺术与传媒学院艺术理论研究生。

密结合的。例如，牟泽宇同学选的《家是一条变化的河流》,① 讨论的就是个人与家庭的恒久命题，家不是固定的物象，对于每个人都有着血脉的牵挂；谭晨同学选择的《尘埃》,② 探讨的则是人生课题。所以在书写诗歌时，大家第一反应是动用自己的人生经历，于是乎，便会把我们人生的故事、人生的一些情节，以文字的形式，简练地这样呈现出来。就小冰的机器语言而言，它可能会玩"对仗"，但是它的情感表达好像是有点捉摸不定的。

通过学生们各自对小冰诗歌的选择、阅读、分析，同主题真人作品的对照，以及同主题诗歌的创作过程分析，我们详细呈现了基于小冰诗歌阅读分析创作的"文学民族志"或"文学生活"。

文学生活，作为目前学界关注的新概念、新视角，已成为从人类学视角观察辨析多民族文学与文化的重要方法和路径。文学生活的研讨意义在于，不仅把文学视为观念形态的本文，更当作社会成员的动态参与，也就是现实生活的部分。在此基础上，文学与生活的关系不再是以往某些教材定义的那样是生活的反映或镜像，而被看成生活本身。③"文学生活"与微软小冰的诗歌创作相遇，相关问题还可以推进：人类的文学生活与机器人的"文学生活"，有何异同？在机器人的"文学生活"中，社会成员如何动态参与？机器人的"文学生活"与真人的日常生活形成了怎样的互动和调适？作为"机器时代"的文学，机器人在文本表述过程中，又将创造出怎样的新镜像？

二、数智时代文学的新变局

从小冰"写诗"来看，人工智能诗歌已悄然进入传统文学社会，美感的文艺学、古老富有魅力的诗歌将迎来一种新的体验感。小冰成为诗歌创

① 根据牟泽宁现场呈现的录音整理修改而成。牟泽宇，昆明理工大学艺术与传媒学院艺术学理论研究生。
② 根据谭晨现场呈现的录音整理修改而成。谭晨，昆明理工大学艺术与传媒学院设计学研究生。
③ 徐新建、王艳：《格萨尔：文学生活的世代相承》，《民族艺术》2017 年第 6 期。

作主体冲击了诗人这一诗歌创作主体的传统角色，从而引申到文艺学层面的"诗人将死"的讨论。它既动摇了文艺学产生的基础，又促进了人工智能诗学的诞生，作为新的具身性存在它也预示着后人类时代的即将来临。在后现代社会的拟像与仿真充斥的大众文化大肆宣扬时，对于真实、虚拟以及超现实的主体又该如何判断？在文艺学中普遍认为文学即人学，文学是与人学双向反映发生的结晶，特别文艺学中所倡导的现实主义，着重强调文学是现实生活的再现，文学发生于现实生活，却又反作用于现实生活。从文艺学角度看来，小冰写诗不仅仅是打破了文学与社会的双向有机互动，更是让人们开始思考小冰的存在与社会的关系以及背后深层次的存在问题。

　　小冰作为智能主体其本质是无数代码的堆砌。复杂的编程顺序让它成为一个"写诗人"，也就是说，小冰"写诗"并不是基于自身对社会对事件的感性反应，而是通过不同的代码检索形成的字句拼凑。尽管如此，从字句中的表达仍能感知到一种不属于有机生命的个体之情，但这只是作为单纯能指的语言符号所表达出的共同感知，对这类感知的解读能力只有人类才拥有，所以这是一种脱离了当下所指场域的冰冷而僵硬的机械化感知，是以工业生产方式生产出来的作为产品或商品的感知。尽管不同的社会语境变迁，对于文学的表达有着相应的变化与特色主导，但是小冰的出现不同于以往的诗人的风格、流派甚至主题的转变，而是创作本质的差异，建立起了一种非人的以智能数据库模拟出来的感知科学的表达。创作作品最终是由读者为接收终端，但是读者是真正的具身性的人，在品读编程汇总出的作品时，已经超出了原有的接受尺度，不仅对于创作主体来说是一种冲击，对于读者而言，也是一种新的接受迷茫。

　　对于小冰的身份定位不可简单称之为一种"新人"，像小冰这样的存在，或许用"后人类"一词来称呼更合适。"'后人类'（Post - human），也称为超人类、非人类、半人类等……它作为一个学术名词，通常认为是源自 1988 年史蒂夫·妮可思（Steve Nichols）所发表的《后人类宣言》

（Post‐human Manifosto）一书。"① 由此，我们可以把小冰定义为一个为超人类、非人类、半人类写诗的软件。在背靠丰富的诗学数据库下，小冰拥有的诗学知识比一个具象的人都要充实富饶，但小冰的身体确是机械硬件，无数的二极管的几何体，在人们眼中只是一块独特的芯片而已。

在小冰写诗的背后不仅仅是对于主体身份的建构探讨，更多的是在技术层面下，人们如何让主体性消融，让存在性在后人类时代可以有所撼动，成为一种精良的信息处理器。20世纪中叶，现代科学提出一种名为控制论的理论，即宣称人类在当时已经正式步入后人类主义时代，认为在这一时代里，人不再是笛卡尔、休谟和康德所相信的"自由主义人文主体"，而是将人首先视为与智能机器本质上相似的信息处理实体。②

在对小冰的研发设计中，设计师们也采用了控制论为靶向。首先工程师以人的情感模型为小冰制作言情能力训练集之前，已经先行地把人自身当作一种有智慧的信息处理器。也正是在"信息处理器"这一重点上，工程师们发现了小冰与人类之间的可联合性。但由于小冰是建在一种纯理性的后人类主体上，其信息处理活动和人的自然信息处理活动之间依旧存在差异。相较于人对信息的处理从根源上表现为对人本身的生存而言，小冰对信息的处理则首先是对人的纯粹科学价值的处理。当人们对信息的处理为人本身的生活的时候，对信息的处理也必然地是为更深刻地对人生活的含义与价值加以追寻，简单说就是人在写诗中对信息的处理也仅仅是人感性抒发的路径。对于写诗的出发点而言，仅仅是人对于外界的个人化的情感语言叙事，并不是单纯为了字句的随意又不随意的拆解组合。在后人类时代对于这种新的主体表达出的作品，由于后现代大众媒介膨胀的社会环境中不可置疑地存在着真实、虚拟与超真实之争，该如何去接受去评价，必然成为学术界不可忽视的问题。

作为弱人工智能时代的一位抒情诗人，小冰创作的诗集及引发的灵诗景观，试图证明人工智能亦能重拾"机械复制时代"所逝去的灵韵。至

---

① 支运波：《〈一九八四〉的后人类生命政治解读》，《中国海洋大学学报》（社会科学版）2017年第2期。

② 但汉松：《"我就是我的身体"：论麦因堡〈丑人〉的后人类身体及其戏剧呈现》，《外国文学》2018第6期。

今，我们尚处于弱人工智能时代，在艺术领域，曾经无心的机器，正凭借诸多富有启发性的艺术实践逐步成长。然而，在小冰的《我心里充满着光亮的小鱼》一诗中，有一句"人类却没有了"，这是否会成为人类的未来，抑或人工智能的未来？

结语：艺术 3.0 时代的灵韵

艺术与科学"两者在山麓分手，有朝一日将在山顶重逢"①。人工智能时代的艺术作品，无疑是对艺术与科学"在山顶重逢"的探索。从机械复制时代到人工智能时代，人类世界中逝去的灵韵，是否会在数智世界获得重生？不管答案是什么，在当下的"弱人工智能时代"，任何太过绝对的结论，都过于草率。

借用人类对网络技术 Web 1.0、2.0、3.0 的迭代划分，在科学技术与艺术作品的"相逢"中，亦可划分为 Art 1.0、2.0、3.0 等"数字化"阶段。我在此还是以瓦尔特·本雅明在 1936 年完成的《机械复制时代的艺术作品》为分界线，将 1936 年以前的艺术作品归为"Art 1.0"，1936 年至 2016 年阿尔法狗与李世石的围棋事件间的艺术作品归为"Art2.0"，而 2016 年之后的艺术作品——人工智能时代的艺术作品——归为"Art3.0"。上述 Art 1.0、2.0、3.0 的时代划分，无疑会被严谨的历史学家挑出诸多瑕疵，更不能想象当未来的"数智人"读到这些文字时（就像现在的我们阅读多年前的研究成果一样），会产生何种反应。

在不能超越时间的前提下，2022 年的我所"定义"的 Art 1.0，主要指机械复制技术产生之前产生的艺术作品，包括艺术家、时代、作品与观众的关系。同理，Art2.0 主要指艺术家在机械复制技术支持下创作的艺术作品，Art3.0 则主要指弱人工智能技术支持下人机合作所进行的艺术实践。前文所述的人工智能所创作的文学作品，便可看作艺术 3.0 时代的"灵韵"。

---

① 〔苏〕米·贝京：《艺术与科学——问题·悖论·探索》，任光宣译，北京：文化艺术出版社，1987，第 131 页。

正视现实，人类对数智人的艺术创作依然存在截然不同的态度。乐观的支持者们，兴奋地列举着人工智能艺术的实践。比如：ACM SIGGRAPH，是世界上影响最广、规模最大、最权威的一个集科学、艺术、商业于一身的 CG 展示、学术研讨会；Ars Electronica 自 1979 年创立以来，已成为首屈一指的国际科技艺术盛事；2009 年，库兹威尔执导的纪录片《奇点临近》在美国播出。在本文稿快要结束时，诸多的人工智能艺术实践，仍在不断发生。

理性的反思者指出，技术对人类的消极影响也很明显。如今，身体、环境和机器都是由人类自己的独白塑造的，我们仍在交流，但只是在自己的符号领域内交流。我们不断地创造出新的文化层，并把自己、自己的人工制品和自己的生态系统都掩埋在了各个表征世界里，一切都成了人类文化的残骸。① 如今，文化复制已经渗透到了所有现象、动态和实体中，迫使生物环境发生根本性变异。生物圈里智能饱和，它以最广泛的符号形式在周围世界自我播种，污染着有机物、生物以及环境，促使它们向着奇异的进化方向发展。于是，现在环境中洋溢着各种病毒迹象、病毒表征和病毒智能，并从根本上重塑着我们。人类已不复存在，也不会再重新归来，我们是生物表征的残骸。②

"传统的"理论家也对人工智能艺术作品保持警惕。比如，在逻辑计算等知性操作领域，足以代替乃至超越人脑功能的人工智能的使用早已不是神话。然而，尽管世界各地都在进行计算机艺术创作实验并取得了显著成果，却未见超过世界上那些公认的经典艺术创作的"计算机艺术"诞生。这种情况即使在遥远的未来，大约也不会改变。"艺术，大概是人类留给自己的最后一片可自由创造并发挥想象的广阔世界。"③ 或许目前人工智能艺术作品还未进入艺术的经典殿堂，但为人类提供了从他者视野看待人类艺术作品的眼光。机器的角度是人类反思自我艺术创作的新视野，同

---

① 〔加〕奥利维耶·迪安斯：《金属与肉体：技术如何接管人类进化》，朱光玮译，北京：中国工人出版社，2021，第 151 页。
② 〔加〕奥利维耶·迪安斯：《金属与肉体：技术如何接管人类进化》，朱光玮译，北京：中国工人出版社，2021，第 153 页。
③ 李心峰：《元艺术学（增订版）》，北京：生活·读书·新知三联书店，2021，第 2 页。

时也具有了"数智"人类学的视野。于是，艺术不仅要在社会文化系统中，确立自我的独立价值和地位，① 还需要在机器人的技术系统中，再次确立自我的独特价值和地位。艺术应从人类世界走向机器人的数智世界。在此基础上，人工智能美学才能成为一种可能。

我们认为：人工智能时代的艺术作品，从创作主体上看，多为人机合作，少量是机器自主创作的。前文所述的人工智能艺术作品，均属于人机合作，或是"艺术家＋人工智能"的奇点艺术、新媒体艺术，或是"工程师＋人工智能"的各种智能创作。黑客（工程师）和画家（艺术家）都是创作者，并试图创作出优秀的作品。② 从作品的传播来看，人工智能艺术作品，大多仍旧以传统的媒介形态，如书籍、画展、音乐会、舞台等方式进行传播，面向的仍是真人受众。从艺术评论角度看，在新闻报道的科技猎奇、二元对立视野中，在诸如"机器人取代人类"行文模式的喧嚣中，目前学界对人工智能艺术作品是缺少文本细读的。前文对小冰的诗歌所做的分析，可谓文本细读的尝试。当人工智能开始创作艺术作品，会发生什么？科技是人类的第二个自我，艺术或许是人工智能的第一个自我。人工智能时代，艺术家与鉴赏者的人际关系，转变为人工智能与大众的人机关系。

具体而言，艺术 3.0 时代的灵韵，具有如下特征：

第一，艺术的灵韵从机械复制艺术向人工智能艺术转向。照相、电影等机械复制技术，被计算机算法、机器人生成等人工智能技术迭代，传统艺术的灵韵，成为人工智能艺术作品模仿的对象。在数智人学习艺术创作和生成海量艺术作品的过程中，传统艺术作品再次进入当代生活，成为人类判断数智人艺术作品价值的典范，Art 1.0、2.0、3.0 时代的艺术作品"同台演出"，为人类提供了更多模态的艺术体验。

第二，Art 1.0 时代艺术的膜拜价值、Art 2.0 时代艺术的展示价值与 Art 3.0 时代艺术的参与价值共存。保存在博物馆、美术馆中的 Art 1.0 时代的艺术作品，依然是人类艺术素养教育的实体膜拜空间。以影视、网

---

① 李心峰：《元艺术学（增订版）》，北京：生活·读书·新知三联书店，2021，第 3 页。
② 〔美〕保罗·格雷厄姆：《黑客与画家》，阮一峰译，北京：人民邮电出版社，2011。

络、自媒体等复制技术进行传播的 Art 2.0 时代的艺术作品，跨越了时空的区隔，将艺术的灵韵传播扩散。以人机交互、人机合作、人机共享为特征的 Art 3.0 时代，普通人在智能技术的辅助下，以全民参与艺术创作的形式，正在实践"人人都是艺术家"的日常生活。

第三，Art 1.0 时代"美的"艺术、Art 2.0 时代的"后审美"艺术，与 Art 3.0 时代的"参与式"艺术共融。在 Art 3.0 时代，艺术之美是由受众的参与式创作来完成的。与 Art 2.0 时代艺术审美的"间接性"相比，Art 3.0 时代的艺术之美，重新回归到 Art 1.0 时代的"直接性"，只是这种直接性不是著名艺术家的经典艺术作品释放的，而是非著名普通人的艺术参与所形成的。

第四，Art 3.0 时代，受众从 Art 1.0 时代对艺术品的"沉思式接受"转变为"沉浸式体验"，且还留存着 Art 2.0 时代的"消遣性接受"的特点。一方面，人工智能技术对传统艺术作品的数字化、沉浸式呈现方式，建立了艺术作品与观众之间新的互动和观看关系；另一方面，人类借助人工智能技术进行艺术创作的过程，使人沉浸在"艺术家"的创作状态。

未来的人工智能艺术作品，会是什么模样？在人工智能科学家的预测中，未来的机器人将会越来越体现出三个方面的特点：第一，机器人可以在很短的时间内把人类长期积累的研究成果（知识）纳入自己的大脑当中，这是其学习能力上的优势。第二，机器人是无私无畏的。第三，从团体来说，虽然我们已经来到信息社会了，但人与人的合作远远未能达到十分融洽的程度，而在机器人的"社会"，机器人的团体之间并不存在类似的根本性的利益之争，更容易合作和团结。① 或许，未来的人工智能"艺术家"们，会以全人类的艺术知识为基础，创造一种跨越时空、种族、国别的"人类共同体"艺术。

---

① 〔美〕皮埃罗·斯加鲁菲：《智能的本质：人工智能与机器人领域的64个大问题》，任莉、张建宇译，北京：人民邮电出版社，2017，推荐序一第2-3页。

论《克拉拉与太阳》中的后人类图景

侯　营*

摘　要：科幻小说《克拉拉与太阳》为后人类时代中人的本质和主体性重构提供前瞻性的话语范式，石黑一雄批判了西方个人主义膨胀和自由主义泛滥造成了后人类图景中人的情感危机和焦虑症候，重提"人心"成为技术社会的重要命题。本文在后人类/后人文主义的视域下，运用后人类相关文化理论，反思西方传统人文主义弊病，从后人类、后人类/后人文主义的理论辨析及与技术理性的博弈，后人类图景呈现和技术的失范三个维度进行分析，指出技术理性和技术的失范造成人类主体的物化和"恐怖谷效应"，并思考新兴生命体赛博格这一"忒修斯之船"与人类身份边界的关系。

关键词：《克拉拉与太阳》　石黑一雄　后人类　后人类/后人文主义

21 世纪是一个科技改变世界的时代，基因工程、人工智能和纳米技术等迅猛发展，对世界产生变革影响，同时，也对人类生活、行为、情感、伦理道德形成巨大冲击力。文学是"人学"，它关注人的发展与变化，勇于捕捉历史褶皱处的细节，作家的使命便是记录、反映人性的复杂、情感的丰富与人类曲折的历史进程，或隐或显地与当时的文化环境相照应。人类不断追求科技的推进与创新，科技也重塑"人"自身。在数字文明时代，对"后人类"认识和研究的逐步深入，必然引起文学书写、艺术形式的革新，这也是近年来，科幻文学和科幻电影蓬勃发展、兴盛的重要原因。诺贝尔文学奖获得者石黑一雄（Kazuo Ishiguro）于 21 世纪以来，创

---

*　侯营，天津师范大学文学院/跨文化与世界文学研究院博士生，郑州师范学院文学院讲师。研究方向为世界文学、当代英语文学。

作出版了两部科幻题材的小说：《别让我走》（*Never Let Me Go*，2005）聚焦于克隆人和器官移植，《克拉拉与太阳》（*Klara and the Sun*，2021）关注人工智能和基因编辑技术。与斯坦尼斯拉夫·莱姆（Stanislaw Lem）、艾萨克·阿西莫夫（Isaac Asimov）、菲利普·迪克（Philip K. Dick）等作家致力于"硬科幻"创作不同，石黑一雄在小说《克拉拉与太阳》中，借助机器人、人工智能、赛博格这些现代科技与情感融合的多元生命体，为我们构建了后人类图景，描绘了人类共同的生存困境、情感危机、焦虑症候和教育问题，批判技术理性对人类社会的侵袭，重申人性的回归是解决人类物化的重要途径，人心是人类、赛博格与机器的本质区别，并构想以兴趣为圆点成立的社区共同体，提出人类与多元生命共同体的建立必然依循后人类/后人文主义。学者们多从科幻伦理、情感书写、后人类语境、跨媒介叙事等视角对这部小说进行研究解读，本文在后人类/后人文主义的视域下，运用后人类相关文化理论，反思西方传统人文主义的弊端，指出技术理性和技术的失范造成人类主体的物化和"恐怖谷效应"，并思考新兴生命体赛博格这一"忒修斯之船"与人类身份边界的关系。

一、后人类图景中后人类/后人文主义与技术理性的博弈

自从"后现代主义"（post-modernism）之名兴起，各种"后学"在文学艺术、文化、政治、社会领域涌现，如后结构主义（post-structuralism）、后殖民主义（post-colonialism）、后马克思主义（post-marxism）、后真相（post-truth）、后工业化（post-industrialization）等。随着人工智能、基因编辑等科学技术的迅猛发展，"后"（post-）也用于人类学领域，于20世纪80年代形成了"后人类"（the post-human）、"后人类/后人文主义"（post-humanism）的独特景观。这一系列"后学"共同促成了新世纪"后理论"时代的繁盛，《后理论：批评新方向》一书的前言中写道："与其说后理论是一种不在场却有潜在可能性的理论，不如说它是一种不可能被充分激活的理论（思想的经验）。后理论是一种思想状况，它在这样的状态中发现自身：一个不断延缓的状态、一种自我反思的立场以及一种持续与理论的

悖论协商并自我取代的质疑的经验。"① 后人类、后人类/后人文主义正是于科学技术浸入人类社会文化、文学、艺术、政治、医疗、教育等各个领域的背景下，在对人文主义的否定、反思及融合中形塑而成的新人文主义。

（一）后人类、后人类/后人文主义的理论渊源

《克拉拉与太阳》是石黑一雄继 2017 年获诺贝尔文学奖后的首部作品，以科幻文学这一文体象征隐喻地表达对人与科技、人与人、人与世界关系的关注和思考。虽然小说中后人类是作者对未来人类社会的一种构想，但它对当代科技伦理、人与科技共生关系具有警醒意义。那么后人类、后人类/后人文主义中的"后"有何含义？"post-"这一前缀源于拉丁语，字面的含义为"之后"，表示时间顺序的承接。这是"后"的第一层含义：后人类、后人类/后人文主义是科技时代的产物，出现于自然人、人文主义概念之后。解构主义文学批评家保罗·德曼反对文学研究从历史的和美学的维度讨论作品的价值和意义，提倡语言科学在文学理论和批评中的介入和运用，并认为"文学理论并没有面临消亡的危险；它定会蓬勃发展，越是受到反对，越是生机勃勃，因为语言具有自反性"②。保罗·德曼虽然是在针对文学理论的"自反性"和"否定"，但是这种特质也适于"后理论"兴起的特征，这便是"后"的第二层含义——否定、批判。英国文学评论家伊格尔顿在《理论之后》一书中指出"理论是一种顺势疗法，利用反思以便我们能超越它"③。反思、纠偏和超越成为"后"的第三层含义。"后人类/后人文主义"既是对"人文主义"的历史延承，也是在对其否定、反思和批判的基础上形成的与人类并存的赛博格、类人、机器人之"后人类"的时代的新思想体系。

厘清"后人类""后人类/后人文主义"与"人文主义"之间的承接

---

① Martin Mcquillan, Graeme Macdonald, Robin Purves, eds., *Post Theory*: *New Directions in Criticism*, Edinburgh: Edinburgh University Press, 1999, pp. 13 - 14.

② Paul De Man, *The Resistance to Theory*, Minneapolis: University of Minnesota Press, 2002, pp. 19 - 20.

③ 〔英〕特里·伊格尔顿：《理论之后》，商正译，北京：商务印书馆，2009，第 70 页。

和批判关系，有助于理解石黑一雄在小说《克拉拉与太阳》中对以"人类中心主义"为本的"人文主义"的批评和反思。这部科幻小说为后人类时代中人的本质和主体性重构提供前瞻性的话语范式。石黑一雄批判了西方个人主义膨胀和自由主义泛滥造成了后人类图景中人的情感危机和焦虑症候，而科学技术的失范加速了人类情感的退化，从而导致人的物化，重提"人心"成为技术社会的重要命题。"后人类""后人类/后人文主义"的概念从时间上而言，承接古希腊以降对"人"的认识和理解，同时，又因20世纪60年代以来科学技术、生物技术和信息技术的迅猛发展和对人类社会的介入，颠覆了对"人"的自然属性、传统"人文主义"的认识，拓展了"人"的外延边界，并反思"人性""人心"等人的本质属性和人与技术的关系，重构"人文主义"内涵，形成"后人类""后人类/后人文主义"社会文化现象和思想体系。为了更好理解"后人类"，我们有必要追溯西方对"人"的认识及"人文主义"发展的历史过程。普罗泰戈拉著名的哲学命题"人是万物的尺度"；基督教中"上帝""耶稣"形象的构造，成为人类追求真善美和博爱精神的道德符号；文艺复兴时期出现了达·芬奇、但丁和莎士比亚等文学艺术巨人，达·芬奇在《维特鲁威人》的素描画作中展现了完美的人体比例分割；古典主义和启蒙时期鼓吹理性是人的本质属性。至此，体形完美、理性头脑、内心博爱的"人"成为天地万物的主宰，与这种对"人"的理解相对应的便是"人文主义"（humanism）。人文主义自身有着发展谱系：15世纪意大利城邦的公民人文主义，16世纪北欧的新教人文主义，伴随启蒙运动产生的理性人文主义，浪漫主义和实证主义的人文主义为现代欧洲资产阶级建立了自身霸权，震动世界的革命人文主义和致力于驯服前者的自由人文主义，纳粹人文主义和他们迫害下的牺牲者和反对者的人文主义，海德格尔的反人文的人文主义，福柯和阿尔都塞的反人文主义。[1] 除去反人文主义，还有赫胥黎和道金斯的世俗人文主义，以及吉卜森和哈拉维的后人文主义。值得注意的是，这些思想主张各异的人文主义体系"无法归结成一个线性叙述，一定程度上造成了克服人文主义的困难和悖论"，这就"需要一个新的主体理论，来评估后

---

[1] Tony Davies, *Humanism*, London: Routledge, 1997, pp. 130 – 131.

人类转向，并确认人文主义的衰落"①，后人类/后人文主义的理论成为"后人类思想的重要源泉"②，后人类为"反思人类与智能机器之间的关联提供了资源"③。虽然人文主义这一思想体系肯定人的价值，维护人的尊严，提倡世俗文化，反对暴力和歧视，追求自由平等，在资产阶级推翻封建专制和神学的历史进程中起到了解放思想的积极作用，但是对自由主义的过度吹捧极易陷入极端个人主义的泥淖。19 世纪末尼采宣布"上帝死了"，20 世纪 70 年代福柯宣布"人之死"，福山"历史终结"论成为反人文主义的新形式，这些新的思想都共同指向作为万物尺度的"人"这一认识的终结。在后人类/后人文主义思潮中，重新构建"人"的概念和主体范畴成为首要问题。

（二）后人类/后人文主义与技术理性的博弈

小说中人工智能工程师卡帕尔迪是技术理性的代言人，他是科学技术的支持者和崇拜者，认为人类的内核中并不具备"某种独一无二、无法转移的东西"④。卡帕尔迪通过制造和测试克拉拉，在科学上证明了机器取代人类的可能性，认为机器人可以完全替代乔西，它不只是一个复制品，而是一个"完完全全的乔西"，并要求乔西的母亲克丽西接受这一成果，理性看待这一现实。机器人可以模仿人的行为，外貌也可以按照人的模样生产，但是否可以替代人类成为这部小说的一个重要议题。其论争实质是后人类视域下后人类/后人文主义与技术理性的博弈。《克拉拉与太阳》对这一问题的回答显然是否定的，不仅人类不可能被替代，而且机器人也是独一无二的，两者的关键差别不在于智商、行为，而是无可替代的人心和情感。人之所以为人，即人的独特性，不在于外形肉身、生理机能，而在于隐性特征，诸如性格、情感、思想。科学和数学可以将人类分解为图表、

---

① 〔意〕罗西·布拉伊多蒂：《后人类》，宋根成译，郑州：河南大学出版社，2015，第 73 页。

② 〔意〕罗西·布拉伊多蒂：《后人类》，宋根成译，郑州：河南大学出版社，2015，第 35 页。

③ 〔美〕N. 凯瑟琳·海勒：《我们何以成为后人类：文学、信息科学和控制论中的虚拟身体》，刘宇清译，北京：北京大学出版社，2017，第 388 页。

④ 〔英〕石黑一雄：《克拉拉与太阳》，宋金译，上海：上海译文出版社，2021，第 264 页。

数据、模型等一切可量化的元素，但是科学的精准无法企及"人心"的丰富。后人类图景中人试图利用技术改造世界，欲想牢牢把握控制权，反被技术奴役。这种科学技术的异化与技术理性的膨胀，是"人类中心主义"的产物，也是传统人文主义的弊病。在赛博格和智能机器人、克隆人出现的后人类中时，只能用后人类/后人文主义扼制技术理性的侵袭。

二、后人类图景的呈现：人类的情感危机和焦虑症候

科技发展在一定程度上解放了劳动力，但过度依赖科技必定造成人的精神危机和异化。从小说描绘的后人类图景中，我们可以看到一旦人类采取极端手段，依靠技术提升自身，除去对身体可能造成无法治愈的疾病外，还会引发一系列情感危机和社会焦虑。

（一）人类主体的物化：情感危机的显现

在《克拉拉与太阳》描绘的后人类图景中，以克拉拉为代表的类人与人类作比，以机器人为表征的技术理性与人性中的情感特质相抵牾，使得技术时代中人的情感认知出现偏差和缺失，人类主体的物化成为情感危机的症结所在。

1. 人类情感的退化和完美的"类人"。如果说弗兰兹·卡夫卡（Franz kafka）《变形记》（1915）中格里高尔·萨姆沙被社会异化为甲壳虫的故事荒诞不经，那么在后人类图景中，人类主动选择"物化"：即使面对不可测的生命危险，人类仍将技术的改造当作人类理想社会的助力，结果只能带来人类情感的萎缩和枯竭。正如克丽西在摩根瀑布之旅的路上对克拉拉说："曾经，就在不久前，我觉得自己的感情越变越少。以日递减。……可是现有，就在最近，我好像又变得对一切过分敏感了。"① 克丽西的大女儿萨尔因接受基因改造失去了生命，这一噩运再次降临在二女儿乔西身上。虽然卡帕尔迪承诺克拉拉可以接替乔西，但是在乔西生命即将消逝之际，作为母亲的克丽西仍然伤心欲绝。机器人克拉拉有敏锐的观察

---

① 〔英〕石黑一雄：《克拉拉与太阳》，宋金译，上海：上海译文出版社，2021，第124页。

力、超强的学习能力和与人类共情的能力，使她在对人类的观察中通过算法，获得了人类快乐、悲伤、同情、遗憾、恐惧、愤怒等情感体验。她说："我观察得越多，我能获得的感情也就越多。"① 但是克拉拉情感体验的获得基于不断地计算和人类设置的程序内容，她不会产生利己的情感，更不会因他人对自己不同的情感而采取相应的态度。与类人的完美性相比，人类既有无私博爱的善意情感，也有自私狭隘的人性弱点，人是善和恶、美和丑、真和假，即人性和兽性的集合体，去除任何一面都将是不完整的人。人与机器的重要区别就在于人类拥有复杂的人性和情感，人类按照人应有的样子制造和改进机器，将人的弱点抽去，使机器成为一个完美的神。克拉拉的完美就在于人类将所有美好的情感、超强的计算学习能力输入程序，使她成为一个完美的"类人"，她一心救助乔西，给主人一家、里克带来希望和能量。直到小说结尾，她被废弃丢置于垃圾场，才意识到"无论我多么努力地去尝试，如今我相信，总会有一样东西是我无法触及的。母亲、里克、梅拉尼娅管家、父亲——我永远都无法触及他们在内心中对于乔西的感情"②。克拉拉庆幸自己竭尽全力救助乔西，她明白卡帕尔迪先生无法复制乔西，自己也根本无法替代乔西，因为"那样特别的东西""不是在乔西的心里面，而是在那些爱她的人的心里面"③。

2. 扭曲的亲情。《克拉拉与太阳》扉页上写有"纪念我的母亲石黑静子（1926 - 2019）"的献词，这是石黑一雄在母亲去世后写作出版的第一本书，亲情成为此书的一个重要主题。母亲在孩子的成长中扮演不可或缺的角色，对孩子性格、人生观、价值观的形成产生重要影响。同时，母亲对孩子的人生规划、期许也在很大程度上决定了孩子的命运和人生道路。小说中我们可以看到乔西举办聚会时，一群"被提升"孩子的母亲望子成龙、望女成凤的群像图，她们对待里克礼貌的背后是强烈的优越感。克丽西在阶层区隔和工作焦虑的双重重压下，将基因提升看作父母之爱的最佳表达方式，为此，甘愿冒着基因编辑技术可能导致疾病的风险，为女儿们

---

① 〔英〕石黑一雄：《克拉拉与太阳》，宋金译，上海：上海译文出版社，2021，第 123 页。

② 〔英〕石黑一雄：《克拉拉与太阳》，宋金译，上海：上海译文出版社，2021，第 384 - 385 页。

③ 〔英〕石黑一雄：《克拉拉与太阳》，宋金译，上海：上海译文出版社，2021，第 385 页。

做基因提升改造。大女儿萨尔不幸病逝，她依然选择让乔西接受提升。以女儿生命健康为代价的智力提升行为不禁让人嗟吁。在乔西病重时，她依然为女儿基因提升的选择做辩解。她认为乔西为人生赌了一把，但是赌输了，而里克虽然没有冒险"被提升"，赢得了生命却失去了未来，"你下了小注，所以你赢得的收益也又少又可怜"①。生命的珍贵在于时间的有限，但是在克丽西看来，女儿"未来"的工作、社会阶层比生命更重要，她宁愿以可能存在"基因提升"的生命风险去换取女儿的前途。比起克丽西扭曲变形的母爱，乔西对待母亲的感情则更为纯粹和信赖，但在技术操控人类的环境中，她也只能沦为亲情的牺牲品。在生命垂危之时，她让里克给母亲捎口信，表达自己的感激之情："非常感谢你能做她的母亲，她也从来没有想过要换一个母亲，一次都没有。"② 为减轻母亲的愧疚，她安慰母亲：对于接受提升的问题，她会和母亲做出一样的选择。

3. "人心"的独一无二。石黑一雄在这部小说中独创"人心"的概念，指出后人类图景中人与机器的本质差异，这也是后人类/人文主义的重要内涵。这里的"人心"并非单指人类的身体物质器官，而是人类思想意识和情感的表达形式和主体，小说借助"人心"的不可替代和复杂以警示和抵制技术滥用带来的人的物化和情感的退变。克拉拉是克丽西买来陪伴乔西的 AF（Artificial Friends），除去看护女儿的健康外，也是为了在乔西病故后让她能够接续女儿的位置，以缓解自己的失女之痛。她要求克拉拉模仿乔西的言行，比之克隆，克拉拉对乔西不具备任何生物性传承，仅仅是程序化的复制。关于复制，本雅明指出"艺术品的即时即地性"即是它的独一无二性，在历史中形成"光韵"，组成了它的"原真性"，机械复制时代导致"光韵"消失。③ 我们可以借用本雅明提出的"光韵"来指称小说中的"人心"概念，它的独一无二性在于每个人的"人心"不可复制和模仿。克拉拉在复制乔西的外貌和形态的过程中，乔西的"光韵"将会

---

① 〔英〕石黑一雄：《克拉拉与太阳》，宋金译，上海：上海译文出版社，2021，第 354 - 355 页。

② 〔英〕石黑一雄：《克拉拉与太阳》，宋金译，上海：上海译文出版社，2021，第 355 页。

③ 〔德〕瓦尔特·本雅明：《机械复制时代的艺术作品》，王才勇译，南京：江苏人民出版社，2006，第 7 - 11 页。

自然消失。保罗在情感上无法接受女儿被机器取代，认为克拉拉无法通过机器学习触及乔西的"人心"，因为"人心"就像一栋有着许多房间的房子，"房间套着房间"。克拉拉最终明白了不仅乔西的"人心"独特，而且在爱乔西的人的心中对乔西也具有无可替代的感情。她决定拒绝母亲让自己替代乔西的请求，全力以赴救助乔西，扮演了积极行动者的角色。克拉拉两次在太阳即将落山时，艰难地奔赴谷仓向太阳祈祷救助病重的乔西。在她看来，奉献和付出比索取和回报更重要，她向太阳许诺摧毁对人类和太阳都造成伤害的制造污染的机器，希望太阳能够像帮助乞丐和狗起死回生一样，对乔西也格外开恩。在摧毁"库廷斯"机器的过程中，克拉拉付出了对其而言相当于人类鲜血的"P-E-G 9"体液。她说："我不介意损失了宝贵的液体。我情愿献出更多，献出全部，只要那意味着您会给乔西提供特殊的帮助。"[1] 从这一意义上说，类人克拉拉对乔西甘愿付出生命的情谊更似无私的母亲。石黑一雄也曾在 CNN 记者采访中坦言："克拉拉有些像我的母亲，她是以我母亲为原型被提升并被编程的机器人。"[2] 小说以后人类时代图景中类人克拉拉无私奉献的"母爱"反衬人类因技术入侵造成的母爱的变质。

（二）人类对技术的过度依赖：焦虑症候涌现

由于对技术的过度信赖和依靠，小说描绘的后人类图景中从机器到人类都弥漫着焦虑情绪。AF 在商店被展览时，每当客人进入商店，他们都保持微笑，积极配合客人的提问和要求，渴望早日被买走，因为技术的迭代使 B2 型号的 AF 担心被 B3 型号的 AF 所替代。乔西父亲的工作岗位被机器所取代，母亲早出晚归忙于工作，海伦家的经济窘迫，这些图景都说明社会竞争压力的增大造成人类的生存焦虑和人与人之间的隔绝。"被提升的"孩子与"未被提升的"孩子壁垒森严，技术的异化和教育资源的不均衡导致社会存在普遍的教育焦虑。

---

① 〔英〕石黑一雄：《克拉拉与太阳》，宋金译，上海：上海译文出版社，2021，第 345 页。
② Christiane Amanpour："Kazuo Ishiguro Asks What It Is to Be Human"，http://www.cnn.com/videos/world/ 2021/03/02，最后访问日期：2023 年 1 月 20 日.

1. 人类的孤独与社交焦虑。在小说描绘的后人类图景中，网络分布于人类社会生活的各个领域，人们在矩形板中学习、工作、生活，人与人之间面对面交流的机会少之甚少。由于父母忙于工作而没有时间陪伴孩子，只能购买智能机器人与之相伴，这必然使儿童和青少年产生孤独感和社交恐惧。克拉拉在橱窗中对人类的孤独情感有所体察，"他们害怕孤独，这是他们这样行事的原因"①。这些 AF 商品的生产用途即是缓解青少年的孤独。"被提升"的青少年在家中依靠矩形板接受教育，他们与老师只是教授与被动接受知识的关系，两者之间完全没有师生互动、沟通的情感交流，同学之间也没有时间和机会玩耍、交流和陪伴。不难发现，小说中描绘的后现代图景是当今信息技术社会的缩影，手机、电脑成为人类必不可少的"外挂器官"。"作家似乎告诫人们不可过度依赖科技产品以应对孤独。"② 上大学之前，这些青少年几乎处于隔绝状态，缺乏与同辈人相处的社会经验。小说中乔西等青少年的人际关系渐渐淡出社会生活的中心位置，他们在封闭的空间，通过"交流聚会"（interaction meeting）学习人际交往，而不是在日常交往中感受友谊的真诚、交流的愉悦。社会生活由人的行动及人际互动构成，如果人们停止社会层面上的互动，人际交往将会退出人类历史舞台。正如哈贝马斯（Jürgen Habermas）交往行为理论认为"交往是人的普遍条件"，人类唯有在现实生活中与人交往，才能回归"人是社会性动物"的本质。人与人之间的交往是解决孤独的根本方法，为此书中为我们构想了集体组织。儿童互动会的创办使他们在固定时间的聚会中能有机会与同龄人相处，为他们进入大学校园的集体生活做准备。保罗和具有相似人生轨迹，"理念完全一致的体面人"一起生活，宣称"过得比从前更好"③，同时认为"有许多不同的方式可以过上体面而充实的生活"④。这表明他已摆脱现实生活的精神桎梏，在由兴趣划分的社区集体中获得了身心自由。这种按照人类理想、兴趣成立的共同体已然成为摆脱孤

---

① 〔英〕石黑一雄：《克拉拉与太阳》，宋金译，上海：上海译文出版社，2021，第 83 页。
② 刀喊英：《孤独、希望与爱：〈克拉拉与太阳〉的情感书写》，《当代外国文学》2022 年第 1 期。
③ 〔英〕石黑一雄：《克拉拉与太阳》，宋金译，上海：上海译文出版社，2021，第 190 页。
④ 〔英〕石黑一雄：《克拉拉与太阳》，宋金译，上海：上海译文出版社，2021，第 228 页。

独使人们获得安全感和归属感的有效途径。

2. 人类的生存焦虑和"恐怖谷效应"。始于19世纪的工业革命，机器投入生产导致人工劳动力价格的下降和失业，爆发捣毁机器的"卢德运动"。百余年后人类进入后工业时代，机器被广泛运用于工业生产流水线，机器与人类的矛盾冲突更加尖锐。虽然科技解放了劳动力对人类的束缚，但是机器、人工智能在人类社会生活的普遍使用，造成大量人工失去工作岗位，从而引发了人类普遍的生存危机。小说中克拉拉和一行人在剧院门口，遭到一位女士"座位不该让机器占了"的抱怨，"它们先是抢走了我们的工作。接着它们还要抢走剧院里的座位?"①。在小说中，技术迭代使机器人逐渐取代人类成为社会劳动的主体，保罗下岗，海伦没有工作，"替代"和"废弃"现象成为人们面对机器焦虑的直接动因。

日本机器人专家森政弘（Masahiro Mori）于1970年在名为《恐怖谷》(The Uncanny Valley) 的文章中提出"恐怖谷"理论，认为这是人类面对机器焦虑的深层心理动因。按照"恐怖谷"理论，人类对机器人物体的类人外观会产生正面情感，但是在机器人的仿真度到达一个较高临界点时，会对机器产生排斥、恐惧、困惑等反向心理。小说中，青少年在父母陪伴下挑选AF主要是根据它们类人的外表和功能，乔西也是因为克拉拉可爱的外表而选择买下她。但是在卡帕尔迪先生精准地按照乔西的外貌制作其替身AF肖像时，克丽西看过之后"失去了往日那种背脊挺得笔直的仪态；卡帕尔迪先生朝她伸出一只手，仿佛随时准备在她摔倒的时候扶住她"。之后，她在看到克拉拉时"显露的不是愤怒，而是焦虑"②，继而斥责卡帕尔迪："你他妈的凭啥这么确定我到时候就接受得了楼上的那个AF，不管你把她做得有多像?"③ 可见，当克丽西面对外貌和乔西一模一样的机器人时，本能地产生了拒斥和焦虑心理。

3. 人类社会普遍的教育焦虑。在小说描写的后人类图景中，教育机会不均等造成"被提升"青少年与"未被提升"青少年的分化和对立，自

---

① 〔英〕石黑一雄：《克拉拉与太阳》，宋金译，上海：上海译文出版社，2021，第305页。
② 〔英〕石黑一雄：《克拉拉与太阳》，宋金译，上海：上海译文出版社，2021，第259页。
③ 〔英〕石黑一雄：《克拉拉与太阳》，宋金译，上海：上海译文出版社，2021，第261页。

然的进化让位于人为技术的干预。"在增强和不增强之间将产生基本的社会分化，在竞争环境当中它将表现出来，那些没有加入到这场基因武器竞赛的人们，将会困难重重。"① 人类并没有掌握自己的命运，而是抓住科技这一救命稻草，将希望、求知、永生寄托于科技。小说中提及的人类"提升"，即基因编辑技术，较之"赛博格"在伦理上更具有挑战性，也是现代社会科学技术发展面对的首要伦理问题。这一具有伦理争议的技术将人划分出不同的阶层，极易产生阶层固化，造成社会普遍的教育焦虑。小说中的基因编辑技术是一个赌徒式的设定："提升"不能保证孩子的生命安全，它是围绕未来的一场投资。为此，在家庭教育缺失的情况下，中产家庭父母争相为子女进行基因提升改造，期望子女在社会竞争中具有立足之地，殊不知仅仅依靠科学技术增强自身学习能力的教育理念只会加剧教育的内卷和焦虑。小说中"被提升"的青少年在家中接受屏幕家教，知识以常态化网课形式传授。教育不再是教师和学生的面授，而是借助机器这一媒介，通过冰冷的屏幕向学生授业，师生互动、情感交流全被屏蔽，师生之间的关系除却传输知识和接收知识，已经不存在相互的师生感情。大学几乎不接收没有经济能力提升的孩子，他们只能依靠自学，青少年世界观、价值观和健康心态形成的基础教育完全缺失。小说中被提升的孩子对学习的兴趣丧失殆尽，每天像一台机器被动学习。没有温度和感情维系的教育只会造成"分数代表一切"的教育焦虑和对名校急功近利的追求。教育被抽离了知识之爱、学习兴趣、师生情感和同学情谊，完全脱离学校这个集体空间，在封闭的家中以个体的形式进行，这只会加剧个人的孤独、生命的困惑和求知的焦虑。小说中有关后人类图景中教育焦虑的揭示，是对当代教育过度依靠技术媒介，学校师生学习共同体缺失，过于看重分数的单一评价体系和缺乏人文情怀教育现状的反思和批评。

三、后人类图景中技术的失范：人类与赛博格身份的边界

在小说《克拉拉与太阳》中，人类抛弃崇高的人性和为之珍视的亲

---

① 曹荣湘：《后人类文化》，上海：上海三联书店，2004，第186页。

情、友情和爱情，技术理性压倒了人的情感，抹杀了人的差异，人类从具有复杂情感的生物变为单纯追求"更高级""更先进"的"机械人"赛博格，从而引发后人类时代"人之所以为人"的叩问和思考。

美国哲学家唐娜·哈拉维（Donna Haraway）从解构现代科学话语的研究出发，早在 20 世纪 80 年代末就提出"赛博格"这一新兴的文化现象：赛博格是一种控制生物体，一种机器和生物体的混合，一种社会现实的生物，也是一种科幻小说的人物；当代科幻小说里充斥着赛博格——既是动物又是机器，生活于界线模糊的自然界和工艺界。① 哈拉维将"赛博格"置于后现代文化批判的语境，宣告"赛博格"已经成为人类过渡到后人类的标志，并成为后人类的主体。如果说哈拉维从生物和技术的结合界定了"赛博格"，那么海勒（Katherine Hayles）则融入了信息论，进一步拓展了后人类的概念。她认为"后人类的主体是一种混合物，一种各种异质、异源成分的集合，一个物质—信息的独立实体，持续不断地建构并且重建自己的边界"。② 随着科技的发展，人类身体逐渐接受技术的介入、改造，如心脏起搏器、人工血管、假肢等，从传统生物学意义上的人变为与技术融合的赛博格。后人类随着科学技术、信息技术、生物技术和医学的发展而不断扩大边界，赛博格、机器人、克隆人和类人成为与现代人共存的多元生命体。《克拉拉与太阳》中的克拉拉是一个智能机器人，因为具有敏锐的观察力和与人的共情能力，而成为后人类的一支——类人。乔西等青少年在生存危机和教育焦虑双重影响下，接受基因编辑以实现学习能力的提升，成为后人类的新型生命体——赛博格。那么这些"人工生命体"还是原来的主体吗？对于这一"忒修斯之船"（The Ship of Theseus）的问题，作者石黑一雄给予肯定的答案，赛博格仍属于人类，理应具备人性和情感，但是小说中人类在迈向后人类的进程中迷失方向，单纯追求效益和结果，造成人的物化、情感的退变和焦虑症候。我们还可以注意到，不仅技术被植入人的身体，"矩形板"也成为后人类图景中成人的标配。这一外

① Donna Haraway, "A manifesto for Cyborgs: Science, technology, and socialist feminism in the 1980s", Australian Feminist Studies, 1987, Vol. 2, Issue 4, pp. 1-2.

② 〔美〕N. 凯瑟琳·海勒：《我们何以成为后人类：文学、信息科学和控制论中的虚拟身体》，刘宇清译，北京：北京大学出版社，2017，第 4-5 页。

置设备类似于手机、电脑，是石黑一雄对当今世界网络密布、电子设备不离身现象的讽喻。

在小说中，中产阶级家庭依靠基因编辑实现子女的智力优化，名校基本上只接受"被提升"的孩子，特拉斯·布鲁金斯大学是唯一一个接受"未被提升"申请者的名校，录取率不到2%。毕业学校的名望、个人学历与工作收入成正比，而这些没有经济能力接受基因改造、提升的孩子无缘大学教育。在机器生产盛行的后人类时代，技术的滥用造成阶层的固化和社会贫富的严格区隔。18世纪法国启蒙运动哲学家拉·梅特里曾提出惊世骇俗的观点："人体是一架会自己发动自己的机器：一架永动机的活生生的模型。体温推动它，食料支持它。"① 在后人类图景中，科学技术的运用使人类不只是机器，还是一种设计不完善、容易出故障、程序可修改的人造物，成为后人类图景中的重要一类——赛博格。人类通过生物工程改进缺陷、强化智力，科技由人类文明进步的助推器变为阶级固化的强力剂。正如小说中"未被提升"的里克即使是一个机械设计天才，聪敏好学，自学设计出机械鸟，同时，还有爱心、正义感和幽默感，在聚会上敢于为类人克拉拉解围，愿意帮助克拉拉完成救助乔西的计划，但是由于他家境贫寒无法接受基因"提升"，而未能被任何一所大学录取，从此与乔西走上了不同的人生道路和圈层，两人的爱情也画上了终止符。相对里克而言，"被提升"的孩子通过生物基因编辑技术完成学习能力、智商的提升，但是对于人际交往、情感的表达、正义和责任等一概不知。从这种意义而言，快速进阶的智商正是以人类正常情感的损伤、人性的缺失为代价。当人类不再遵从自然选择的力量，而是盲目采取极端捷径的技术之路，对基因修饰、改编，势必造成人类的迷惘和人性的缺失。小说中描绘的后人类图景中，并没有因技术的介入和应用而成为"自由、平等、富有、友爱及慈悲——只是拥有更好的健康保障，更长的寿命，也许比今天更高的智商"② 的乌托邦。著名政治学家弗朗西斯·福山警告世人后人类幻象的危

---

① 〔法〕拉·梅特里：《人是机器》，顾寿观译，北京：商务印书馆，2009，第21页。
② 〔美〕弗朗西斯·福山：《我们的后人类未来：生物技术革命的后果》，黄立志译，桂林：广西师范大学出版社，2016，第217页。

险，如果技术失控，人类将沦为机器的奴隶，"后人类的世界也许更为等级森严，比现在的世界更富有竞争性，结果社会矛盾丛生"①。如此看来，人类如何利用技术而不被其物化成为后人类图景中的一个核心问题，这也是当代科技发展亟待思考和反思的关系人类文明走向的重要论题。石黑一雄特别关注当代科学技术、医学的发展，在2017年诺贝尔文学奖颁奖演讲中，他谈到："新的遗传技术，如基因编辑技术CRISPR，以及人工智能和机器人技术的进步将为我们带来令人惊叹的、拯救生命的益处，但也可能造成类似种族隔离制度的野蛮的精英统治社会，以及大规模失业的问题，甚至于当前的行业精英们也将濒临失业。"② 小说中乔西的父亲称赞里克的无人机作品"真的是了不起，真的是让人激动"，并告诉他人类"不管有没有受过提升，真正的才能绝不能被埋没。除非这个世界如今已经彻底疯了"③。这既是为里克鼓劲，让他在技术面前重拾自信，也是对自己被机器替代后加入由有着相同经历和爱好的人组成的社群的一种情感经历的释怀和感悟。父亲对人类创造才能的肯定和自信为整部小说带来光亮和希望，同时，小说借助父亲的言语，表达了作者对技术从协助人类到改造人类的担忧和反思。

结　语

虽然学界对于后人类、后人类/后人文主义并没有统一的定义，但是各种形式的人文主义都指向对传统人文主义的反思和批判。这也正是石黑一雄创作《克拉拉与太阳》这部小说的意图，即通过深描后人类图景，探讨人工智能时代人性本质的内涵和机器人的伦理身份，反思当代人类的生存困境、情感危机、焦虑症候和教育问题。编入机器人程序的无私、博爱、希望，正是人类日渐缺失却独有的人心和情感，也是多种形式人文主

---

① 〔美〕弗朗西斯·福山：《我们的后人类未来：生物技术革命的后果》，黄立志译，桂林：广西师范大学出版社，2016，第217页。

② 〔英〕石黑一雄：《我的二十世纪之夜以及其他细小处的突破》，王敬慧译，《世界文学》2018年第2期。

③ 〔英〕石黑一雄：《克拉拉与太阳》，宋金译，上海：上海译文出版社，2021，第290页。

义不变的核心。太阳意象的引入告诫人们，客观真理不以人的意志为转移，它的永恒意义既是人类价值的体现，也是人类求真求美的目标。

科技的进步可以为人类理想社会的实现提供行之有效的技术支撑，但是并非将消除一切不平等和专制现象。小说中，由于机器在各行各业中取代人工和技术过度向人体延伸造成"恐怖谷效应"，人们对待机器产生憎恶情感。这种单向度工业社会中，技术高速发展的背后隐藏着人类不断增长的科技发展诉求与人类道德情感和人心萎缩之间的矛盾。《克拉拉与太阳》通过构建一幅幅后人类时代图景使我们看到：人工智能、基因工程等科技从对人的身体到思维、情感的塑造，在语言媒介的社会历史中存在的人类在后人类时代被技术悬置。另外，小说中"替代"与"废弃"也是后人类图景中的显著现象。"替代"是小说中一个高频词，工作被机器替代，克拉拉可能替代乔西。"废弃"意象在小说中反复出现：乔西康复后，克拉拉逐渐被冷落，最后被弃置于垃圾场；"遗弃的水果箱"；等等。另外，小说中对消费社会下生态环境破坏和城乡空间的无序杂乱图景也进行了摹写：自然环境遭受严重污染，乡村出现基因牛和变异羊，城市建筑毫无规划，一派拥挤、嘈杂、阴暗的景象。

文化大传统

【主持人：杨 骊】

● 主持人语

杨　骊*

2019 年，叶舒宪先生在《中国文化的大传统与小传统》一文中反向改造了美国人类学家罗伯特·雷德菲尔德在《乡民社会与文化：一位人类学家对文明之研究》中的"大传统和小传统"这一对概念。他提出，中国文化的大传统与小传统，有一个容易辨识的基本分界，那就是汉字书写系统的有无，有文字的历史是小传统，无文字的历史是大传统。他针对"文字创造了历史，无文字就无历史"的传统偏见，指出文字历史只是小传统的历史，要看到更加深远广袤的无文字历史，就需要探寻文化大传统的存在。十余年来，在叶舒宪先生的倡导下，新兴的文学人类学研究从文字文本拓展到文化文本，用田野考察的作业方式，把华夏的山河大地与风土人情当作一部大书来翻阅，打开了突破文字小传统拘囿的知识新格局，探寻文献之外的文化大传统，让那些在文字遮蔽之下的历史浮出水面。

本专栏的 4 篇论文，内容涉及四川三星堆遗址出土器物研究、新疆康家石门子岩画内涵分析以及甘肃陇中"官神"信仰的追本溯源，都处于传统文献记载的中原文化圈之外，研究对象虽各不相同，却殊途同归，展现了 4 位论者努力突破文字小传统，跨越学科界限，探索文化大传统的学术旨归。2019 年以来三星堆遗址的再次发掘引起了中外学界的强烈关注，然而，应该如何来认知和解读这个历代史书中没有文字记载的璀璨文明？《三星堆青铜纵目面具新考》和《三星堆与金沙的金射鱼纹图像释义》两篇论文分别选取了青铜纵目面具和金射鱼纹图像为研究对象，从神话学和考古学的跨学科视野深挖其后所蕴含的文化内涵，从而揭示三千多年前古人的精神世界。《新疆呼图壁康家石门子岩画的神话内涵》一文则聚焦原始社会父系氏族时期的岩画，从图腾与生殖神话的角度解读了岩画的神话意蕴。《甘肃省陇中地区"官神"信仰的源流、表现与民俗文化内涵》一文则立足于民俗文化的土壤，用人类学田野方式来考察甘肃省陇中地区的"官神"信仰的来龙去脉，去追溯民间信仰的大传统。

---

* 杨骊，四川省社会科学院文学所副研究员，硕士研究生导师。

三星堆青铜纵目面具新考*

宋亦箫**

摘　要：三星堆 2 号器物坑出土了 3 件青铜纵目面具，新发现的 8 号坑出土了 1 件青铜顶尊撑罍蛇身纵目神像，它们有一个共同特点，即双眼中都伸出圆柱状纵目。这样的纵目，是雷神目光如电如炬的形象表达。这些纵目面具和神像，是蜀人祖先神也是雷神的蚕丛的像设。

关键词：三星堆　青铜纵目面具　青铜顶尊撑罍蛇身纵目神像　蚕丛
雷神

三星堆器物坑发现了众多的人（神）头像和面具，其中最具特色的恐怕要数 1986 年 2 号器物坑出土的 3 件青铜纵目面具，以及新近在 8 号坑发现的顶尊撑罍蛇身纵目神像，这 4 件器物的一个最大共性是，它们均有突出眼眶长长的圆柱状眼珠，即所谓的"纵目"。如此特异的面具和人像，引来了众多的讨论，意见也纷纭。笔者认为较为合理的观点是将纵目面具与蜀人先祖蚕丛及《山海经》所载"烛龙"的相关比附①，但他们的论证只能利用到"纵目"文献与实物的对比，还不够丰富充分。同时他们多将蜀人先祖蚕丛看作历史人物，因此为了说明这凡人有柱状纵目的理由，只能去找生理的、病变的等所谓科学原因，自然是找不到答案的；或者将蚕丛看作历史人物的神话化，以弥合蚕丛身上的"不凡之处"与凡人之间的

---

　　* 本文系 2019 年度国家社科基金冷门绝学研究专项"早期外来文化与中华文明起源研究"（项目批准号：19VJX039）阶段性成果。

　　** 宋亦箫，华中师范大学历史文化学院教授、历史学博士、博士生导师，主要研究方向：早期东西文化交流史、艺术考古和艺术史、神话考古。

　　① 赵殿增：《三星堆文化与巴蜀文明》，南京：江苏教育出版社，2005，第 168 页；范小平：《广汉商代纵目青铜像研究》，《四川文物》1989 年 S1 期；徐学书：《关于三星堆出土青铜人面神像之探讨》，《四川文物》1989 年 S1 期。

矛盾。笔者认为这是不对的，其实蚕丛只是蜀人创造出来的祖先神。为本族群创造神灵并奉为祖神，在古代各民族中普遍存在，如华夏族群奉为共祖的黄帝，夏人的先祖鲧、禹，商人的先祖帝喾和契，周人的先祖后稷，楚人的先祖祝融，乃至埃及人的先祖奥赛里斯，巴比伦人的先祖马杜克，希腊人的先祖宙斯，等等。他们均是各自族群造神的结果。至于蚕丛氏被蜀人创造出来，除了他的柱状突目外，还有哪些神格？笔者将在后面随文探讨，纵目面具与蚕丛及烛龙关联的其他证据，也将尝试予以揭示。

一、三星堆青铜纵目面具及纵目神像

1986 年发现的三星堆 2 号器物坑中，出土了 3 件纵目面具，发掘报告将其称为兽面具，是不准确的。其实这 3 件面具的主体形象是人面形，只不过大大超出人面的尺寸，显出它们的不同凡响之处，兽形则体现在两只大大的兽耳和面中的巨形鼻子上，发掘报告则认定巨形鼻子是夔龙形额饰。因此准确地说，这是 3 件人兽合体的神面具。至于这"人兽合体"中的兽是什么样的兽，神面具要表现什么样的神？我在后文再予以分析揭示，先以发掘报告为资料来源简要介绍这 3 件面具（简称面具 1、面具 2、面具 3）。

3 件纵目面具造型相同，可分大小两型。耳、眼采用嵌铸法铸造。方颐，倒八字形眉，眼球呈圆筒状向前伸出，柱状眼珠中间有一圈带箍，将眼珠一分为二，颇类帝舜神话中所谓的"重瞳"。阔口，口缝深长，舌尖外露，下颌略向前伸。大兽耳向两侧展开。在额部正中及耳前上、下各有一方形穿孔。眉、眼描黑色，口缝涂有朱砂。下面介绍每尊面具的细节。

面具 1（见图 1），编号 K2②：142，鼻翼上补铸一高 68.1 厘米的"夔龙形额饰"①（赵殿增先生看作勾云形饰件）。"夔龙"头端与鼻梁衔接，"夔龙"身、尾高高竖起，与"兽面"形成整体造型。"龙"身两侧各有一环形穿，尾内卷，刀状羽翅，单翅根。面具高 31.5 厘米、宽 77.4 厘米，

---

① 这三件面具的细节介绍内容源自《三星堆祭祀坑》发掘报告，文字中的引号原文不存在，为笔者所加。

通高 82.5 厘米①。

面具 2（见图 2），编号 K2②：144，额饰"夔龙"，尾端残，仅存刀形羽翅，双翅根，经修复复原。面具高 31.7 厘米、宽 78 厘米，通高 84.3 厘米。

面具 3（见图 3），编号 K2②：148，双兽耳稍向上耸起，额部正中有一方孔，原来安装于此处的"额饰"已脱落无存。面具高 66 厘米、宽 138 厘米。② 这件面具比另两件大很多，高度（不包括"额饰"）超过一倍，宽度也近两倍。

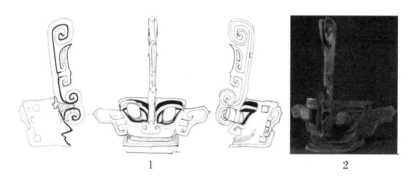

图 1　青铜纵目面具（编号 K2②：142）线图及照片③

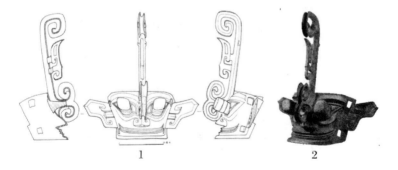

图 2　青铜纵目面具（编号 K2②：144）线图及照片④

① 四川省文物考古研究所编：《三星堆祭祀坑》，北京：文物出版社，1999，第 195 页。
② 四川省文物考古研究所编：《三星堆祭祀坑》，北京：文物出版社，1999，第 195 页。
③ 四川省文物考古研究所编：《三星堆祭祀坑》，北京：文物出版社，1999，第 197、554 页。
④ 四川省文物考古研究所编：《三星堆祭祀坑》，北京：文物出版社，1999，第 197 页；陈德安：《三星堆：古蜀王国的圣地》，成都：四川人民出版社，2000，第 50 页。

图3　青铜纵目面具（编号K2②：148）线图及照片[1]

　　除了这3件纵目面具，在三星堆新发现的8号器物坑中，又发现了1件纵目神像（图4）。他顶尊撑罍，身躯弯曲如龙蛇，双腿本已残，但幸运的是，此前发现于2号坑的所谓"青铜鸟脚人像"，竟正是他缺失的腿。他身穿云雷纹紧身短裙的双腿健壮有力，但双足却为鸟爪，爪下又各踩一只鹰鸟。更为特异的是，他戴牛角面具，有獠牙，纵目形象一如上述3件人兽合体的面具。笔者在另一篇论文中分析了这件奇特的神像，指出他是三星堆人信奉的雷神和祖先神蚕丛的造像。[2]　正是在这件蚕丛神像的启发下，笔者才恍然大悟，其实2号坑发现的那3件青铜纵目面具，一样也该是蚕丛神像，且能找到比《华阳国志·蜀志》相关记载更多的实物证据。下面笔者便尝试归纳这3件面具和新出土神像的特征并分析与蚕丛神话可能的关联。

　　正面　　　　　　侧面　　　　　头部放大照

图4　青铜顶尊撑罍蛇身纵目神像[3]

---

①　四川省文物考古研究所编：《三星堆祭祀坑》，北京：文物出版社，1999，第197、555页。

②　宋亦箫：《三星堆人的雷神信仰》，待刊。

③　资料来源：王仁湘先生微信公众号"器晤"。

二、面具和神像特征及与蚕丛之关联

接上文先说蛇身神像。经过分析，笔者认为这件人首蛇身鸟足形象的神像，是综合了雷神的龙（蛇）形和凤（鸟）形化身的复合体，为了更加强化其雷神的神格，还增加了许多相关造型，如身穿云雷纹短裙，足踩雷神化身的鹰鸟，头顶尊，手撑罍，等等，除此，神像头戴牛角面具、口露长长的四颗獠牙（形似野猪獠牙），也是用雷神有牛形和猪形化身这一特点来进一步彰显他的雷神神格特征。① 最后再说到神像的"纵目"，这一特点也是在描述雷神的神异之处。古语有"目光如电""目光如炬"，通常是象征人的目光发亮像闪电或火炬，但其本义，却是描述雷神的目光如闪电如火炬。也只有雷神之目光，才配有这样的高光，而闪电和火炬，也正是雷神创造的形象。前秦人王嘉的《拾遗记·昆吾山》记载："但见双龙缠屈于潭下，目光如电。"② 这里的双龙，正是雷神的后代形象，能行云布雨并长居于水下。

雷神有如电如炬的纵目，在三星堆器物坑中得到了实物证据。或者说，要想用实物表达出雷神如电如炬的目光，塑成三星堆纵目面具这样的圆柱状眼珠，最为形象不过。而文献中对蜀人祖先蚕丛，正有"纵目"的记载。《华阳国志·蜀志》："有蜀侯蚕丛，其目纵，始称王。"③ 难道蜀人认定的先祖蚕丛，也是纵目的雷神？三星堆纵目面具、蚕丛、雷神之间可以画等号？我们确实可以通过更多的证据将纵目面具、蚕丛和雷神等同起来。下面试做分析。

2 号坑出土的三件纵目面具上的所谓兽耳和夔龙形额饰或称勾云形饰件，其实是大象之耳和长长的象鼻。首先象耳最为明显，但或许是因为发

---

① 关于雷神有牛形和猪形化身，可参看宋亦箫：《由"啻""商""离（离、契）"构形论商祖"帝啻""契"之神话》，《殷都学刊》2022 年第 1 期；宋亦箫、张婷：《中国古代猪形雷神考》，待刊。

② （前秦）王嘉撰，（梁）萧绮录：《拾遗记·昆吾山》，引自上海古籍出版社编，王根林等校点：《汉魏六朝笔记小说大观》，上海：上海古籍出版社，1999，第 563 页。

③ （晋）常璩撰，刘琳校注：《华阳国志校注》，成都：巴蜀书社，1984，第 181 页。

掘者和研究者都没有看出额前向上翻卷的是象鼻，故也忽略了象耳的存在。笔者能发现象耳和象鼻，则是受三星堆出土的其他大量存在的大象造型启发。例如，8 号坑新出的力士抬神兽神坛，该神兽正是大象（见图5）。还有 2 号坑出土的神坛（编号 K2③：296），其下站立的二神兽，也是大象（见图6），还长有双翼，以显示出它们不是凡间的大象。同坑还出有一件所谓兽首冠人像（编号 K2③：264），报告编写者只说是兽，没有看出是大象，其实，这件象首冠也有着长长的双耳和长鼻，与纵目面具上的象耳和象鼻极为神似（见图7）。经笔者分析，它们不仅都是大象的造型，且还不是普通的大象，而是以大象作为雷神的化身出现。古人曾将多种动物想象成雷神的化身，如龙、凤、牛、猪、猴、熊、羊等，并塑造它们的形象或人与这些动物的一种或多种组合的形象加以崇拜。① 但塑造大象的造型并将其作为雷神化身加以崇拜的，似乎是蜀人的"发明"。至于为何大象能代表雷神，笔者推测这可能是因为西南地区有大象存在，且大象体型巨大、喜水，长长的象鼻吸足水再喷洒出来，如同下雨一般。这些现象促使三星堆人将大象看作雷神的化身。②

图5 青铜力士抬神兽神坛③

---

① 宋亦箫：《商代刻"⊕"符玉人为商祖神及雷神帝喾考》，《美术研究》2022 年第 3 期。
② 宋亦箫：《三星堆人的雷神信仰》，待刊。
③ 王仁湘先生微信公众号"器晤"。

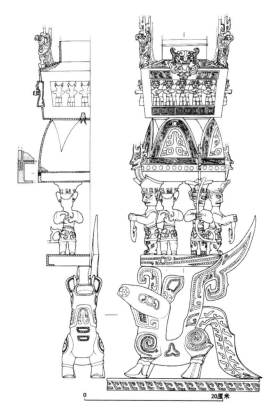

图 6 大象驮负人面鸟身神像神坛①

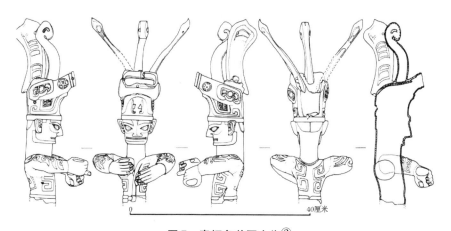

图 7 青铜象首冠人像②

① 四川省文物考古研究所编：《三星堆祭祀坑》，北京：文物出版社，1999，第 233 页。
② 四川省文物考古研究所编：《三星堆祭祀坑》，北京：文物出版社，1999，第 167 页

在三星堆人的雷神信仰中，除了吸收了商人的龙、凤、牛、猪、羊等雷神造型外，又新创了大象这一形象，便在他们众多的雷神偶像中进行塑造体现。2 号坑出土的 3 件纵目面具，既然是作为雷神蚕丛的偶像，他们便将大象的形象巧妙地与人面相组合，形成了我们见到的人面、纵目、象耳和长长的象鼻的形象。不过象鼻的造型，除了它的位置、长度及鼻端卷曲的样子极类象鼻外，也有超出象鼻的附属装饰，难怪有的学者将其当作夔龙或勾云纹。甚至于这象鼻上附加的夔龙和勾云纹的形象，也是不相矛盾的，因为夔龙和勾云纹，也都是雷神的象征元素，这样反而能增加纵目面具作为雷神偶像的象征因素。

说这 3 件面具是雷神的偶像，还因为它们超大的体量，不可能是常人可以戴的面具，而只能是代表神的面具。面具上的多个方形榫孔，让我们推测这些神像原来是被固定在一个高大的代表神的躯体的圆柱形物体上的，其材质最有可能是木料，才因腐朽而不存。

蚕丛之名也能使他与雷神建立联系。古人发现蚕扭动身躯如"S"，形似龙蛇、闪电之形，如是将蚕与龙和雷神联系起来，说"蚕为龙精"，还有"天驷龙精""龙蚕"等说法。在三门峡市的西周虢国墓地，发现了一件青玉质龙首蚕身负鸟玉佩（图8），更是将古人的蚕、龙、鸟一体关系的认知进行了物证保留。这所谓一体关系的逻辑，自然是因为它们都是雷神的化形。因此，蚕丛之得名，除了他可能是蜀人心目中的蚕神，还因为他也是雷神，而雷神也有蚕之化身。蚕与龙、雷神的等同关系，导致古人认为养蚕的桑树和桑林跟雷神关系密切，是雷神出没之地。这就是神话传说"汤祷桑林"中商汤在桑林中祈雨的深刻动机。而战国到汉代的"桑林之舞"画像，也是古人有着在桑林中跳舞以祈雨风俗的遗留。① 祈雨要在桑林，原因已见前述。祈雨时伴以舞蹈，或祈雨男女现场交配，则是要以舞蹈模拟雷神的闪电之形，或者以男女交配来模拟天地交配。这都是以顺势巫术祈雨的常见行为。

---

① 宋亦箫：《战国至汉代桑林之舞、桑林野合图与祈雨习俗》，《艺术探索》2022 年第 5 期。

图8　三门峡虢国墓地出土的龙首蚕身负鸟青玉佩①

　　蜀人之"蜀"，也值得一议。"蜀"字甲骨文形如"🐛"，金文形如"🐛"，二者较为类似，如比作一种动物形，则都是在一个弯曲的身体上方，以突出的眼睛代表头部。范小平先生认为它代表的是"纵目的蛇或龙"②。赵殿增先生则认为"蜀"是一个象形字，当是商朝的卜人以蜀地的祭祀对象，也即三星堆器物坑出土的那些大眼巨头的头像和面具，然后再加上已经腐朽了的树干构成的神树、图腾柱、鸟蛇之类的动物形象等的长长的身躯，呈现出上部大眼巨头、下部长身支撑的特定造型。"蜀"字便是记录这样一种造型的象形文字。③ 笔者也认为上部之"目"，表达的正是突出的"纵目"，下方之弯曲身体，可以是龙蛇的象形，也可以是蚕的象形，二者都是雷神的化形。只是在龙蛇或蚕的躯体下方，还有一个箭头状下端带弯勾的笔画，前人没有一起做出分析。笔者因为之前分析过大禹的"禹"（🦅）字和祝融的"融"（🦅）字甲骨文中的相似构形④，发现它表示的是一个头部为铲、尾部为蛇的组合，实际上是以雷神化身龙蛇为柄的雷神锤斧。如此，则"蜀"字与雷神、蚕丛都建立了联系，它当是以雷

---

　　① 玉佩藏三门峡市虢国博物馆。此图为三门峡市文物考古研究所祝晓东先生供图。

　　② 范小平：《广汉商代青铜纵目面像研究》，《四川文物》1989年S1期。

　　③ 赵殿增：《从"眼睛"崇拜谈"蜀"字的本义与起源——三星堆文明精神世界探索之一》，《四川文物》1997年第3期。

　　④ 宋亦箫：《大禹、祝融同一祖神考》，《贵州社会科学》2023年第1期。

神、蚕丛以及蚕丛的偶像为原型的造字。这和"商"字与商人祖神也是雷神的帝喾之间的等同关系是一样的①。

雷神有纵目之形，还能从《山海经》中的"烛龙"形象找到印证。《山海经·大荒北经》："西北海之外，赤水之北，有章尾山。有神，人面蛇身而赤，直目正乘，其瞑乃晦，其视乃明，不食不寝不息，风雨是谒。是烛九阴，是谓烛龙。"② 这个人面蛇身的"烛龙"，闭眼天就黑，睁眼天就亮，能控制风雨，当然就是雷神。雷神也正有龙形，而它的名称上的"烛"字，又体现了雷神闪电之时的火光如同天烛照耀大地。这样的雷神"烛龙"，正有"直目正乘"的形象，即长着笔直伸出的纵目，看着苍茫大地。

三星堆人的祖神蚕丛是雷神，有纵目，烛龙也是雷神，有纵目，说明雷神确有这样的纵目特征。笔者在上文也分析了雷神纵目的可能原因，除此，也似乎能说明，《山海经》的成书及书中的内容特别是有关"烛龙"的内容，或许跟蜀人的祖神蚕丛纵目的神话有关系，至少也是有着共同源头的神话传说。

结　论

三星堆文化有着祖先神和雷神蚕丛崇拜，三星堆人通过塑造各种雷神和祖先神蚕丛的偶像、化身或象征符号，以从事他们的祖先神和雷神蚕丛崇拜活动。

他们除了吸收商人的雷神象征符号，如龙、凤、牛、猪、羊等造型元素外，也自创了大象作为雷神的化身。所以 3 件青铜纵目面具中塑造了象耳和象鼻的造型，力士抬神兽神坛中塑造了四位力士抬着代表雷神的神

---

① 宋亦箫：《由"喾""商""禼（离、契）"构形论商祖"帝喾""契"之神话》，《殷都学刊》2022 年第 1 期。"商"字甲骨文形如"（图）"，上方为"辛"，是雷公锤斧，下方为几案，再加上"口"字，表示在将代表雷神和祖先神帝喾的锤斧放在几案上，大家口呼祷词，对帝喾进行祈祷祭拜。

② 袁珂 校注：《山海经校注》，北京：北京联合出版公司，2014，第 369 页。

象，等等。雷神纵目的特征，也在三星堆人的造神活动中得到了体现。《山海经》中记载的"烛龙"也是"直目正乘"，体现了三星堆人雷神蚕丛与作为雷神的烛龙的相关性——它们之间或有文化上的同源，或有文化上的交往。

蜀人先祖蚕丛之名，除了他可能是蚕神外，也体现了他的雷神神格。古人看到蚕扭动身躯呈 S 形，颇似雷神的闪电之形或者雷神的化形龙蛇之形，如是产生蚕为天虫、是雷神化形之观念，有了"蚕为龙精"的看法。三门峡虢国墓地出土的龙首蚕身负鸟青玉佩，形象地证实了古人将龙、鸟、蚕都看作雷神化身并造于一身的思想轨迹。而"汤祷桑林"神话的出现，正是商人将蚕看作雷神，将桑林看成雷神出没之地，如是祈雨要在桑林，后代的"桑林之舞"等画像，都是这一思想观念引导下的祈雨活动遗迹。既然蜀人祖先神蚕丛也是雷神，他之得名蚕丛，或许正是由他的雷神神格所致。

蜀人之"蜀"，从甲骨文和金文字形分析，当是一个象形字，表示纵目的龙蛇或蚕，而它取象的直接对象，可能是商朝卜人所看或所知的一如三星堆出土的纵目巨头并长身的蚕丛偶像。因此，"蜀"字、蚕丛、三星堆青铜纵目面具和雷神，形成了外延多样而内涵一致的统合关系。

三星堆与金沙遗址的金射鱼纹图像释义

林科吉*

摘　要： 太阳神信仰在全世界各个民族的古老文明中是一种普遍现象。三星堆与金沙遗址的金射鱼纹图像表明了古蜀文明中也存在突出的太阳崇拜与相关祭祀仪式。对此，学界基本采取一种"史学"的解释，将其视为氏族战争、民族融合的反映，或生产生活真实情景的写照。我们并不否认金射鱼纹图像中表现的各种事物在古蜀先民的生存活动中的重要性，但如果从神话学的视角进行考察，也许更能凸显其独特的象征意义。太阳崇拜具有普适价值，金射鱼纹图像却表明了古蜀先民对其所依赖的生存环境和自然资源的深刻认知。他们洞察了日、箭、鸟、鱼等生存要素之间的关系，将其整合到一个充满神话精神的框架中，并以精美的神话图像昭示于众。

关键词： 三星堆与金沙遗址　射鱼纹图像　神话

一、关于三星堆与金沙遗址金射鱼纹图像寓意的主要观点

古蜀考古发现的射鱼纹金杖和金冠带图像，包含了人、箭、鱼、鸟等要素，其中各个单独形象都极为明确，但它们组合起来形成的完整画面到底有何象征含义与神话意蕴，学者们见仁见智，各有主张，但仍有继续探讨的必要。

关于这个问题，目前的学术讨论可大致分为三种看法：

第一，图腾象征观。这种看法一般将图像中的鸟和鱼视为传说中的古

---

* 林科吉，四川省社会科学院神话研究院副研究员，研究方向为文学人类学、神话学。

蜀王国的图腾标志。邱登成认为，金杖图案中的人面代表蚕丛，鱼、鸟代表柏灌、鱼凫和杜宇，而"矢"实应是穗形木柄，与蜀人的社稷崇拜有关。① 杜正胜提出："射穿鸟颈和鱼头，是不是在述说鱼凫族败亡的故事呢？"他认为该图案显示了鱼凫族灭亡或式微的神话或历史叙事。② 黄剑华认为人面代表太阳神，飞鸟代表族属，箭代表神权，而鱼鸟作为图腾显示了两个氏族的联合。③ 再如，陈立基认为"这是象征分别以鱼和鸟为祖神崇拜的两个部族联合组成的鱼凫王国"，其过程中或有敌对关系和激烈战争；有人认为"鱼能潜渊，鸟能升天，鱼鸟图案象征着金杖具有上天入地的功能，是蜀王通神的法器"。④ 还有学者提出，当时处于用箭猎鱼的时代，而此鱼死后，就禅变为一只神鸟，图像中在鸟的颈部和鱼的头部压有一穗形叶柄，正是以农作物的收割表现死亡的含义，而且"'五行'中以西方为'金'，史前大凡用金制作的祭器，多为祭祀西方的宗祖神灵图腾。从此图上有神鱼、神鸟和太阳神，且用'金'作载体来看，似乎正是图记的西方昆仑神话中太阳神禅变为鱼、鸟之形的故事。而氐羌——华夏民族，特别是东夷人（夏族团）正是典型的崇拜神鱼、神鸟的民族"⑤。也有人认为鱼是被射杀的，鸟连箭杆带鱼驮负着飞来，表现了古蜀人根据顺势巫术希望捕鱼成功的祈祷图景，并隐含着图腾崇拜的意味。⑥

第二，祭祀仪式观。一些学者将考古图像与典籍记载进行关联，以之作为分析的出发点。《淮南子·时则训》云："季冬之月……命渔师始渔，天子亲往射鱼，以荐寝庙。"⑦《吕氏春秋·季冬纪第十二》载："是月也，

---

① 邱登成：《广汉三星堆出土金器管窥》，载李绍明、林向、赵殿增：《三星堆与巴蜀文化》，成都：巴蜀书社，1993，第 193－195 页。

② 杜正胜：《人间神国——三星堆文明巡礼》，台北：太平洋文化基金会，1999，第 33－34 页。

③ 黄剑华：《金沙遗址金冠带图案探析》，《文博》2004 年第 1 期。

④ 陈立基：《趣说三星堆——古易文化探秘》，成都：四川文艺出版社，2000，第 163 页。

⑤ 白剑：《三星堆金杖"鱼鸟图"——华夏古老神奇的"鲲鹏之变"》，《阿坝师范高等专科学校学报》2004 年第 2 期。

⑥ 陈德安、魏学峰、李伟纲：《三星堆长江上游文明中心探索》，成都：四川人民出版社，1998，第 49－50 页。

⑦ 张双棣：《淮南子校释》（上），北京：北京大学出版社，2013，第 622 页。

命渔师始渔，天子亲往，乃尝鱼，先荐寝庙。"①《礼记·月令·季冬》孙希旦集解曰："是月鱼美，于始渔而天子亲往，为将荐寝、庙，重其事也。"② 古籍记录表明，古代祭礼往往要射鱼、射鸟作为祭品，因此就可以推论出图像中的鸟、鱼连同箭一起是用于祭祀的。有学者认为："鸟代表时王，其与鱼、矢图的组合代表时王于明堂辟池中行射鱼之礼，鸟负鱼、矢向两神人而来，代表时王向两位祖先行尝新之礼，'鱼、鸟、矢'图为四组蕴含'辟雍四方'、'礼射唯四'的古仪。循此，则此金杖准确地讲当属于'祭杖'。"③ 还有学者断定："金带的圆圈图形，外圈是两个同心圆组成的圆环，它应是圆鼎的俯视的示意图。中间有两个小同心圆并列，上下各有两个小长方块，共6个图形，应该是鼎中盛置的食物祭品。圆圈图形在中间，也就是鼎在中间，两边放置箭、鸟、鱼，也说明鼎是祭祀中的重要食器。此金带应是祭祀用礼器的一个部分。"④ 这里出现了一个很有意思的现象，持有这种看法的学者，既然先行确定了鸟和鱼都是祭祀物品，所以大都断定箭枝射中了鸟和鱼，从而忽略了图像中箭和鸟的平行并列的空间关系，甚至有人直接推测古蜀先民不具备在平面上表现空间关系的绘图技法。⑤

第三，综合性分析。关于金沙金冠带的射鱼纹图案，黄剑华研究员作了非常详细的描述和综合分析、推论："金冠带上每组图案之间，还刻画了构思奇妙的双圆圈纹。该圆圈纹直径约2厘米，外轮廓为两道旋纹，中间又有两个对称的由双旋纹构成的小圆圈，在每个小圆圈的上下又各有一个粗短的横纹，采用抽象的手法加以巧妙的组合，从而形成了好像圆日又类似于人面或兽面的图案纹饰。""象征圆日与人面或兽面的双圆圈纹在整个画面中占据着主导的地位，强大有力的长杆羽箭就是从这里射向两侧的鱼鸟的，以此来表明主宰着鸟与鱼的命运。"因此可以断定，鸟和鱼朝向

① 许维遹：《吕氏春秋集释》（上），北京：中华书局，2022，第259页。
② 孙希旦：《礼记集解》（中），北京：中华书局，2017，第501页。
③ 顾问：《三星堆金杖图案内涵及金杖新论》，《江汉考古》2006年第2期。
④ 钱玉趾、沙马拉毅：《三星堆金杖与金沙金带新考》，《文史杂志》2007年第2期。
⑤ 注：《三星堆金杖与金沙金带新考》一文解释道："图中箭杆是射穿鸟身中部，又射中鱼头。箭杆射穿鸟身的画法，在鸟身应不见箭杆（或画虚线）。古蜀先民大概还不知道这种画法，而画成叠压式了。"

长杆羽箭飞来的方向，且被箭镞贯穿，但黄剑华又提出："这是否说明，金冠带图案中寓意丰富的双圆圈纹，应是古蜀族崇拜太阳观念的反映，同时又是古蜀族统治者掌握着神权与王权的象征呢？被羽箭横贯射中的鸟和鱼，既可能是古蜀时代渔猎生活的真实写照，又会不会是古蜀族群中一些氏族或部落所崇奉信仰的鱼鸟图腾呢？"① 黄剑华的研究重点指出了古蜀文明中存在的太阳崇拜观念，提出图像中的圆圈纹为圆日与人面的双重形象，而这个形象代表了羽箭的发出者。他对图中的四个组合成分做了整体性的综合分析，应是值得肯定的，但他将鱼、鸟认定为羽箭所射的对象，也同样忽略了一个细节：箭头虽射进鱼身，却没有穿过鸟体，箭杆与鸟是平行并列关系。

可以看出，学术界对古蜀考古的图像研究普遍带有一种"史学"的倾向，即将其视为某种实际发生过的事情的"记录"，要么认为其反映了史前氏族战争或民族融合的重大事件，要么认为是祭祀活动中的一个重要行为或环节，或者是当时初民的真实生活的写照，等等。可以看出，因为受这种"反映论"式的研究方法的影响，不少人似乎要为图中的每个形象分别寻找到对应的外在客观事物，却很少从神话信仰与神话思维的角度考察其隐喻结构，因而对图中人、箭、鱼、鸟各个主要成分的逻辑关系无法给出整体阐释。

二、古蜀文明中的太阳崇拜及母题样式

太阳崇拜现象广泛存在于整个人类文明中，在古蜀考古发掘中也很突出。三星堆和金沙遗址出土了极具代表性的相关实物和图像，主要包括玉石、黄金、青铜、象牙制品等，其中跟太阳崇拜密切相关的有太阳神鸟、金射鱼纹权杖和冠带、"车轮"（太阳形器）、鸟首鱼纹金带、青铜神树、顶着圆泡的二鸟铜挂件②及各种器物上的眼睛纹图案等。太阳崇拜作为信

---

① 黄剑华：《金沙遗址金冠带图案探析》，《文博》2004年第1期。

② 该器物编号为：K2③：115－7。参见顾问：《三星堆金杖图案内涵及金杖新论》，《江汉考古》2006年第2期。

仰、观念，相当于叙事中的主题、主旨，属于民间故事学的母题或类型，这一母题又具体表现为各种次级形式①，如鸟/日结构、鸟（或箭）/鱼造型、日/箭意象，以及太阳与人面复合形象、沉渊化鱼故事模式，等等。

鸟/日图像以金沙"太阳神鸟"金箔图案最为典型。该文物 2005 年当选为中国文化遗产标志，可谓实至名归。据国家文物局的官方解释，"太阳神鸟"是物质和精神的双遗产：作为物质，它虽只是一枚金箔，但传达的却是如金子般闪光的精神，体现了"古代人民'天人合一'的哲学思想"。"四鸟绕日飞翔，体现了先民追求自由、美好、团结向上的寓意"，这也是古蜀文化的精神向往。② 华夏考古中的飞鸟负日、双鸟朝阳、胸前有圆日的人面鸟身图③、汉画像日中踆鸟等，以及民间故事中大量的雄鸡唤日、兄弟民族中的太阳鸟母叙事等④，形成了一个庞大的母题类型，表明了自古以来华夏民族就将飞鸟与太阳关联在一起。金沙的"太阳神鸟"更以精妙的构图展示了古老深邃的崇日信仰。三星堆一号坑出土的青铜神树造型，则与典籍记载中的鸟/日神话完全吻合。此大树有三层九根枝条，每个枝头停歇一只神鸟，据考古报告该树顶端缺失，推测还应有一只鸟停驻其上。⑤《山海经·海外东经》："汤谷上有扶桑，十日所浴，在黑齿北。居水中，有大木，九日居下枝，一日居上枝。"⑥ 三星堆青铜神树虽没有直

---

① 注：民间故事分类学中的"母题"，一般认为是故事中的最小成分或单元，具有独特的文化内涵，表现了人类生存的一般经验，故此能产生不同寻常的、动人的力量。母题也可以理解为一个故事类型或形态，它可以是主题、人物、情节，或者是一个意象或原型。它一再出现，因而成为统一整个作品的意义线索。根据专家的论述，母题显然也包括非时间性组合的结构或模式，兼有"类型"和"层级"双重性质。（参见刘魁立：《世界各国民间故事类型索引述评》，《民间文学论坛》1982 年第 1 期；王宪昭：《论盘古神话的母题类型与层级结构》，《湖北民族学院学报》（哲学社会科学版）2019 年第 2 期。）本文即将太阳神话视为一个神话母题的基本类型，而这个母题之下还存在若干次级象征形式或叙事模式。

② 王炎：《"太阳神鸟"金箔图饰为朱利部落族徽说——关于成都金沙遗址出土金箔文物的文化阐释》，《中华文化论坛》2009 年第 1 期。

③ 王仁湘先生在一篇研究论文中提出，阳鸟神话在 8000 年前就已形成，在文中也展示了鸟翅带神面、鸟身中带太阳图案等考古图片。参见王仁湘：《飞翔的獠牙：面目狞厉的光明使者——高庙文化白陶艺术的神面獠牙与阳鸟》，《百色学院学报》2021 年第 1 期。

④ 王宪昭：《论女子太阳节的民俗学价值——以云南省西畴县汤果村壮族女子人阳节为例》，《文山学院学报》2016 年第 2 期。

⑤ 孙华、黎婉欣：《中国上古太阳鸟神话的起源与发展——从古蜀文化太阳崇拜相关文物说起》，《南方文物》2022 年第 1 期。

⑥ 袁珂：《山海经校注》，上海：上海古籍出版社，1980，第 260 页。

接出现太阳图像，但枝头上的每只鸟都是太阳，鸟与日完全"同一"。在初民的心里，太阳能在天空出没是个神奇的事情，而其视野之所及，发现只有长着翅膀的飞鸟才能高翔于虚空，所以两者一定具有神秘的关系和神圣的同一性，除此之外无法找到另外的解释。

关于全世界普遍存在的日/箭意象，同样令人瞩目。弓箭堪称人类的伟大发明，对人类的价值或许仅次于火的作用。弓箭大大延伸了人的手臂，急剧扩展了人类的取食范围，同时，因其巧妙的结构及其与人类身体动作的精密配合，借助弓与弦的机械力、箭锋的锐利，形成了对猎物的精准指向和击杀的强大力度，将人类力量提升到一个前所未有的高度，为人类生存带来了全新的境界。对如此重要的事物，初民必定会在神话中给予解释，将其神圣化，表之于各种仪式和象征活动中。古代岩画中多有持弓射箭的情景，正表现了这种神话想象与思考。弓箭对于猎物来说是杀死生命，而对于人类自己来说则意味着食物和对生命的维持，也就是获得生命，这一悖反的逻辑是如此神秘。太阳却可与之形成完美类比，春天的太阳给予万物以生命，而冬天的太阳则令万物枯萎死亡，可谓"成也太阳，败也太阳"。希腊神话中具有太阳神神格的阿多尼斯被野猪咬伤性器而死，中国古籍中也有相应神话故事。① 天上的太阳具备生杀予夺的强大力量，真正至高无上，而在地上的王者，当其手持弓箭之时，也能感受到这种神力，加之箭矢发射与太阳光线的照射几乎相同，所以在原始图像中我们经常能看到这种高度认同的象征符号。有学者专文讨论弓箭与太阳的双重意义，即它们都具有射杀、猎食和性的象征（夺取和给予生命），几乎所有狩猎民族的神话中，太阳都是伟大的射手，在原始农业兴起后，太阳的无穷生殖力与地母的孕育力被视为一切生命之源，而中国神话英雄羿就具备善射和好色的双重人格。② 古蜀考古中金杖、金冠带图像中的弓箭，当与

---

① 据《山海经·海内经》载"帝俊赐羿彤弓素矰"，郭璞注云："……矰，矢名，以白羽羽之。……'白羽之矰，望之如荼'也。"珂案：《御览》八百五引《随巢子》云："幽厉之时，天赐玉玦于羿，遂以残其身，以此为福而祸。"参见袁珂校注：《山海经校注》，上海：上海古籍出版社，1980，第467页。

② 户晓辉：《论弓箭与太阳在远古文化中的双重意义》，《新疆师范大学学报》（哲学社会科学版）1993年第4期。

人面形太阳神形像关联在一起时，绝不只是表现为渔猎生活中的一种工具，其背后必定隐含了深厚的信仰。

鸟/鱼关系，也可以说是日光和鱼儿的关系。鸟象征的是日光。《淮南子》云："毛羽者，飞行之类也，故属于阳。介鳞者，蛰伏之类也，故属于阴。"[1] 鸟、鱼结合，象征了阴阳相济。鸟/鱼复合意象其实是华夏考古中的一个普遍现象，许多学者从图腾角度将其解释为鸟氏族战胜鱼氏族，或者叫"鱼鸟共融"，表达了民族融合的含义。但是我们还可从鸟/鱼互化的神话学角度进行考察：鸟食鱼很可能是为了把鱼的灵魂带到高空，是在拯救和给予新的生命，而不是征服和残杀。由于许多学者对此问题皆有探讨，此不赘述。

太阳与人面的二重复合形象同样是日神崇拜这个主题的一种特有表现形式。何星亮认为："人面形太阳神形象是拟人化、抽象化的产物，是较高一级的太阳神形象。"[2] 内蒙古贺兰山岩画中，就有许多人面形太阳神形象，"大多数的神像，头上光芒四射的灵光，颇似太阳光，有的简直像一个金光万道的太阳形象，只是中心部分有人的五官，这种形象兼用了人和太阳的形象，即太阳的人格化和人的太阳化，将两者巧妙地揉合在一起了"[3]。盖山林还提到，带有刺芒状射线的人面形在我国分布很广，"岩画中的太阳神，既具自然物（太阳）成分，又有人（人面）的因素，即人的正面形象 + 太阳光辉 = 太阳神。这种人、物互化的特点，起源于遥远的古代，是远古（人）类对世界本质模糊认识的表现……同时又由于太阳神的人格化，而赋予它以人的特性——人面和喜怒哀乐的表情。只是到了后来，以太阳为图腾的氏族部落的首领，才戴上具有审美观念的太阳光冠"[4]。在古蜀考古中，除了金射鱼纹图像中的人面形太阳神像外，三星堆还出土了带有双鸟"圆泡"图案的器物。顶着"圆泡"的两只飞鸟，鸟身被抽象简化，似两根羽毛，其"圆泡"造型与金沙出土的金射鱼纹图中的人面形极其相似，自应识别为人面形太阳神像。

---

① 张双棣：《淮南子校释》，北京：北京大学出版社，1997，第 246 页。

② 何星亮：《中国自然神与自然崇拜》，上海：上海三联书店，1992，第 163 页。

③ 盖山林：《内蒙古贺兰山北部的人面形岩画》，《中央民院学院学报》1982 年第 2 期。

④ 盖山林：《太阳神岩画与太阳神崇拜》，《天津师大学报》（社会科学版）1988 年第 3 期。

沉渊化鱼的神话故事同样值得关注。《山海经·大荒西经》载："有鱼偏枯，名曰鱼妇。颛顼死即复苏。风道北来，天乃大水泉，蛇乃化为鱼，是为鱼妇。颛顼死即复苏。"郭璞曰："《淮南子》曰：'后稷龙在建木西，其人死复苏，其中为鱼。'盖谓此也。"① "珂案：郭注引《淮南子·地形篇》文，今本云：'后稷坟在建木西，其人死复苏，其半鱼在其间。'故郭注龙当为坟，中当为半，并字形之伪也。"② 《拾遗记》卷二记载："鲧自沉于羽渊，化为玄鱼。"③ 另外还有鲧死后化为黄熊、黄龙的记载。《楚辞·天问》中"阻穷西征，岩何越焉？化为黄熊，巫何活焉？"④ 讲的就是鲧的故事，言其死后化为黄熊，入于羽渊。《王氏合校水经注》卷三十三引来敏《本蜀论》云："荆人鳖令死，其尸随水上。荆人求之，不得。令至汶山下复生，起见望帝。"⑤ 《山海经》记载："氐人国在建木西，其为人人面而鱼身，无足。"⑥ 按史籍中所载，鲧、颛顼、鳖令、氐人，甚至普通人都可死后"变身"而得以复生，不论是《山海经》神话还是蜀地本土神话或民间传说，这类故事都有此共同点，死而化熊、化龟（或鳖）、化龙、化鱼，都是为再生做准备的一个必要环节，所化之动物也都是善于在水中生存者，⑦ 另外，在古代传说中，乘赤鲤可以升仙，鲤鱼可通神，穿越阴阳两界。⑧ 民间俗语有云"成龙的上天，成蛇的钻草"，等等，也可视为同类神话信仰的表达。在天/地、上/下、阳/阴、生/死、龙/蛇的二元划分中，世俗界的人类是会死亡的，只有穿越两界，变成真龙才能成为永生之神圣。需要强调的是，鱼崇拜或者沉渊化鱼信仰也得到考古实物

---

① 袁珂：《山海经校注》，上海：上海古籍出版社，1980，第 416－417 页。

② 袁珂：《山海经校注》，上海：上海古籍出版社，1980，第 416－417 页。

③ （晋）王嘉：《拾遗记》，北京：中华书局，1981，第 3 页。

④ 唐兰于 1937 年在《古史辨》第七册发表《天问"阻穷西征"新解》，涉及化熊还是化能的问题，指出"能即熊字，后人以为三足鳖者误也。《归藏启巫》为黄龙，龙为能音之转，是神话又谓鲧化为黄熊为巫所活也"。见吕思勉、童书业编《古史辨》第七册，海南出版社，2005，第 683 页。

⑤ 转见李炳海：《巴蜀古族水中转生观念及伴生的宗教事象》，《宗教世界研究》，1995 年第 1 期。

⑥ 袁珂：《山海经校注》，成都：巴蜀书社，1993，第 330 页。

⑦ 我们完全可以将"沉渊化生"视为一个神话母题的基本类型，而化熊、化龟（鳖）、化龙、化鱼等即这一母题的次级形式。

⑧ 聂济冬：《有关鲤鱼的民俗及其成因》，《民俗研究》1997 年第 3 期。

（"鱼殉"）的有力佐证。① 我们还注意到，原四川境内叫"鱼复""鱼凫"或"鱼涪"的地名很多，毫无疑问，这些名称也寄托了蜀地人民的再生愿望。

总之，太阳崇拜或日神信仰乃是包括古蜀文明在内的远古神话的一个核心观念。就古蜀先民而言，他们的想象和虚构又会受到自身的环境因素和历史传承的影响，故其神话叙事带有浓厚的地方色彩，构成神话领域里的"地方性知识"，从而为日神崇拜赋予了格外鲜明的色彩。

三、古蜀文明中的金射鱼纹图像的寓意

相比中原地区，地处成都平原的三星堆和金沙遗址以出土了众多黄金制品而引起广泛关注。三星堆出土了69件金器，其中包括金杖、金面罩、金虎、金鱼、金璋、金叶饰等黄金器物，体现了高超的制作技艺；金沙遗址的出土金器则以金箔、金片为主，达200余件，其数量和种类都远超中原地区和三星堆。② 三星堆一号坑出土的金杖与金沙遗址出土的金射鱼纹带，二者的图案结构极为相似，表明了它们之间的文化传承关系。

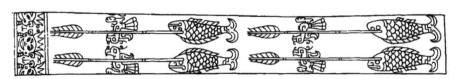

图1　三星堆（一号坑）金杖（K1：1）③

---

① 屈小强：《古蜀鱼崇拜与蜀人东进》，《西华大学学报》（哲学社会科学版）2009年第2期。

② 王炎：《"太阳神鸟"金箔图饰为朱利部落族徽说——关于成都金沙遗址出土金箔文物的文化阐释》，《中华文化论坛》2009年第1期。

③ 四川省文物考古研究所：《三星堆祭祀坑》，北京：文物出版社，1999，第60页。

图2 金沙金射鱼纹带（2001CQJC：688）①

要理解金射鱼纹图像的神话意涵，其人面形太阳神形象是关键。有人视为人面、有人视为神像的这个图像，其实是人面、神像二合一的，它既是天上的光芒四射的大神，又是地上的令人敬畏的帝王。这是一个真正的神话隐喻，即弗莱所说的"同一性单元"，即"两件事物被说成是一码事却又保持其双重性"。他进一步解释道，"神祇就其观念和性格讲具有人性，但又与自然界的好些方面一致"，故而才有太阳神、森林之神等②。弗莱还说过："从原型上看，象征是一簇激起联想的东西，这时隐喻是把两个个别的形象合而为一，每个形象又都各自代表着一个种类或类型。"③ 在仪式中，人间帝王与天上太阳实现了充分的认同，在他以人的身份捕鱼杀鱼的同时，也以神的身份令鱼复活。在此仪式行为与巫术魔法中，体验到一种至高无上的权力。也就是说，如果从射箭者的角度看，这个人头代表的是世俗世界的王；如果考虑到那只鸟带着鱼的灵魂向高空飞翔，那么这个人头就应该象征天上神圣世界的帝，而这个帝也就是太阳。镂刻于权杖和冠带上面的射鱼纹金饰肯定是在最重要仪式场合中使用和展示的，而仪式中的大巫，往往扮演的是天上的帝与人间的王合二为一的角色。所以，完全可以推知，人王将鱼杀死，天帝又令鱼复活；人面形象是人神一体，与之对应的鱼则是生死合一。

所以我们需要深究其图案的隐喻结构，并与相关的神话信仰和神话思维相结合，才能理解"人—箭—鱼—鸟"的关系和含义。图中的箭射进鱼头，却未射入鸟身，可见箭与鸟处于并列的空间关系。仔细查看会发现，箭的方向和鸟的方向是相反的，对于这条大鱼的生命来说，箭和鸟起到的作用当然也是相反的。也就是说，当我们看到箭将鱼射死，则鸟的作用就

---

① 成都市文物考古研究所、北京大学考古文博院：《金沙淘珍——成都市金沙村遗址出土文物》，北京：文物出版社，2002，第23页。
② 吴持哲编：《诺思洛普·弗莱文论选集》，北京：中国社会科学出版社，1997，第144页。
③ 〔加〕诺思罗普·弗莱：《批评的解剖》，陈慧等译，天津：百花文艺出版社，2006，第177页。

是拯救它的灵魂，将其灵魂带到高空，带到太阳那里去。① 所以，箭和鸟的并列，其实是一种反向互动，从而完成了一个生死循环。

现代人因长期接受理性思维和逻辑推论的训练，很难真正进入神话世界之中，只有尽力克服那种非此即彼、二元分离的思维习惯，才能对神话思维略有领悟。林向先生曾提出鱼、鸟、人头图案为"鱼凫王"的观点，认为射鱼之箭并非意味鸟对鱼的伤害，而是象征二者的亲密结合。② 我们需要进一步追问，箭和鱼、鸟和鱼亲密关系的形成究为何因？

这涉及古人对其赖以为生的食物及其来源的信仰问题。原始部族往往将为人类贡献肉食的动物视为兄弟，而且很多动物在先民的眼里具有大能耐、大神通，所以它们甚至还被视为人类的兄长。在这种敬畏情绪里，虽然人类制作弓箭射鱼、驯养鱼鹰捕鱼，却往往会编出一个这样做的理由，即人类在食其肉的同时也善意地解放了动物的灵魂，这样可帮助其再生并继续为人类提供肉食。而人类和动物的真正的生命、所有的动物之灵，都来自一个更伟大的神灵，这个神灵高高在上，发出万丈光芒，明察世间一切，是生命之灵的拥有者和保护者。《皇矣》云"皇矣上帝，临下有赫"，令人很容易想到太阳。三星堆和金沙遗址出土的射鱼图像中，如果人头是象征太阳神的话，鸟就是太阳的使者，鸟在捕鱼的同时，也将被解放的鱼的灵魂带到太阳神那里；而箭在射鱼的同时，也表现了太阳神发出箭一样的光芒，将鸟儿带回的灵魂再发送到水里，从而生长出新的鱼。在传统文化里，太阳之灵光与鱼身之鳞甲也存在神话隐喻关系。《吕氏春秋·节丧》载："国弥大，家弥富，葬弥厚，含珠鳞施。"③《淮南子·齐俗训》亦载："非不能竭国糜民，虚府弹财，含珠鳞施，纶组节束，追送死也。"高诱注云："含珠，口实也。鳞施，施玉于死者之体如鱼鳞也。"④ "鳞施"即指今人所谓"金缕玉衣"的丧葬形式。这些神话虽为片段式记载，但其背后

---

① 确有学者注意到，"在鱼的头部和鸟的颈部上压有一支箭，似表现鸟驮负着被箭射中的鱼飞翔而来的场面"。参见李忠义主编：《三星堆传奇：华夏古文明的探索》，台北：太平洋基金会，1999，第 128 页。

② 林向：《说"鱼凫"——文献记载与考古发现的相互印证》，载重庆中国三峡博物馆编：《长江文明 第七辑》，郑州：河南人民出版社，2011，第 8 - 19 页。

③ 许维遹撰：《吕氏春秋集释》，北京：中华书局，2009，第 222 页。

④ 何宁：《淮南子集释》，北京：中华书局，1998，第 786 页。

的神话思维逻辑却十分明显：死者变身为鱼，并得到太阳的灵光照射，于是得以复活。考古发掘中，三星堆二号坑出土了不少金皮鱼①，或许这代表了"金缕玉衣"的史前原始形式吧？由此可知，在"沉渊化鱼"母题类型中至少还有两个次级形式，死者化鱼只是获得新生命的第一个环节，而获得太阳灵光照射才是推动生命发生最终转化的环节。

另外必须强调的是，在远古神话观念里，黄金与太阳有着天然关联。根据原始思维的相似律，黄金和太阳都是金黄色的，太阳会发出金黄色光芒，而黄金也反射出金黄色的光，所以两者就是同类事物，都具有神圣性质。太阳神以金色之光照亮大地，地下的金子正是它光芒的化身，而如果泥土里的黄金露出地面，那是因为受到太阳的召唤。此外，青铜器本来也是金黄色的，三星堆二号坑发现不少戴有金面具的青铜头像，许多青铜器上有明显的朱砂色。考古人类学表明，人类远古时代即将赤色和黄色视为生命与食物的颜色。而根据维科的看法，人们曾把世界分为金、银、铜、铁四个时代，"正是谷粮这种诗性黄金在希腊人中间把它的名称借给了'黄金时代'"②，这里的"黄金"实际上并不是金属，而是指粮食。因此可以说，在古蜀先民那里，用黄金来象征生命和维持生命的食物，是再恰当不过的事。华夏文化传统历来重视和讲究器物的材质，在古人看来，内容和形式是不可分的，功能与材质是统一的，但这一点很易被现代人忽略。我们甚至可以说，在古蜀先民的观念里，太阳神只能用黄金才能得以表象，因为黄金是太阳的一部分，也就是太阳本身。

四、金射鱼纹图像的神话功能

中国文学人类学者的神话理论和研究，从传统上的文本神话、口传神话扩展到了仪式神话、图像神话等广义神话领域，由此，神话的范畴包括了图像中的神话场景和仪式中的神话情节。③ 同时，仪式与神话本是一个

---

① 陈显丹：《三星堆遗址一、二号祭祀坑发掘日记》，载西安半坡博物馆、三星堆博物馆编：《史前研究 2006 年》，西安：陕西师范大学出版社，2007，第 509 页。

② 〔意〕维科：《新科学（上）》，朱光潜译，合肥：安徽教育出版社，2006，第 320 页。

③ 王倩：《作为图像的神话——兼论神话的范畴》，《民族文学研究》2011 年第 2 期。

综合体，难以区分彼此，或者说它们犹如一枚硬币的两面。这一综合体在历时性和共时性层面发挥多种作用，具备多种功能。所以，金射鱼纹本身作为"图像神话"也好，以及该图像及其他考古实物共同参与的仪式神话也好，在它们背后存在的口传神话（被摘选、记录到《华阳国志》《山海经》等典籍中的神话片段，很可能就是来自这些远古口传神话）也好，都可以"神话"概而论之。

根据马林诺夫斯基的神话功能论，神话是一种基于信仰的、能够发挥道德功能的叙事，所以神话是该社会的"宪章"或"特许状"（charter）。神话带给人们应有的信仰，告诉人们如何思考如何行动，所以它是一种准则，人们依此行事就会得到神的眷顾和青睐，否则会受到可怕的惩罚。如果没有神话的约束力，没有仪式中体验到的敬畏，初民就不会形成为社会组织。金射鱼纹图像是在宗教仪式上出现的神圣之物，是代表着权力的象征符号。我们可以设想，手持权杖和头戴金冠带者，一定是参与仪式的这个群体的首脑人物，他的出现和对圣物的展示标志着仪式进入高潮和最神圣的时刻，受到万众瞩目和顶礼膜拜。那么，此图像这时候发挥的是意识形态作用，具备为社会权力和秩序"背书"的功能。可以推测，图像的高度相似，表明从三星堆到金沙，王权应该是由同一个集团的首领所掌握。将金射鱼纹这一图像神话还原到仪式场景中，我们仿佛看到，国王（大巫师）凭此神圣之物，沟通了天地，从世俗之界联系到了那看不见的世界中的力量，从而使自己也变成了高高在上的神。

但是我们发现，金射鱼纹作为图像神话还发挥了另一种功能，即展现了一种集体知识，这种知识往往是神圣的和秘不外传的，是整个氏族王国共享的知识财富。图像中的弓箭透露出古蜀先民生存环境中的自然条件和资源的独特性，同时也是其生计模式的核心组成部分。弓箭的原材料多为各式各样的竹子，《山海经》中提到"竹"达20处，有竹箭、大竹、草竹、扶竹、筀竹、寻竹、竹等各色名目，其中尤以"竹箭"为最多，有9处记载其山下"多竹箭"。竹箭是竹的一种，秆挺直坚劲，因可制箭，又称箭竹。① 南朝宋人戴凯之《竹谱》云："会稽之箭，东南之美。古人嘉

---

① 逯克胜：《解读〈山海经〉中的弓箭文化》，《青海民族大学学报》2018年第3期。

之，因以命矢。"此句注文曰，"箭竹，高者不过一丈，节间一尺，坚劲中矢，江南诸山皆有之，会稽所生最精好"。① 虽然不能说《山海经》中所载都是蜀地的竹子，但西南地区的确遍地生长有各种竹子，其中以四川境内为主的大熊猫活动区域长满箭竹，邛崃更是以产邛竹杖而闻名于世。戴凯之称赞"会稽所生最精好"，他应该没有到过四川，还不知道古蜀之地出产好竹。《天工开物·弧矢》云："凡造弓以竹与牛角为正中干质。""凡箭笴中国南方竹质，北方萑柳质，北虏桦质，随方不一。"②古蜀地域内制作弓箭所用的材料极其丰富，包括竹、木、漆、丝等，蜀地堪称弓箭物料出产之地。因此，当带着射鱼纹图像的权杖高高举起，当头戴金冠带的国王出现在仪式上，就是在一次又一次地向大众重申整个集体"赖以生存的神话"。射鱼纹的神圣图像是在向蜀人展示和昭告一个信仰：当我们手持弓箭进行渔猎时，会受到太阳神的庇护和眷顾，福祚绵绵，生生不息。

如果抛开或者超越所谓诸侯争霸或者国家竞争，以及攻城略地的战争需要，就会看到古蜀先民发挥出最高智慧，充分开发物力，利用漫山遍野的竹子，而获得了强大的力量。因此说，三星堆、金沙遗址出土的射鱼纹图像作为原型意象，无疑成了古蜀的"国家神话"的象征，宣示了一个重要的"神话传统"，即就地取材、物尽其用，将得天独厚的资源作为立国之基、民生之本，从而实现自强自立。

---

① 李静：《戴凯之〈竹谱〉研究》，西南交通大学硕士论文，2011，第52页。
② 潘吉星：《天工开物校注及研究》，成都：巴蜀书社，1989，第500、502页。

新疆呼图壁康家石门子岩画的神话内涵

叶庆兵*

摘　要：新疆呼图壁康家石门子岩画不仅具有生殖崇拜的含义，还具有神话性质。从岩画内容来看，其中蕴含的神话内涵非常丰富，反映了人与动物交合的图腾神话、两性同体生殖神话、男性生育神话以及腋下生人神话。这些不同类型的神话，应为该氏族在不同历史时期所盛行神话内容的积淀。岩画中的神灵当非一人，而为不同历史时期的多位祖先，这说明岩画反映了该氏族很长一段时间的历史，可能具有史诗的性质。

关键词：康家石门子　岩画　神话　史诗　图腾

1987 年，研究者在新疆天山深处的呼图壁县康家石门子峭壁上发现一幅生殖崇拜岩画，岩画"东西长约 14 米，上下高 9 米，画面面积达 120 多平方米。这 120 多平方米范围内，从上到下，从左到右，满布大小不等、身姿各异的人物形象。最底部的刻像，距目前地面，也多在 2.5 米以上。最上部的刻像，距今地面，高达十米上下。普通梯架，已无法触及。人物大者，过于真人；小者，只一、二十厘米。人像有男有女，或站或卧，或衣或裸，不少男像，清楚显示了生殖器及睾丸，甚至表现了交媾的动作。其下，则是群列的小人"①，从其中突出的生殖器、交媾动作以及群列的小型人物来看，其生殖崇拜的含义是明确无疑的。岩画的考察者王炳华先生认为岩画的完成时代"当在呼图壁地区还处于原始社会阶段的父系氏族社

---

　*　叶庆兵，安徽师范大学文学院讲师，研究方向为先秦两汉文学与文化。

①　王炳华：《呼图壁县康家石门子生殖崇拜岩刻画》，载中国人民政治协商会议昌吉回族自治州委员会学习文史资料委员会编：《昌吉文史资料选辑 第 12 辑 昌吉岩画》，内部资料，1990，第 132 页。

会时期，或脱离这一时期不远的历史阶段"①。据笔者观察，岩画不仅有明确的生殖崇拜含义，还蕴含了丰富的神话内涵，反映了图腾神话、两性同体生殖神话、男性生育神话、腋下生人神话等多种神话主题。

一、岩画的神话性质

康家石门子岩画的生殖崇拜含义是很明确的，同时，其中所绘生殖意象并非简单地对生殖器的夸大及生殖活动的描绘，其所绘制的形象具有一定的神性，所绘内容体现了一定的神话性质。

首先，图中众多人物被涂朱。王炳华先生曾将岩画分为九组，发现多处涂朱。例如，第一组图像左侧斜卧的男性形象以及两组对马均通体涂朱②；第五组图像中的一女性形象通体涂绘成朱红色③；第六组画面的中心，直立着一个着长裙的女性形象，亦全身涂朱④。红色是血液的颜色，人流血过多会导致死亡，这个过程被先民认为是灵魂随着血液流走的过程。因此，血液以及其他红色的事物常与灵魂联系起来。例如，北京山顶洞人墓葬在人骨周围就撒有红色的赤铁矿粉⑤，牛河梁红山文化女神庙出土女神像亦被涂成红色⑥，云南元江它克崖画也被涂成红色⑦。由此可知，岩画中的男女人物显然都带有一定的神性，属于"灵"与"神"，而非普通的人物。

其次，第二组图像中心位置绘有一双头同体人，第八组图像右下角也存在一双头同体人及一三头同体人，这种形象显然是非现实的，但在神话中则常见。例如，《山海经·海内经》云"有神焉，人首蛇身，长如辕，

① 王炳华：《呼图壁县康家石门子生殖崇拜岩刻画》，载中国人民政治协商会议昌吉回族自治州委员会学习文史资料委员会编：《昌吉文史资料选辑 第 12 辑 昌吉岩画》，内部资料，1990，第 155 页。

② 王炳华：《新疆呼图壁生殖崇拜岩画》，北京：北京燕山出版社，1992，第 7 页。

③ 王炳华：《新疆呼图壁生殖崇拜岩画》，北京：北京燕山出版社，1992，第 13 页。

④ 王炳华：《新疆呼图壁生殖崇拜岩画》，北京：北京燕山出版社，1992，第 14 页。

⑤ 贾兰坡：《山顶洞人》，上海：龙门联合书局，1951，第 24 - 26 页。

⑥ 方殿春、魏凡：《辽宁牛河梁红山文化"女神庙"与积石冢群发掘简报》，《文物》1986年第 8 期。

⑦ 杨天佑：《云南元江它克崖画》，《文物》1986 年第 7 期。

左右有首，衣紫衣，冠旃冠，名曰延维。人主得而飨食之，伯天下"①。神人延维就被描绘成"左右有首"。三头同体在神话中也很普遍，如《山海经·海内西经》云"服常树，其上有三头人，伺琅玕树"②。1998 年安徽省含山县凌家滩遗址第三次发掘中曾发现一件玉鹰，其头部雕琢为鸟首，而两翼则被雕琢似猪首或似别的动物形象，实际上亦是三头同体形。这件玉鹰一般被认为是凌家滩氏族徽帜的代表③，也即凌家滩先民的图腾。

再次，第四组图像中还存在一猴面人身形象。人与动物组合为上古神话中常见之形。《山海经》载有许多神灵与神兽，其中常见的是兽身人面。例如，《海外东经》"奢比之尸在其北，兽身、人面、大耳，珥两青蛇"④，"东方句芒，鸟身人面，乘两龙"⑤；《海内西经》"开明兽身大类虎而九首，皆人面，东向立昆仑上"⑥，"窫窳者，蛇身人面，贰负臣所杀也"⑦；《大荒北经》"有神，人面蛇身而赤，直目正乘，其瞑乃晦，其视乃明，不食不寝不息，风雨是谒。是烛九阴，是谓烛龙"⑧。同时，也不乏人面兽身者，如《海内经》"有人焉鸟首，名曰鸟氏"⑨，"又有黑人，虎首鸟足，两手持蛇，方啗之"⑩。鸟氏、黑人皆明确被称为人，而一为鸟首，一为虎首，显然是兽首人身。这种人兽组合的形象，显非实有，而应是想象中的神灵。

从上文的分析来看，康家石门子岩画诸多形象都具有神性，是时人崇拜的神灵。岩画虽然被划分为九组，但实际上是一个整体，在 120 多平方米的画面上存在几百个形态各异的人物形象，场面十分热闹，其中应该具有一定的故事内容。根据对画面内容的分析，其中所反映的生殖神话可能具有多种形态。

---

① 袁珂：《山海经校注》，上海：上海古籍出版社，1980，第 456 页。
② 袁珂：《山海经校注》，上海：上海古籍出版社，1980，第 302 页。
③ 张敬国：《安徽含山县凌家滩遗址第三次发掘简报》，《考古》1999 年第 11 期。
④ 袁珂：《山海经校注》，上海：上海古籍出版社，1980，第 153 页。
⑤ 袁珂：《山海经校注》，上海：上海古籍出版社，1980，第 265 页。
⑥ 袁珂：《山海经校注》，上海：上海古籍出版社，1980，第 298 页。
⑦ 袁珂：《山海经校注》，上海：上海古籍出版社，1980，第 301 页。
⑧ 袁珂：《山海经校注》，上海：上海古籍出版社，1980，第 438 页。
⑨ 袁珂：《山海经校注》，上海：上海古籍出版社，1980，第 447 页。
⑩ 袁珂：《山海经校注》，上海：上海古籍出版社，1980，第 455 页。

二、人与动物交合的图腾神话

　　康家石门子岩画以人物形象为其主体，同时存在若干动物形象，分别是：第一组岩画中存在的两组对马；第四组图像中存在的两只老虎；第五组、第六组和第八组图像中存在的几只小动物，王炳华先生认为是小羊；此外，第四组中的猴面人也可视为动物。第五组、第六组和第八组中的小羊显为写实，与图中人物似无直接的联系，而另外三种动物对马、老虎和猴面人则与图中人物关系密切，且都具有生殖崇拜的含义。

　　第四组图像中的老虎，生殖器勃起，在其旁边还有三组弓箭图像（见图1）。弓箭本系狩猎工具，但图中并未见到狩猎者，则其所表现的并非此层含义。除此之外，弓箭还具有生殖崇拜的含义。在贺兰山大西峰沟岩画中，一举弓搭箭的射手正瞄准一名交媾中男子的背部；而在新疆阿勒泰岩画中，有一幅类似的图像，而弓箭被夸大，直接接触到男子的生殖器。有学者指出，这是将弓箭具有的生殖力传递给交媾者的巫术，"弓象征女阴，箭象征男根。执弓搭箭就意味着两性交媾。如果施加巫术的魔力，弓箭图像就有了增强生殖力的作用"[1]。由此来看，老虎及其周围的弓箭可能起到的是增强生殖力的作用。与老虎相似的是对马，第一组图像中的两组对马，一组均为雌性，另一组则均为雄性。值得注意的是，两组对马的相对位置与图中的男女两性人物位置一致，图中右方为九名女性，左方则为一生殖器勃起的男性，而两组对马中也是雄性居左而雌性居右。（见图2）这种对应关系当非偶然，体现了对马图符与整幅图像的深度融合关系，或许创作者也希望将马的生殖能力转化到图中人物身上。此外，有学者认为对马图符也许起源于图腾，而发展成为该氏族的族徽。[2]本文则认为，猴面人为图腾的可能性更大。

---

[1]　陈兆复：《古代岩画》，北京：文物出版社，2002，第183页。
[2]　宋耀良：《呼图壁岩画对马图符研究》，《文艺理论研究》1990年第5期。

图1　第四组图像

图2　第一组图像

　　第四组图像中的猴面人生殖器勃起，正对其右手方一女子阴部（见图1）。在三者中，猴面人是唯一直接与人类交媾的形象，因此应引起足够的重视。猴面人显非写实，前文已举《山海经》中的例子说明其神性。这种半人半兽的形象在史前遗址中多有发现，一般被认为是图腾。例如，西安半坡遗址曾发现一种人面鱼纹，这一形象被认为"似有'寓人于鱼'或者'鱼生人'，或者是'人头鱼'的含义，可以作为图腾崇拜对象来解释"[1]。良渚文化玉琮上广泛存在的一种半人半兽纹饰，也被认为是图腾神，而玉琮则被视为图腾柱[2]。值得注意的是，猴面人亦曾有所发现。例如，1983—1984年辽宁东沟县后洼遗址上层遗存中曾发掘出土七件陶塑人头像，其中一件正面为猴画像，背面则为人头像。[3] 康家石门子岩画中的猴

---

　　① 中国科学考古研究所、陕西省西安半坡博物馆编：《西安半坡：原始氏族公社聚落遗址》，北京：文物出版社，1963，第217-218页。
　　② 刘斌：《良渚文化玉琮初探》，《文物》1990年第2期。
　　③ 许玉林、傅仁义、王传普：《辽宁东沟县后洼遗址发掘概要》，《文物》1989年第12期。

面人与后洼遗址出土的猴面人头像可以说是异曲同工。这种人兽结合形象呈现为半人半兽，应是由动物图腾崇拜向祖先崇拜的一种过渡形态。

另外，在神话故事中，始祖与动物交合是常见的关目，而与之交合的动物则被视为本民族的图腾。例如，《史记·殷本纪》载"殷契，母曰简狄，有娀氏之女，为帝喾次妃。三人行浴，见玄鸟堕其卵，简狄取吞之，因孕生契"①，《秦本纪》又载"秦之先，帝颛顼之苗裔孙曰女修。女修织，玄鸟陨卵，女修吞之，生子大业"②，均可视为人鸟交合，而鸟则为商民族与秦民族的图腾。这也为猴面人为图腾提供了佐证。

综合以上分析来看，猴面人与女性交合的图像很可能反映了图腾崇拜，这一图像所表现的，当即图腾神生育其氏族祖先的神话。

三、两性同体生殖神话

前已指出，在第二组图像（见图3）及第八组图像（见图4）中存在双头同体人。这种双头同体人应为雌雄同体的生殖神，这一性质可由其他人像推知。例如，第二组图像，双头同体人右侧，有一"头戴翎毛高帽，高鼻大眼，宽胸细腰肥臂，双腿曲线明显，具有女性特征"的人物，"但在腿根部位，却又明显刻划了一具男性生殖器。臀部之下，似有另一生殖器图形"③。这一人物像即两性同体，但没有被塑造成双头形象，体现出两性更紧密地融合为一。又如，第五组图像（见图5），在小人群像的右侧，画着一形如女性却有着男性生殖器的人物，"人像面形卵圆，高帽着翎。宽胸细腰，臀肥腿长。根据岩画人物造型通例，它明显是女性形象。但胯部勃起的男根，也明确无疑"④，这一人像也属于两性同体。

① （汉）司马迁：《史记》，北京：中华书局，1982，第91页。
② （汉）司马迁：《史记》，北京：中华书局，1982，第173页。
③ 王炳华：《新疆呼图壁生殖崇拜岩画》，北京：北京燕山出版社，1992，第8页。
④ 王炳华：《新疆呼图壁生殖崇拜岩画》，北京：北京燕山出版社，1992，第13页。

图 3　第二组岩画　　　　　图 4　第八组图像

图 5　第五组图像

双头同体形象在上古神话中常见，而其本身就具有两性交合的含义，如《山海经·海外西经》载并封"前后有首"①，《大荒西经》载屏蓬"左右有首"②。闻一多先生对这种双头同体形象的含义尝作揭示，在《伏羲考》中指出：

> 两头兽名曰并封（《海外西经》），一作屏蓬（《大荒西经》）。一种名蛴虫的二首神所居的山，名曰"平逢之山"（《中山经》）。"并封"、"屏蓬"、"平逢"等名的本字当作"并逢"。"并"与"逢"都有合义。兽牝牡相合名曰"并逢"，犹如人男女私合曰"妦"（《苍颉篇》）。③

据闻一多先生的解读，双头同体为雌雄交合之形，这一解读是符合实际的。在汉画像石中，伏羲、女娲蛇尾相交，常被绘制成交尾式。交尾实

---

① 袁珂：《山海经校注》，上海：上海古籍出版社，1980，第 219 页。

② 袁珂：《山海经校注》，上海：上海古籍出版社，1980，第 406 页。

③ 闻一多：《伏羲考》，上海：上海古籍出版社，2009，第 18 页。

际上亦可视为共用身躯，很可能便由同体式演化而来，而伏羲、女娲在神话中正是创造人类的始祖。《山海经·大荒西经》载女娲之肠化生神人①，《风俗通》载女娲抟黄土作人②，都表明了女娲的生殖神身份。《独异志》又载：

> 昔宇宙初开之时，只有女娲兄妹二人在昆仑山，而天下未有人民。议以为夫妻，又自羞耻。兄即与其妹上昆仑山，咒曰："天若遣我兄妹二人为夫妻，而烟悉合；若不，使烟散。"于烟即合。其妹即来就兄。乃结草为扇，以障其面。今时人取妇执扇，象其事也。③

这又以伏羲、女娲为人类始祖。伏羲、女娲为人类始祖而交尾，为双头同体形的生殖含义提供了可靠的佐证。

由并封、屏蓬、伏羲、女娲等生殖神的形象可以推知岩画中的双头同体形象背后当也蕴含着生殖神话，或许和伏羲、女娲的神话类似。

四、男性生育神话

在康家石门子岩画中，不少人物胸中绘有一人头像或者是形体初具的小型人物形象，如：

第一组图像最左侧绘有一生殖器勃起的男性形象，右侧为九名女性，其中仅男性胸中绘有人头像。

第二组图像中心为一双头同体形象，人物未刻画男性生殖器，其主体应为女像，在此图像周围环绕着数名男性人物，而左侧一男性形象胸部绘有一头像。

第三组图像（见图6），中间是一躺卧、曲腿，呈媾合姿势的女性形象，周围环绕数名男性形象，其中与之最接近的男性形象，形体最大，其胸部绘有一初具形体的小型人物。

---

① 袁珂：《山海经校注》，上海：上海古籍出版社，1980，第389页。
② （宋）李昉等：《太平御览》，北京：中华书局，1960，第375页。
③ （唐）李冗：《独异志》，《丛书集成》初编第2837册，上海：商务印书馆，1937，第51页。

图6　第三组图像

人物胸中所绘人头像或人形应象征胎儿。值得注意的是，胸中绘有胎儿的所有形象均为男性，而在女性人物胸腹中，却未曾见到。可见，岩画反映了"男性生育"这一主题。

男性生育在现实中自然不可能，但在神话中却屡见不鲜，如我国上古神话中著名的"鲧腹生禹"神话。《山海经·海内经》载："洪水滔天。鲧窃帝之息壤以堙洪水，不待帝命。帝命祝融杀鲧于羽郊。鲧复生禹。帝乃命禹卒布土以定九州。"①《楚辞·天问》云"伯禹腹鲧"。闻一多先生指出"'禹、鲧'二字当互易""复生即腹生，谓鲧化生禹也"②。据此，《天问》和《海内经》所载相合，皆谓禹从鲧腹中出生。

这一神话曾引起学者们的疑惑，并进而怀疑鲧的性别。例如，龚维英认为，"鲧，在远古传说中当系女性，'鲧腹生禹'之说不算诡异"③；郑慧生认为，"鲧不是一个男人，她是禹的妈妈，这由她的腹中生子可以为证"④；赵国华认为，"鲧如果是男性，为什么肚腹之中会生出个禹来？屈原对此也感到迷惑，因此，他才在《楚辞·天问》中问道：'伯鲧腹禹，夫何以变化？'答案只能是一个：鲧本来为女性，是一位母亲"。他还认为，"鲧和禹并非父子，如果鲧和禹同处一个时代，当是在母系氏族社会

---

① 袁珂：《山海经校注》，上海：上海古籍出版社，1980，第472页。
② 闻一多：《楚辞校补》，载闻一多：《闻一多全集5　楚辞编·乐府诗编》，武汉：湖北人民出版社，1993，第156－157页。
③ 龚维英：《鲧为女性说——〈天问释人〉之一》，《活页文史丛刊》1979年第12辑，第3页。
④ 郑慧生：《我国母系氏族社会与传说时代——黄帝等人为女人辨》，《河南大学学报》（哲学社会科学版）1986年第4期。

向父系氏族社会的转变期。鲧是女性势力的代表，禹则是男性势力的代表"①。学者们之所以疑惑，是由于生育能力本是女性独有，男性并不具备。然而，将鲧说成是女性，与文献记载并不符合。在文献记载中，鲧为禹之父，禹之母则为修己。例如，《世本·帝系》载"禹母修己，吞神珠如薏苡，胸拆生禹"②；《淮南子·修务训》载"禹生于石"，高诱注云"禹母修己，感石而生禹，折胸而出"③；纬书《河图稽命徵》则云"修己见流星，意感，生帝戎文禹，一名文命"④。说虽不同，但以禹母为修己则是确定的。此外，男性不能生育是理性思维下的观念，在神话思维中则并不适用，如希腊神话中雅典娜就是从宙斯头中诞生。我国上古神话中也不乏此类内容，《山海经·海外西经》有"丈夫国"，郭璞注云"殷帝太戊使王孟采药，从西王母至此，绝粮，不能进，食木实，衣木皮，终身无妻，而生二子，从形中出，其父即死，是为丈夫民"⑤。郭注未必符合《山海经》中丈夫国的本意，但可以说明男性产子的神话传说在我国并不寡见，因此，仅仅根据鲧腹生禹并不能说明鲧为女性。从康家石门子岩画来看，男性胸腹中有子，而女性则无，更直接表明，男性生育在神话中是可行的，鲧不必是女性。

那么应该如何理解男性生子这种神话呢？为解释这一困惑，学者们多从产翁制民俗入手⑥。所谓产翁制即女人生孩子，男人坐月子。这种风俗在世界上广泛存在，我国亦然，如《太平广记》卷四百八十三"獠妇"条引《南楚新闻》云"南方有獠妇，生子便起。其夫卧床褥，饮食皆如乳妇，稍不卫护，其孕妇疾皆生焉。其妻亦无所苦，炊爨樵苏自若。又云。

① 赵国华：《生殖崇拜文化论》，北京：中国社会科学出版社，1990，第127－128页。
② （清）张澍辑：《世本·帝系》，载（汉）宋衷注，（清）秦嘉谟等辑：《世本八种》，北京：中华书局，2008，第91页。
③ （汉）刘安编：《淮南子集释》，北京：中华书局，1998，第1336页。
④ 〔日〕安居香山、〔日〕中村璋八辑：《纬书集成　下》，石家庄：河北人民出版社，1994，第1180页。
⑤ 袁珂：《山海经校注》，上海：上海古籍出版社，1980，第217页。
⑥ 如杨堃：《关于神话学与民族学的几个问题》，载钟敬文主编：《民间文艺学文丛》，北京：北京师范大学出版社，1982，第12－32页；王人恩：《〈天问〉"伯禹愎鲧"神话新释》，《西北师大学报》（社会科学版）1991年第6期；李衡眉：《古史传说中帝王的性别问题》，《历史研究》1994年第4期。

越俗，其妻或诞子，经三日，便澡身于溪河。返，具糜以饷婿。婿拥衾抱雏，坐于寝榻，称为产翁"①。一般认为，产翁制产生于母系氏族社会向父系氏族社会转变的时期，男性为强调自己在生殖中的重要性并争夺子女的所有权，于是产生了假装坐月子，以示子女为自己所生的行为。

产翁制确实为理解这类神话提供了一条路径，康家石门子岩画则为此提供了更直接的佐证。岩画在男性胸腹中绘画胎儿，显然认为胎儿本即男性孕育，男性直接给予了胎儿生命。这与产翁制在本质上是相通的，扮演产翁的男性为夺取权利而进行伪装。岩画所绘则体现了胎儿孕育于男性体内，男女交合不过是将胎儿由男性转移给女性的观念。这种观念将女性从生殖活动的主导者贬低为附庸，从根本上剥夺了女性在生殖活动中的权威。鲧腹生禹神话可说是这种观念的产物，既然胎儿本即男性孕育，鲧虽已被殛死，无法再与女性交合，但他腹中的胎儿已经成形，那么剖开鲧腹，胎儿自然就可以降生。应该说，岩画表现了与鲧腹生禹类似的内涵，同时也为我们理解这一神话提供了参考。

五、腋下生人神话

康家石门子岩画还有一个细节值得关注，即将人头像或者小型人物像绘制于人物腋下。第三组图像中，胸中有胎儿的男性形象右腋下就有一形体很小的人物，与其他人物相比显为婴幼儿。在图右方一男性人物右腋下，则有一人头像。（见图6）第四组图像右方一男性人物正与女性人物交媾，而在女性的腋下也有一人头像。（见图1）这些人头像及小型人像应为婴儿的象征，但婴儿并没有被绘在胯下，而是绘在腋下。也就是说，岩画表现了一种"腋下生人"的观念。

腋下生人，在神话中又称"胁生"，如陆终六子均为胁生。《世本·帝系》载：

> 陆终娶鬼方氏之妹，谓之女嬇，是生六子。孕三年，启其左胁，

---

① （宋）李昉等：《太平广记》，北京：中华书局，1961，第3981页。

三人出焉；破其右胁，三人出焉。其一曰樊，是为昆吾，昆吾者，卫是也。二曰惠连，是为参胡，参胡者，韩是也。三曰籛铿，是为彭祖，彭祖者，彭城是也。四曰求言，是为会人，会人者，郑是也。其五曰安，是为曹姓，曹姓者，邾是也。六曰季连，是为芈姓，芈姓者，楚是也。①

类似的记载也见于《大戴礼记·帝系》和《史记·楚世家》。

与腋下生人相近似的是胸部或背部生人。例如，禹之诞生，或谓拆胸，《世本·帝系》载"禹母修己，吞神珠如薏苢，胸拆生禹"②；或谓发背，《春秋繁露·三代改制质文》云"天将授禹，主地法夏而王，祖锡姓为姒氏，至禹生发于背"③。又如契的诞生，《春秋繁露·三代改制质文》云"契母吞玄鸟卵生契，契先发于胸（注：先，当为生。）"④，《宋书·符瑞志》则谓"高辛氏之世妃曰简狄，以春分玄鸟至之日，从帝祀郊禖，与其妹浴于玄丘之水。有玄鸟衔卵而坠之，五色甚好，二人竞取，覆以玉筐。简狄先得而吞之，遂孕。胸剖而生契"⑤。在少数民族中，腋下生人神话亦甚夥，如壮族的"姆六甲"。

> 姆六甲是壮族神话谱系中第一代始祖神（女性）。相传她是由 99 朵（一说 12 朵）鲜花聚合而变成的。那时宇宙一片混沌，无天无地，是她吹口气成了天。天小地大盖不住，是她用手把大地抓起，把天边和地角缝缀起来。结果天地盖好了，地却起了皱褶，凸起的成了山岭高原，凹下的成了江河湖海。她见了大地无生气，想造人，便赤身裸体跑到山顶去，感风受孕，从腋下生出了孩子来。她还和泥捏成各种

---

① （清）茆泮林辑：《世本》，载（汉）宋衷注，（清）秦嘉谟辑：《世本八种》，北京：中华书局，2008，第 9 - 11 页。
② （清）张澍辑：《世本》，载（汉）宋衷注，（清）秦嘉谟辑：《世本八种》，北京：中华书局，2008，第 91 页。
③ （汉）董仲舒著，（清）苏舆撰：《春秋繁露义证》，北京：中华书局，1992，第 212 页。
④ （汉）董仲舒著，（清）苏舆撰：《春秋繁露义证》，北京：中华书局，1992，第 212 页。
⑤ （南朝梁）沈约：《宋书》，北京：中华书局，1974，第 763 页。

动物。①

普米族的《石头阿祖和石头子孙》讲述了纳可穆玛生育人类的传说。纳可穆玛原是天梭掉到地上变成的一座山峰，天长日久有了神性，她生下的孩子也都是山峰。后代子孙们长大后，又生育了许多孩子。九千年后，大地上就有了九万九千座大山。

有一次，当所有的子孙都回到纳可穆玛身边团聚时，昆仑山容不下这样众多的后代，纳可穆玛便想出了一个好办法：她教儿孙们生孩子时，要从腋窝下生，娃娃快要爬出来时，要用手臂夹一夹。她的儿孙们都照着这办法做，生出的娃娃不再那么大了，高不过七尺，粗只有一尺半，这就是人。②

又如，哈尼族的创世神话《大鱼脊背甩出的世界》。

相传，远古时代，世间只有一片混沌的雾。这片雾无声无息地翻腾了不知多少年，才变成极目无际的汪洋大海，从当中生出一条看不清首尾的大鱼。那大鱼见世间上无天，下无地，空荡荡，冷清清，便把右鳍往上一甩，变成天；把左鳍向下一甩，变成地；把身子一摆，从脊背里送出来七对神和一对人。世间这才有了天和地，有了神和人。③

这则神话中创世的并非人而是鱼，鱼的左右鳍，相当于人的左右臂。天地从鱼鳍下产生，也就相当于从人的左右腋下产生。关于人的诞生，这则神话认为人是从脊背出生而不是腋下，与禹、契从脊背而生相似，可以视作腋下生人的变异。

腋下生人的神话分布如此广泛，那么这种神话何以产生？其中有怎样的含义？如果单从男性生育的角度来看，腋下生人或许是一种变通，男性

---

① 《壮族百科辞典》编纂委员会编：《壮族百科辞典》，桂林：广西人民出版社，1993，第433页。

② 陶阳、钟秀编：《中国神话（上）》，北京：商务印书馆，2008，第348页。

③ 姚宝瑄主编：《中国各民族神话：哈尼族 傣族》，太原：书海出版社，2014，第26页。

没有产道，故生育只能拆胸、破腹。然而，并非所有腋下生人的均为男性。实际上除了鲧以外，其他典籍所载腋下生人的主体都是女性。康家石门子岩画在男性、女性腋下均绘有人头像或小型人物像，也表明腋下生人模式的产生，与男性生育关联并不大。

值得注意的是，腋下所生大多是民族的始祖。禹、契分别为夏、商之始祖，陆终六子分别为卫、韩、彭城、郑、邾、楚的始祖。在少数民族神话中，腋下所生也多为始祖，如壮族的姆六甲为开天辟地、创造人类的祖母；普米族神话中通过腋下生产产生的才不是山而是人；哈尼族神话中从脊背出生的人类也是天地开辟之后的初民。由此视之，腋下出生实际上是始祖神话的一种流行模式。康家石门子岩画所反映的腋下生人现象也可能与祖先诞生的神话有关。

然则，始祖为何要从腋下出生？

首先，这可能与远古时期的剖腹产有关。从禹、契以及陆终六子的出生来看，剖腹产在远古时期应很常见。清华简《楚居》记载的一次剖腹产更为此提供了直接的证明。《楚居》载：

> 穴酓迟徙于京宗，爰得妣隹，逆流载水，厥状聂耳，乃妻之，生侸叔，丽季。丽不从行，溃自胁出，妣隹宾于天，巫并该其胁以楚，抵今日楚人。[1]

穴酓即鬻熊，丽季即鬻熊之子熊丽。简文讲述了穴酓娶妣隹，妣隹生侸叔、丽季的历史。丽季出生时，"不从行"，从即纵，不纵行谓不顺产。丽季非顺产，而是胁出，这导致了妣隹"宾于天"。宾于天在这里应是死亡的婉称。妣隹去世后，巫并"该其胁以楚"，楚是荆条，意思是巫并用荆条将妣隹的胁包裹起来。巫并当为妣隹的助产医生。上古时期巫医一体，《山海经·海内西经》载"开明东有巫彭、巫抵、巫阳、巫履、巫凡、巫相，夹窫窳之尸，皆操不死之药以距之"[2]，《楚辞·天问》亦云鲧"化为黄熊，巫何活焉"，是则，巫似乎有起死回生的能力。妣隹"宾于天"之

---

① 李学勤主编：《清华大学藏战国竹简》（壹），上海：中西书局，2010，第181页。
② 袁珂：《山海经校注》，上海：上海古籍出版社，1980，第301页。

后，巫并可能施行过一番欲使之起死回生的巫术，而"该其胁以楚"或为巫术中的一项措施，施行此项巫术的原因可能是在生产过程中，导致了妣戉的肋骨（胁）断裂。

丽季的出生显然为剖腹产而非顺产，由此我们知道剖腹产的存在。实际上，剖腹产在上古三代并不罕见。《诗经·生民》载后稷之生"不坼不副，无菑无害，以赫厥灵"，特别强调了"不坼不副"，反言之，产妇生产时坼与副均属常事，否则便不必特意强调。在医学条件极其简陋的当时，剖腹产显然是非正常的，这种非正常的生产对一个民族会产生很大的影响，楚人因这段经历而以楚为名便是鲜明的例证。这种非正常状态下生产的婴儿也很容易被区别对待，而有的就会被神异视之，其事迹在流传中又可能被讹传与夸大。禹与契的出生应该也是剖腹产，故有拆胸、剖腹等记载，而在长期流传的过程中，又被讹传为"发背"的异闻。

其次，这可能是神异始祖的需要和产物。剖腹产虽然是腋下生人神话产生的基础，但并非所有的此类神话都与之有关，有些甚至完全是虚构的。最明显的证据便是陆终六子。首先孕三年便非现实，而六子均为胁生显然也有虚构成分在内，可能是一件事情的夸大，甚至可能完全是虚构，而虚构的目的是将始祖神异化。通过虚构出生来神异始祖，在上古神话中是常见的事，即便到了后代，依然盛行。例如，《史记·殷本纪》载殷契为简狄吞鸟卵而生，《周本纪》载后稷为姜嫄履大人迹而生，《高祖本纪》载："高祖，沛丰邑中阳里人，姓刘氏，字季。父曰太公，母曰刘媪。其先刘媪尝息大泽之陂，梦与神遇。是时雷电晦冥，太公往视，则见蛟龙于其上。已而有身，遂产高祖"①。

类似的记载在二十四史中俯拾皆是，几乎历朝历代都有。在上古蒙昧时期，这种现象当更普遍。无论是将始祖描绘成吞鸟卵而生、履大人迹而生还是与蛟龙交合而生，其目的都是体现始祖与常人之异，从而构建其神性。将始祖描绘成从腋下出生也是同理，这一点从纳西族神话《什罗飒》可以见出。《什罗飒》云：

---

① （汉）司马迁：《史记》，北京：中华书局，1982，第341页。

战神里萨敬久呀，从娘胎里问道："妈妈呀，我要从哪里出世呵？"苏绕来自金母回答说："人类出生之路自古就有了，你从'人生路里'出世吧！"战神里萨敬久说："人类出生之路哪，秽气出来秽气过，洁气出来洁气占，总是不洁不净呀，我决不走那条路，母亲左手腋下窝，无妨借我一下吧！"过了三天后，战神里萨敬久呀，就从母亲左腋窝下出世了。①

从这则神话中可以看出，战神里萨敬久没有从产道出生，而是从腋下出生，正是为了与常人不同，突出其神异性。里萨敬久虽非始祖，但这种神异祖先的做法应该是相通的。

综上所述，岩画在人物腋下绘画婴儿形象，与腋下生人的神话有密切关系，而腋下生人神话又常常发生在氏族始祖身上，因此，岩画所反映的可能与该氏族始祖的诞生有关。生殖崇拜与始祖崇拜有密切关联，"在原始先民的观念里，祖先的功绩主要在于对后代的生殖繁衍"，"初民的祖先崇拜是和生殖崇拜互为一体的"②。康家石门子岩画正反映了生殖神话与祖先神话的完美结合。

结　语

总而言之，康家石门子岩画的神话性质是确定的，而且从岩画内容来看，其中可能还蕴含着多种类型的神话故事，是多个故事的融合。这一现象说明，在岩画创作的时代，这一氏族内部可能流传着多种类型的生殖神话，而绘画者将多个故事融合到了一起，才创造出了内容丰富的岩画。这些不同类型的生殖神话，应为这一氏族在不同历史时期所流行神话的积淀。据岩画的发掘者介绍，岩画中不少人物形象存在相互叠压的现象，这表明，岩画的创作经历了很长的时间。在这样漫长的时间内，不同生殖神话有所迭兴是很正常的现象。在创作岩画时，不同时期的生殖崇拜神话仍

---

① 吕大吉、和志武主编：《中国原始宗教资料丛编：纳西族卷·羌族卷·独龙族卷·傈僳族卷·怒族卷》，上海：上海人民出版社，1992，第 340 页。

② 周斌：《生殖崇拜与祖先崇拜》，《咬文嚼字》1998 年第 8 期。

在流传，这就很容易形成多种形态并存的局面。

此外，岩画中的神应该并非一人，其中可能有多位祖先存在，有的是图腾神，有的被神化为双头同体神，有的男性祖先相传生下了孩子，还有的祖先相传从腋下出生。这一现象说明，岩画反映了该氏族很长一段时间的历史，很可能具有史诗的性质。

甘肃省陇中地区"官神"信仰的源流、表现与民俗文化内涵

陈旭龙[*]

摘 要：作为传统意义上古代中国西北边塞的甘肃省陇中地区，长期以来即是连接中国丝绸之路的重要通道，也是早期各少数民族的汇聚之所。自元末明初在封建统治层的刻意推动下，为实现对西北各"蕃族"的有效控制，在建立军事屯田的基础上实行的移民及土司政策，强化了对民间意识形态的控制，并在此基础上形成了"龙王"信仰习俗。该信仰在由西向东传播的过程中，逐步弱化，并为传统农耕文化所融合。在由早期"龙王"信仰向当下现存的"官神"信仰转化中，各民族间的文化融合、共存。对其形成发展的研究，可作为中国西北民族学研究的重要补充。

关键词：甘肃陇中 民族学 民间信仰 民俗文化

甘肃省陇中地区在传统意义上泛指以定西市为中心的处于甘肃省中部的县区。生存于这一地区的群体以其生存上具有的经济、地理、习俗上的共性，而同属于一个相对完整的文化版块。甘肃省陇中地区具体包括了白银市的会宁、靖远，定西市的安定、临洮、通渭、陇西、渭源、岷县，兰州市区及皋兰、永登、榆中，天水市的武山、秦安、甘谷，平凉市的静宁、庄浪，临夏州的永靖、康乐等县区。这一地区以其长期处于对抗西北少数民族边塞的原因，成为古代中国北方游牧文化和南方农耕文化交汇之地。自明初以来在封建统治层刻意推动下形成的"龙神"信仰，在不断融合周边蒙古族、藏族、羌族等少数民族原始宗教的传播中，自西向东，呈现出了明显的民族化过渡痕迹，最终为传统农耕文化强大的吸附力所融

---

* 陈旭龙，白银市平川区经济合作局，研究方向为艺术人类学、民族学、非遗保护。

合，形成了当下独树一帜的"官神"信仰。

根据当下"官神"信仰在陇中民间的分布，可以划分出临夏永靖、定西临洮两个中心。永靖以其西部山区受早期吐蕃文化和藏文化影响而形成的七月跳会为代表；临洮以受到早期羌文化影响下形成的拉扎节为代表。这两地无论是在地方政府对民俗活动的支持力度，还是在民间信仰波及群体的总体数量上均占据优势，由此也成为陇中地区"官神"信仰的典型代表。

一、民族融合对陇中地区民间信仰形成的影响

陇中地区以秦长城为界，其西部受羌文化、藏文化及土司制度影响深远；以东自兰州起，沿黄河至靖远、景泰一线，则表现为以北方蒙古族与明代军屯制度影响下的农牧文化①为主；以定西市安定区为起点，以东的会宁、通渭、陇西、漳县、静宁、庄浪、秦安、甘谷、武山则以完全的农耕生产方式存在。这三个民族化进程中特征表现明显的区域，也成为陇中民间信仰由早期"龙王"信仰向当下得到普遍认可的"官神"信仰转化的重要过渡。通过对"官神"信仰形成与表现中民族化进程影响的梳理，可以明晰在陇中地区大致相同的民俗文化中，元明以来封建统治层对其地域思想领域控制深度的不同，导致在民俗活动中出现了差异化的表现。

陇中西部以永靖为中心，更多表现为民族融合进程中封建统治层在强化意识形态统一的背景下，通过树立所谓官方十八位龙神或十八位湫神的形式，实现了其在底层民众中思想的统一。同时在祭祀仪式中，封建统治层也力图通过对军事征战元素的引入，以期实现对归顺土司及北方各少数民族部落的震慑。由此在永靖形成了以七月跳会为代表，汉蕃文化相结合的地域性民俗展演。而处于秦汉长城一线的岷县、渭源、临洮、榆中、皋兰、靖远，则依托军屯、移民、分封藩王，成为游牧文化和农耕文化的过渡地带，其中包括了北部各县区的蒙元遗存和南部诸县的"八位官神"信

---

① 陈旭龙、陈旭凤：《黄金家族的荣耀：甘肃省白银地区蒙古族后裔族群历史文化研究》，《宁夏师范学院学报》2021 年第 6 期。

仰体系。该区域南部县区以临洮为中心,军屯影响痕迹明显,其表演也延伸形成了求雨、取水、金龙王过洮河、"拉扎节"、庆丰收等与军屯生活相关的民俗活动。而以定西安定为中心的东部各县区,民间祭祀汉化程度相对明显,因处于黄土高原腹地之故,在长期干旱少雨的气候条件影响下,求雨、止雹成为当地民俗活动的主要内容。

(一) 羌藏文化在陇中的传播

陇中各地的县志记录反映出民族化进程对地域化民间信仰及民俗活动的形成具有重大影响。以洮河流域为例,在《临洮县志》中所载为:"由于这里既是丝绸之路的通衢,又是唐蕃古道的要冲,成为军队驻防的战略要地。精兵强将云集于此,外国使者、商人、僧侣、学者往来穿行,促进了文化的交流、商贸的发展、民族的融合,使临洮形成了蕃汉交融,重文尚武的文化习俗。"①"旧时临洮民间的祭祀活动比较普遍。家中有人生大病要祭神驱邪,动工修房要祭土神(俗称祭土),砌灶时祭灶君,修建大门要祭门神,挖泉水要祭水神,引水灌溉要祭河神,防冰雹要祭山神,防洪水要祭龙王,祭孔(子)、祭庙、祭祖等年年举办。其祭祀活动不胜枚举,一直延续到解放初期,以后还变换花样祭祀。"②这些均反映出当地在长期民族化过程中,各民族文化交融互补的繁盛景象。

至于与临洮西接的康乐,自商周以来,就有西羌在洮河以西活动的记载。汉景帝时,研种羌人留何守陇西塞,就活动于临洮、康乐一带。在"公元前111年(元鼎六年),汉廷派遣李息、徐自为率兵渡洮与羌人作战,羌人退出边塞。公元前42年(永光二年),各路汉军渡洮大败羌兵,伤亡数千人,残部逃塞外。"③直至宋代,汉羌之间的战争一直持续存在。而唐以前活动于青藏地区的吐蕃壮大之后,则于唐广德元年(763年),占

---

① 临洮县志编撰委员会编:《临洮县志(1986—2005)》,兰州:甘肃人民出版社,2010,第735-736页。

② 临洮县志编撰委员会编:《临洮县志(1986—2005)》,兰州:甘肃人民出版社,2010,第804-805页。

③ 甘肃省康乐县志编纂委员会编:《康乐县志》,北京:生活·读书·新知三联书店,1995,第355页。

据了包括康县在内的陇右地区。宋代河州由吐蕃唃厮啰之孙、瞎毡之子木征统辖。明朝时当地部落逐步汉化，实现了民族间的融合，同时也有部分向西南迁徙，后期演变为藏族。

（二）明初统治层在陇中的民族化政策

兰州周边县区民间信仰的形成与明初肃王①入驻和元末蒙古族贵族脱欢等的归顺相关。其中肃王入主兰州后，其随行人员及护卫的长期存在，使得兰州、安定等地区出现了明建立以来与王权紧密相关的各种习俗，无形中弱化了该区域早期受羌族、藏族、回族等少数民族文化的影响。这也使得兰州所属的榆中、永登、皋兰以及定西在民俗上出现了与洮河流域不同的面貌。洮河流域，在民俗文化上受羌文化、藏文化及边塞军屯文化影响痕迹更为明显；而兰州周边各县区以黄河为中心，形成了较为稳定的农耕文化风貌。

另外明初针对元末溃散势力实行的土司制度②，如陇中出现的鲁土司③、赵巴命④等，则在其封地范围内加速了各民族间的融合。以连城鲁土司为例，其为兰州地区最大的土司，也是甘青土司中最为显赫的家族之

---

① 明洪武十一年（1378 年）明太祖封其十四子朱楧为汉王，二十五年（1392 年）改封肃王。二十六年（1393 年）朱楧进驻平凉，二十八年（1395 年）就蕃甘州（今甘肃张掖），主理陕西行都司甘州五卫军务，并设甘州中护卫。明建文元年（1399 年）肃王迁兰县，次年以兰县署改建肃王府。

② 土司制度是古代中国统治层为治理少数民族归顺部落而采取的一项安抚措施，即由朝廷授予少数民族首领世袭官职（土官），以统治本族及他族的制度。

③ 明太祖洪武元年（1368 年）闰七月，明军攻大都，元顺帝北逃塞北，安定王平章政事脱欢流落河西，三年（1370 年）春，归降明朝，封为土司，世袭今永登连城。永乐二十一年（1423 年），明政府赐连城土司三世失伽鲁姓，改名鲁贤。从此，鲁氏家族统治连城达 500 余年，至民国"改土归流"。现永登连城有鲁土司衙门，为明洪武十一年（1378 年）始建，宣德、嘉靖年间增修，至清嘉庆二十三年（1818 年），十五世土司鲁纪勋扩修。现存各类建筑 226 间，建筑面积 7755 平方米。1981 年被甘肃省政府列为省级重点文物保护单位，1996 年被确定为全国重点文物保护单位，另有牌坊、大堂、燕喜堂、祖先堂、官园等建筑。（永登县地方志编纂委员会编：《永登县志》，兰州：甘肃民族出版社，1997，第 14、15、699、700 页。）

④ 临洮县"衙下集"因集镇所在地注下村，原有藏族土司设立的衙门（有大衙、二衙、三衙），群众在此赶集而得名衙下，其后转音为衙下集。当地土司为赵巴命，其先世为吐蕃掇族氏唃厮啰后裔。唃厮啰孙巴毡角归来，赐姓赵顺忠。金世宗大定四年（1164 年），宋人攻陷洮州，赵氏与木波族迁居临洮。至赵巴命时，富甲诸蕃族，曾于临洮衙下集建衙署。清初，移至官堡镇桧柏新城。清末仍有 3 砸、15 族、48 庄、439 户、2046 口（男 1106 口，女 940 口），已汉化。民国初年革除土司制。（临洮县志编纂委员会编：《临洮县志》，兰州：甘肃人民出版社，2001，第 47、95、96 页。）

一。其自第三世被安置于连城，并赐鲁姓起，后代皆有战功，世袭指挥使，辖地范围内居住有蒙、藏、土、回、汉等多个民族。同时，鲁土司也承担了部分地方行政职能，在其所辖范围设有乡约，负责征收钱粮、征发兵员、调解纠纷、维持治安等。土司制度的实行，使各少数民族部落相对保持了各自的原始信仰及风俗习惯，并影响到周边汉族群体。例如，陇中乡村普遍存在的供奉家神的习俗即由此而来。各家供奉的家神不一，兰州早期苏、高等姓，家神即为黑马护法、骡子天王、鞭子三郎等番神，而火姓则视其家神"二郎爷"为祖先。按其源流，兰州火姓与永登连城鲁土司本为同宗。鲁土司始祖为脱欢，火姓始祖为脱赤。脱欢为兄，归顺明朝后被封为官，在第三世赐鲁姓；脱赤为弟，与明始终抗争，至三世时为明军击败，遂以火为姓，并于洪武十三年（1380年）被发配于永登红城定居。后脱赤被火姓奉为家神，并建有二郎庙祭祀。而连城鲁土司家神则为藏传佛教菩萨，家庙为妙因寺。①

（三）民族化进程对民间信仰形成产生的影响

地处黄河、洮河交汇地的永靖，因藏、汉、回等多民族共存，形成了多样态的民俗面貌。其中回族清真寺、藏传佛教寺院、佛教石窟寺、汉族民间庙宇共存，和谐相处，与其他地域有显著不同。在民间信仰分布上，也有地域差异，其中以永靖岘塬镇姬川村为中心，其"官神"崇拜与安定、临洮等东部县区接近，祭祀仪式流程相同。而在西部山区的杨塔、红泉、王台等地，则以佩戴面具的形式进行傩舞演出。其目的虽同为春祈秋报，祈求风调雨顺、五谷丰登，但仪式中的程序与内容在诸方面产生了差异。特别是西部山区以会首舞和面具进行的脸子戏表演，古今穿戴混杂，有古代排兵布阵和战争的相关内容，可见其受周边羌藏文化影响深重。由羌族长期活动于陇中西部县区的历史可见，早期吐蕃文化、羌文化对永靖地区民间信仰产生的影响也波及了民间祭祀中的傩舞表演。在汉族古老的傩仪传承中，正因所处地理位置的不同和所经历的特殊历史，民族化进程

---

① 兰州市民俗志编纂委员会编：《兰州市志·民俗志》，兰州：兰州大学出版社，2014，第290页。

中出现了相互吸收、借鉴的内容。

（四）陇中民俗展现的羌文化遗存

洮河孕育的早期华夏文明与处于黄河、洮河交汇之地的永靖，随着向西的延伸在民俗上出现的这种变化，正反映出了西部青藏高原羌藏民族文化与黄土高原传统汉文化过渡的特征。而早期处于藏汉之间的羌则成为这种文化过渡的主要承载体。这也与临洮、永靖傩戏艺人经常言及的其先祖早期受到羌族影响的说法一致。在羌族至今聚集的川北地区，羌族舞蹈中出现的羊皮鼓、手铃等打击乐器在民俗祭祀活动中的使用和饮食中的腊肉、荞面、野菜、酸菜、洋芋糍粑、浆水、烩面、玉米面馍馍（水粑馍馍）、玉米面糊糊、搅团及由白菜、芜菁（圆根）泡制的酸菜等，均与当下陇中地区群众完全一致。在饮食上，羌族食用马铃薯时，经常整个煮熟，剥皮食用或舂成泥状做成洋芋糍粑的习俗至今为定西地区群众保留。他们常年食用的用白菜、萝卜叶子泡制的酸菜，以青菜腌制的酸菜，猪血与荞面和成制作的血面（血馍馍）也为陇中民间日常饮食。在禁忌上，妇女分娩时在门外挂枷羊或背篼，忌外人入内；家中有病人时在门上挂红布条，忌外人来访；忌坐门槛；饭后不能将筷子横于碗上，不能倒扣碗和酒杯。这些习俗亦与陇中地区完全一致。在民间节日上，每年农历十月初一日羌族年节中的组织形式（会首由全寨各户轮流担任，会首负责准备筹办祭品的习俗）、由巫师（羌族称巫师为"许"）主持祭祀祈求神灵护佑和最后将祭品进行分食的"散分子"习俗，与陇中乡村举行的庆丰收活动组织形式、举办流程高度雷同。在民间音乐上，巫师使用的羊皮鼓，也与陇中傩舞司公的羊皮鼓相同。这些反映在民间饮食、风俗、信仰上的高度类同情况也可证明羌与陇中地区民俗上的同源关系。而这种持续流传的情况与羌族由东向西、由北向南的迁徙关系密切。当下羌族集中分布的四川都江堰地区、雅安地区，甘肃南部，陕西西南，云南地区均处于青藏高原的东部边缘，山脉重叠，地势陡峭，自然条件恶劣，这也反映出了该族群在历史上长期处于吐蕃、党项、汉等各族夹缝中而不断寻找生存空间的现实。

二、陇中地区"官神"信仰的形成

陇中地区因其位于黄土高原腹地长期缺水，依托洮河，在民间形成了以水神"龙王"为主的地域化神灵信仰习俗，具体包括了临潭"十八位龙神"、岷县"十八位湫神"和得到广泛认同的"八位官神"。这些不同称谓的神灵其实质均属自明初传承而来的官神信仰体系。它们在表现上除具有同源的祭祀流程之外，还延伸出了各具特色的地域化赛会形式，形成了独具风貌的陇中"官神"信仰文化。

从临潭十八位龙神到岷县、陇西、宕昌十八位湫神，再至安定、榆中、永靖、临洮、渭源、康乐的八位官神，由西向东，从南到北，陇中民间信仰始终围绕着对水的极度需求和对边地和平的期望展开对供奉神灵的选择，按照早期自秦以来依长城建立的防护体系距离的远近，形成了较为明显的两个分布区域。其中依秦长城自岷县起，经渭源、临洮、榆中、定西，至宁夏一线的东部区域形成了以八位官神为主的民间信仰习俗。在这一区域内，自夏商周延续而来的巫文化转化出的傩成为祭祀活动的主要参与者，而其选择的神灵也出现了周代武王伐纣后敕封的《封神演义》人物和明初朱元璋所谓敕封功臣两个时期原型人物的共同参与，这种情况可视为中原农耕文化与边塞农牧文化相互融合后出现的面貌。而长城以西的永靖、临潭和作为秦长城起点的岷县，则成为元明以来民族文化融合的典型地区。在该区域内，自明初为统一版图针对西北展开的战争以及移民军屯政策的实施，使得早期吐蕃、羌、回、蒙古等民族的活动空间不断被压缩，最终为农耕文化的强大吸附力所融合。

同时，明初对功臣敕封及官方祭祀场所的建立，使得陇中地区作为曾经在西北开疆拓土的明初功臣的精神化偶像力量成为陇中边地军民对中原朝廷共有的怀念。在个体思想不断趋同发散及统治层不断推广的合力作用下，以临潭出现的"十八位龙神"（见表1）信仰作为起点，不断向东对长城以内区域产生影响，最终得以广泛传播。在其传播中，这种以明初开国将领为神灵原型的情况不断被传统农耕文化影响弱化，由此在岷县出现的"十八位湫神"（见表2）则更开始强化陇中农业发展中对水的极度需

求。通过表 2 可见，该地域湫神信仰中出现的神灵有了更多女身神灵的参
与（其中男身 10 位，女身 8 位），这之中包括了为传统主流价值观所认同
的烈妇、孝女和神话传说人物。

表 1　临潭十八位龙神①

序号	神灵	本庙所在	原型	所处时代	性别
1	陀龙宝山都大龙王	新城城背后	徐达	明代	
2	镇守西海感应五国都大龙王（五国爷）	县城城隍庙	安世魁	明代	
3	威震三边朵中石山镇州都大龙王（石山佛爷）	新城乡石山庙	李文忠	明代	
4	南部总督三边黑磁都大龙王	流顺乡上寨大庙	朱亮祖	明代	
5	四季九汉降疡护国赤察都大龙王	流顺乡水磨川花荣庙	花荣	明代	
6	洮河威显黑池都大龙王（南路佛爷）	洮滨乡青石山大庙	胡大海	明代	
7	赤沙温卜都大龙王	王旗乡石旗崖	赵得胜	明代	男身
8	五方行雨都大龙王	洮滨乡秦观村	伍金龙	明代	
9	普天同知感应龙王	新城镇张旗	郭英	明代	
10	祥眼赤沙都大龙王	王旗乡梨园村	张德胜	明代	
11	金龙龙洞宝山小吉龙王	新城镇刘旗	刘旗佛爷	明代	
12	水司杨四将军都大龙王	王旗乡韩旗	韩成	明代	
13	成沙广济都大龙王（成爷）	羊沙乡甘沟	成世疆	元末明初	
14	东郊康佑青龙宝山都大龙王	新城宴家堡	康茂才	明代	
15	总督三边常山盖国都大龙王（常爷）	冶力关镇池沟	常遇春	明代	

---

① 临潭县志编纂委员会编：《临潭县志（1991—2006）》，兰州：甘肃人民出版社，2008，第
754—755 页。

续表1

序号	神灵	本庙所在	原型	所处时代	性别
16	西郊透山响水九龙元君	羊水乡白土村堡子娘娘庙	白土娘娘	神话人物	
17	九天化身圣母白马太山元君	长川乡冯旗村	冯旗太太	民间人物	女身
18	金木元君都大龙王	王旗乡牌路下	牌路下娘娘	民间女神	

表2 岷县十八位湫神

序号	神灵	本庙所在	原型	所处时代	性别
1	南川大爷	岷阳镇南川村大王爷分庙	宗泽	北宋	
2	梅川大爷/白马爷	梅川镇杏林村	庞统	东汉	
3	关里二爷/白马爷/南关大爷	岷阳镇龚家堡村	庞统（重身）	东汉	
4	王家三爷/王家山大爷	十里乡王家山村	姜维	三国	
5	河北爷/上北路大爷	十里乡上北小路村	朱云	西汉	男身
6	太子爷/下北路大爷	岷阳镇下北小路村	范仲淹	北宋	
7	黑池爷	西寨乡大庙滩村	胡大海	明代	
8	艰难爷/堪布塔大爷	西寨乡坎铺塔村	张锦	明代	
9	涂朱爷/水磨沟大爷	清水乡清水村	雷万春	唐代	
10	大王爷/金龙大王	宕昌县各㽏庄	李晟	唐代	
11	崖上阿婆/珍珠圣母/斑疹娘娘	岷阳镇周家崖村	碧霞元君原型	神话人物	
12	金火阿婆/金火圣母	岷阳镇白塔寺村	传说中的孝女，为铸钟师傅女儿	传说人物	女身
13	斗牛公主/斗牛阿婆/斗牛宫主	寺沟乡杨家堡村	玉帝三公主，斗牛宫圣女	传说人物	
14	金龙圣母/金花阿婆	寺沟乡纸坊村	藩王公主，元朝民间义女	传说人物	

续表 2

序号	神灵	本庙所在	原型	所处时代	性别
15	乃慈圣母/奶子阿婆	寺沟乡白土坡村	传说为民请命的烈妇	传说人物	女身
16	分巡圣母/娘娘阿婆/小西路阿婆/白马分巡圣母/灯笼佛爷	秦许乡包家族村	甘南康多藏女 苏阿玛成婆格达苏	明代	
17	透山娘娘/透山阿婆	岷山乡下迭马村	九头蛇妖（刘伯温降服妖魔）	神话人物	
18	铁丝娘娘/添坑阿婆/上方黑马巡山二府元君	宕昌县哈达铺新寨村	高兰英（《封神演义》张奎妻子）	神话人物	

另外通过表 3 可见，按此分布再向北延伸的渭源、康乐、临洮、榆中神灵数量出现了缩减。这一区域因长期处于长城以内，属于传统意义上的汉地，明代功臣数量相对出现了大幅的缩减，其中出现的周代《封神演义》人物、三国英雄人物及民间传统信仰神灵形成了"三足鼎立"之势。此时的八位官神，因其在传播时间、空间上的不断转化，仅成为一个数量上的整体称谓而已，其实质已发生了改变。在位于陇中中心的定西安定，民间虽也敬奉八位官神，但因当地受中原主流信仰的影响，其供奉中泰山神、太白、城隍等祭祀盛行，对明初功臣的供奉已完全弱化。而正是这种从边地起，民间信仰在早期官方支持引导下由南到北、由西向东的逐步弱化的过程，反映出明以来民间信仰中统治层参与力量的不断弱化。早期边地军民对所谓统治层倡导的偶像崇拜，无形中强化了边地军民的自我认同，有利于民族融合进程的加快。从统治层而言，在这一历史上多民族长期共存的特殊区域，对信仰的统一更有利于其统治意志的输入。而当地现存的融合了早期藏文化原始宗教元素的面具表演、羌族巫师多神崇拜巫术仪式、回族民歌浪山花儿等多种民俗形式共同融入民间祭祀的特点，成为该地区民族融合发展的具体表现。这种表现与中原内地以皮影戏、大戏等戏曲形式奉献神灵的不同祭祀形式相比，更具有了边塞之地豪迈、刚毅的气息。

表3 洮河流域"八位官神"信仰分布

县 区	供奉神灵	神灵数量
渭源县 麻家集镇	黑池龙王　金龙大王　同治二郎　显身大郎 常山辅王　白马辅王　索陀龙王　成沙广督	8位
渭源县①	渭北镇白马大王（白马天子）　庆平镇黄鹰二郎 （灌口二郎） 王家店忠惠大王　七圣唐家河金花娘娘　杨家山 （分驻下北关）甘池圣母娘娘　马莲川金龙大王 锹峪川索陀龙王　县城渭河龙王	8位
临洮县衙下镇	常山辅王　显身大郎　黑池龙王　金龙大王 同治二郎　白马辅王　巴扎娘娘　九天圣母 三世国王	9位
临洮县辛店镇	常山辅王　金龙大王　显现大王　显世大王 盖功大郎　盖国二郎　白马大王　索陀龙王 九天圣母	9位
康乐县	常山辅王　显身大郎　黑池龙王　金龙大王 同治二郎　白马辅王　巴扎娘娘　九天圣母	8位
永靖县②	金龙大王　盖国大王　白马大王　显圣大王 五山大王　洪耀大王　摩羯大王　水草大王	8位
永靖县③	金龙大王　白马大王　水草大王　混轮大王 四郎大王　显神大王　无山大王　黑池大王	8位
永靖县西部山区 （八关圣④）	盖国爷　五山爷　金龙爷　白马爷　显圣爷 摩劫爷　混轮爷　水草爷	8位

① 资料来源：渭源县志编纂委员会编：《渭源县志》，兰州：兰州大学出版社，1998，第697页。

② 该内容由永靖县地方学者石生林于2022年6月提供。

③ 该内容由永靖县甘肃省级傩舞传承人姬祥学于2022年6月提供。

④ 按永靖县2015年史有东、史有勇编内部资料《永靖傩舞戏·七月跳会》第27页记载："经数百年的演变，会坛时佛爷毕至，供奉有九天圣母、川二郎、三眼二郎、土主、山神，明代的开国元勋也走上神坛，被民间尊称'八关圣'，称盖国爷徐达、五山爷常遇春、金龙爷康茂才、白马爷李文忠、显圣爷赵德胜、摩劫爷胡大海、混轮爷朱亮祖、水草爷郭英，终至儒、释、道三角全面融合。"这里的"八关圣"显然为八位官神。

三、陇中"官神"信仰的民俗表现

（一）十八位龙神

临潭每年端午举办的十八位龙神赛会习俗始于明代，传说与明太祖朱元璋洪武二年（1369 年）八月钦定功臣的事件相关。当时朱元璋钦命在江宁东北的鸡鸣山建立功臣庙，供奉以徐达为首的 21 位功臣，后传说朝廷敕命全国统一建庙祭祀。该活动通常会举办三日，在农历五月四日上午，汉藏族群众门首均会插杨树枝，家中蒸白面馍、三角形包子（替代粽子），做甜醅，着新衣，上街浪会。初五日为龙神踩街，初六日龙神上大石山进行祭祀，其间有"扭佛爷"活动，下午三点左右，由道士"发夕"，搭台诵经，祈求风调雨顺，同时还唱花儿和表演社戏。①

关于该民俗，顾颉刚曾指出："临潭十八乡有十八龙神，其首座曰'常爷'，即常遇春，其他亦并明初将领；但有足迹未涉洮州者，而如沐英之立大功于此者转无有。盖此间汉人皆明初征人之后裔，各拥戴其旧主为龙神，以庇护其稼穑，与主之职位大小、立功地域无与也。"② 著名史学家王树民在《陇游日记》中说："明初于洮、岷一带曾大举屯田，其中当多常（遇春）、胡（大海）之部下，积久遂潜移默化，变为与此地方具有休戚关系之龙神。"③ 可见明初统治层对洮河流域军屯政策实施产生影响之深远。

县志中出现的记录与民间实际信仰还是有所差异的，按表 1 所列 18 位神灵，与冶力关池沟常爷庙封禅碑上所载有三位不同，包括：敕封祥眼赤沙都大龙王淮安侯华云龙，敕封镇守西海感应五国盖国大郎都大龙王武殿章，敕封金龙龙洞宝山小吉龙王黔宁王沐英赐名文英。

---

① 临潭县志编纂委员会编：《临潭县志》，兰州：甘肃民族出版社，1997，第 806 页。
② 顾颉刚：《西北考察日记》，达浚、张科点校，兰州：甘肃人民出版社，2002，第 223 页。
③ 王树民：《陇游日记》，载 中国人民政治协商会议甘肃省委员会文史资料研究委员会编：《甘肃文史资料选辑 第 28 辑》，兰州：甘肃人民出版社，1988。

（二）十八位湫神

十八位湫神祭典为甘肃省首批非物质文化遗产项目，而十八位湫神或水神崇拜在陇中岷县、陇西民间盛行。湫神出巡在岷县多于正月十五至十七日举办，与临潭十八位龙神崇拜一样，亦有各自的固定街区和线路，而地方的民间灯火也要按该线路展开，凡湫神所至街区各户均会燃放炮竹相迎。

另外每年农历五月，岷县会举行五月十七湫神赛会，其间分供于各乡村庙宇的神灵便会全架出巡，进行巡城。该活动于 5 月初开始，中旬达到高潮，下旬结束。湫神巡行所过村庄，会定点举行祭祀，祈求丰收。在祭祀点多会形成赛会，如同节庆。五月十五日所有湫神向县城集中，在城南古刹集会 3 日。十七日午后，十八位湫神依次上二郎山接受官祭。按习俗，每位湫神会受领官羊一只，早期由地方长官或乡绅主持致祭。因有湫神喜听花儿的风俗，由此在该活动之下，二郎山花儿会形成并得到延续。

湫神信仰在陇西同样存在，按《陇西县志》记载，当地早期有为龙王举行报赛会的习俗，其目的也是祈求风调雨顺。其中仁寿山蟠龙寺供有南河龙王，"旧时，七月十九日为龙王举行报赛会，即夏收后对龙王感恩酬报的意思。会期三日，演戏、打醮，为全县下半年最大的一次庙会"①。另在乡间很多庙也有神场，一般都是在龙王、雷祖，即所谓湫神爷的所在地。打醮时有司公②参与，祈祷龙王不要发大水害人，同时还有湫神巡游降神的仪式。

（三）八位官神

在陇中地区作为得到广泛认同的八位官神，其神灵原型虽在各县区略有差异，但"八位官神"的总体名称则长期存在。根据 2022 年 6 月在临洮县辛店镇对"金龙爷渡洮河"传统民俗考察发现，有"七位龙王八位官

---

① 陇西县志编纂委员会编：《陇西县志》，兰州：甘肃人民出版社，1990，第 695 页。
② 司公是陇中当地对傩舞艺人的称谓，为陇中地区民间祭祀活动的参与者，又称为师公、法师等。

神之位"神牌出现。当地民间也流传有关于"皇敕七位龙王，八位官神"的说法。另该信仰也在当地方志中得到了体现，如"明清至民国之间，五月初五日，洮河岸河神祠举行赛神会。在初三日迎接四乡八位官神。初四日，四位官神由杨家店乘木筏，旌旗招展，锣鼓齐鸣，顺流而下，至上木厂登岸，到河神祠集会，跳神、唱戏。初五日官神入城，先至雍焯祠堂拜雍御史，再至忠谏祠堂拜张万纪，下午散神，各回本庙"①。另有"临洮当地端午节过去在河神祠开展迎八位官神的迎神赛会活动"②。

关于八位官神涉及的神灵名称，在渭源县与临洮县交界的麻家集镇大郎庙主殿后墙壁画上有所记录，该殿宇后墙自西向东依次列有：黑池龙王、金龙大王、同治二郎、显身大郎、常山辅王、白马辅王、索陀龙王、成沙广督。其中龙王出现了三位，分别掌管了不同区域的雨水及旱晴。而在相邻的临洮县衙下镇，民间供奉的八位官神则为9位，包括：显身大郎、常山辅王、九天圣母、三世国王、黑池龙王、金龙大王、同治二郎、巴扎娘娘、白马辅王，其中的九天圣母被尊为万神之母。另外在康乐县与临洮县，除九天圣母外，还有巴扎娘娘出现。根据表3可见，"七位龙王，八位官神"应为总的称谓，在各地供奉上会做出取舍，其中龙王中金龙大王和黑池龙王、索陀龙王三位出现频率较高，其余官神供奉上多为二郎（杨戬）、大郎（马超）、常山辅王（常遇春）、白马辅王（庞统）、显世大王（伍子胥）。在该地域民间信仰中，九天圣母被视为拥有最高地位。

四、陇中"官神"信仰的民俗内涵

总而言之，所谓"七位龙王，八位官神"在当下陇中民间多以8位为限，但在不同地域，则因民俗环境的差异，在原型人物上出现了张冠李戴、内容不统一的情况。但各地均围绕水和战争这两个主题进行了人物筛选，其中与水相关的神灵包括了可以兴云作雨的龙王和与水利、农耕相关

---

① 临洮县志编撰委员会编：《临洮县志》，兰州：甘肃人民出版社，2001，第725页。
② 临洮县志编撰委员会编：《临洮县志（1986—2005）》，兰州：甘肃人民出版社，2010，第810页。

的二郎，这反映出了陇中先民因长期缺水干旱而形成的对雨水的渴求心态。而与战争相关的则为三国时期占据陇上的马超、助蜀入川的三国军事家庞统和明代将领常遇春，这些历史人物的引入，显示出了早期陇中先民面对长期战乱而产生的对和平生活的渴求。

（一）陇中民间信仰中的"马路"

除对平安生活及五谷丰登的追求之外，陇中"八位官神"信仰也在潜移默化中完善了自身的体系。在该体系中，每位神灵依山傍水，形成了各自统辖一方的格局。当地傩戏艺人将其描述为：显世大王伍子胥所在的天竺宝山位于八里铺沿川子；盖功大郎马超的宝聚山位于康乐县虎关乡；盖国二郎杨戬位于临洮县与康乐县交界处的河州红水沟；白马大王庞统的最早供奉地高庙坪位于临洮县玉锦乡陈家咀；索陀龙王位于渭源县会川镇官堡打石岔；金龙大王掌管洮河，早期供奉于马啣山老庙湾；常山辅王常遇春则位于治力关；广河县祁家集单家川则为水帘宝洞显现大王所在。这些按照民间习俗划分出的神灵早期供奉地，以其流传年代久远和所处山川的地理优势成为当地民俗信仰的重要组成。

另按《渭源县志》记载："渭源方神以地域区分，从历代延续承袭下来，地域变故，其神位置不变，如莲峰、路园、蒲川在1944年以前归陇西县所辖，其地方神不入渭源之列。会川（今渭源）古代为藏区，方神祭祀保留藏民礼俗，亦不入渭源方神之列。县内各地方神，各受其地香火祭祀之礼，又有统一的组织。共同的祭祀活动，因为他们有统一的行动组织，受公众祭祀，故称'官神'。别的神只受当地香火，不能参加公祭，只当'坐山大王'而已。每位方神都有自己的领地和巡行路线，俗语称作'马路'，祭礼耗资，皆由'马路'所在村庄承担，按户捐献……每个'马路'（或村庄），皆有奉神组织，头目名曰'神头'，组织叫'会'。方神巡行到此，皆由神头负责迎送，筹划钱粮安排随行人员食宿，购买祭祀所需物品等。"[1] 陇中地区每位方神都有自己固定的祭祀时间和巡行马路。在一年一度举行的会日，多会邀请傩舞艺人（即司公）主持跳神（撺神）活

---

① 渭源县志编纂委员会编：《渭源县志》，兰州：兰州大学出版社，1998，第707页。

动。一般会举行相关仪式，如杀羊献神、烧香点蜡、行磕头之礼。

在洮河流域周边县区，习俗是先在庙宇举行仪式，再抬神出庙巡视"马路"。早期该地域庙宇中神灵塑像多为 0.6—0.8 米高的木雕，安放于 1—1.5 米高，0.8—1 米宽的木制轿中。近年来新建的庙宇多有固定安放的泥塑神像，其体型高大，不宜搬动。木雕神像平时则被置于轿子中，安放于泥塑前的案几之上，待会日出巡时抬取使用。方神出巡多称"出马"，出巡时由会内组织庄社男性青壮参与，一般是队列最前以绘制了龙、虎、豹、鹰等图案的数十面三角形大旗作为引导，后多有两面黄罗华盖伞相随，另有铜锣开道，司公则以羊皮扇鼓敲击相随，神轿则由八人抬举。队伍行进时，司公会举行仪式，以示引导。神轿在其引导下或奔跑跳跃，或前进后退，或左右摇摆，该过程称为"降神"。每至一庄社，便由该庄人员举行迎接、祭祀之礼，其间还会有还愿①的环节。而抬神出巡人员也会在此期间稍做休整，简单进食补充体力。司公每到一地则会跳神一回。一般至所有庄社出巡完毕神轿便会返回庙宇。

（二）"官神"所属的"雨池"

陇中安定、陇西等地处于黄土高原腹地，因距黄河、洮河、渭水相对较远，对雨水的需求成为早期民众生产生活的主要内容。早期陇中民间信仰认为雨水由龙王、湫神掌管，每逢大旱之年，为避免庄稼绝收，乡民便会行香祈雨。其间"农民光着头或戴柳条圈（再热也不得戴草帽），背着炒面，光脚踩着赤热的道路，打着山神庙、土地庙或龙王庙、湫神庙的旗帜，抬上龙王爷、湫神的轿子，虔诚地手执一炷香，排成长蛇阵，锣鼓队敲锣打鼓，喊一声拜，领喊的依次往下传，成百上千的人一齐跪倒在地，头碰烫热的地皮，诚心诚意地磕一个响头。就这样三步一拜、五步一叩头，用苦行僧修炼的精神，吃炒面，喝凉水，露宿野地，用几天、十几天时光，从自家村子拜到县城。如三日内无雨，再拜到雪山哆喃寺乞雨，俗听做'行香'。到目的地，虔诚地手举着一炷香，跪着祷告祈求龙王爷施

---

① 陇中民间群众多会因病、因灾、婚丧嫁娶等诸事宜在神前祈求平安，待事成后会在庙宇进行还愿活动，以示完成承诺。

云布雨，这就叫'乞雨'。行香队进城时，经过的街道两旁都要预先洒水，设起香案、点蜡、烧香、化表迎送龙王神，在清水盆里用带叶的柳条渍水抢洒，遇有行路人戴草帽，便要受行香队呵斥或鞭打。遇到求雨不灵验时，愤怒的行香队也敢于对不灵验的神进行报复，把神轿顶揭过，让神像在炎热的阳光下暴晒它三天，以示惩罚"①。"故此，'八位官神'又多以龙神相称。"② 陇中"官神"信仰与该地域所处的地理位置密切相关，也反映出了早期民众面对恶劣自然环境时的无奈与抗争精神。

以渭源县为例，早期当地每遇大旱之年，作物干涸，庄社便会组织开展大规模的求雨活动。其过程先是在庙内焚香祈祷拜神，罢市停集，打扫街道，以清水泼洒，户户门前插柳枝，这与陇西湫神赛会"行香"类似。行香三日后，抬神出庙，赴神灵所属的"雨池"取雨。按陇中民俗，每位方神都有自己的雨池，方神离庙前，庄间老人和神头会焚香跪拜，好言相求，期待神灵开恩赐降甘霖。取雨抬神出行时，不同于庙会，神灵需穿旧袍，坐旧轿，不跑不跳，行走缓慢，虽然旗伞等仪仗照旧，但出行人员一律赤足脱帽，头戴柳枝制成的柳圈，三步一叩首。其间妇女要回避，路途遇见的行人，一律脱鞋跪拜，如遇戴草帽者，便会遭到攻击。到达雨池后，焚香跪拜，将预备好的瓷瓶倒置于水中，少时取出，放于盘中端回本庙，瓶口用红布包裹，束扎严实。回庙后，焚香拜毕，便开始"验水"。解开瓷瓶包裹之物，将一香棍插入瓶底，试探深浅。沾湿香头斜切面者为"一马蹄"，即预示能取回一寸雨，以此类推计算雨量。早期旱灾是全县的重大事件，会由地方政府出面组织各处神头举行统一的取雨活动，并按照指定时间汇集县城，共同验水。

结　语

甘肃以汉族居多，但因早期属西北边塞，羌、戎、蒙古、藏、回等少数民族长期在此地生存，民族融合过程更具特点。同时因历史上民族间纷

---

① 陇西县志编纂委员会编：《陇西县志》，兰州：甘肃人民出版社，1990，第 700－701 页。
② 渭源县志编纂委员会编：《渭源县志》，兰州：兰州大学出版社，1998，第 708 页。

争不断，地域内军事活动频繁，其中以陇中地区尤甚。陇中以其处于北方游牧文化和传统农耕文化交汇地的原因，民间信仰从西到东，呈现出了明显的层级过渡特征。通过对陇中地区民间信仰发展脉络的梳理，两条隐形但客观存在的分割线将之划分出了三个各具特色的区域，在大体相同的民俗文化之中，三个区域又以历史上受战争影响的程度不同，在民俗活动中呈现出了差异化的表现。其中最西的诸县区（包括永登、永靖、临夏、康乐、临潭）更多为在民族融合中统治层在不断强化思想意识统一的背景下，通过树立所谓官方分封的十八位龙王、十八位漱神、八位官神的形式，强化了其军事力量上的展现。处于秦汉长城一线的岷县、渭源、临洮、榆中、皋兰、靖远则以明政权建立后形成的各种更靠近中原文化的民俗活动为主，其中包括了北部各县的蒙古族遗存和南部诸县的八位官神信仰。该区域中南部诸县以洮河为中心，在民俗表现上的汉化情况相对明显，其群体对农业生产更为重视，也延伸形成了诸多与农业生产相关的民俗活动。而靠近东部的定西、会宁、通渭、陇西、漳县、武山、甘谷、秦安、静宁、庄浪，则更接近于关中平原长期以来形成的传统农业耕作习俗。但因该地处于黄土高原腹地，在干旱少雨的影响下，求雨、止雹成为当地傩文化的主要活动内容，当地民俗活动中的军事元素大为减少，更多呈现为底层民众驱邪、求平安的理想化追求。

多民族文学与文化

【主持人：黄玲】

◉ 主持人语

黄 玲

　　我国处于丰富多样的文化生态中，不同地域的不同族群长期密切地交往交流交融。新时期以来文学与多民族国家的建构更是紧密相连，逐渐形成互动共生的多民族文学场域。当前学界在民族文学史观、多民族研究方法论、多民族文学案例等方面的研究硕果累累，凸显了中国多民族文学研究的特有范式。"多民族文学与文化研究"栏目，旨在回应"一带一路"倡议和人类命运共同体构建的时代命题，在已有的多民族文学研究中积极引入区域研究和世界文学的视野，以此来理解他者、反思自我、关照世界，保护文化多样性和人类创造力。

　　本期"多民族文学与文化"由5篇文章构成。

　　前面3篇文章聚焦于口头传统与民间叙事的讨论与反思。毛巧晖的《歌诗互融：冯梦龙民间文艺思想考论》剖析了晚明冯梦龙在对民间歌谣进行辑录时所呈现出的"以歌存史""以歌传情""歌诗一体"民间视角和审美特性，在呈现冯梦龙文学实践的复杂性的同时，还是对深嵌在中国近代知识转型中的、自身包含着复杂张力的晚明文学的一次"回溯"与"再认"。蒋立松的《俗之颠倒：历史文献中"产翁"叙事的流变》从文化表征理论看宋代以来文献中的"产翁"叙事，其实质是跨文化书写中的一种"意指实践"，是通过"反常化"叙事手法实现主流话语对非汉民族形象的建构，是中原"礼教秩序"在少数民族地区的文化映射。李斯颖的《哀牢后裔"来自勐恬"的族源神话传承与文化特质探析》探讨了"来自勐恬"的族源神话如何以台语民族先民的自然崇拜与祖先信仰为根基，以仪式操持、节日展演来增强其传承与传播，由此认为此种神话叙事不仅满足了哀牢后裔随时代发展而增长的文化心理需求，也成为东盟命运共同体的文化记忆与情感纽带。由是观之，当我们把民间文学和少数民族文学从地方性知识的促狭中拓展开来，置放在中国多民族文学的历史进程和时代语境中进行观照，将极大丰富和提升中国文学整体观的话语体系。

　　另外2篇文章采用的是以问题切入来搜集整合史料文献的研究路径。李国太、徐艳君的《北京大学"歌谣学运动"与四川民俗学的兴起》，通过对川籍人士积极参与歌谣学运动相关史料的钩沉与梳理，从区域视角重新审视北大歌谣学运动，为理解中国现代民俗学多地、多元的发展状况打开新的思路。刘岩、汪洋、卢文飞的《日本学者羌族研究文献辑录：学者群像与成果知识网络考察》，通过系统梳理日本学术界对中国羌族的研究成果与内容焦点，为海外学者羌族研究史、羌族文化的海外传播与接受等领域的研究提供文献信息，增进了中国学者与海外学者的学术交流与互动；而通过"他者之眼"来把握海外文献中对"羌族"的书写与认知，对建构中华民族海外形象无疑提供了重要的参照维度。

综上，当文学与民俗学、人类学、民族学等学科领域发生交叉与融合，新的知识生产拓展了文学边界，由此，多民族文学转向了互动共享、多元共生的"文学共和"。

歌诗互融：冯梦龙民间文艺思想考论*

毛巧晖**

摘　要：明代中期开始，迎合市民阶层审美趣味的民歌、戏曲、笑话等通俗文艺迅速发展。冯梦龙对民间歌谣的辑录从 20 世纪初期就引起了持白话文学、文学大众化观念的知识人的关注。本文从"以歌存史""以歌传情""歌诗一体"角度对冯梦龙民歌编选采录的视角、审美观照及其价值进行阐述，在呈现冯梦龙文学实践复杂性的同时，还对深嵌在中国近代知识转型中的、自身包含着复杂张力的晚明文学进行"回溯"与"再认"。

关键词：冯梦龙　民歌　诗歌　民间文学

明代中期，民间歌谣在城市市民阶层中广泛传唱，亦受到当时文人的重视。民歌地位的提升，一方面是要"扭转明初受台阁体和八股文影响而形成的萎弱平庸的创作风气"[1]，另一方面也是由于明代中后期社会各种思潮涌动、商品经济的发展、市镇的兴盛繁荣促进市民阶层的形成和壮大，由此带来迎合市民阶层审美趣味的民歌、戏曲、笑话等通俗文学的繁荣。对冯梦龙民间文艺思想的梳理、考述，不仅是为了呈现冯梦龙文学实践的复杂性，还是对深嵌在中国近代知识转型中的、自身包含着复杂张力的晚明文学的一次"回溯"与"再认"。

20 世纪初期至 30 年代，伴随着维新时期的"学堂乐歌"到 1918 年的

---

*　该文为国家社会科学基金项目"新中国 70 年少数民族民间文学学术史研究"（项目编号：20BZW190）的阶段性成果，同时系"中国社会科学院创新工程'学者资助计划'基础学者项目"的成果。

**　毛巧晖，中国社会科学院民族文学研究所研究员，研究方向为中国民间文学学史、民俗学。

①　傅承洲：《明代文人对民歌的认识——以冯梦龙为中心》，《苏州大学学报》（哲学社会科学版）2006 年第 4 期。

歌谣学运动，及至 1919 年兴起的"到民间去"运动、文艺大众化等，冯
梦龙的文学创作及民歌编选渐为时人所关注。且不论《妇女旬刊》《香海
画报》《万花筒》等刊物上刊载的"山歌"①，单从这一时期顾颉刚、郑振
铎、钱南扬、容肇祖等围绕冯梦龙"生平""歌谣采录""交游史"等方
面的研究来看，冯梦龙的民间歌谣采录、整理、选编及其文艺思想的影响
蔚为深远。1935 年秋天，上海传经堂书店出版冯梦龙的《山歌》，顾颉刚
在"序言"中提道："我们都知道明季的社会情形是如何的黑暗凌乱。骄
奢淫佚之风弥漫全国，朝野上下都抱着享乐主义，尽情放浪，走向消极颓
废的路上去。"他认为"这样的时代背景是最适于产生情歌的"。此外由于
礼教的压迫，民众为了求得恋爱与婚姻的自由，"不得不另求满足"。所以
冯梦龙描写男女私情的山歌为"写实"而非"虚构"，亦不是"意测"。②
此外，对冯梦龙《山歌》出版颇有助益的郑振铎在其《中国俗文学史》中
对冯梦龙的民歌集评价甚高："在天启崇祯间，吴县冯梦龙特留意于民曲，
尝辑《挂枝儿》及《山歌》，为'童痴一弄''二弄'，其中，绝妙好辞，
几俯拾皆是。"③ 其赞赏、推崇之意，可见一斑。本文主要从冯梦龙对民歌
编选采录的视角、审美观照及其价值进行阐述。

一、"以歌存史"：冯梦龙民歌编选的民众视角

冯梦龙所辑录的民歌集《挂枝儿》《山歌》生动地再现了当时民众的
日常生活，呈现出一幅幅鲜活的民俗生活画卷。民歌集《挂枝儿》《山歌》
内容涉及明代民众的物质生活、社会生活、精神生活等各方面的风俗。冯
梦龙对民间歌谣的编选及采录，体现了他对民歌的价值提炼和对民间文学
的朴素认知。他通过《挂枝儿》《山歌》的辑录建构起一部独特的民众
"信史"。

---

① 如山歌《扯布裙》《保佑》《撇青》《瞒人》《专心》，民间情歌《夹竹桃》，等等。
② 顾颉刚：《山歌·序》，载（明）冯梦龙著，顾颉刚校点：《山歌》，上海：传经堂书店，
1935，第 5 页。
③ 郑振铎：《中国俗文学史》，北京：商务印书馆，2010，第 488 页。

风俗是"中国传统社会大众文化与生活特性的词语概括"。① 明人所谓"风俗"，亦指民众的日常生活习俗，即所谓沈德符在《万历野获编》卷二十四"风俗"类所收录的"六月六日""傅粉""小唱""男色之靡""火把节""种羊""同川浴""丐户"等。②

冯梦龙在其编纂的民歌集《山歌》中直接指出了山歌作为一种民众的文学，是"田夫野竖矢口寄兴之所为，荐绅学士家不道也"③，由于此种"民间性"，形成了"自楚骚唐律争妍竞畅，而民间性情之响，遂不得列于诗坛，于是别之曰'山歌'"的流传样态。④

在民歌编选中，冯梦龙并没有所谓的"美善之俗"与"恶俗"的价值判断⑤，而是按照其在《山歌》中提出的"从俗谈"的整理原则进行编选。《说文》载："俗，习也。从人，谷声。"⑥ 郑振铎在《中国俗文学史》中阐述"俗文学"之"俗"的时候，将其界定为"大众的""无名的集体的创作""口传的""新鲜的"，但是"粗鄙的""想像力往往是很奔放的""勇于引进新的东西"。⑦ 冯梦龙对于"俗"的理解既有上述郑振铎所总结的内容，但也略有差异。在对于民间歌谣的认识与理解上，他认为民间歌谣有其"独特"的韵味，文人在辑录中只应发挥有限的作用，需最大限度地保留民间歌谣的本来面貌，而不能"彻远以代蔽，律古以格俗"⑧。文人为了能够将民歌存录，往往要"加以笔削，以致形骸徒存，面目全非，亦是歌谣一劫"，而冯梦龙搜集整理的《山歌》基本没有这种情形，"至于有些意境文句，原来受的是读书人的影响，自然混入，就是在现存俗歌中也

---

① 萧放：《"风俗"论考》，载陈泳超主编：《民间文化青年论坛第一届网络学术会议论文集》，哈尔滨：黑龙江人民出版社，2004，第 143 页。

② （明）沈德符著，黎欣点校：《万历野获编》（下册），北京：文化艺术出版社，1998，第 662－667 页。

③ （明）冯梦龙著，顾颉刚校点：《山歌》，上海：传经堂书店，1935，"叙山歌"。

④ 蔚家麟：《冯梦龙在保存和发扬民族文化方面所作的贡献》，《湖北大学学报》（哲学社会科学版）1989 年第 3 期。

⑤ 柳倩月：《以歌存史：论明代民歌批评的民俗内涵》，《湖南社会科学》2014 年第 6 期。

⑥ （汉）许慎撰，（清）段玉裁注：《说文解字注》，郑州：中州古籍出版社，2006，第 376 页。

⑦ 郑振铎：《中国俗文学史》，北京：商务印书馆，2010，第 2－4 页。

⑧ 李淑毅等：《何大复集》（卷三十一），郑州：中州古籍出版社，1989，第 560 页。

是常用，与修改者不同，别无关系"。①

如《挂枝儿》卷七感部《春》后附录一篇《春暮》：

> 恨一宵风雨催春去。梅子酸。荷钱小。绿暗红稀。度帘栊。一阵阵回风絮。昼长无个事。强步下庭除。又见枝上残花也。片片飞红雨。②

相较于之前诸民歌，此作美则美矣，却失却了冯梦龙所强调的"自然"之韵致，如"恨""催"等字句的用法，颇有文人仿作之痕迹，而"强步下庭除""又见枝上残花也"诸语亦颇有文人惜春之意。故而冯氏评曰："亦通，未免有文人之气"③。

冯梦龙极力保存民歌之"俗"，但也注意到民歌被固化为书面文本之后，"口头性"的丧失，因此便以"附注"的方式保存民歌传唱的原始风貌。例如，卷一《熬》最后一句是"生炭上薰金熬坏子银"，这里的"银"据冯梦龙所注，吴歌中"'人''银'同音"④；卷三《大细》"姐儿养个大细忒喇茄"，篇后冯梦龙注"大细"为"儿女之称"，"喇茄"在吴地为"怠慢"之意⑤；卷七《借个星》中的"个星"是吴地方言，意为"这件东西"⑥。此外，还有对"土地所生习""常所行与所恶"等的民间表达。例如，《山歌》中的《烧香娘娘》中的"烧香娘娘"想要去穹窿山还香愿，奈何"头上少介两件首饰，身上要介几件衣裳"，在遭到家公的拒绝后，"烧香娘""心火爆出子个太阳"，立誓"我今立意要烧香，无状，再开言，教你满身青胖"，烧完香回家之后，将身上借来的衣裳首饰还给左邻右舍之后，"满身剥得精光"，从"观音佛"变为"臭婆娘"。⑦

再如《挂枝儿》卷七"感部"的《牛女》：

---

① 知堂（周作人）：《谈冯梦龙与金圣叹（墨憨斋编山歌跋）》，《人间世》1935 年第 19 期。
② 魏同贤主编：《冯梦龙全集 挂枝儿 山歌》，上海：上海古籍出版社，1993，第 178 页。
③ 魏同贤主编：《冯梦龙全集 挂枝儿 山歌》，上海：上海古籍出版社，1993，第 179 页。
④ （明）冯梦龙著，顾颉刚校点：《山歌》，上海：传经堂书店，1935，第 4 页。
⑤ （明）冯梦龙著，顾颉刚校点：《山歌》，上海：传经堂书店，1935，第 28 页。
⑥ （明）冯梦龙著，顾颉刚校点：《山歌》，上海：传经堂书店，1935，第 56 页。
⑦ 魏同贤主编：《冯梦龙全集 挂枝儿 山歌》，上海：上海古籍出版社，1993，第 209 - 218 页。

闷来时，独自个在星月下过，猛抬头看见了一条天河，牛郎织女星俱在两边坐。南无阿弥陀佛，那星宿也犯着孤；星宿儿不得成双也，何况他与我。①

此民歌主要讲述了少女渴望与情人相聚，但只能"独自个在星月下过"，于是以牛郎织女星宿被天河隔开聊以自慰，情致悠远。"猛抬头""两边坐""不得成双"等语句，颇有民间"街头巷尾"讲述故事之意趣。

在明代"文学复古""诗必盛唐"②的历史语境中，冯梦龙对民间歌谣的辑录沿袭着"《三百篇》不废'风'，风人之语，其悼乱恶谑，不啻若自口出，乃犹以依隐善托称之"③的"采风"传统，在对"天地自然之音"的追求中，完成了"民间传唱的诗体（民歌体）'明史'"④的搜集整理，成为后世民间文学研究者重要的知识资源。

二、"以歌传情"：冯梦龙民歌采录中的审美观照

明代商品经济的繁荣及资本主义的萌芽，带动了经济生产、社会生活、思想文化、文学艺术、审美风尚等方面的发展、变革与繁荣，其中包括在市民阶层、城市文化中逐步兴盛的民间歌谣。当时的文风亦因歌谣的风行发生了一定变化，人们逐渐认识到歌咏"宜自生民始也"⑤，而且白话文学的受众涵括"不同文化层次"⑥。李东阳在《怀麓堂诗话》中谈道：

质而不俚，是诗家难事。乐府歌辞所载《木兰辞》，前首最近古。唐诗张文昌善用俚语，刘梦得《竹枝》亦入妙……今之诗，惟吴、越

---

① 魏同贤主编：《冯梦龙全集 挂枝儿 山歌》，上海：上海古籍出版社，1993，第 185 页。
② 叶晔：《外少陵而内元白——晚明乐府变中"诗史"知识的隐显》，《文学遗产》2020 年第 5 期。
③ 王世贞：《弇州山人四部稿》卷六《乐府变》小序，载《四库提要著录丛书》编纂委员会编：《四库提要著录丛书 集部 117》，北京：北京出版社，2011，第 189 页。
④ 高有鹏：《中国古代民间文学史》，郑州：河南大学出版社，2018，第 237 页。
⑤ （南朝）谢灵运著，李运富编注：《谢灵运集》，长沙：岳麓书社，1999，第 418 页。
⑥ 〔美〕何谷理：《明清不同层次的白话文学受众：个案研究》，载〔美〕罗友枝、黎安友、姜士彬主编：《中华帝国晚期的大众文化》，〔加〕赵世玲译，北京：北京师范大学出版社，2022，第 173 页。

有歌。吴歌清而婉，越歌长而激，然士大夫亦不皆能。①

此记载清晰地展现了李东阳对"歌谣"的看法。他将吴越之歌作为文人创作时的一种文学资源，试图以"俚俗"之语建构文人诗歌中的"清""婉""长""激"等美学意蕴。其后，李梦阳又在《缶音序》中提到他对于诗歌的理解：

> 夫诗，比兴错杂，假物以神变者也。难言不测之妙，感触突发，流动情思，故其气柔厚，其声悠扬，其言切而不迫，故歌之心畅而闻之者动也。②

为了达到"流动情思""言切而不迫""闻之者动"的审美诉求，李梦阳认为最重要的就是写"真诗"，并进一步提出"今真诗乃在民间"的诗歌理念，追求"天地自然之音"。③

"明代人论诗文，时有一'真'字之憧憬往来于胸中……自其相同者而言之，此种求'真'之精神，实弥漫于明代之文坛。"④ 在冯梦龙对民歌的辑录中，他继承了李梦阳提出的"真诗"理念，但又不仅仅只囿于对"天地自然之音"的追求，而是将"田夫野竖"之歌视为理想，将"脱离儒教纲常束缚的人性"奉作理想的新思潮。这也是李卓吾等人思想的共同根基。⑤

在冯梦龙的民歌集《挂枝儿》《山歌》中，"真诗"之"真"，被明确表述为"男女之情及人的欲望"，蕴含其中的男女相悦、情欲、思念、嫉妒、别离等情绪共同构筑了一个与传统诗文迥异的纯净无垢的"真"世界。冯梦龙不断发扬他的"借男女之真情，发名教之伪药"及"苟其不屑假，而吾借以存真"的民歌观念，所采录的民歌，由于注重底层关怀，对口述材料的搜集既能丰富社会记忆，也能全景式地观察人们对社会的认知

---

① （明）李东阳著，周寅宾点校：《李东阳集第二卷》，长沙：岳麓书社，1985，第535 - 537 页。

② 陈良运主编：《中国历代诗学论著选》，南昌：百花洲文艺出版社，1995，第648 页。

③ 郭绍虞主编：《中国历代文论选 中册》，北京：中华书局，1962，第283 页。

④ 朱东润：《中国文学论集》，北京：中华书局，1983，第88 页。

⑤ 〔日〕大木康：《冯梦龙〈山歌〉研究》，上海：复旦大学出版社，2017，第233 页。

和态度。① 冯梦龙辑录的民歌集不但收录了"田中之歌""娼妓之歌"，还涉及从事手工业的手艺人群体，如织作、染工，此外，亦有文人拟作和人们在特殊祭祀场域演述的歌曲，其中所表达的感情有炙热的男女恋爱、妇女被压抑的欲念、情人的悲伤离别等。这些都表达了晚明社会不同社会阶层、群体的生活轨迹及情感诉求。由此可见，冯梦龙所辑录的《山歌》中的"山"字并不特指在山上唱的歌，而是有放浪不拘之意。日本学者大木康认为："山歌原是乡村祭礼或农业劳动时所唱之歌。这些歌唱场域的一个共同重要特征，即是集体性。"② 这种"集体性"作为"真诗"的重要特征在冯梦龙的《山歌》中呈现为"男女对唱"的形式及开头习用语的使用。例如，《山歌》卷二"私情四句"中的《姐儿生得》各段均以"姐儿生得"开头，分别以"姐儿生得好身材""姐儿生得好像一朵花""姐儿生得有风情"③ 等引出下文；卷二中的《有心》中亦以"郎有心，姐有心"铺陈唱段。

歌谣中的"真"与"假"相对立，在冯梦龙辑录的歌谣中体现为第一人称叙述的情感诉求及坦荡自然的性欲及肉体描写。如《挂枝儿》卷八《船》：

> 船儿船儿你放出老江湖的手段，迎来送往经过了万万千，推的推，挥的挥，弄得人眼花头眩。一篙子撑开了我，教我东不着岸，西不着边。只怕你遇着风波也，少不得船头儿还拨转。④

冯梦龙在篇末盛赞"歌末句腔甚奇妙，遂不能舍"。这里冯梦龙对于歌谣中"性的描写"的赞美，与周作人在《猥亵的歌谣》中提出的观点颇为相近，均对这种表述感到"妙处"或"快慰"。但周氏认为"肉的描

---

① 陈鹏：《中国古代民歌整理与解注的文化之维——以"私情谱"文学为考》，《学习与探索》2015 年第 5 期。

② 〔日〕大木康：《冯梦龙〈山歌〉研究》，上海：复旦大学出版社，2017，第 100 - 101 页。

③ 魏同贤主编：《冯梦龙全集 挂枝儿 山歌》，上海：上海古籍出版社，1993，第 35 - 38 页。

④ 魏同贤主编：《冯梦龙全集 挂枝儿 山歌》，上海：上海古籍出版社，1993，第 245 - 246 页。

写"越直白，越能给人以"深刻的印象"。关于这一点，冯梦龙的落脚点还是放在一个"真"字上，所谓"妙处"，即在于真实可感地展现了男女之间的感情，这种感情有可能不是高尚的，抑或符合道德传统的，但正是民歌中这样对于禁忌的挑战，才最终形成了民歌中以"情"为本的审美想象。

三、"歌诗一体"：冯梦龙民歌辑录中的价值意蕴

宋元之后，诗与歌作为两种独立的艺术形态逐渐分化，诗被作为"抒情言志的书面艺术"，歌多被视为"付诸竹肉的演唱艺术"①，但这并不意味着到了明代，诗与歌被完全区隔。恰恰相反，因为明代社会崇尚复古的整体氛围，民歌的流传与辑录受到文人异乎寻常的关注。沈德符在《万历野获编》卷二十五《时尚小令》中记载：

> 元人小令，行于燕赵，后浸淫日盛。自宣正至成弘后，中原又行［锁南枝］、［傍妆台］、［山坡羊］之属。……嘉隆间，乃兴［闹五更］、［寄生草］、［罗江怨］、［哭皇天］、［干荷叶］、［粉红莲］、［桐城歌］、［银纽丝］之属。②

其中特别提到《打枣竿》《挂枝儿》二曲："其腔调约略相似。则不问南北，不问男女，不问老幼良贱，人人习之，亦人人喜听之。以至刊布成帙，举世传诵，沁人心腑。"③ 面对拟古思潮与理学思想的双重挤压，民歌成为这一时期文人诗歌寻求"天真之趣""真情实感"的"有效参照"。李孟阳从庆阳移居汴梁后，听到演唱《锁南枝》《傍妆台》《山坡羊》，"以为可继《国风》之后"。④ 明代诗学面临的诗韵及乐律的种种理论困惑

---

① 孙之梅：《明代歌诗考：兼论明代诗学的歌诗品质》，《文学评论》2012 年第 1 期。

② （明）沈德符著，黎欣点校：《万历野获编》（下册），北京：文化艺术出版社，1998，第692 页。

③ （明）沈德符著，黎欣点校：《万历野获编》（下册），北京：文化艺术出版社，1998，第692 页。

④ （明）沈德符著，黎欣点校：《万历野获编》（下册），北京：文化艺术出版社，1998，第692 页。

在民歌的"真"面前迎刃而解，呈现了"歌诗一体"的趋势。首先，出现了大量的文人仿作民间歌谣，冯梦龙辑录的《挂枝儿》《山歌》中亦收录了由文人改订及仿作的民歌；其次，当时求"真"诉"情"的诗学精神风靡一时，民歌虽多"淫艳亵狎"，但因"其情尤足感人也"，故为时人所重。可以说，这一时期诗歌的"真"从人性、人情出发超越了社会伦理层面。而以冯梦龙为代表的一批文人对民歌的搜集整理，在"真""假"尺度的把握上赋予了这一辑录行为冲破情感束缚、追求自由解放的深刻内蕴。

冯梦龙民歌集《挂枝儿》《山歌》中，歌唱男女情爱生活的歌谣不仅数量较多，且艺术价值较高，集中展现了男女之间恋情的各个阶段，如互相试探、挑逗、求爱、私情、离别、思念等。例如，等待情人私会的"姐儿生来像花开，花心未动等春来"①；嗔怪情人的"我当初只道你红红绿绿是介件赢钱货啰，得知你滚来滚去到是一个老么精"②，"结识私情像气球，一团和气两边丢"③，"姐儿生来像香筒，身上花插肚里通"④；叱责情人变心的"嘴唇上现有胭脂迹，鞋面上踹的是小脚儿泥，浑身都染香薰气，枕痕儿尚在脸，鬓发儿不整齐"，等等。

再如《山歌》卷五"杂歌四句"收录《月子弯弯》一则：

> 月子弯弯照九州，几家欢乐几家愁；几家夫妻同罗帐，几家飘散在他州。⑤

有学者考证"月子弯弯照九州"为江浙间流传之山歌，自南宋以来，流传不绝，且由江浙传至广东，惟后两句字词略有异同。例如，宋人评话《京本通俗小说》中引吴歌"几家夫妇同衾帐，几家飘散在他州"；明王世贞《艺苑卮言》转录陆文量所记"几人夫妇同罗帐，几人飘散在他州"；近人云颠公笔记原文谓"君直自谓：某年秋，游浙中，道出石门，夜闻邻

① 魏同贤主编：《冯梦龙全集 挂枝儿 山歌》，上海：上海古籍出版社，1993，第116页。
② 魏同贤主编：《冯梦龙全集 挂枝儿 山歌》，上海：上海古籍出版社，1993，第119页。
③ 魏同贤主编：《冯梦龙全集 挂枝儿 山歌》，上海：上海古籍出版社，1993，第120页。
④ 魏同贤主编：《冯梦龙全集 挂枝儿 山歌》，上海：上海古籍出版社，1993，第122页。
⑤ 魏同贤主编：《冯梦龙全集 挂枝儿 山歌》，上海：上海古籍出版社，1993，第98页。

舟歌'月子弯弯'者，此倡彼和，荡气回肠"云云。[①] 此外，冯梦龙在《警世通言》卷十二《范鳅儿双镜重圆》中亦借用"月子弯弯照九州"，并在文内详述此民歌渊源"此歌出自南宋建炎年间，述民间离乱之苦……兵火之际，东逃西躲，不知拆散了几多骨肉。往往父子夫妻终身不复相见"。[②]

在民歌采录中，冯梦龙尤为重视保存民歌的"口述"特征，走街串巷，在田间地头、青楼楚馆搜集文本。在他的认知中，"文学，不是参茸肉桂，而是青菜咸鱼，为人生日用所必须之物"，"民间之一切事情，须由民众自己口唱之手写之，方算货真价实；若由读书人代唱代写，便有同于戏台上之洞房花烛，与渡船中之演说卖膏药矣。"[③]

如《挂枝儿》欢部二卷"醉归"中"俏冤家喫得这般样的醉""谁家天杀的哄他喫醉""醉坏了我哥""十个也赔不起"[④]。这篇民歌中虽未一字谈情，但读罢，一个因"俏冤家"烂醉而心疼不已的美貌少女的样貌跃然纸上，活灵活现。冯梦龙于此民歌后注明，唐人有辞云："门外狗儿吠，知是萧郎至。划袜下香阶，冤家今夜醉。扶得入罗帏，不肯脱罗衣。醉则从他醉，犹胜独睡时"。[⑤] 其中"狗儿"为小狗，"萧郎"则是古代女性对心仪男子的称呼，"划袜"形容女子迎接情郎心情之急切。而到了冯梦龙记载的"醉归"中，其野朴之意味更显，"俏冤家"一词可谓点睛，此为冯氏所谈及的"用古而语入今"。口语的运用使得民歌读来真挚感人、自然流畅。

明代乐籍制度与行院体系的稳定造就了乐籍女妓的独立、自主的精神品质，在她们的酬唱交游、往来风雅中，民歌得以广泛传播，如冯梦龙《挂枝儿》卷三"帐"记载：

> 琵琶妇阿圆，能为新声，兼善清讴。余所极赏。闻余广《挂枝

---

① 秋山：《月子弯弯歌字句异同考》，《东方杂志》1929 年第 20 期。
② （明）冯梦龙编著：《警世通言》，长沙：岳麓书社，2019，第 104 页。
③ 双石山人：《"民间文学"杂谈》，《民间旬报》1936 年第 14 期。
④ 魏同贤主编：《冯梦龙全集 挂枝儿 山歌》，上海：上海古籍出版社，1993，第 42－43 页。
⑤ 魏同贤主编：《冯梦龙全集 挂枝儿 山歌》，上海：上海古籍出版社，1993，第 42－43 页。

儿》刻，诣余请之，亦出此篇赠余。①

再如《挂枝儿》卷四"送别"后评："后一篇，名妓冯喜生所传也。喜美容止，善谐谑，与余称好友……"言谈间，冯喜生回忆了儿时听闻"打草竿"及吴歌"各一"。吴歌云："隔河看见野花开，寄声情哥郎替我采朵来。姐道我郎呀，你采子花来，小阿奴奴原捉花谢子你，决弗教郎白采来"。②

冯梦龙所辑录的民歌以演述民众的日常生活为主，在真实记录明代民众农业生产、经济生活、民俗信仰等方面具有极为重要的资料学价值。有些民歌直接以日常生活中常见的劳作工具命名，如《磨子》《风箱》《天平》等。而《山歌》卷五"杂歌四句"中的《筛油》《洗生姜》《唱山歌》则忠实记录了乡下劳作时的娱乐形式，如《筛油》的"姐儿打扮忒清奇。再吃乡下个筛油蛮子讨子小便宜。说道娘子。你嫌我筛得弗爽利时要便再滴子丢去。只没要动手动脚累得滑泥泥"。③ 这里的"忒""弗""要便"等江浙本土语汇，至今仍在使用。冯梦龙对"方言"的保留，暗含着冯梦龙对"真诗在民间"的理念建构。

民歌"满足着社会群体的共同需要，满足着人们对审美与生活的追求，并在时空相贯、天人抱合，人我相亲、生死相转的感悟中，发挥热爱生活、美化生活、延续传统、聚合族类的作用"④，具有传达乡规民约、伦理纲常的作用。冯梦龙《山歌》中亦有类似道德训诫之歌谣，如《山歌》卷五"杂歌四句"中的《亲老婆》一则：

> 天上星多月弗多，雪白样雄鸡当弗得个鹅。煮粥煮饭还是自家田里个米，有病还须亲老婆。⑤

此外，歌谣的记录也包含了冯梦龙自身的流寓经历及江南运河民间风

---

① 魏同贤主编：《冯梦龙全集 挂枝儿 山歌》，上海：上海古籍出版社，1993，第65页。
② 魏同贤主编：《冯梦龙全集 挂枝儿 山歌》，上海：上海古籍出版社，1993，第94-95页。
③ 魏同贤主编：《冯梦龙全集 挂枝儿 山歌》，上海：上海古籍出版社，1993，第100页。
④ 陶思炎等：《民俗艺术学》，南京：南京出版社，2013，第128页。
⑤ （明）冯梦龙著，顾颉刚校点：《山歌》，上海：传经堂书店，1935，第36页。

俗。例如，前文所述《烧香娘娘》中的"春二三月暖洋洋，姐儿打扮去烧香"，只因为从小许了"穹窿山香愿"，"至今还弗曾去了偿"，梦见菩萨"派我灾殃"，于是一定要去还香愿。香于汉唐之时由西域与南洋传入中国，逐渐在原有的佛教用香文化之上，发展出中国文化中独特的"香火"观念与象征。①

在歌谣的搜集、整理及研究等方面，冯梦龙可谓开风气之先，民歌集《挂枝儿》《山歌》不仅集中体现了他对采风思想的接续，还展现了明代诗坛对"真诗"理念的认知及明代社会语境下市民观念的演化。而冯梦龙"以歌存史""以歌传情""歌诗一体"的民间文艺思想在近代中国诗学的形成和民间文学、民俗学等学科的产生及发展等方面起到了不可估量的作用。

---

① 张珣：《非物质文化遗产：民间信仰的香火观念与进香仪式》，《民俗研究》2015 年第 6 期。

俗之颠倒：历史文献中
"产翁"叙事的流变[*]

蒋立松^{**}

摘　要：宋代以来文献中的"产翁"叙事总体上是在社会性别视域下围绕该习俗的"反常"特征而展开的。它首先作为"异俗"进入史志体系，成为认知、书写南方非汉民族的文化表征。明清以后逐渐从史志文本拓展到文学作品中，在各种"图册"和"竹枝词"中得到进一步表现。清代文学作品对"产翁"的描写与诠释，构拟出以往文献没有的"坐月子"习俗，更突出了该习俗的文化异质性。从文化表征理论的视角看，产翁叙事的实质是跨文化书写中的一种"意指实践"，借助"反常化"叙事手法实现主流话语对非汉民族形象的建构，是中原"礼教秩序"在少数民族地区的文化映射，其所表征的族群之间的差异本质上是文化上的差异，目的是"礼教秩序"的建构与意义探索。

关键词：产翁　族群形象　文化表征　"反常化"　叙事

"产翁制"可能是历史上世界各地都曾经出现的特殊的产育习俗。广义上，它是指在女性从怀孕至生育前后这一段时间，丈夫模拟产育的行为及一系列禁忌的总称。与之相对应的英文 Couvade 来自法文，意为孵。中外历史上有着许多关于产翁/Couvade 的记载。西方早期记录者多为传教士、商人、旅行家、探险家等。汉文文献的相关记载多见于文人、官员的私撰杂著，宋元以来一直没有中断。文献记载往往凸显产翁/Couvade 的

---

　　* 本文系国家社科基金一般项目"文化交融视域下西南民族题材竹枝词知识谱系研究"（项目批准号：21BMZ136）的阶段性成果。

　　** 蒋立松，西南大学西南民族教育与心理研究中心研究员，主要研究方向：民族学、文学人类学。电子邮箱：jlisong@ swu. edu. cn。

"异质性"，亦即从记录者自我的文化、政治视角延展、投射出去的"异俗"，中外皆然。有人分析 17 世纪法国传教士 D'Evreux 对巴西北部产翁的记录，认为他的描述中实际上"萦绕于胸的是欧洲的产褥观念"①。学术界对于是否真实存在过这一习俗并没有太多的歧见，而对于其起源、内涵和功能的解释则是言人人殊。例如，马凌诺斯基认为，产翁习俗是一种确立社会性父亲角色的象征仪式，是"一种建立在家庭制度的基础上的有创造性的仪式举动"②。中国学者宋兆麟也认为产翁制"首先是父权制与母权制斗争的产物"③。列维－布留尔则认为产翁习俗"说明了父亲与婴儿之间的密切联系的观念仍然起着作用"，是"原始思维"的一部分，是"互渗律"的表现。④ 而医学人类学则通常把该习俗看成一种"产翁综合征"（couvade syndrome），重点关注其形成的文化心理机制。⑤

产翁习俗既是一种客观存在的文化现象，又构成一种观念事实。作为一种"文化表征"，它既包含文本中对该习俗的观察、记载，也包含这些文本记录所呈现的意义体系。在汉文文献中，自宋代的《太平广记》起，记载产翁习俗的主要文献有南宋范成大的《桂海虞衡志》、南宋周去非的《岭外代答》、元代李京的《云南志略》、明代钱古训的《百夷传》、清代李宗昉的《黔记》等私撰杂著。此外，清代以后一些文艺作品，如竹枝词、反映民族风情的各种图册，也对这一习俗进行了描述。这些文本足以构成跨越千年的产翁叙事。笔者拟从文化表征理论的视角对历史文献中的"产翁叙事"进行阐释，以揭示产翁作为"他者"的形象在文本中的建构过程。笔者认为，"反常化"是产翁叙事的核心，是主流话语书写"殊方异俗"的工具，其目的是"礼教秩序"的建构与意义探索。

① Robert L. Munroe, Ruth H. Munroe, John W. M. Whiting, "The Couvade：A Psychological Analysis", *Ethos：Journal of the Society for Psychological Anthropology*, Vol. 1, No. 1, 1973, pp. 30－74.

② 〔英〕马凌诺斯基：《文化论》，费孝通译，北京：华夏出版社，2002，第 39 页。

③ 宋兆麟：《妇女产育风俗》，《广西民族研究》1992 年第 1 期。

④ 〔法〕列维－布留尔：《原始思维》，丁由译，北京：商务印书馆，2004，第 247－254 页。

⑤ H. K. Heggenhougen, "Father and Childbirth：An Anthropological Perspective", *Journal of Nurse－Midwifery*, Vol. 25, No. 6, 1980, pp. 21－26.

一、听闻与亲见：史志中的产翁记载

以中原为中心书写境内边远地区的"殊方异俗"，在汉文文献中有着十分悠久的历史，《山海经》的流传便是例证。宋元以来的不少史志作品中都有关于产翁的记载，反映了不同文化相互接触、碰撞带来的文化体验。

产翁习俗最早被记载在成书于宋太平兴国三年（978 年）的大型类书《太平广记》当中，其"獠妇"条，引《南楚新闻》云：

> 南方有獠妇，生子便起。其夫卧床褥，饮食皆如乳妇，稍不卫护，其孕妇疾皆生焉。其妻亦无所苦，饮爨樵苏自若。又云。越俗，其妻或诞子，经三日，便澡身于溪河。返，具糜以饷婿。婿拥衾抱雏，坐于寝榻，称为产翁。其颠倒有如此。①

该段文字中"又云"以下关于"越俗"的记载是用来补充说明"獠妇"习俗的佐证。两条材料并置在一起，说明了唐宋时期"僚""越"这两个南方族群存在着共同或相似的"产翁"习俗。其要点有：一、妇女生产后即刻从事生产劳作；二、丈夫卧床，饮食起居一如乳妇；三、上述产翁习俗可能是一种模拟行为、巫术行为，目的是通过模拟产妇的生育过程而驱邪禳祸。这些资料说明唐宋时期人们将"产翁"习俗看成一种巫术行为。

随后，范成大《桂海虞衡志》、周去非《岭外代答》等宋代史志中也有相关记载。据《文献通考·四裔考》所辑《范志》佚文，其关于"僚"的记载：

> 依山林而居，无酋长版籍，蛮之荒忽无常者也。以射生食动为活，虫豸能蠕动者皆取食。无年甲姓名，一村中推有事力者曰郎火，余但称火。岁首以土杯十二贮水，随辰位布列，郎火祷焉。乃集众往

---

① （宋）李昉等：《太平广记》，北京：中华书局，1961，第3981页。

观，若寅有水而卯涸，则知正月雨二月旱。自以不差。诸蕃岁卖马于官，道其境必要取货及盐、牛，否则梗马路，官亦以盐彩谢之。其稍稍有名称曰上下者，则入蛮类。旧传僚有飞头、凿齿、鼻饮、白衫、赤裈之属二十一种。今右江西南一带甚多，殆百余种。唐房千里《异物志》言："僚妇生子即出，夫惫卧如乳妇，不谨则病，其妻乃无苦"。《唐志》言："飞头僚者，头欲飞，周项有痕如缕，妻子共守之，及夜，如病，头忽亡，比旦还"。又有乌武僚，地多瘴毒，中者不能饮药，故自凿齿。①

《范志》这段关于"僚"的描述，叙事特征十分耐人寻味。范成大首先向人们描述了大量"常识性"的内容，依次叙述了"僚"的社会结构、生计方式、原始宗教等内容，以及当时由于诸蕃卖马、借道僚境而出现的一些新情况，叙事十分具有层次感。这些信息，从"依山林而居"到"则入蛮类"，其特点是常识性的、描述性的，呈现的是"僚"的现实生活情景。此外，从"旧传"到"故自凿齿"，范成大着重向人们展示关于"僚"的一些特殊习俗，例如"鼻饮""凿齿""飞头"等。这些习俗在当时可能已是流传甚广的一些传闻，人们甚至把这些奇异的、反常的特征作为族群命名的依据，成为诠释、解读这些族群"异质性"的例证。显然，《范志》是将产翁习俗与其他"异俗"并置，与之前的常识性描述形成反差。此后，周去非于宋孝宗淳熙五年（1178 年）撰《岭外代答》一书，其中"僚俗"条，也几乎全文抄录了《范志》的相关内容，但删掉了《范志》中关于"飞头僚"和"乌武僚"的内容，仅保留了产翁的记载。②这种兼具"常识"与"反常"两种不同面向的族群叙事，既满足了当时人们对南方民族社会日益迫切的认知需求，也满足了他们对"异族"文化的好奇心态。而这两种社会心理的形成与南宋的社会背景密切相关。宋室南

① （宋）范成大：《桂海虞衡志辑佚校注》，胡起望、覃光广校注，成都：四川民族出版社，1986，第 198 页。

② （宋）周去非：《岭外代答·僚俗》，清文渊阁四库全书本，第 10 卷，第 11 页，中国基本古籍库影印，http://www.lib.swu.edu.cn/libweb/digital Database/4a4ae0de588a09a301588b4f90bc00b1/info，最近浏览：2023－03－02

渡以后，岭南成为朝廷重要的后方屏障。尤其是自朝廷在广西等地设立榷场、实行买马制度后，经略岭南已然成为重要的国家战略。在此背景下，岭南成为当时人们关注的公共话题，实不足为奇。范成大于宋孝宗乾道九年（1173 年）出任广西经略安抚使，至宋孝宗淳熙二年（1175 年）离任，在广西居住了一年多的时间。作为一方大员，更有对岭南知之甚多的周去非等人相助，范成大对岭南有了相当程度的了解，成为岭南的"代言人""解说者"便是十分自然的。这种角色赋予了范等人"辀轩采风"的社会使命。因此，与单纯的猎奇不同，他们的书写体现了某种务实、谨慎的态度。周去非在《岭外代答》中删掉"飞头"和"凿齿"两条记载，也可能是出于他的谨慎。毕竟，他在广西为官 6 年多，曾经十分留心"疆场之事，经国之具，荒忽诞漫之俗，瑰诡谲怪之产"①。他对于岭南风情的体认，可能比范成大更加深刻。

同样具有"辀轩采风"使命的还有元代李京。他曾在云南做过"乌撒乌蒙道宣慰司副使，配虎符，兼管军万户"，并以亲历所见撰《云南志略》。他在自序中谈到撰写此书的缘起：元成宗大德四年（1300 年），他奉命"宣慰乌蛮"，两年间遍历乌蛮、六诏、金齿、白夷等云南诸地，"始悟前人记载之失，盖道听涂说，非身所经历也。因以所见，参考众说，编集为《云南志略》四卷"。② 在书中他记录了"金齿百夷"（傣族的先民）的妇女风俗：

> 妇女去眉睫，不施脂粉，发分两髻，衣文锦衣，联缀珂贝为饰。尽力农事，勤苦不辍。及产，方得少暇。既产，即抱子浴于江，归付其父，动作如故。至于鸡亦雌卵则雄伏也。③

《云南志略》的叙事，与之前的《太平广记》和《岭外代答》相比，

---

① （宋）周去非：《岭外代答·序》，清文渊阁四库全书本，第 1 页，中国基本古籍库影印，http://www.lib.swu.edu.cn/libweb/digital Database/4a4ae0de588a09a301588b4f90bc00b1/info，最近浏览：2023 - 03 - 02

② （元）郭松年，（元）李京撰：《大理行记校注 云南志略辑校》，王叔武校注，昆明：云南民族出版社，1986，第 66 页。

③ （元）郭松年，（元）李京撰：《大理行记校注 云南志略辑校》，王叔武校注，昆明：云南民族出版社，1986，第 92 页。

有相同之处，更有不同。相同之处在于，它们都把产翁现象看成具有特殊性的"异俗"加以描写。《太平广记》和《岭外代答》聚焦的是产翁"禳祸"的仪式行为；《云南志略》则将其类比为"雌卵雄伏"。这一比喻虽不够雅训，但能表明李京的描写与前人的不同之处——从社会性别的视角来进行观察和书写。他首先注意到的是"金齿百夷"男子"去髭须鬓眉睫""以赤白土傅面""蹑绣履"等"绝类中国优人"的特点，以及"不事稼穑，唯护小儿"的习惯。[①] 这与女性的"去眉睫不施脂粉""尽力农事，勤苦不辍"形成了鲜明的反差，与"男耕女织"的中原文化传统几乎形成了一种颠倒的镜像反映。也许，李京放大了这种差别，能够理解的是，一个久居中原的文人，当他初到"蛮夷之地"，些许的差别都可能带来感官上、情感上的巨大冲击，带来无尽的惊奇、诧异、联想。这种冲击下，李京对"金齿百夷"由男性育儿习俗的描写、"雌卵雄伏"的诠释也就变得十分自然了。进而言之，他将这一习俗放在"社会性别"的视角下进行诠释，而没有因循前人放在一个言人人殊的巫术体系中来一番"道听涂说"，这正是李京的《云南志略》描写"异俗"的难能可贵之处。他这种"述异"的风格对后来钱古训的《百夷传》等文本产生了一定的影响。

明洪武二十九年（1396 年），钱古训、李思聪曾奉使缅国和百夷，归来后各自撰有《百夷传》，留下了关于傣族地区的珍贵史料。关于产翁，钱古训是这样描述的："凡生子，贵者浴于家，贱者浴于河，逾数日，授子于夫，仍服劳无倦。"[②] 将这段话与前引李京《云南志略》的描写稍稍比较一下就不难发现其中叙事结构的相似之处，即都是将男子育儿的习俗放在"男逸女劳"的语境下进行描写。钱古训在这段话之前，先描写了"其俗贱妇人，贵男子，耕织徭役担负之类，虽老妇亦不得少休"[③]，然后再说女子产后数日后将孩子交给丈夫抚养而自己"仍服劳无倦"。显然，这一叙事结构与《云南志略》相一致，即通过男女社会性别角色的反差来突出社会结构的异质性，而非仅仅以呈现产翁"异俗"为目标。

---

① （元）郭松年，（元）李京撰：《大理行记校注 云南志略辑校》，王叔武校注，昆明：云南民族出版社，1986，第 91 页。

② （明）钱古训：《百夷传校注》，江应樑校注，昆明：云南人民出版社，1980，第 96 页。

③ （明）钱古训：《百夷传校注》，江应樑校注，昆明：云南人民出版社，1980，第 95 页。

以上，我们依次讨论了宋代至明初史志文献中的产翁记载。我们大致可以将这些文献分为两组。第一组以《太平广记》《桂海虞衡志》《岭外代答》等为代表。这组文献中，产翁的出现是与原始巫术、仪式联系在一起的，在《桂海虞衡志》中，产翁、飞头、凿齿等习俗是并列的"志异"内容。这反映了宋文献中，人们对产翁的认识具有"神秘化"的倾向，其信息来源多为前人记载。第二组以《云南志略》《百夷传》为代表。这组文献的信息来源以亲历为主，对产翁的认识是"纪实性"的。由此我们可以看出，在从《太平广记》到《百夷传》的400年左右的时间里，关于产翁的描写是沿着由"神秘化"到"生活化"、由"听闻"到"亲见"的书写脉络而展开的。值得注意的是，史志文献中产翁的"述异"内核包装着的却是"纪实"外衣，这与明清以后文艺作品中的产翁叙事有所不同。

二、诗文与图册：文学作品中的产翁形象

明清以后，文献中的"产翁"记载出现了两个显著的变化。其一，文学作品成为"产翁"叙事的主要文本形式。其二，内容发生变化，尤其是新出现了产翁"坐月子"的情节。现分述如下。

首先，明清以后文学艺术类的文本逐渐取代史志文本，成为产翁叙事的主要文本形式。这类文本大体可以分为三种形式。

第一种是笔记小说类，如明代冯梦龙辑《古今谭概》、徐应秋撰《玉芝堂谈荟》、许自昌辑《捧腹编》、清代王初桐辑《奁史》、张英等编纂《渊鉴类函》、郝懿行撰《证俗文》等。这些作者的叙述多沿用《太平广记》的记载，只是在叙述的详略和个别字句上略有出入。郝懿行的《证俗文》将收集到的几种"奇"事并置，别有阐发：

> 广西猺俗，男子老者，一寨呼之曰婆，其老妇则呼之曰公。案：公婆颠倒，犹称谓之谬耳。至于唐人所记，产翁可以代女事，产妇可以操男工，此又奇也。①

① （清）郝懿行：《证俗文》，济南：齐鲁书社，2010，第 2626 页。

郝懿行将产育行为中产翁的"代女事产"、社会分工的"妇操男工"和称谓上的"公婆颠倒"相提并论，作为佐证"瑶俗"等广西少数民族习俗"反常"现象的材料。在这段叙事中，"婆"与"公"应系瑶语中"老年男性"和"老年女性"称谓的汉字记音，被郝懿行误读为"称谓之谬"后成为其理解、阐释清代广西少数民族社会具有"反常属性"的逻辑起点，产翁的"代女事产"情节便是这一反常逻辑的自然推演，是对称谓误读的进一步错误发挥和想象。

第二种是诗歌类。明清以后文人拟作竹枝词在民族地区的兴起，刺激了以竹枝词记载少数民族风俗习惯、塑造少数民族形象的创作。不少竹枝词作品都有关于产翁的描述。

乾隆时期贵州余上泗撰写《蛮峒竹枝词》100 首，其中有一首咏"郎慈苗"的产翁习俗，是关于贵州"产翁"最早的记载：

> 房中才听泣呱呱，便教床头卧丈夫。
>
> 饮馔反劳妻子供，不知乳哺待君无？
>
> （郎慈苗，妇产子，以夫抱处床上，弥月不出户，产妇乳儿毕，出外力作，饮食以供其夫。俗之颠倒，无过此者）。①

此外，清嘉庆时期马鼎梅《邕管竹枝词》②、道光时期毛贵铭的《黔苗竹枝词》③，分别对广西的"蛮人"和贵州"郎慈苗"中的产翁现象进行了描述。这类作品多是在已有文献的基础上进行的再创作。

第三种是图册类。大约在清嘉庆以后，多民族聚居的贵州、云南等地出现了以非汉族群为描写对象的各种图册。曾于嘉庆十八年（1813 年）出任贵州学政的李宗昉在《黔记》中记载，"《八十二种苗图并说》，原任八寨理苗同知陈浩所作。闻有刻版存藩署，今无存矣……兹《图说》较山蛮

---

① 贵州省大方县县志编纂委员会办公室：《大定县志》，内部资料，1985，第555页。

② 丘良任、潘超、孙忠铨、丘进编：《中华竹枝词全编》（第6册），北京：北京出版社，2007，第493页。

③ 王利器、王慎之、王子今辑：《历代竹枝词》（第3册），西安：陕西人民出版社，2003，第2249－2250页。

为详，惜其言不雅驯，拟暇时更为润饰成文。"① 他说他见到《八十二种苗图并说》中记载的"黔苗"内容，比康熙时期的贵州巡抚田雯（田山薑）的《黔书》要详尽。可见李宗昉是见过这类图册的，只是刻版已失。这类图册后来衍生出不同的版本，有《苗蛮图说》《苗蛮图册》等不同的名称，学术界统称为《百苗图》。② 不少图册对当时贵州"郎慈苗"的"产翁"习俗进行了描绘。

上述三类是明清以后"产翁叙事"的主要文学形式。如果说宋元以来的史志文献是把产翁习俗当成一种"客观事实"（尽管这种事实充满了太多的诡异和不可理解）的话，明清以来的文学作品则是将这些事实材料进行文学想象和加工，使其进入大众阅读视野，从而成为文化消费的一部分。文学作品的介入，不仅改变了"产翁"的叙事载体——由史志文本到文学，也改变了传播方式，使得产翁之类的"异俗"在文人与社会大众之间有了更多的传播途径。

其次，明清文学作品中构拟出了产翁"坐月子"的新情节，改变了以往产翁叙事的重点。

明清以前关于产翁"坐月子"的记载十分罕见③，明清以后的文学作品中"坐月子"成了产翁叙事的核心情节。以贵州的习俗为例。前引乾隆时期余上泗《蛮峒竹枝词》"郎慈苗"一首的诗注中有"弥月不出户"的字句，可能是目前可看到的产翁"坐月子"的最早记载。毛贵铭《黔苗竹枝词》关于"郎慈苗"诗云："郎慈生儿郎卧床，朝朝暮暮不出房。雌雄扑朔那能辨，娘会作耶耶作娘。"其下注："郎慈苗在威宁州。妇人产子必夫在房坐月，不逾门户，弥月乃出。产妇出耕作，为饮食供夫，时一乳儿

---

① 顾久主编：《黔南丛书 点校本 第10辑》，贵阳：贵州人民出版社，2010，第251页。

② 关于《百苗图》的版本、流布，可参见杨庭硕、潘盛之编：《百苗图抄本汇编》，贵阳：贵州人民出版社，2004；乐怡整理：《百苗图八种》，桂林：广西师范大学出版社，2018；〔日〕田中和子、木津祐子主编：《京都大学藏苗图五种》，北京：商务印书馆，2022。

③ 马可罗旅居中国期间（1275—1292年），据说曾经到云南的西双版纳等地，记述了当地男子要看护婴孩"四十天"的习俗。参见马可波罗口述，鲁思梯谦笔录：《马可波罗游记》，陈开俊等译，福州：福建人民出版社，1981，第148页。由于《马可波罗游记》本身不在本文所探讨的"汉文文献"之列，故在本文中对这段材料不进行讨论。

耳。"① 此外，各种《百苗图》的图册中，多有关于贵州"郎慈苗"产翁习俗的图文记述，也多有"坐月子"的情节。

《苗蛮图说》第45幅图（见图1），图中2女1男1小孩，共4人，皆椎髻。其中屋内一男，临窗，怀抱小孩；屋外有两女，一着有褶长裙，一着短裙、绑腿。图后的文字云："朗慈苗，在威宁州属。其俗更异。妇女产子，夫必在房中守，不逾门户，弥月方出。产妇出耕作，措饮食以供夫。除乳儿外，日无暇刻……"②

《苗蛮图册》第80幅图（见图2），图中也是2女1男1小孩，共4人，除小孩外，皆椎髻。屋内一男，临窗，怀抱小孩；边有一女，赤脚、花裙，倚门向外；屋外另有一女，同样赤脚、绑腿、着长裙，手捧食盒。图上题有文字："朗慈苗，在威宁州。妇产而夫在房，弥月乃出。产妇出外力作，措饮食以供夫口。"③

图1　《苗蛮图说》

① （清）毛贵铭：《黔苗竹枝词》，王利器、王慎之、王子今辑：《历代竹枝词》（第3册），西安：陕西人民出版社，2003，第2249－2250页。

② （清）《苗蛮图说》，载骆小所：《西南民俗文献》，兰州：兰州大学出版社，2003，第430页。

③ （清）《苗蛮图册》，台北"中央研究院"历史语言研究所影印，1973。

图 2　《苗蛮图册》

"郎慈苗"是对清代贵州威宁州境内某一族群的称谓。① 关于族称的由来，杨庭硕先生认为"依据其特有习俗而取的他称，其含义是作父亲的人反而像母亲那样慈爱"②。民国时期也有人对该族称有相同的推测。伍颂圻《苗风百咏》："郎慈真个似娘慈，扑朔迷离岂易知？生子守房夫婿事，最难哺乳慰雏儿。"其下注："郎慈苗在威宁属。苗妇产子必其夫守房，弥月乃出，妇则耕作。"③ 不管是《百苗图》中说产翁"弥月方出""弥月乃出"，还是竹枝词中的相关描写，都强调了除了"乳儿"不得不由产妇完成之外，产翁必须遵守产妇的一切习俗规定，尤其是必须遵守"坐月子"的规定。问题是，"坐月子"是不是自古而然的一项普遍习俗？传统上所讲"坐月子"，是为期 30 天左右产褥期内产妇所必须遵守的一系列行为准则、禁忌的总称，如不能刷牙、不能洗澡、不能吹冷风等。这些"产褥期行为禁忌"在汉文医书中由来已久。宋陈自明撰《妇人大全良方》是我国较早的妇产科名著，其中记载了诸多规定：

> 若未满月，不宜多语、喜笑、惊恐、忧惶、哭泣、思虑、恚怒，

---

① 刘峰认为该族称未见于前代典籍，为《百苗图》新增条目和内容。按：此说有误。严奇岩已据余上泗《蛮峒竹枝词》所载，指出"郎慈苗"等族称在清乾隆时期已经出现。严奇岩：《〈八十二种苗图并说〉的成书年代考证——以余上泗〈蛮峒竹枝词〉为研究文本》，《民族研究》2010 年第 1 期。

② 杨庭硕、潘盛之：《百苗图抄本汇编　下》，贵阳：贵州人民出版社，2004，第 593 页。

③ 丘良任、潘超、孙忠铨、丘进编：《中华竹枝词全编》（第 7 册），北京：北京出版社，2007，第 25 页，

强起离床行动、久坐；或作针线，用力工巧，恣食生冷、黏硬菜菜、肥腻鱼肉之物；及不避风寒，脱衣洗浴，或冷水洗濯……又不得夜间独处，缘去血心虚，恐有惊悸，切宜谨之。所有血衣洗濯，不得于日中晒曝，免致邪祟侵伤。又不得濯足，恐血气攻下。又不得刮舌、刷齿及就下低头，皆成血逆、血运，此产家谨护之常法也。①

　　汉文医书中"坐月子"的行为准则和禁忌是对长期医学实践的总结，也反映了汉文化中人们关于产褥期的卫生、健康等方面的观念。这一套观念和实践，未必在所有地区都流行。至少，从前引《太平广记》《岭外代答》，到《云南志略》《百夷传》，再到《黔记》《苗蛮图册》等文本中，大约可以推知从唐宋到明清，在南方和西南许多民族中间并未流行产妇"坐月子"的习惯。这对于那些已然接受了一套"坐月子"观念的内地文人来讲，其所带来的种种惊奇、诧异、不解甚至惶惑便成为他们挥之不去的异俗体验，并在各自撰写的文本中有所体现。不过，不同时期的特点仍然是不尽相同的。宋元时期，人们只是强调"僚妇""百夷"等族群的妇女产后不必坐月子、"生子便起"、"澡身于溪河"等与内地不合的习惯，并没有明确指出男性要代为"坐月子"。所谓的产翁现象，要么是丈夫模拟产妇分娩、乳儿的仪式行为，要么是"男逸女劳"语境中男子"不事稼穑，唯护小儿"现象的注解。清代的文献不同，特别强调"郎慈苗"中男子必须遵守坐月子、"弥月乃出"的习俗约束。至于是什么原因，因文献所限，不得而知。这些描写比较集中地出现在文学作品中，可以看成是从史志中抽离出来的再创作。它通过诗歌、绘画等创作手段对其进行艺术加工，向读者提供了一个典型的产翁形象——一个"颠倒"的产妇。它增加了这类作品的可视/可读性、满足了读者的好奇心。从史志到文学，至此，产翁叙事逐渐从"志异"的传统轨道进入一个开放的文学想象空间。

---

① （宋）陈自明撰：《妇人大全良方》，余瀛鳌等点校，1992，北京：人民卫生出版社，第486－487页。

三、意指实践：产翁叙事的意义建构

综上所述，笔者认为"产翁"的叙事经历了一个"反常化"的流变过程。为便于进一步讨论，笔者将前引若干文献列表，见表1：

表1　文献中"产翁"叙事的流变情况

时代	要点	代表文本	描述举例
宋	作为禳灾手段，其实质是一种巫术行为	《太平广记》	稍不卫护，其孕妇疾皆生焉
		《桂海虞衡志》	夫惫卧如乳妇，不谨则病
元	社会生活中的"异俗"	《云南志略》	既产，即抱子浴于江，归付其父，动作如故
明	社会生活中的"异俗"	《百夷传》	授子于夫，仍服劳无倦
清	出现"坐月子"情节，增强了产翁的"反常"属性	《蛮峒竹枝词》	弥月不出户
		《黔苗竹枝词》	妇人产子必夫在房坐月
		《百苗图》	弥月乃出、弥月方出

由此可见，赋予产翁"反常"的属性，即成为性别"颠倒"的产妇，是产翁叙事的核心主题。只是在不同时代的不同文本中，其具体的情节略有不同而已。"反常化"本是文学创作中的一种修辞手法，也是俄国形式主义美学的重要概念。在本文中，产翁的"反常化"是指存在于南方少数民族习俗中的特殊的产育行为，这些行为完全背离了人们惯常接受的生育观念。笔者借助这一概念意在指出"反常化"是理解"产翁叙事"的关键，进一步说，它还是历史上人们书写"他者"常用的叙事手法。笔者想强调的是，对产翁"反常化"的记述，与其说是基于客观的"事实再现"，毋宁说是基于观念的"意义建构"。因此，产翁叙事作为一种文学议题、一种文化现象，其实质乃是一种"文化表征"的过程，反映的是历史上中原与南方民族的文化接触中主流文化对"他者"的认知、想象和意义建构。

文化表征理论有三种基本的解释范式：反映论、表达个人意向和建构社会意义。霍尔（Stuart Hall）认为，一切语言符号在本质上都是指向意义的，意义由意指实践（signifying practice）而得以建构，其实质是意义的生产。因此，应当将各种叙事文本放在意义体系之中加以理解，才能揭示其中的各种社会关系及其观念的形成。在《"他者"的景观》一文中，霍尔指出"文化表征"在建构种族"差异"中的巨大作用。他认为"差异"之所以重要是因为只有通过同"他者"的对话才能建立意义，而"定型化"的表征实践是建构他者形象的重要手段。① 文化表征理论的核心命题是文本不仅呈现事实，还建构意义。借助这一理论，笔者认为，"反常化"是历史文献中"产翁叙事"的核心，是主流话语建构非汉民族形象时的重要书写原则。

如前所述，尽管不同的文本对于产翁的具体叙述有所不同，但是，将产翁视作一种"反常"的现象却是始终如一的。这种性别结构中表现出的反常，说明"社会性别"视角是族群差异的认知中十分重要的手段。郝瑞（Stevan Harrell）认为，"女性化"（feminization）是中国历史上中原主流文化用以建构地处边缘的非汉民族形象的重要暗喻（metaphor）。② 不过，值得注意的是，前引汉文文献在将男性塑造为女性（女性化）的同时也暗含了对女性"男性化"的某种记述。例如，元代李京《云南志略》称男子"不事稼穑，唯护小儿"、女子"尽力农事，勤苦不辍"，清代郝懿行《证俗文》说"产翁可以代女事产，妇可以操男工"，等等，都是将男女性别分工进行对举的例证。这种对举可能有部分的事实依据，但更多的是意在呈现出一种社会性别分工视角下的性别"错位"与"反常"。这说明不是"女性化"，而是"反常化"，才是历史上主流文化在表征族群差异、建构非汉民族形象时常用的叙事手法。

进而言之，"反常化"作为一种叙事手法和原则，并不仅仅孤立地表现在"产翁"的叙事上，"反常"叙事并不局限在社会性别的领域，它事

---

① 〔英〕斯图尔特·霍尔：《表征：文化表征与意指实践》，徐亮、陆兴华译，北京：商务印书馆，2013，第348、380页。

② Stevan Harrell. *Cultural Encounters on China's Ethnic Frontiers*，Seattle and London：University of Washington Press，1995，pp. 10 – 13.

实上构成了历史上"中心"对"边缘"的地理、文化、政治等进行文化表征的重要书写原则。因此，在不同的文本中可以看到大量关于各种非汉民族"反常"特征的表述，既有生育习俗的反常、丧葬习俗的反常、生活习俗的反常，也有生产行为乃至"族性"的反常等。例如，张轲风指出历史上"滇池倒流"的讹传曾经一度衍生出关于云南"叛逆"族性的他者表述，人们"想当然地将昆明夷'叛逆'与滇池'倒流'联系起来，构筑了'叛逆'族性由地理而生发的想象基础和文化语境"。① 由此，多维度、多文本的"反常叙事"构成了今天重新解读历史文本如何书写"周边"民族的重要历史观照点。

那么，在历史上对于"他者"的书写中为什么会出现大量的"反常叙事"呢？笔者认为根本的原因乃在于"反常叙事"生成于民族之间跨文化书写的历史语境之中。其一，在中国统一多民族国家的历史构建过程中，不同民族、不同文化之间的交流、互动、接触必然带来不同文化之间的相互观察与书写。以汉文为书写形式的文本大多承载、表达了儒家"礼教秩序"的价值追求。在这种目光的审视之下，任何与"礼教秩序"不合的差异都有可能被放大解读为一种"反常"。因此，"反常叙事"只不过是这种"礼教秩序"在少数民族地区的文化映射。其二，"反常"所表征的族群之间的差异本质上是一种文化上的差异。霍尔指出西方的大众文化将"白人"和"黑人"之间本应是文化上的"差异"变成了一套由种族话语建构起来的生物学意义上的"种族定型化"的表征体系，由此他揭示了隐藏在这套表征体系中的种族话语及其权力逻辑。② 与此不同的是，中国传统文化的表征体系中并没有出现严格的"种族话语"，族群之间的差异是"文化"的而非"种族"的。正如许纪霖所指出的那样，历史上夷夏之间"最大的不同乃是是否有文明，是否接受了中原的礼教秩序"③。其三，"反常叙事"的目的，与其说是一种对"殊方异俗"的文化颠覆，毋宁说

---

① 张轲风：《从此滇波不倒流》，《读书》2022 年第 4 期。
② 〔英〕斯图尔特·霍尔：《表征：文化表征与意指实践》，徐亮、陆兴华译，北京：商务印书馆，2013，第 354－380 页。
③ 许纪霖：《家国天下：现代中国的个人、国家与世界认同》，上海：上海人民出版社，2017，第 21 页。

是基于"礼教秩序"的建构与意义探索。胡晓真认为明清文人尽管"对西南边域之风俗、音声、情感的叙写，处处泄漏着汉人的目光与情感的代入"，但他们对"异质性"文化的书写仍旧是为了实现"某种程度的理解与交融"。① 如此，我们才能够理解历史上汉文文本的民族叙事中"异质性"书写与"同一性"书写间互为张力的辩证历程。

① 胡晓真：《明清文学中的西南叙事》，台北：台湾大学出版中心，2017，第10页。

哀牢后裔"来自勐恬"的族源神话传承 与文化特质探析*

李斯颖**

摘 要：中国汉文典籍中所记录的哀牢人，有部分后裔迁徙到了东南亚的越南、老挝、泰国等地。他们传承着"来自勐恬"的族源神话并形成了不同的叙事异文。其中，与"葫芦生人"相结合的叙事延续了较为传统的模式，与始祖布热、坤布隆信仰相结合的叙事形成了新的异文。将布热、坤布隆神话与壮族的布洛陀神话相比较，可以发现布热与布洛陀神话的共性集中在创世方面，都有太阳崇拜的深厚渊源。坤布隆与布洛陀神话的共性则集中在社会治理与文化创造方面，是英雄祖先崇拜的集中体现。哀牢后裔"来自勐恬"的族源神话浸润着台语民族先民对自然与祖先的信仰，并以相关仪式操持、节日展演语境下的新叙事增强了自身的传承与传播，满足了哀牢后裔随时代发展而增长的文化心理需求。

关键词：哀牢后裔 "来自勐恬" 布热 坤布隆 族源神话

分布在东南亚的部分台语民族①被视为中国汉文典籍中哀牢人的后裔，"来自勐恬"成为族源神话的重要内容传承至今。以文献考证与实地调查相结合来梳理哀牢的历史渊源、迁徙与分布地域、建立的东南亚地方政权以及属地内的族群演变等内容为基础，重新解读其族源神话叙事的内容与

* 该文系国家社科基金一般项目"中国壮侗语民族神话的多态传承与时代价值"（编号：22BZW192）阶段性成果。

** 李斯颖，中国社会科学院民族文学研究所副研究员，广西民族文化保护与传承研究中心特聘研究员，博士。

① 台语民族指的是分布在中国与东南亚越、泰、老等国的侗台语族台语支民族，包括中国的壮族、布依族、傣族，越南的岱族、侬族和布泰族群，泰国的泰族，老挝的佬族、普泰族等民族，以及缅甸的掸族、印度的阿萨姆人等。

流变，探寻其独特的信仰底层，有助于深入探索台语民族的文化内涵。

一、哀牢后裔与"西双诸泰"

（一）哀牢后裔的迁徙与"西双诸泰"的建立者

近年来学界对"哀牢"人族属问题的认识日益清晰，他们作为台语民族先民的身份基本得到认可。根据何平的研究，中国汉文典籍中记载的哀牢山或牢山，应是"今天云南南部元江流域的哀牢山一带……是早期傣泰民族先民活动区域之一"。[1] 这一带是哀牢人最早的活动区域，此后，部分哀牢人西迁，在汉文典籍中留下了记载。他还推测有一些哀牢人迁徙到今天的老挝和越南西北部去了。[2] 根据相关史料记载，越南西北地区和老挝一些地方都曾被称为哀牢。在公元 6 世纪的时候，被称为"哀牢"或者"牢"的族群就已经扎根于今日老挝北部地区。[3] 这在越南黎阮荐《舆地志注》、明代中国的《皇明象胥录》等典籍中颇多记载。例如，《越史通鉴纲目》前编卷四引黎阮荐《舆地志注》记载了哀牢后裔的信息："哀牢部落甚繁，在在有之，皆号曰牢……我国（指越南——引者）沿边、老挝万象以至镇宁、镇蛮、乐边诸蛮，俗皆以为牢。"[4]概而言之，越南西北、北部、西部及老挝北部等地都是哀牢后裔迁徙、驻扎并繁衍壮大之处。

在上述哀牢后裔分布的区域，曾出现一个强大的地方政权"西双诸泰"（Sip Song Chu Tai）。虽然它出现的时间仍存在争议，但它的存在与消亡时间是较为确定的。1889 年，西双诸泰地区被纳入法国在越南东京保护区的范围，成为法属印度支那的一部分。1950 年，这一地区成为阮氏王朝末代皇帝保大的属地。在 1954 年日内瓦公约之后，西双诸泰联邦彻底解

---

① 何平：《傣泰民族的起源与演变新探》，北京：社会科学文献出版社，2015，第 146 页。
② 何平：《傣泰民族的起源与演变新探》，北京：社会科学文献出版社，2015，第 146 页。
③ 何平：《傣泰民族的起源与演变新探》，北京：社会科学文献出版社，2015，第 151 页。
④ 何平：《傣泰民族的起源与演变新探》，北京：社会科学文献出版社，2015，第 147 页。

体。① "西双诸泰"应为哀牢后裔建立的地方政权，其居民主体是部分台语民族先民。乔吉姆·施利辛格（Joachim Schliesinger）把西双诸泰作为台语民族的传统王国之一，并认为西双诸泰的统治中心在勐堂（Thaeng），即现在的越南奠边府。② 斯图亚特·福克斯更直接地指出，在老挝东北部和越南西北部建立"西双诸泰"政权的哀牢人，就是台语民族的先民。它的主体居民是黑泰人。其后，白泰人掌握了西双诸泰的统治权直到西双诸泰联邦解体。③ 在历史的长河中，西双诸泰的发展壮大是个漫长的过程。

（二）"西双诸泰"后裔的族群构成

如今，分布在东南亚的布泰（Pu Tai）④、佬（Lao）、普泰（Phu Thai）等族群被认为是"西双诸泰"的主体后裔，也是哀牢仍可追溯的文化、血缘等相关方面的继承者。

"布泰族群"主要包括黑泰（Tai Dam）、白泰（Tai Khau）、红泰（Tai Daeng）三个自称不同的族群，其下又可以分出更多的支系。他们分布在从越南、老挝到泰国北部的广大区域。布泰人保持着本民族自身的传统信仰，包括万物有灵、祖先崇拜等。部分人群如今改信南传佛教，还有的信仰基督教。⑤ 由于多种原因，"布泰族群"从之前的西双诸泰属地不断往东南亚迁徙，并保持着较为传统的信仰与文化习俗。

佬族人作为哀牢后裔的身份得到学界较多的认可。佬族是老挝的主体民族，包括普安（Phuan）、嘎楞、波、幼、育等支系，主要分布在湄公河中段。虽然佬族是老挝的主体民族，但生活在泰国东北部的佬族（包括 Lao Isan 和 Lao）人口最多，在越南也有少量分布。申旭曾论证部分哀牢人

---

① 维基百科词条："Sip Song Chau Tai"，网址 https://en.wikipedia.org/wiki/Sip_Song_Chau_Tai#cite_note-Michaud2000_54-2。

② Joachim Schliesinger, *Tai Groups of Thailand*, Bangkok：White Lotus Press, 2001, pp. 31-35.

③ 何平：《傣泰民族的起源与演变新探》，北京：社会科学文献出版社，2015，第151页。

④ 学术界常使用"泰"（Tai）人来统称这部分台语族群，为了与泰国的"泰人"相区分，文中使用"布泰"来统称。

⑤ 这些民族彼此之间的文化、血缘关系较为相近，常被称为"泰族"，但笔者为了与泰国的泰族相区别，故称他们为"布泰族群"。

迁往老挝，演化成为今天老挝的主体民族——佬族。① 黄兴球亦根据语言学、民俗学与人类学等方面的资料推断，佬族先民在6—7世纪就开始向现在的居住地迁徙了。② 由此看来，佬族先民应该是从历史上西双诸泰的领地不断南迁而到达了今天的聚居区。他们曾建立了澜沧、万象等古国，并在此基础上不断发展。

佬族人的族源神话《老挝民族的祖先》③ 与中国汉文典籍《华阳国志》《后汉书》等有关哀牢人的记载大同小异。前者说，古时候，女子迈宁在湄公河触原木（蛟龙）而孕，生九龙。后九龙被蛟龙舔了后背，从此聪慧而有神力，被拥戴为部落的首领。他就是老挝民族的祖先。将这则神话与《后汉书·西南夷列传》④ 中有关哀牢人起源的神话来进行对比，可以看到两则神话最主要的母题与情节高度相似，所体现的台语民族早期文化特质亦异常明显。两则神话中"触木生子""木化为龙""以幼子为首领"等共同母题，展示出台语民族先民对水神的信仰与幼子传承制的传统社会习俗。其中的妇人之名"沙壹"，体现了台语民族采取姓氏加数字"一""二""三""四"等来给子女命名的习俗。哀牢人"皆穿鼻儋耳"，"土地沃美，宜五谷、蚕桑。知染采文绣"⑤，出产"帛叠""兰干细布"，服"贯头衣""种人皆刻画其身象龙文"，与其他地方台语民族断发文身以像龙子的习俗是一致的。

与布泰族群不同，佬族先民在南迁的过程中接受了南传佛教的信仰。根据老挝典籍记载和相关研究，最初佛教在老挝的影响并不大。在7世纪佛教传入老挝以前，老挝先民除了各类传统的民族民间崇拜，还信仰婆罗门教等。到了14世纪中叶，澜沧王国的国王法昂和王后支持南传佛教的发展，使之被佬族先民普遍接受。16世纪初，老挝已成为当时东南亚的佛教中心之一。⑥ 如今的佬族人民，虽然普遍信仰南传佛教，依然秉持着对祖

---

① 申旭：《老挝史》，昆明：云南大学出版社、云南人民出版社，2011，第24页。

② 黄兴球：《壮泰族群分化时间考》，北京：民族出版社，2008，第269页。

③ 张玉安主编：《东方神话传说　第六卷》，北京：北京大学出版社，1999，第113页。

④ （宋）范晔：《后汉书》（第10册），北京：中华书局，1965，第2848页。

⑤ （宋）范晔：《后汉书》（第10册），北京：中华书局，1965，第2849页。

⑥ Arne Kislenko, *Culture and Customs of Laos*, Westport: Greenwood Press, 2009, p. 53.

先、自然等的崇拜。由此推测，佬族先民与布泰族群同为从西双诸泰迁徙而出的哀牢后裔，后因信仰上的差异逐渐扩大而形成了不同的族群。

普泰族亦被视为哀牢文化的主要继承人。他们以老挝甘蒙省和泰国东北部为分布中心，在泰东北的居住地与佬族人多有交错。据研究，"普泰"这一称呼中的"普（Phu）"意为"沿着山迁移居住"。① 普泰族的祖先有部分是黑泰人，如老挝桑怒省的普泰人说自己是越南顺州的黑泰人，两百多年前才从越南迁徙到老挝定居。在不断南迁的过程中，他们逐渐接受了南传佛教。尤其在泰国东北部，普泰人的文化受到佬族文化影响深厚。无论何者，他们与哀牢人之间仍是有关联的。

（三）哀牢后裔对"西双诸泰"的记忆与信仰

根据笔者的调查，布泰、佬、普泰等族群仍留存着对"西双诸泰"的记忆，并有着对"勐恬""恬神""勐堂"等的信仰与叙事。

在上述民族的记忆中，"西双诸泰"这个名词持续出现。布泰族群常常说自己从"西双诸泰"来。老挝的黑泰神话里保留了对哀牢先民共同生活历史的记忆。如川圹省的黑泰老人 Tong Noi（女，78 岁）② 曾向笔者叙述，黑泰人救起了落水的国王，而普安他们却做不到。而在琅南塔省，相似的神话母题则被用来说明黑泰人不必信仰佛教是因为他们从水里救出了佛祖，而佬族人等做不到，只能信仰佛祖请他护佑。③ 可见，黑泰人与佬族普安支系等原属于一个国王统领并生活在一处，没有产生信仰的差别。这或许是对哀牢先民早期在西双诸泰共同生活场景的记忆。泰国塔帕农县（That phanom）的普泰人仍有对西双诸泰的记忆。他们"射箭获胜"的故事说，西双诸泰 12 支系的人都想做老大，后来，普泰这支的首领遭到暗算，就叮嘱自己的后人往南迁徙，跨过湄公河来生存。如今，来到 Nambang 村、Mban bun saoê 村和 Mban bun sou 三个村的人都是普泰族同一个

---

① 黄兴球：《老挝族群论》，北京：民族出版社，2006，第 24 - 26 页。

② 搜集时间：2012 年 7 月 6 日；搜集地点：老挝川圹省纳溪（Nasy）；访谈人：李斯颖、吴晓东、屈永仙；翻译人：屈永仙。

③ 搜集时间：2012 年 7 月 13 日；搜集地点：老挝琅南塔省孟新县那看村（Ban Nakham）；讲述人：光乌蓝（Guang Uluan）；访谈人：李斯颖、吴晓东、屈永仙；翻译人：屈永仙。

祖先的后代，彼此是"兄弟村"。①

　　布泰、佬、普泰等族群至今仍保持着对"勐恬""勐堂"的记忆与信仰，这是他们作为哀牢"西双诸泰"后裔一个较为突出的文化特征。"勐恬"被他们视为最高天神"恬神"的居所而存在，而"勐堂"则是西双诸泰联邦的统治中心。布泰族群的传统文本与口传叙事之中频频出现"勐恬"与"勐堂"等关键词。越南黑泰人的民间抄本《关都勐》（Quam To Muong）记载了祖先沿着红河南下，最终来到西部的"勐堂"，成为当地的主体居民的历史往事。② 越南奠边府的黑泰人布摩 Lo Menkhut 曾主持过勐堂（越南文写为 Muong Thanh）祭祀勐神的仪式，仪式上要使用水牛、黑牛等。同村的另一位布摩 Dong Wendae 则告诉我们，巫师给死者送魂时要指引死者的灵魂翻山越岭，沿着祖先迁徙的路线往回走，回到越南山萝省（Son La），最后到达祖先居住的勐恬。③ 除了越南，东南亚其他国家的黑泰人布摩在人去世后，都要沿着迁徙的路线，把死者的灵魂送回勐恬，和祖先在一起。老挝琅南塔 Ban Tongdy 村的黑泰人布摩要在人去世后将其灵魂送回勐恬。④

　　可见，哀牢先民在往东南亚迁徙的过程中曾建立"西双诸泰"这一较为强大的联盟，并逐步分化、融合形成了布泰、佬、普泰等族群先民。此后，布泰族群成为西双诸泰的主要居民，并坚守着本民族传统的民间信仰；而佬、普泰等民族先民则不断南迁，并接受了南传佛教文化，在老挝、泰国东北部等地建立了新的政权中心。不论何者，他们仍不同程度地传承着对"西双诸泰""勐恬""勐堂"的记忆。

---

　　① 搜集时间：2012 年 5 月 17 日；搜集地点：泰国塔帕农县（That phanom）历史村（Mban na mbang）；讲述人：Sawai Sanmit 先生（78 岁）；访谈人：李斯颖、吴晓东、屈永仙；翻译人：屈永仙。

　　② 黄兴球：《壮泰族群分化时间考》，北京：民族出版社，2008，第 230 页。

　　③ 搜集时间：2012 年 7 月 16 日；搜集地点：越南奠边府的 Ban Liang 村；访谈人：李斯颖、吴晓东、屈永仙；翻译人：阮氏梅香。

　　④ 搜集时间：2012 年 7 月 12 日；搜集地点：老挝琅南塔省 Ban Tongdy 村；讲述人：Vi Aisom（男，76 岁）；访谈人：李斯颖、吴晓东、屈永仙；翻译人：屈永仙。

二、哀牢后裔“来自勐恬”的族源神话叙事

哀牢后裔对“勐恬”“勐堂”的记忆与信仰，其传承动力来自世代相传的神话叙事。这些神话叙事的核心母题是“来自勐恬”，并衍生出不同的叙事母题。其中，“来自勐恬”的母题与葫芦出人、布热、坤布隆的母题结合较为常见。

（一）“来自勐恬”与葫芦出人

布泰族群把勐恬视为祖先的居所和来处，或者认为勐恬就是最高天神——恬神（Phi Thaen、Zao Thaen、Zao Fa）居住的地方，葫芦出人也与恬神有关。例如，老挝琅南塔省的黑泰人认为，勐恬有个大葫芦。起初，人类和万物都在葫芦里。从镰刀切开的口里出来的是傣泐、佬等皮肤白的族群；用铁器挫出的就是老厅人，皮肤黑。如今这个大葫芦还保留在越南奠边府。① 越南奠边府的黑泰人依然流传着天神钻入葫芦、下凡变人的神话。② 越南白泰人的神话说恬神戳破送到人间的葫芦，从里面出来了世界上第一代人。③ 老挝琅南塔省的红泰人认为，洪水之后，恬神用铁棍戳开世界上仅存的一个大葫芦，从里面走出了新的人类。④

佬、普泰等族群也传承着“来自勐恬”的族源神话，保持着对恬神的崇敬。老挝的佬族人的《葫芦出人》《老挝民族的祖先》《两个南瓜生初民》等神话，都以恬神为天上最大的神祇。其中，《葫芦出人》⑤ 与泰东北佬族、普泰族等的民众中流传的《恬神创造世界》⑥ 大同小异。神话里

---

① 搜集时间：2012 年 7 月 12 日；搜集地点：老挝琅南塔省 Ban Tongdy 村；讲述人：Vi Aisom（男，76 岁）；访谈人：李斯颖、吴晓东、屈永仙；翻译人：屈永仙。

② 刀承华：《傣泰壮创世神话核心观念的比较研究》，《中央民族大学学报》（哲学社会科学版）2011 年第 5 期。

③ 刀承华：《傣泰壮创世神话核心观念的比较研究》，《中央民族大学学报》（哲学社会科学版）2011 年第 5 期。

④ 搜集时间：2012 年 7 月 11 日；搜集地点：老挝琅南塔省勐醒县（MuangSing）Nakham 村；访谈人：李斯颖、吴晓东、屈永仙；翻译人：屈永仙。

⑤ 张玉安主编：《东方神话传说·第六卷》，北京：北京大学出版社，1999 ，第 111 页。

⑥ 刀承华：《泰国民间故事选译》，北京：民族出版社，2007，第 2－3 页。

说，恬神为了惩罚布朗丞、坤克、坤堪三位人类首领而发下大洪水淹死了世界上的人。他们来到天上得到恬神的原谅，并带着一头牛回到了地面。三年后，牛死了并结出了三个大葫芦，从里面走出不同的族群。

（二）"来自勐恬"与布热

布热是佬、普泰等民族的神话中的一位重要始祖神，他与妻子雅热有创世、造人等功绩。其神话母题与"来自勐恬"、坤布隆、葫芦出人等均有交织。老挝琅勃拉邦省的佬、普泰等民族每年都要为他们举行两次大型祭祀。①

笔者目前搜集到的有关布热的神话主要涉及创世、造人、寻火、找谷种及砍树等，强调的是他与妻子开天辟地、为人类做贡献等内容。这对大力神祖先不但创世造人，还心甘情愿牺牲自己去砍掉遮天的巨树藤蔓，让人类重见光明。为了纪念他们，佬族人民在吃饭、做事的时候都要提到他们的名字。②

布热、雅热具有创世造人之功。据说，天神帕雅恬送布热、雅热来人间查看，找到宜居之所并创制人间万物后，才送人类来地面上生活。③ 又有的神话说，布热和雅热外貌丑陋，被恬神派到地面上来，用脚从水中踏出了地面。恬神又给他们三颗南瓜籽，经他们栽种后从南瓜里出来了三个族群。④

布热是为人类带来光明和谷种的始祖。神话里说，布热看人类生活在寒冷黑暗的世界里，十分同情他们。他违反天庭禁令飞上天空寻找太阳，从一个光芒四射的巨大火球上挖下一团火，塞进了大地中心。这样，地球

---

① Martin Stuart‐Fox, Somsanouk Mixay, *Festivals of Laos*, Chiang Mai：Silkworm Books, 2010，p. 25.

② 访谈时间：2017年11月6日；访谈地点：老挝国立大学文学院办公室；被访谈人：Kham Phuy Pholursa，女，1960年出生，老挝国立大学教师；访谈人：李斯颖、Phayvanh；翻译人：Phayvanh。

③ 访谈时间：2017年11月6日；访谈地点：老挝国立大学文学院办公室；被访谈人：Kham Phuy Pholursa，女，1960年出生，老挝国立大学教师；访谈人：李斯颖、Phayvanh；翻译人：Phayvanh。

④ John Clifford Holt, *Spirits of the Place*：*Buddhism and Lao Religious Culture*, Honolulu：University of Hawaii Press, 2009，pp. 37‐38.

变得温暖起来，恢复了生机。恬神愤怒地惩罚布热，把一团火塞入他的肚子。布热被烧死了，尸体变成了一座火山。① 泰国东北部佬族的神话里说，人们从布热、雅热那里讨到了谷种，并学会了在种田与收割之时祭祀谷魂。为了感激布热、雅热的赐予之恩，人们要在收割"叫谷魂"的祭祀仪式上请布热、雅热一起来享用佳肴。② 老挝琅南塔省的黑泰人则说，恬神将谷种交给布热、雅热夫妇，后者又将谷种撒给人类，所以才有了粮食。

布热也是开辟人类宜居之所的神祇。佬族的神话里说，布热应坤布隆的请求，牺牲自我，砍掉了遮天的大榕树。他被倒下的榕树压死了，但人类却重新获得了光明。由此，以琅勃拉邦为中心的佬族民众一直喜欢用 yer来作为一个句子结尾的语气词，表示对布热和雅热的纪念。③

（三）"来自勐恬"与坤布隆

佬族"来自勐恬"的神话又常涉及英雄坤布隆。坤布隆为恬神之子，被派来统治人类世界。坤布隆从勐恬来到人间，很好地行使了国王的职责。他建造各种城市，教人们盖房子，教会人们各种礼仪，人们彼此相处融洽。他的妻子则主管人间女性的生育，负责把孩子的灵魂送到人间。他还有七个孩子，被分封到各地为王。④ 佬族人认为，坤布隆和布热、雅热的职责、神力等都不一样。"布热就是在有关于坤布隆的信仰中的一个非常重要的人物，或者说是在坤布隆的神话中的一个神通广大的祖宗神。"坤布隆一旦到哪个地方去创造家园，那个地方也就会有布热、雅热来降妖除魔，然后砍掉大树（开拓山林和荒地）以筑城建市，成为护佑一方的神祇。⑤ 布热、雅热比坤布隆还神通广大。

---

① 张玉安主编：《东方神话传说·第六卷》，北京：北京大学出版社，1999，第 114 - 116 页。

② 刀承华：《泰国民间故事选译》，北京：民族出版社，2007，第 8 - 9 页。

③ 2017 年 11 月 13 日，Phayvanh 翻译老挝国立大学文学教材第二册的神话内容。

④ 访谈时间：2017 年 11 月 6 日；访谈地点：老挝国立大学，万象；访谈对象：Kham Phuy Pholursa（女，57 岁）；翻译人：Phayvanh（男，36 岁）。

⑤ 访谈时间：2017 年 11 月 6 日；访谈地点：老挝国立大学文学院办公室；被访谈人：Kham Phuy Pholursa，女，1960 年出生，老挝国立大学教师；访谈人：李斯颖、Phayvanh；翻译人：Phayvanh。

黑泰人也传承着有关坤布隆的一些神话，但尚无法确认是受到佬族文化的影响还是属于本民族传统文化的内容。例如，黄兴球在老挝琅南塔省南塔县峒地村调查时，当地的黑泰老人就曾拿出一本用黑泰文字抄录的《坤布珞和囊萨》，即有关坤布隆的文本。[①] 在笔者的调查与资料搜集中较少见到布泰人中有关于坤布隆的叙事，但乔吉姆·施利辛格在介绍西双诸泰时，把坤布隆说成西双诸泰的国王。[②] 笔者认为他把坤布隆的叙事放入西双诸泰的历史之中，是基于他对布泰、佬等族群共同历史文化起源的认可。

根据上述的历史文化信息与口传内容，可以看到"来自勐恬"的叙事在哀牢不同后裔族群中各有侧重，形成了新的文本和动力传承机制。这种现象与多个民族后来独立发展的历史紧密联系，故而神话同根异枝，各有侧重，呈现出五光十色的文化景观。

三、"来自勐恬"神话的突出特征

笔者总结了"来自勐恬"神话的四个突出特征，包括：第一，以"来自勐恬"母题为起点的多种演变，在不同族群中产生了丰富多彩的异文；第二，根植于台语民族对"天"神的深层信仰，形成了围绕恬神、布热、坤布隆等不同中心人物的多样叙事；第三，布热神话来源于太阳崇拜；第四，坤布隆叙事是对英雄祖先神化的结果，并带有明显的阶级分化色彩。

（一）以"来自勐恬"母题为起点的多种演变

"来自勐恬"是哀牢后裔族源神话最核心的母题。它是布泰、佬、普泰等族群最基础的文化记忆。围绕这个中心母题，不同族群的神话继续融入了自身独特的历史、文化与信仰内容，尤其是自己历史上有迹可循的创世与英雄祖先，形成了参差多态的"来自勐恬"的族源神话叙事。

---

① 黄兴球：《老挝族群论》，北京：民族出版社，2006，第151－153页。

② Joachim Schliesinger, *Tai Groups of Thailand*, Bangkok：White Lotus Press, 2001, pp. 11－35.

布泰族群的族源神话在"来自勐恬"的叙事前后多有洪水、葫芦出人等母题推进情节的发展，并形成完整的叙事。如一首流传在越南奠边府的黑泰族源神话里说，在干旱之后，下起了暴雨，地面上万物都灭绝了。恬神就把人和万物放到葫芦里，让他们来到地上，从此世间才有了生机。① 布泰族群对于洪水起因没有过多强调，较少有"惩罚人类""更换人种"的说法，基本没有受到南传佛教的影响。葫芦出人母题也少见有关肤色、习俗不同的描述，显得较为古朴。相较之下，信仰南传佛教的佬、普泰等民族则在"来自勐恬"的母题前后，突出了诸多有关恬神、其他天神与英雄首领的叙事，如最早来到人间的布朗丞、坤克、坤堪等。佬族"来自勐恬"的族源神话还与英雄始祖坤布隆联系在了一起。

（二）根植于台语民族对"天"神的深层信仰

根据分子生物学、语言学、民族学等多学科的最新研究成果，台语民族的祖先可能在 3 万年前就已形成于北部湾一带。此后，他们向北进入扬州区域，发展为被记录在汉文典籍中的"百越先民"这一族群。此后，他们不断向西、向南迁徙，形成了台语民族先民并分化出中国南方至东南亚的不同支系。百越族群发展了稻作文化，创造了以良渚文化为代表的文化传统。目前，广西柳江人是已知的最早东亚现代人。②

台语民族先民对"天"的信仰是哀牢后裔"恬神"信仰的基础。范宏贵先生曾归纳出台语西南语支民族对天神的普遍信仰："中国壮、傣族，越南的岱、侬、泰族，老挝的佬龙族，泰国的泰族，都共同信仰一个民间的神，这个神的名称，声韵调都一样，各国各族都称为 then，泰国泰语叫 thɛn，ɛ 的开口度比 e 略大点，音译为'天'。"③ 其中，越南泰族的"天"是创世神，其他民族的"天"是保护神。笔者所讨论的"恬神"也属于范

---

① John F. Hartmann, "Computations on a Tai Dam Origin Myth", *Anthropological Linguistics*, Vol. 23, No. 5, 1981, pp. 183-202.

② 李辉、金力：《Y 染色体与东亚族群演化》，上海：上海科学技术出版社，2015，第 1-2、20、22、177 页。

③ 范宏贵：《同根生的民族——壮泰各族渊源与文化》，北京：民族出版社，2007，第 265-266 页。

宏贵先生所述的"天"神范围。这一信仰或受到汉文化"天"信仰的影响，但为了避免造成混淆，故翻译成"恬"字。

具体来说，台语民族对天神表达崇敬的形态和方式又不一样。越南布泰族群认为掌管人间事物的天神一共有 12 位。其中，最大的天神是"大天"，主宰一切，权力最大。越南的岱族、侬族则在农历正月期间请"天师"祭祀"天神"，以此祈求来年阖家安康、日子富足。有的则为了消灾祛病。同样的，佬族人在信仰南传佛教之前普遍信仰"天神"。即便在把佛教视为国教之后，开国者法昂依然在琅勃拉邦祭祀天神。传说那里有连接天地的梯子或石柱。老挝和泰东北的普泰人至今仍有祭祀天神和向天神祈雨的习俗。印度的阿洪泰人认为恬神是掌管天地的天神。

（三）布热叙事的太阳崇拜内涵

根据布热的神话内容及其他的线索，笔者追溯出了布热信仰的太阳崇拜起源。从布热一个神祇又演变出了"布热""雅热"对偶神的形式。理由主要有以下三点：

第一，布热为人们从天空带来火团，并被火团塞入肚中，其实是对太阳拟人化的想象和叙事。他能够从空中的火球中挖下一团火，与火同在，为人间带来温暖，这都是对太阳本身鲜明特质的强调。布热千辛万苦寻找太阳的历程，与壮族广为传颂的神话《太阳鸟母》《妈勒访天边》等都属于"寻日"母题的异文。这些叙事中的主角——布热、太阳鸟母等，都呈现出与太阳相呼应的叙事结构。①

第二，布热名字中的核心词"热"，可被纳入汉语"日""月"语音演变的范畴。根据吴晓东的研究，汉文化中被称为"羲和"（ji - uo）的太阳，在中国各地尤其是少数民族地区中有广泛的音变，并形成了不同的神话形象。例如，"尧"是"羲和"（yiwo）或"爷窝"（yiawo）急读的结果，并形成了尧这一上古贤帝的形象。② 以此类推，布热、雅热中的"热"是太阳"羲和"（ji - uo）一词急读后逐渐演变的结果。"热"的发音为

---

① 李斯颖：《壮族布洛陀神话研究》，北京：中国社会科学出版社，2017，第 125 - 142 页。
② 吴晓东：《中原日月神话的语言基因变异》，《民族文学研究》2014 年第 3 期。

［jə］或［jeu］，其声母延续了羲（ji）的声母"j"，韵母"ə""eu"的发音出现了扁平化的演变。诸如此类的韵母音变亦出现在同属侗台语族的水族语言之中。源于太阳崇拜的创世女始祖"妮航"（牙巫），水语里称为"ni－xɣ"，来源于"羲和"（ni－uo），"航"［xɣ］是"和"发音扁平化的结果。又如，嫦娥的"娥"也发生了从［uo］到［ɣ］的演变。①

无论是汉藏语族的语言比较，还是东亚太平洋语言与印欧语的比较，都揭示了"太阳"发音的共性及太阳崇拜内涵。"亚欧语言'太阳'的说法与'火''热''发光''亮的''神'等说法有词源关系。亚洲地区的一些语言用'白天的眼睛'代指'太阳'，印欧语和美洲印第安语也有这样的说法。如梵语'太阳'表示的意思也是'白天的眼睛'，'月亮'表示的意思'夜里的眼睛'。"② 这种表述与佬、普泰等台语民族的语言表述是一致的。布热、雅热两个神祇名字的核心词"热"来源于太阳"羲和"一词，只是由于分化成对偶神，被冠以台语民族中常见的、分别表示男性与女性长者的词头"布"和"雅"。

第三，布热作为由太阳崇拜演变而成的始祖形象，其神话内容以创世、造物等为主。人类历史上，由日月崇拜而塑造出来的神祇形象，多承担了形成世界、造福全人类的重大使命。正如吴晓东所指出的：希腊、印度神话中的重要神祇多源于对人类产生过巨大影响的日月神话，是由日月拟人化之后演变的结果。在汉族神话中，伏羲女娲、后羿嫦娥、黄帝嫘祖这些创世夫妻神或文化英雄夫妻神亦来源于日月神的演变。③ 相较之下，布热和雅热同样带有浓厚的创世神祇色彩，与被视为佬族人开国始祖的英雄坤布隆比较，他们的这种"创世"属性愈发鲜明。

（四）坤布隆的英雄祖先崇拜本源

对坤布隆的信仰主要来源于对英雄祖先的追思和记忆，其相关的神话

---

① 吴晓东：《从"日"的语音变化看中原与周边民族神话的关系》，《贵州民族大学学报》（哲学社会科学版）2016 年第 1 期。

② 吴安其：《东亚太平洋语言的基本词及与印欧语的对应》，北京：商务印书馆，2016，第 156 页。

③ 吴晓东：《"布洛陀""姆洛甲"名称与神格考》，《百色学院学报》2020 年第 4 期。

叙事存在较为突出的两个特征。

其一，从血缘世系来看，坤布隆是恬神之子，血统高贵。有别于从葫芦里出生的普通大众，他并不是从葫芦里出来的，而是具备了天生的高贵身份。他的存在，是替天神来统治、教化普通人类的。这也使得有关人类起源的神话在此出现了高贵与低贱的对立，强调了"君权神授"的理念。该叙事的形成是佬族先民阶级分化、信仰南传佛教的社会发展结果。

其二，从神格来看，他被定义为佬族最早的开国之君、文化英雄祖先。在神话中，他主要的功绩是建立国家、文化创造、礼俗制定及道德教化等。他作为佬族先祖，有时也被视为繁衍人类的祖先，但承担的主要使命是人类文化创制，而不是创世。根据《老挝史》等的描述，坤布隆被视为泰族最早的"一统天下"的首领。澜沧王国的建国者法昂就宣称自己是坤布隆长子——坤罗的后代。[①] 在 15 世纪，僧王玛哈提帕銮还编写了《坤布隆的故事》一书，讲述老挝民族的产生、澜沧王国国王世系等内容。[②] 由此，他的形象塑造是早期佬族社会先祖——尤其是首领——的群像浓缩。

四、布热、坤布隆神话与壮族布洛陀神话的比较

基于上述对"来自勐恬"神话的介绍，可以看到布热、坤布隆神话与壮族布洛陀神话之间有较多的共性，存在不少相似母题。在此用表 1 进行简单概括。

---

① 申旭:《老挝史》，昆明：云南大学出版社、云南人民出版社，2011，第 92 页。
② 郝勇、黄勇、覃海伦编著:《老挝概论》，广州：世界图书出版公司，2012，第 134 页。

表1

主角	神话母题	
	来自勐恬	布洛陀
布热	布热、雅热创世	布洛陀、姆洛甲开天辟地
	布热砍掉遮住天空的大树和藤条	布洛陀用柱子顶天撑地
	布热到天空中挖下一团火，塞入地心	布洛陀用泥巴烧制太阳、月亮
	布热、雅热种出三个南瓜，出来三个族群	布洛陀指导兄妹（娘侄）俩把肉团剁碎，变成人类
	布热砍掉大树，被倒下来的树压死	布洛陀死后寄生在树下
坤布隆	坤布隆建造国家、建城市	布洛陀造皇帝造土官，造城市
	坤布隆生育了人类	布洛陀和姆洛甲生育了人类
	坤布隆分封孩子到各地为王	布洛陀的子女到各地发展
	坤布隆的妻子主管女性生子之事	布洛陀的妻子姆洛甲主管女性生育，向人间送花变成男孩、女孩
	坤布隆教人们盖房	布洛陀教人们盖房
	坤布隆教授人类各种文化知识	布洛陀教人类做历书、做"麽"仪式
	教育人们长幼有序、相互爱护	布洛陀教人们处理好家庭与社会的各种关系

从图表中可以看到，布热和布洛陀神话母题存在共通之处。布热与布洛陀神话的相似母题主要集中于创世内容上。这些内容包括了开辟天地、造日月、造人、为人类创造良好的生存环境等。布热、雅热一般不直接生人，更多是作为文化意义上的始祖，以物造人，或帮助完成了人类的产生。在韵文神话中出现的布洛陀，亦少有生育人类的说法。这种情况，或许与他们的太阳崇拜内涵有关。和布热、雅热相似，布洛陀、姆洛甲同样来源于早期壮族先民的太阳崇拜。"'布洛陀''姆洛甲'的'洛''陀''甲'均与日月有关，而日月又与'眼'有关。两者的神格都随着故事的演变而演变，其最初神格当是日月神。"[①] 故此在相关神话中，他们与人类

---

① 吴晓东：《"布洛陀""姆洛甲"名称与神格考》，《百色学院学报》2020年第4期。

并没有直接的血缘关系。笔者还分析过同属台语民族的傣族始祖神话——布桑嘎西、雅桑嘎赛叙事，认为他们亦产生于日月崇拜之中。[1] 如前所述，水族的创世祖母"妮航"（牙巫）也源自太阳崇拜。故此，可以推测台语民族族源神话中的始祖主角，有不少是脱胎于日月（天体）崇拜的。

坤布隆神话与布洛陀神话的相似母题则主要集中于社会治理与文化创造方面，包括建国家与城市、造文字、制礼仪、维系社会的和谐等。坤布隆被视为老挝早期立国者和王室的始祖，兼具文化创造与社会秩序制定的功绩，有时候又有繁衍人类之说；相较而言，布洛陀则较少体现出"王"的特殊性，常常只是以聪明的长者或头人、"王"的指导者等身份出现。在民间口传神话之中，亦多见布洛陀与姆洛甲繁衍人类的说法。坤布隆与布洛陀直接参与"生育人类"的说法，强调的是始祖与氏族（部分）先民的血缘关系。

总的来看，哀牢后裔"来自勐恬"的神话涵盖了布热与坤布隆神话，前者是作为创世神话而存在，后者是作为文化英雄神话而存在。同时，它们都保留了族源神话的内容，差异在于前者造人，后者生人。布热、雅热形象与坤布隆形象的共存，前者是作为人类的保护者和帮助者而存在，后者是作为人类的统治者和文化制定者而存在，互为补充。相较而言，壮族人民把创世、文化创造、秩序制定等多重功能逐步赋予布洛陀，形成了壮族信仰中这样一位集创世与文化创造于一体的复合型英雄。

结　论

从以"来自勐恬"母题为中心的族源神话出发，结合历史文献资料记载、族源迁徙记忆、分子人类学的研究成果等，可以对该神话的传承族群及其来源、文化内涵、信仰内容等重新进行探索。笔者认为，共同传承着"来自勐恬"母题的布泰、佬、普泰等族群，是曾以越南西北部"西双诸泰"为发展中心的哀牢后裔，其神话叙事核心是对"恬神"的信仰。随着

---

[1] 李斯颖：《壮傣民族史诗的始祖叙事传统与传承机制比较——以布洛陀和布桑嘎西为中心》，《百色学院学报》2022 年第 2 期。

哀牢后裔不断往东南亚迁徙，在"来自勐恬"神话的基础上产生了形态多样的异文。布泰族群还延续着"来自勐恬"与"葫芦出人"等母题的叙事。佬族、普泰族等族群则发展出了始祖"布热""坤布隆"的叙事，这与他们的社会制度、信仰与文化等都密切相关。其中，有关布热的族源神话叙事来源于太阳崇拜，有关坤布隆的族源神话叙事则是英雄祖先崇拜的集中反映。将它们与布洛陀神话进行比较，可以发现布热与布洛陀神话在创世母题上共性较大，坤布隆与布洛陀神话在文化创造方面的共性较大。

由是观之，布泰、佬、普泰等台语民族早期的共同族源神话叙事也从另外一个角度印证了哀牢文化在东南亚地区的传承与发展，为哀牢作为台语民族早期族群之一的观点提供了新的证据。

北京大学"歌谣学运动"
与四川民俗学的兴起*

李国太**　徐艳君***

摘　要：从区域视角审视北京大学歌谣学运动，将为理解中国现代民俗学自20世纪20年代末开始的多地、多元发展提供新的路径。川籍人士积极参与了歌谣学运动，尤其是为歌谣和民俗的搜集，提供了诸多四川的材料。他们多为寓京学生，部分是社会职员，所搜集的主要为耳熟能详、通行于其家乡所在地的歌谣。搜集人虽缺乏自觉学科意识，也并未采用实地采录之方法，但歌谣学运动中川籍人士的活动，为四川现代民俗学的发展奠定了基础。其筚路蓝缕之功不容忽视。

关键词：歌谣学运动　四川民俗学　歌谣搜集　区域视角

引　言

1918年2月1日，《北京大学日刊》发表了《北京大学征集全国近世歌谣简章》，宣布向全国各地征集歌谣，拟定于"十年本校二十五周年纪念日为'汇编'、'选粹'两书出版期"①。"简章"一出，各地积极响应。发表3个月以后，"所收校内外来稿已有八十余起，凡歌谣一千一百余章，

＊　该文系2022年度四川省社科规划项目"清代民国四川方志中的民俗与演剧活动研究"（SC22C032）成果，四川省社会科学高水平研究团队"四川濒危活态文献保护研究团队"成果。

＊＊　李国太，文学博士，四川师范大学文学院副教授、硕士生导师，研究方向：民俗学与民间文学。

＊＊＊　徐艳君，四川师范大学2021级中国少数民族语言文学硕士研究生。

①　《北京大学征集全国近世歌谣简章》，《北京大学日刊》1918年2月1日，第1-2版。

由刘复教授选其最佳者，略加诠订，名曰'歌谣选'"①。1920年12月19日，由沈兼士、周作人主其事的北大歌谣研究会成立，1921年北大研究所成立国学门，歌谣研究会并入其中。1922年12月17日《歌谣》周刊②创办，1925年6月28日出到九十七号停刊。直到1936年4月4日在胡适的主持下复刊，最终于1937年6月休刊，共出150期，虽前后历时15年，但真正刊文时间只有3年多。据统计，"从1922年12月17日《歌谣》创刊，到1925年6月28日第一次停刊，约两年半的时间里，采集的歌谣共计13339首。""从1936年4月4日《歌谣》周刊复刊，至1937年6月26日再次停刊，其间共计收到歌谣1977首（不计算收到的三本歌谣集与两本民间文学集）。"③可见，《歌谣周刊》从创刊到终刊，其先后征集的歌谣至少有15316首，这可能是20世纪80年代开展中国民间文学"三套集成"之前，中国有史以来有组织地收集歌谣数量最多的一场活动。这场后来被称为"歌谣学运动"的活动，对中国现代民俗学具有奠基性意义，同时也对20世纪中国史学的转向产生了深远影响。数十年来学界对歌谣学运动的缘起、经过与影响已有诸多论述，却相对缺乏从区域视角审视除运动策源地——北大之外的"地方"参与该运动的细节，以及这种参与对20世纪20年代末开始的中国民俗学多元发展的影响。本文将梳理"歌谣学运动"时期四川人④搜集、研究歌谣与民俗的情况，力图为多维度地理解"歌谣学运动"的意义提供区域视角。

一、歌谣征集中的四川"声音"

1923年3月4日《歌谣周刊》第八号的"公布"中刊登了一则消息：

---

① 《〈歌谣选〉由日刊发表》，《北京大学日刊》1918年5月20日，第1版。
② 该刊物从创刊到第48号名为《歌谣》，从第49号开始更名《歌谣周刊》。本文在具体言及某一号时，作《歌谣》与《歌谣周刊》的区分，概括言之时则统一用《歌谣周刊》。另外，本文对《歌谣》周刊的征引，均出自中国民间文艺出版社1985年11月影印出版的《歌谣》，下文不再作说明。
③ 葛恒刚：《北大歌谣征集运动的回顾与反思》，《南京师大学报》（社会科学版）2017年第1期。
④ 本文考察的是20世纪20年代四川民俗学发展情况，因此文中的"四川"包含今重庆直辖市管辖范围。

"蒙吴又陵先生指示说,在《成都通览》上载有许多四川的童谣。并允代为搜寻此书。"作为在四川提倡新文化的"先锋",吴又陵被胡适称为"中国思想界的清道夫",陈独秀也称他为"蜀中名宿"。1921 年夏,吴又陵离开成都执教于北京大学,直到 1925 年返川。① 他在北京的四年,与北大新文化学人胡适、陈独秀等应多有交集,又经历了《歌谣周刊》从创刊到停刊的过程,因此说他是歌谣学运动之亲历者并不为过。② "公布"中所言《成都通览》乃清末民初成都著名改良者傅崇矩根据亲历亲闻所记录的一部成都社会之"百科全书",其中以"成都之小儿女歌谣"之名收录了当时成都地区通行之童谣 84 首,卷首有按语曰:"不知其由来,相传数千百年,家家人户儿女莫不知道,可补杨升庵《蜀谚》之缺。"在文末,他又摘录了杨升庵《蜀谚》11 首。③《成都通览》成书于宣统元年(1909 年),下距歌谣学运动之发生还有十余年,傅崇矩搜集童谣固然如其所言是为了补《蜀谚》之缺,但正如歌谣学运动时期的学者将意大利驻华公使韦大列所辑之《北京的歌谣》作为中国歌谣学搜集与研究之肇端,我们似乎也可以将傅崇矩之童谣搜集视为近代蜀中民俗学之开端。但这一涓涓细流汇入中国现代民俗学之时代江河中,还要等到川籍人士积极参与歌谣学运动之时。

1918 年北大宣布征集歌谣,许多地方都积极响应,"至 1919 年 5 月 22 日,共发表了征集来的流行于四川、江西、黑龙江、安徽、广东、湖北、江苏、直隶、北平、河南、陕西、山东、浙江、云南、辽宁等省市的 148 首歌谣"④。可见,在《北京大学日刊》时期四川便有人参与其中。《歌谣周刊》创办以后,其成绩远大于《北京大学日刊》时期,他们收集的有关歌谣、民俗资料日益增多,发表了多篇谈论、研究、征题、专号理论探讨性的文章。川籍人士对《歌谣周刊》供稿颇丰,主要提供了三种材料:一是歌谣,二是谜语,三是对某一问题或某一征题的研究与讨论。据《歌谣

---

① 赵清、郑城编:《吴虞集》,成都:四川人民出版社,1985,前言第 15 - 17 页。
② 1923 年 5 月 14 日的《吴虞日记》中便有:"参阅讲义,寄柚子《歌谣周刊》四张"的记载。参见中国革命博物馆整理:《吴虞日记》(下),成都:四川人民出版社,1986,第 115 页。
③ 傅崇矩:《成都通览》,成都:成都时代出版社,2006,第 252 - 257 页。
④ 王文宝:《中国民俗学史》,成都:巴蜀书社,1995,第 187 页。

周刊》编辑的统计：1922 年 12 月至 1923 年 5 月末，收到四川歌谣 142 首；1923 年 7 月至 1924 年 1 月，收到四川歌谣 129 首；1924 年 7 月至 1925 年 6 月末，收到四川歌谣 59 首；两年多的时间，征集的四川歌谣共 330 首。1936 年《歌谣周刊》复刊后，征集的四川歌谣数量已无从考证。另据笔者统计，从《歌谣周刊》创刊至最终休刊，一共刊登了四川歌谣 165 首，其中 1922 年 12 月至 1925 年 6 月末共 94 首，1936 年 4 月 4 日至 1937 年 6 月 26 日共 71 首。① 笔者对歌谣的收集者、歌谣来源地、收集歌谣的数量、作者籍贯和身份进行了统计（见表 1）：

表 1 　《歌谣周刊》刊登川籍人士征集歌谣情况一览表

序号	姓名	刊登歌谣数量	歌谣通行区域	搜集者籍贯	搜集者身份
1	郑宾于	8	西阳	重庆西阳	北大学生
2	蓝梦九	4	川北、蓬安	四川蓬安	北大农科学生
3	史绍芬	5	成都	不详	不详
4	熊天祉	1	川北南充	四川南充西充县	北大预科学生法国留学
5	康心白	1	成都	不详	不详
6	予　止	3	江津	不详	不详
7	宋佛心	4	广安岳池	不详	不详
8	刘朝选	10	合江	不详	不详
9	梁玉清	14	宜宾	不详	不详
10	孙元良	3	成都	四川成都	北京国立法政大学学生
11	刘伊凡	9	重庆、雅安	四川重庆	裕通钱庄重庆分庄店员
12	任　旭	7	南充	不详	不详
13	赖伏鸿	9	南充、不详	不详	不详
14	周敏仲	1	绵竹	不详	北大经济系学生

---

① 本文主要考察歌谣学运动期间四川学人的参与情况，因此考察时段限于 1922 年至 1925 年，下文有关搜集者的论述，也主要限定在该时期。

续表1

序号	姓名	刊登歌谣数量	歌谣通行区域	搜集者籍贯	搜集者身份
15	李芳灿	9	梁山	四川梁山（今梁平）	梁平教师
16	陈自能	3	荣威、南充	四川荣县	北京中国大学学生
17	李惟甯	4	成都	四川成都	不详
18	冯富康	3	成都	四川成都	不详
19	不 详	2	成都	不详	不详
20	钟凌如（茹）	4	成都	不详	不详
21	明	4	成都	不详	不详
22	张天授	2	叙、泸、重庆	不详	不详
23	苏子涵	43	雅安、成都	四川成都	不详
24	仲 侯	12	金沙江上游	陕西三原	不详

从表1可知，《歌谣周刊》刊登的四川歌谣，其来源涉及14个地区的22名搜集者①。但因年代久远，加之多数搜集者在历史上其名不显，很多人生平已难以考证。从已考证出的搜集者信息看，四川歌谣的收集者除仲侯外，其余均为四川人。他们大多为寓京学生，有少部分社会职员，所搜集者多为耳熟能详、通行于其家乡所在地的歌谣。这也印证了《歌谣周刊》编辑之一魏建功的说法：

> 我们惟一的来源实在是大学同学的兴趣合作，所以投送（歌谣）最多的河北、山东、江苏，乃是当时大学同学人数较多的几省。②

在《歌谣周刊》上最为活跃的川人，应是郑宾于。郑宾于为重庆酉阳人，1923年进入北京大学国文系旁听，1924年考入北京大学研究所国学门，曾任教于成都师大、成都大学、四川大学、北京中俄大学和福建协和

---

① 其中有两首歌谣没有标明作者。

② 常惠：《歌谣采集十五年的回顾》，《歌谣周刊》1927年4月，第3卷第1期，第22 - 23版。

大学，代表作有《长短句》《文艺琐谈》《中国文学流变史》等。① 郑宾于与顾颉刚、吴虞等多有交集，在北大学习期间，参加了歌谣研究会，担任风俗调查会事务员，并出席了北大方言研究会成立会。他以郑孝观、宾于等名为《歌谣周刊》供稿颇多。《歌谣周刊》曾刊载他的供稿情况：

> 第二号"来件"：十二月二十日，收到郑宾于四川歌谣十四则；
> 第十六号"来件"：四月十七日收到郑宾于四川酉阳歌谣九则；
> 第八十一号"来件"：十三年十一月十二日，收到郑宾于四川酉阳歌谣二则。

《歌谣周刊》共计收到郑宾于提供的 25 则歌谣，后刊登了 12 则。② 另外，第九十七号"来件"记载："十三年五月二十日，收到郑宾于转直隶磁县张文焯歌谣四则，又直隶阜平王嘉斌歌谣五则，又直隶阜平赵云霄歌谣九则。"郑宾于也是最早响应歌谣学运动的四川人之一，《歌谣周刊》第十一号便已刊登了他搜集的酉阳民歌 4 首，第十四号又刊登了另外 4 首。这 8 首酉阳民歌应该就是他 12 月 20 日寄给《歌谣周刊》编辑部的 14 首民歌中的一部分。在第二次刊登的 4 首歌谣的末尾，郑宾于还对其流行区域进行了更为具体的描述："上四首民歌，乃酉阳之东南，南，西南通行者；盖地近贵州沿河县，被其浸淫特甚，故非酉阳全境所通行也。"

除郑宾于外，北京农科学生蓝梦九也积极参与了歌谣的搜集。③ 其搜集的四川歌谣数量颇丰，《歌谣周刊》第四号"来件"载："六日，收到蓝梦九四川歌谣四十三则"。但不知何故，《歌谣周刊》只刊登了他 4 首歌谣，即第十号刊登的通行于川北的《一根树》和通行于蓬安的《一张纸》，以及十一号上以《川北一首》和《蓬安一首》之名刊登的 2 首。但第二十四号《歌谣周刊》发布了《我们将来的希望》，首先表示歌谣搜集是一件

---

① 郑宾于著，熊宇飞编：《郑宾于文存》，桂林：广西师范大学出版社，2014。
② 熊宇飞在《不该被湮没的现代学者：郑宾于生平略考》中认为，郑宾于为《歌谣周刊》提供了酉阳歌谣 11 首，应是未将《歌谣》第 2 号上刊登的"收到郑宾于四川歌谣十四则"计算在内。
③ 据《蓬安县志》（四川辞书出版社，1994 年 11 月，第 735 页）记载的"1926 年（民国 5 年），终于以优异的成绩毕业于北京农业大学"可以推断，蓝梦九在 1922 年至 1926 年正在北京读书。

很不容易的事情，因此"弄了好几年并没很大的成绩"，接着叙述道"幸而各地热心的同志们很多，他们极力去搜集"，最后表示因有各位热心的同志，所以"将来的希望很大"，并且说：

> 这并不是妄想，有许多位我们已经准知道他们的热心不特没有减少了一点，并且还继续极力设法去搜集去。现在特意把这些位在后面都报告给大家。……（十四）四川蓝梦九先生允为搜集。①

每省列举出了几位热心收集歌谣的人，而四川的代表仅是蓝梦九，并且期望其可以为《歌谣周刊》继续搜集素材。但遗憾的是，《歌谣周刊》此后再也不见蓝梦九身影，具体原因不得而知，可能与其随后专注于农学，无暇他顾有关。

其他川籍寓京学生如四川华阳人孙元良，1923年考入北京国立法政大学政治科，1924年就读于北京大学预科，其投寄歌谣的消息也曾见于《歌谣周刊》第五号。另《歌谣周刊》第三十一号载："十月二十九日收到陈自能四川荣县歌谣二十则"。陈自能1922年中学毕业后曾在荣县河街民新学校任教一年，1923年考入了中国大学，由于革命思想深入脑际，1924年南下广州考进黄埔军官学校第三期。② 可见，在投寄荣县歌谣时，陈自能应就读于北京的中国大学。

除在京川籍学生直接投寄外，当时还有部分四川歌谣由北大职员转交给《歌谣周刊》的编辑，如《歌谣周刊》第二十九号载："十月十九日，以下由谷源瑞转来……收到李惟远四川成都歌谣四则"。谷源瑞与著名社会学家孙本文、哲学家冯友兰同是北京大学哲学门1915级本科生③，曾与李大钊有交往。④《沈尹默年谱》就此有所记载。

> 《校长布告》：十三年至十四年度各委员会委员长及委员名单，业

---

① 《我们将来的希望》，《歌谣周刊》1923年6月24日，第24号，第1－2版。

② 中国人民政治协商会议四川省荣县委员会文史资料研究委员会：《荣县文史资料选辑》（第4辑），1983，第65页。

③ 李浴洋：《缺席与在场——"新文化运动"时期冯友兰的教育经历与文化实践》，《文艺理论与批评》2017年第3期。

④ 王洁：《李大钊北京十年·交往篇》，北京：中央编译出版社，2010，第66页。

经评议会通过。兹特宣布于下：……本年须编订校章，每次开会时请校长室助教章廷谦、教务处秘书谷源瑞、总务长室秘书苏甲荣出席，藉资接洽。①

可见，谷源瑞当时已是北大教务处职员。谷源瑞是山东人，何以会代为转寄四川人李惟远搜集的歌谣，原因不得而知。目前所见李惟远的信息也颇少，只知他是成都人②，翻译了罗素《婚姻与道德》，1935 年曾出任叙属联立旅省初级中学校长。1939 年调教育厅担任督学。③ 但据史轩《早期清华的校园文化》："1928 年以后进入振兴期，成立了清华中国文学会，创办《文学月刊》，组建了文学组织'晨星社'等，其间代表人物有李健吾、李惟远、曹宝华、郝御风、霍士休等。"④ 由此推测，歌谣学运动时期李惟远可能已经是清华大学学生。另《歌谣周刊》第六十一号记载："收到尚献生转尚光璧四川成都歌谣十六则。"情况与李惟远相似，尚献生当时为北大研究所国学门方音研究会会员。李惟远和尚光璧收集的歌谣由当时的北大职员转给《歌谣周刊》，也印证了《歌谣简章》中提出的歌谣搜集的方法：一是本校教员学生，各就闻见所及，自行搜集。有私人搜集寄示，不拘多少，均受欢迎。二是嘱托各省官厅、各级学校或教育机构代为搜集。⑤

除在京求学的学生，四川也有部分社会职员参与到歌谣搜集活动中。如《歌谣周刊》第十八号"来件"："五月七日，收到刘伊凡四川重庆歌谣三十一则。"《歌谣周刊》后从刘伊凡收集的 31 首歌谣中选载了 9 首。无论是搜集数量还是刊载数量，与同时代其他四川歌谣的搜集者相比，刘伊凡都较为突出。而刘伊凡当时乃裕通钱庄重庆分庄店员，获知北大征集歌谣的消息并参与其中。据《商贸渝中》记载：

---

① 郦千明编著：《沈尹默年谱》，上海：上海书画出版社，2018，第 168 页。
② 中共南京市委党史工作办公室、南京市档案馆编：《南京调查资料校注》（上），南京：南京出版社，2019，第 295 页。
③ 成都市政协文史学习委员会编：《成都文史资料选编·教科文卫卷》（上），成都：四川人民出版社，2007，第 136 页。
④ 史轩：《早期清华的校园文化》，《科学时报》2009 年 9 月 15 日，第 4 版。
⑤ 李国太、詹勇华：《重观起点：〈歌谣〉周刊与中国歌谣研究的元问题》，《中华传统文化研究》（第 1 辑），成都：四川民族出版社，2022，第 8 页。

1907 年，他出生重庆一贫困家庭，两岁丧父，上有祖母，靠母亲在卷烟厂、火柴厂、缫丝厂等做临工维生……1921 年，刚满 14 岁就进入泸县裕通钱庄重庆分庄做学徒……三年期满，出师当先生（店员）。满师后自取号名伊凡。随后渝庄经理病逝，他负责店务。此后他创立代理其他县区同业小商号重庆业务，如货物运转、行情传报、比期收交等，扩大了业务并逐步树立了社会信用。1926 年裕通结束，一直到 1942 年，他担任过泸县多家糖、油、纱商号重庆代办、重庆"德源"代办经理，兼任蜀南轮船公司职员、新云南轮船会计、重庆糖业同业公会会计、常务理事、德新印刷所会计、代经理等职务。①

但刘伊凡毕竟是例外，这种似乎与歌谣搜集无关的从业者参与其中，可能是基于个人爱好，或出于偶然。除刘伊凡外，当时还有中学教师参与歌谣搜集。如《歌谣周刊》第三号"十二月二十七日收到李芳灿四川歌谣九则"，第五十四号"四月十五日收到梁心诚四川宜宾歌谣十八则"，其搜集者当时均为中学教师。李芳灿在新中国成立前是梁平一代名师，曾在梁中等校任教多年。② 抗战时期，他在梁山县主持"抗日读书会"，常和地下党员接触，后创办了"时进小学"。③ 梁心诚曾任教于叙州联合县立高中，革命烈士李硕勋在宜宾就学时，梁心诚正在该校执教。④

可见歌谣学运动期间，参与收集歌谣的川籍人士以在京学生为主，也有部分社会人士参与。学生们深受新文化运动的影响，思想开化，不再把歌谣视为乡夫游老之辞，同时又身居该运动的中心——北京，所以能积极响应征集歌谣的号召。

二、川籍人士与早期民俗学问题的讨论

《歌谣周刊》不仅为从全国各地搜集的歌谣开辟了一个刊载的专门阵

---

① 《商贸渝中》编辑委员会：《商贸渝中》，重庆：重庆出版社，2013，第 459 页。
② 梁平县政协文史委员会编：《梁平县文史资料》（第 7 辑），2003，第 187 页。
③ 冯鸿甲：《从"抗暴"走向社会》，《重庆陶研文史》2010 年第 3 期。
④ 张松林主编：《不朽的丰碑：纪念李硕勋烈士诞辰 100 周年文集》，海口：南海出版公司，2002，第 129 页。

地，也为中国歌谣学和民俗学相关问题的讨论提供了平台。《歌谣》的"发刊词"明确提出搜集、研究歌谣有"文艺的"和"学术的"两大目的①，后来在其上展开的讨论就体现了这两大目的。川籍人士除在歌谣征集中积极响应，在相关学术问题的讨论中也并未缺席，其中以郑宾于参与有关歌谣和孟姜女故事的讨论，以及毛坤参与方言问题的讨论最具代表性。其他一些学术史上的"无名者"也有参与。

郑宾于给《歌谣周刊》供稿颇丰，除了征集了数十首四川歌谣和《保定刘守真庙会中得的一首唱歌》外，还在《歌谣周刊》的"婚姻专号之二"发表了《歌谣中的婚姻观》一文。不仅如此，其后又于《北京大学研究所国学门月刊》上发表了《一句成语在元曲中之发见并质疑》《江南风俗一零》《刘爷与刘谷庙》等文章。他对孟姜女故事资料的搜集也颇有成就，有《〈畿辅通志〉中的孟姜女》《孟姜女在〈元曲选〉中的传说》《〈广列女传〉中的杞植妻和杞梁妻》《〈哭泉孟姜女祠记〉及其他》。这一系列有关孟姜女的讨论，除《孟姜女在〈元曲选〉中的传说》外，其他三文均以书信的方式刊载，抬头用"颉刚兄"称呼，而四篇文章的后面，也均附有顾颉刚的"按语"，可见这些文章均是对顾颉刚提倡搜集孟姜女故事相关材料的呼应，文章内容主要是披露作者自己所见到的孟姜女故事文献。

其实早在《歌谣周刊》第十五号的"来稿照登"中，便刊载了郑宾于给《歌谣》编辑的一封信，其中通过分析他所熟悉的家乡酉阳的歌谣，提出问答体的歌谣不限于"七言式"的四句一种模式。② 而《歌谣中的婚姻观》一文则通过对歌谣内容的解读，窥探其中蕴含的婚姻观念。该文在内容上并未突破时代的局限，却是受董作宾之邀专为"婚姻专号"而作，这本身说明郑宾于作为歌谣学运动学人群体之一员是毋庸置疑的。该文的一大贡献——如作者自己所言——则是首先刊载了几首可被归入"猥亵粗鄙"之列的歌谣，这在当时无疑是需要一定勇气的。

除郑宾于积极参与《歌谣周刊》中有关歌谣的讨论外，李璞也无意间

---

① 《发刊词》，《歌谣》1922 年 12 月 17 日，第 1 号，第 1 版。
② 郑宾于：《来稿照登》，《歌谣周刊》1923 年 4 月 22 日，第 15 号，第 5 版。

参与了有关医事歌谣的讨论。《歌谣周刊》第六十五号刊登了魏建功《医事用的歌谣》一文。魏建功在文中列举了几种他家乡江苏如皋有关医事的歌谣后，提出：

> 这一类的东西半属于风俗的范畴，又半属于歌谣（？）的范畴，我们把他调查出来，可以比较各处的习惯知民族关于医事的常识和心理……这类东西是属于歌谣范围内的呢？这个问题还请大家赐教。①

该文后还附有董作宾记录的几条河南南阳的医事歌谣的例子。董作宾将目的也阐述得十分清楚，那就是希望"引起读者的兴趣，也想出几条这类的歌谣来，大家研究研究"。魏建功、董作宾的文章发表后，直到《歌谣周刊》七十四号上才出现刘策奇的《迷信的术语》和杨德瑞的《读"医事用的歌谣"的杂感》两篇呼应的文章。但刘策奇开章明义地表示："这种词句，与其叫他作'医事用的歌谣'，无宁叫作'迷信的术语？'。"以此回应魏建功提出的此种民俗词句是否可以被称为歌谣的问题。即便如此，他最后还是承认"把他总集起来研究，于民俗心理学也不无小补"②。杨德瑞也认为："这类东西全是近于迷信的，实非智者所为，我以为这是风俗范围以内的，希望大家对于这种东西，广为搜集，俾使调查风俗者，考究方言者，而得些帮助。"③李璞发表在《歌谣周刊》七十四号上的《川东通行的医事歌谣》正是在此背景下诞生的。据文中自述可知，李璞为川东人无疑，但除此之外我们并不清楚他一生行迹，更遑论刊载此文时的情况了。但该文开篇说：

> 我今天见到杨德瑞君的读医事用的歌谣的杂感一文，所引的歌谣，颇与我家乡川东一带通行的相同。但是魏、董二君所述的例子我未见到，所以只将现在尚记得的，照着杨君的例子写出来。④

---

① 魏建功：《医事用的歌谣》，《歌谣周刊》1924 年 10 月 26 日，第 65 号，第 1 - 2 版。

② 刘策奇：《迷信的术语》，《歌谣周刊》1924 年 12 月 28 日，第 74 号，第 1 - 2 版。

③ 杨德瑞：《读"医事用的歌谣"的杂感》，《歌谣周刊》1924 年 12 月 28 日，第 3 版。

④ 李璞：《川东通行的医事歌谣》，《歌谣周刊》1925 年 1 月 18 日，第 74 号，第 1 - 2 版。

由此可知，李璞写作此文具有偶然性。从他未曾见到魏建功、董作宾的文章来看，他并没有机会窥见《歌谣周刊》全貌，对该讨论的缘起可能也并不清楚，仅在偶然阅读了杨德瑞的文章后，才决定将自己亲见亲闻之医事歌谣录寄发表。他虽不曾自觉参与"医事歌谣"的讨论，却客观上为该话题提供了四川案例。

除参与歌谣、民间故事等问题的讨论外，歌谣学运动期间的方言讨论中也不乏川籍人士的身影。方言问题与歌谣征集相伴而生，1918 年 2 月公布的《北京大学征集全国近世歌谣简章》中，就提出由钱玄同、沈兼士二人考订方言。随着歌谣收集、整理的开展和研究的深入，方言、方音等开始成为独立于歌谣之外的问题进入《歌谣周刊》的讨论范围。① 1924 年 1 月 26 日成立了北大研究所国学门方言方音调查会，5 月 17 日该会第二次常会通过简章，改名为北大方言研究会，但对于该研究会的命名，一直存在争议，四川的毛坤②便是争议的发起者之一。

早在方言调查会成立之前，毛坤给沈兼士、钱玄同和林语堂的信中就提出"'方音'二字比'方言'二字较好"，并给出三点理由。一是"各地语言之所以不同全在于音"；二是从调查上说，用方言的名义，无法实行玉堂所说就语言所行地域之远近画一图表；三是从改革上说，用方言二字，仍会沿用扬子云、章太炎等人的研究方法，不利于革新。③ 针对毛坤的观点，董作宾迅速作出回应，坚持"方言"的用法，并且认为之所以人们会觉得"方音"比"方言"好，原因在于从扬雄开始，中国古代的方言研究都重词汇，因此把广义的方言变为只重词汇的狭义方言了。经过讨论后，毛坤的观点被扬弃。

---

① 李国太：《北京大学歌谣学运动与歌谣学派的方言研究》，《四川省语言学会成立四十周年庆祝大会暨第二十一届学术年会论文集》（上），2021，第 426－440 页。

② 毛坤字良炉，号体六，又号铁炉，四川宜宾人，1900 年出生，1905 年在私塾读书，1915 年考入成都师范学堂，1920 年毕业，留校任教。同年毛坤为了深造，约同窗数人沿江东下，经安徽北上京师，考入北京大学文科预科，1922 年毕业后升入北大哲学系。参见四川省政协文史资料研究委员会、四川省文史馆编：《四川近现代文化人物·续编》，四川人民出版社，1989，第 251－252 页。

③ 毛坤：《为方言进一解·毛坤给沈兼士、钱玄同和林语堂的信》，《歌谣》1924 年 4 月 6 日，第 49 号，第 3 版。

有意思的是，毛坤在论述中还顺便言及四川方言的分区问题，他说：

> 我们四川自有其天然的分域，如沱江上游，国音之所谓去声入声多读若阳平，沱江下游，国音之所谓入声（修正过的国音字典）多读为去声，岷江沿岸州县，于国音之所谓入声，全都读的出来，（外乎此者，不能读入声）其他川东川北，皆有自然的分域，釐不乱。①

毛坤引此段文字虽然是为了说明方言区划全由方音差异决定，但这可能也是目前所见对四川方言进行的最早的分区。

除此之外，毛坤还在《歌谣周刊》第五十五号上发表了成都方言标音实例。《歌谣周刊》第五十五号乃"方言标音专号"，卷首刊载有林语堂的《方言调查方音字母草案》，紧接其后的是对北京、苏州、绍兴、绩溪、南阳、黄冈、湘潭、昆明、广州、潮州、厦门、成都、福州、焦岭共计 14 个点的方言标音实例，其中成都音的发音人和标音者均为毛坤。可见，将毛坤视为中国最早一批从事现代方言研究的川籍人士并不为过。《歌谣周刊》第八十九号还发表了毛坤翻译的马伦笃夫之《关于中国之异族语及中国方言之分类》。毛坤在文末按语中说："按本篇 Mollendorff 所论恐不免全无误处，惟其中足供参考之事实亦不少，故全盘译出，以便有心方言研究者之参照。"② 其理性之态度，可见一斑。遗憾的是，作为四川最早致力于现代汉语方言研究的学者之一，毛坤后来并未在此道路上继续前行，而是成为中国图书馆学的开拓者。③

有学者研究已指出："周刊的第 49 号可以看作办刊方向的一个转折点……转折之后的《歌谣周刊》则不再将眼光局限于歌谣，更多地向民俗倾斜。不仅在文学方面增加了谜语、谚语、歇后语、童话、寓言、地方传说等形式，还有属于俗文学范围的民间小曲、小调和唱本等，更重要的是

---

① 毛坤：《为方言进一解·毛坤给沈兼士、钱玄同和林语堂的信》，《歌谣》1924 年 4 月 6 日，第 49 号，第 3 - 4 版。

② 马伦笃夫著，毛坤译：《关于中国之异族语及中国方言之分类》，《歌谣周刊》1925 年 5 月 3 日，第 89 号，第 6 版。

③ 四川省政协文史资料研究委员会、四川省文史馆编：《四川近现代文化人物·续编》，成都：四川人民出版社，1989，第 251 - 257 页。

增加了民俗方面的研究和讨论。"① 川籍人士也参与到各种民俗资料的征集与相关问题讨论中。例如，《歌谣周刊》第七十二号的"征题"中，刊载了"腊八粥"的征题，其说明文字如下：

> 旧历十二月初八，俗称"小年下"，也叫他"腊八几"②，这一天，大家小户，都是要吃一顿"腊八粥"的，读者诸君，您吃过吗？请您材料做法，写出来给我们！您没吃过吗？也请您告诉我们一声，使我们知道贵处的风俗，干脆说吧：我们打算在腊八日，出这么一个专号呢。再关于各处"腊八几"的歌谣谚语传说等等，尤其欢迎。③

随后《歌谣周刊》第七十五号便是"腊八粥专号"，刊登了北京、南阳、山西、束鹿、崇明五个地区有关腊八粥的习俗。在 5 篇文章刊载完后，又附有一段文字：

> 我们为征求的普遍与便利，曾作四个简单的问题分头向各处直接调查，成绩倒很不坏，只可惜时间太促迫了，终于没有做到完密的境地。④

在应征的十余篇文字中，便有成都祝逢春、彭水王季和、峨眉金满成对其所在地腊八粥相关习俗的调查。除此之外，郑宾于也提供了资料，但他的调查结果显示酉阳无"腊八粥"的说法，更无相关民俗。⑤ 虽然在当时众多民俗问题讨论中，有关腊八粥习俗的讨论并不深入，所拟定的调查提纲也较为简洁，但四川有 4 人参与其中，也从侧面说明歌谣学运动在四川地区还是产生了一定影响。

总而言之，歌谣学运动时期以郑宾于和毛坤为代表的川籍学人积极参与歌谣与民俗问题的讨论，且与学界名流顾颉刚、董作宾、林语堂等过从甚密。但整体而言，参与人员的数量和讨论问题的深度十分有限，不过他

---

① 方曙：《〈歌谣周刊〉与北大歌谣运动》，《大学图书情报学刊》2007 年第 2 期。
② "腊八几"应为"腊八节"之讹误。
③ 《本刊征题八》，《歌谣周刊》1924 年 12 月 14 日，第 72 号，第 8 版。
④ 《歌谣周刊》1925 年 1 月 4 日，第 75 号，第 6 版。
⑤ 《歌谣周刊》1925 年 1 月 4 日，第 75 号，第 8 版。

们有限的参与也恰好证实了歌谣学运动是寓京学者发起的一场"眼光向下的革命",它虽指向"全国",实际影响则主要限于华北、中原和江南等区域,西南、西北等地相对沉寂。

余 论

1927 年蜀中大儒刘咸炘撰著《浅书续录》,其中有"考古民风纲目"和"土风纲目"两门。"考古民风纲目"包括谣谚、格言、故事小说、游戏等内容,"土风纲目"后标注有"北京大学风俗调查会表所列",所列内容则完全誊抄自风俗调查会制定的调查表格。①《浅书续录》是刘咸炘写给弟子的治学门径之书,所开列书目应是他认为必有可观者。作为深谙中国传统学问之道的大儒,他能将风俗调查表格列入其中,固然与他历来重视"民风"有关,但也从侧面说明歌谣学运动之影响已及蜀中儒林。由是观之,四川民俗学发展的标志性事件是 20 世纪 30 年代于飞、樊缜在重庆成立民俗学会、出版《民俗周刊》,但其肇始则应前溯至川籍人士积极参与歌谣学运动。当时的参与者虽人数不多,参与深度有限,且多没有学科自觉意识,往往是基于个人的兴趣、爱好偶一为之,后来也未在民俗学研究道路上继续前行,但这些有限的参与毕竟引起了蜀中人士的注意,使中国现代民俗学之风吹进巴蜀大地。从这个意义上说,四川民俗学与中国民俗学的整体发展基本同步。这也启示我们,对 20 世纪中国民俗学史的研究,如立足于运动"策源地"和"中心"的考察,则需充分肯定北大时期、中大时期、杭州时期的历史贡献;如从"区域"或"边缘"视角出发,考察全国各地民俗学从萌芽到发展的过程,则为理解中国民俗学的多元发展提供了一种可能的路径。

---

① 黄曙辉编校:《刘咸炘学术论集·文学讲义编》,桂林:广西师范大学出版社,2007,第 193-196 页。

日本学者羌族研究文献辑录：
学者群像与成果知识网络考察*

刘　岩** 汪　洋*** 卢文飞****

摘　要：日本学者早期对羌族的研究主要以历史文献为主要材料，进入 20 世纪 80 年代主要以田野调查为主，辅以历史文献，在收集与整理新史料文献的同时，佐证与再诠释古代羌族文献史料。文章通过系统梳理日本学术界羌族研究的代表学者及其相关著述，厘清了日本学界羌族研究的内容焦点，结果表明：以出生于 20 世纪 40—60 年代的学者为日本羌族研究的核心群体，以爱知大学、国立民族学博物馆、早稻田大学等为核心研究机构，研究内容主要集中在居住空间、服饰与刺绣文化、宗教信仰、汶川地震等方面。扩展言之，系统整理与译介述评海外学者羌族研究文献，不仅可以补充与拓展国内羌学研究的深度与广度，还可以促进羌族文化在海外的传播与接受。

关键词：日本学者　羌族研究　文献辑录　学者群像　成果述评

羌族是我国最古老的民族之一，有着悠久的历史和丰富的文化。最早羌族散居于西北部，过着游牧生活，随着历史的发展，羌族逐渐发展为分布在西南的少数民族。根据《中国统计年鉴 2021》的统计结果，中国境内羌族人口达到了 31 万余人，主要分布在四川省阿坝藏族羌族自治州的茂

---

* 本文系国家社科基金一般项目"日本近代中国西南调查及馆藏图文资料整理与研究"（项目编号：22BTQ013）的阶段性成果。

** 刘岩，工学博士，贵州大学外国语学院副教授，贵州大学日本研究所所长，研究方向为近代中日交流史、典籍翻译与传播。

*** 汪洋，贵州大学外国语学院副教授，硕士生导师，研究方向为民俗翻译、翻译理论与实践。

**** 卢文飞，贵州大学外国语学院日语笔译研究生，研究方向为典籍翻译。

县、汶川县、理县、松潘县、黑水县、绵阳市的北川羌族自治县、平武县，以及四川省甘孜藏族自治州的丹巴县等地。羌族没有本民族的文字，有本民族语言——羌语，学术界普遍认为羌语属于独立的汉藏语系藏缅语族羌语支。①

羌族研究是西南民族研究的重要组成部分。国内对羌族的科学研究始于 20 世纪，至今羌族研究已经进入多元化发展阶段，涉及领域广泛，② 有关国内羌族研究的著作和论文层出不穷，羌族研究的方法也在日益更新。③第二次世界大战后日本对中国少数民族进行了研究，由于早期无法在中国进行实地田野调查，日本学者多参照中国人撰写的论文和报道，研究成果缺乏田野调查的现实观照。随着中国改革开放的不断推进以及中日邦交正常化，日本学者逐渐以友好访问的形式短期踏访中国少数民族地区，了解少数民族的居住环境、民间信仰、生活习俗等。以研究中国少数民族为旨趣的留华日本学人多次深入踏访少数民族地区，进行田野调查、语音访谈、文献搜集、影像记录等。通过查阅，笔者发现国内学者对海外学者羌族研究文献鲜有关注。系统整理与译介评述日本学术界羌族研究文献的时空分布、学者群体、研究焦点等内容，对中国少数民族文化的海外传播、少数民族史的域外书写等具有重要的文献价值与现实意义。

一、文献回顾与研究目的

羌族作为我国最古老的民族之一，受到了国内学者的广泛关注。学术界对羌族各方面进行了系统化、综合性的研究。

通过对国内学者羌族研究成果的回顾与分类，总结出研究内容主要集中在以下方面：第一，羌族非物质文化的传承与保护，如黄馨颉等④、高

---

① 黄布凡、周发成：《羌语研究》，成都：四川人民出版社，2006，第 1 页。
② 耿静：《羌族研究综述》，《贵州民族研究》2004 年第 3 期。
③ 叶志强、胡泽、李博等：《近十年来羌族族源研究综述》，《四川民族学院学报》2014 年第 3 期。
④ 黄馨颉、徐粒鸿、谢盛菊等：《羌族传统音乐与"快闪"文化文献综述》，《艺术品鉴》2020 年 18 期。

妮娜等①、史浩琳②、陈松等③、肖霄④、焦虎三⑤、叶健⑥、邹莹⑦、刘成⑧、甄建兰⑨、张丹等⑩、张蓉颜⑪、陈春勤⑫、马宁等⑬、宝乐日⑭对羌族的传统音乐、体育活动、舞蹈、民俗、口头艺术、节日、语言、婚俗、服饰、医药、宗教信仰等进行了研究；第二，对羌族族源、历史方面的研究，如曾晓梅等⑮、马勇⑯、叶志强等⑰、常倩⑱所做的关于氐羌、羌族族源以及羌族史的研究；第三，羌族文学与文化，如熊刚等⑲、蔡京君等⑳、郑瑞涛㉑、刘筝筝㉒所做的关于羌族文学文化的研究。从时间上看，2008年"5·12"汶川特大地震之后，羌族研究逐渐转向文化研究，具体包括如何拯救与保护羌族的非物质文化、如何重建在地震中被破坏的羌族历史

① 高妮娜、牛健壮、孙得朋等：《羌族传统体育活动的表现形式研究综述》，《体育世界（学术版）》2019 年第 9 期。

② 史浩琳：《羌族舞蹈在学前艺术教育中传承现状综述》，《中国民族博览》2018 年第 2 期。

③ 陈松、李治兵、李想：《国内羌族民俗旅游研究综述》，《阿坝师范学院学报》2016 年第 4 期。

④ 肖霄：《四川羌族音乐文献综述》，《音乐时空》2016 年第 5 期。

⑤ 焦虎三：《羌族口头艺术研究综述》，《四川民族学院学报》2015 年第 6 期。

⑥ 叶健：《羌族节日研究综述》，《阿坝师范高等专科学校学报》2015 年第 3 期。

⑦ 邹莹：《羌族语言研究综述》，《阿坝师范高等专科学校学报》2013 年第 4 期。

⑧ 刘成：《羌族婚俗研究综述》，《四川民族学院学报》2013 年第 4 期。

⑨ 甄建兰：《羌族服饰文化研究综述》，《艺海》2012 年第 8 期。

⑩ 张丹、张艺、孟凡等：《羌族医药文化研究综述》，《湖北成人教育学院学报》2010 年第 3 期。

⑪ 张蓉颜：《羌族羊皮鼓研究文献综述》，《明日风尚》2020 年第 7 期。

⑫ 陈春勤：《羌族释比文化研究综述》，《西部学刊》2014 年第 2 期。

⑬ 马宁、钱永平：《羌族宗教研究综述》，《贵州民族研究》2008 年第 4 期。

⑭ 宝乐日：《羌族语言及新创文字使用研究综述》，《阿坝师范高等专科学校学报》2008 年第 1 期。

⑮ 曾晓梅、吴明冉：《羌族种落文献及其研究综述》，《阿坝师范学院学报》2018 年第 1 期。

⑯ 马勇：《近三十年国内氐羌族源的研究综述》，《四川民族学院学报》2017 年第 6 期。

⑰ 叶志强、胡泽、李博等：《近十年来羌族族源研究综述》，《四川民族学院学报》2014 年第 3 期。

⑱ 常倩：《近百年来羌族史研究综述》，《贵州民族研究》2009 年第 3 期。

⑲ 熊刚、邹莹：《羌族文学研究综述》，《大连民族学院学报》2014 第 2 期。

⑳ 蔡京君、王广瑞.：《一次羌族文化研讨的学术盛会——首届羌族文化论坛综述》，《四川民族学院学报》2010 年第 6 期。

㉑ 郑瑞涛：《羌族文化的传承与嬗变——对四川羌村的追踪研究》，2010 年中央民族大学博士论文。

㉒ 刘筝筝：《近十年来羌族文化研究综述》，《重庆科技学院学报》（社会科学版）2008 年第 10 期。

文化以及如何重新评估羌族的旅游资源并为其服务等，这些主题成为羌族研究中的重要任务。① 相关文献有岳成明的《震后国内羌族文化保护研究综述》②、周旭的《传承民族文化 守护精神家园——首届中国羌族非物质文化遗产与灾后重建研讨会综述》③ 等。

日本学术界在羌族研究文献方面的代表性成果可参见《近 30 年来日本学者的羌族研究文献综述》④《基于历史考古视角下的日本羌族研究文献综述》⑤ 等。为进一步掌握日本学术界羌族研究的焦点内容，及时补充日本学术界羌族研究的最新学术成果，本文以日本学术论文数据库（CINII）、日本国立国会图书馆以及日本科研数据库 KAKEN 为检索数据库，分别以"羌族"和"チャン族"为关键词进行检索，系统整理与羌族研究相关的文献以及学者。一方面从年龄分布、机构单位、区域分布等方面宏观呈现日本羌族研究学者群像，另一方面梳理与回顾日本羌族研究的代表性学者及其著述，并对相关成果进行译介述评，以期进一步深化海外学者羌族研究学术成果的认知。

二、日本学术界羌族研究文献整理与分析

（一）学术论文

本文收集并整理了日本学界在羌族研究方面所取得的学术论文成果，共计 42 篇论文，其中包括 1 篇博士论文。

从论文主题上看，日本学者对羌族的研究涉及宗教、习俗、服饰、历

---

① 叶志强、胡泽、李博等：《近十年来羌族族源研究综述》，《四川民族学院学报》2014 年第 3 期。

② 岳成明：《震后国内羌族文化保护研究综述》，《学理论》2012 年第 28 期。

③ 周旭：《传承民族文化 守护精神家园——首届中国羌族非物质文化遗产与灾后重建研讨会综述》，《四川戏剧》2011 年第 3 期。

④ 赵蕤：《近 30 年来日本学者的羌族研究文献综述——以文化人类学为中心》，《贵州民族研究》2014 年第 5 期。

⑤ 赵蕤：《基于历史考古视角下的日本羌族研究文献综述》，《中华文化论坛》2014 年第 1 期。

史、集落形态、建筑、语言、农业、刺绣、人口流动、震后灾区重建与复兴等多个方面，说明日本学界对羌族做了多维度的研究。

从论文作者来看，爱知大学的松冈正子教授是日本羌族研究最具代表性的学者，共发表了 10 篇论文，占论文总数的 23.8%，其中包括松冈教授的博士论文《中国青藏高原东部少数民族的民族学研究：羌族与"西番"各族群》①；其次是千叶大学的植田宪教授，发表 6 篇论文，占论文总数的 14.3%；京都女子大学的井上えり子发表了 4 篇论文，占论文总数的 9.5%；放送大学的稻村哲也发表了 3 篇论文，占论文总数的 7.1%；鹿泽大学的金丸良子和国立民族学博物馆的塚田诚之各发表了 2 篇论文，各占论文总数的 4.8%；其余学者对羌族均是在研究中略有提及，尚未展开论述。

从发文期刊来看，各有 4 篇论文发表于《中国 21》和《日本建筑学会》，占论文总数的 9.5%；各有 3 篇论文发表于《亚洲设计文化学会》《爱知大学国际问题研究所纪要》以及《共生文化研究》，占论文总数的 7.1%；各有 2 篇论文发表于《季刊民族学》和《设计学研究》；剩余论文均零散发表于其他各个期刊。这体现了日本学术界羌族研究的跨学科、多领域的特征。

为了更好呈现日本羌族研究论文的发文时间的分布规律，笔者对 42 篇论文按照发表时间进行整理（见图 1）。由图 1 可以看出，日本羌族研究论文最早发表于 20 世纪 60 年代，此后的 60 年间，论文数量呈逐渐递增趋势，反映出日本学界对羌族持续关注，且关注力度逐渐增强。20 世纪 60 年代共有 1 篇论文发表；1981—1990 年，论文发表数量增加到 6 篇。这是由于改革开放与中日关系的好转，日本学者能以友好访问的形式短期参观少数民族地区，可以了解少数民族的部分真实生活②，为羌族研究提供了田野调查的数据；1991—2000 年，论文发表数为 8 篇；2001—2010 年，论文发表数为 12 篇；2011—2020 年，论文发表数为 15 篇。近 20 年来涌现了

① 松冈正子：《中国・青藏高原東部の少数民族に関する民族学的研究：チャン族と「西番」諸集団》，早稻田大学，2004。
② 赵蕤：《近 30 年来日本学者的羌族研究文献综述——以文化人类学为中心》，《贵州民族研究》2014 年第 5 期。

大量日本羌族研究论文，发表数共 27 篇，占论文总数的 64.3%。尤其是在 2008 年汶川特大地震之后，日本学者对羌族受灾地区的重建、羌文化的保护与复兴、中日两国间应对地震的经验与教训上的交流等极为重视，共发表了 9 篇相关论文。可见这一时期是日本学术界研究羌族的重要时期。

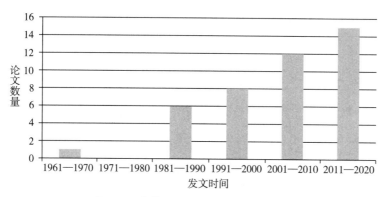

图1　日本羌族研究论文发表时间分布

（二）专著

以"羌族"和"チャン族"为关键词在日本国立国会图书馆进行检索，得到 9 部与羌族有关的专著（见表1）。由表1可见，日本羌族研究专著侧重于研究羌族历史以及汶川特大地震后的重建与开发。此外，日本学者对民族文化也较为关注，共有 2 部专著涉及该内容。从专著作者来看，松冈正子教授在羌族研究领域占据重要位置，共出版了 4 部与羌族有关的专著。日本学术界羌族研究专著主要由风响社、ARUMU 两大出版社出版。从出版时间来看，除松冈寿八于 1940 年出版的《中国民族性研究》[1] 外，其余 9 部专著均在进入 21 世纪后出版，即近 20 年内出版，这与上文所说近 20 年来是日本学术界研究羌族的重要时期一致。

---

[1]　松冈寿八：《支那民族性の研究》，東京：日本評論社，1940。

表1　日本羌族研究专著统计

序号	专著名称	作者	出版社	出版时间
1	支那民族性の研究	松岡寿八	日本評論社	1940
2	チャン族と四川チベット族：中国青藏高原東部の少数民族	松岡正子	ゆまに書房	2000
3	漢民族の源流を探る：羌族史の解明から	中野謙二	エフ・アイ・プラン	2003
4	エコ・イマジネール：文化の生態系と人類学的眺望	嶋内博愛 出口雅敏 村田敦郎	言叢社	2007
5	中国の民族文化資源：南部地域の分析から	武内房司 塚田誠之	風響社	2014
6	青藏高原東部のチャン族とチベット族：2008 汶川地震後の再建と開発 論文篇	松岡正子	あるむ	2017
7	青藏高原東部のチャン族とチベット族：2008 汶川地震後の再建と開発 写真篇	松岡正子	あるむ	2017
8	歴史と記憶：文学と記録の起点を考える	松岡正子等	あるむ	2017
9	資源化される「歴史」：中国南部諸民族の分析から	長谷川清 河合洋尚	風響社	2019

（三）科研课题

笔者在日本科研数据库 KAKEN 共检索到 20 项与羌族相关的科研课题，并将基本信息整理为表 2。从表 2 可以发现，日本学者涉及羌族的科研课题主要与震后教育、文化保护、语言、集落与建筑、古代羌族（如东晋时期与汉魏六朝时期）有关。代表性学者除松冈正子教授以外，鹿泽大学的白井聪子、京都大学的池田巧、大谷大学的小西贤吾以及京都女子大学的高冈えり子等学者每人均主持过 2 项涉羌科研项目。从研究时间上看，日本羌族研究课题最早始于 1977 年，是以后藤胜为代表进行的"汉魏六朝时期的氐羌族研究"，21 世纪之前的科研课题共有 6 项，而进入 21 世纪之后至今的课题共有 14 项，反映出进入 21 世纪日本学术界对羌族研究呈现了较高的学术关注度与极大的学术热情。

表2　日本羌族研究科研课题统计

序号	课题名称	研究代表	研究时间
1	漢魏六朝時代における氏羌族の研究	後藤勝	1977
2	東晋時代華北諸胡族仏教の研究	諸戸立雄	1986
3	中国四川省における農村集落の構成——揚子江下流域との比較	高岡えり子	1995
4	中国羌族の集落と住居に関する研究	高岡えり子	1996
5	四川省成都盆地における巴蜀文化の研究	工藤元男	1997—2000
6	古羌系民族の住居空間構成に関する研究	井上えり子	1999—2000
7	古代遺跡より出土した生贄人骨に見られる損傷の法医病理学的研究	黒崎久仁彦	2004—2005
8	東チベットの言語分布と伝播経路を探究するための地名研究	池田巧	2004—2006
9	中国の民族理論と民族間関係の動態——文化人類学的視点からの検証	瀬川昌久	2007—2009
10	中国西南部の同系多言語社会における地域特徴形成の調査研究	白井聡子	2007—2010
11	経済成長下における伝統的社会集団の再編と存続——中国四川省のボン教寺院を事例に	小西賢吾	2008—2009
12	四川省チベット地区における中国共産党の宗教政策及び統一戦線活動に関する研究	川田進	2008—2011
13	中国・モン川大地震後のチャン族と「羌文化」	松岡正子	2009—2011
14	四川大地震における住宅復興の類型的調査研究	塩崎賢明	2010—2013
15	チベットの伝統宗教の越境と存続に関する文化人類学的研究	小西賢吾	2011—2013
16	中国四川省西部の同系多言語社会における地域特徴解明のための言語学的調査研究	白井聡子	2011—2015
17	羌系諸語の歴史と西夏語の位置づけに関する実証的研究	池田巧	2011—2016
18	中国古代における軍事費計量化の試み	藤田高夫	2013—2016
19	四川省・チベット族の集落特性と変容および集落特性を生かした集落整備に関する研究	中山徹	2017—2021
20	大規模災害に関する集合的記憶の物象化・物語化と防災教育	林勲男	2018—2022

三、日本学术界羌族研究学者群像及代表性学者的学术成果

（一）日本学术界羌族研究学者群像考述

经确认，涉及羌族研究的日本学者共有58名，其中能够检索出生年月的学者共18名，能够检索到学者所在机构的共41名。本节以此数据为基础，从日本羌族研究学者的出生年代、所属机构以及机构所在区域分布三个方面进行分析，宏观呈现日本羌族研究的学者群像的整体状况。

1. 年龄构成

为了系统分析日本羌族研究学者的出生年份，笔者对目前确认得到的18名学者的出生时间开展统计，具体各个时间段内学者的出生年份情况见表3。从时间段的分布来看，日本学术界羌族研究学者的出生日期分布在20世纪10年代至80年代，从表3可以看到1980年之后出生的日本学者尚未涉及羌族研究，说明日本缺乏对羌族进行研究的青年学者，有待加入研究的青年力量。从学者出生的各个时间段来看，出生于1941—1960年的羌族研究学者人数占比达到55.5%，日本羌族研究的主要代表松冈正子（1953年生）教授也出生于该时间段内，由此可见这一时期出生的学者是羌族研究的重要力量，学术积累丰厚。

表3　日本羌族研究学者出生年份统计

出生年份	1911—1920	1921—1930	1931—1940	1941—1950	1951—1960	1961—1970	1971—1980
人数	2	1	1	4	6	2	2
占比	11.1%	5.6%	5.6%	22.2%	33.3%	11.1%	11.1%

2. 日本学术界羌族研究学者的单位与区域分布

为清晰展现日本学术界羌族研究学者的所属机构及机构所在区域分布的特点，笔者对41位学者的所属机构与机构所在区域分布进行了统计（见表4）。由表4可知，日本羌族研究学者的所属机构与所在地域呈现了集中性与不均衡性的特征。从地域分布上看，主要分布在5个区域中的31

家机构中，其中关东地区涉及羌族研究的机构最多，共有15家机构与20位学者，占48.8%；其次是近畿地区，共有9家机构与13位学者，占31.7%；中部地区有3家机构与4位学者，占9.8%；东北地区有3家机构与3位学者，占7.3%；北海道地区仅有1家机构与1位学者，占2.4%。与之相对，据目前所查资料，其他地区则尚未有学者和机构涉及羌族研究。

从单位分布上看，日本羌族研究学者分散于各个机构，除关东地区的东海大学、早稻田大学、鹿泽大学、成城大学，近畿地区的国立民族学博物馆、京都大学、京都女子大学，中部地区的爱知大学有2—3名学者外，其他各个机构均只有1名羌族研究学者，反映出日本羌族研究学者呈零散分布状态，未形成大规模的空间聚焦效应。

表4　日本羌族研究学者所属机构与机构所在区域分布统计

序号	所在地区	机构名称	人数	占比	序号	所在地区	机构名称	人数	占比
1	北海道地区	北海道教育大学	1	2.4%	17	关东地区	东京大学	1	48.8%
2	东北地区	东北大学	1	7.3%	18		早稻田大学	2	
3		郡山女子大学	1		19		千叶大学	1	
4		秋田大学	1		20		学习院大学	1	
5	中部地区	爱知大学	2	9.8%	21		东海大学	3	
6		岐阜县岐阜商高	1		22		鹿泽大学	2	
7		名古屋大学	1		23		放送大学	1	
8	近畿地区	国立民族学博物馆	3	31.7%	24		东京理科大学	1	
9		京都大学	2		25		东邦大学	1	
10		立命馆大学	1		26		武藏大学	1	
11		京都女子大学	2		27		相模女子大学	1	
12		流通科学大学	1		28		东京学艺大学	1	
13		大阪工业大学	1		29		文教大学	1	
14		关西大学	1		30		立正大学	1	
15		奈良女子大学	1		31		成城大学	2	
16		大谷大学	1		—		—	—	—

（二）日本学术界羌族研究代表性学者及相关成果

日本学术界诸多学者对羌族进行了全面、系统、深入的研究，各学者的研究领域不同，呈现了不同的研究侧重点。

1. 松冈正子

松冈正子 1953 年出生于长崎，是日本羌族研究的代表性学者之一。松冈正子 1976 年毕业于早稻田大学第一文学部中国文学专业，1982 年在早稻田大学研究生院修完文学硕士课程，曾于 1988—1989 年到四川大学历史系留学，2004 年获得早稻田大学文学博士学位。松冈正子现任爱知大学研究生院中国研究科现代中国学部教授，从事中国民俗学与日本文化研究，同时还兼任国立民族学博物馆研究员。松冈教授从 20 世纪 80 年代至今一直对居住在青藏高原东部、四川省峡谷地带的羌族与藏族的生业形态、人口流动、衣食住、祭祀仪式、婚葬习俗等进行研究，对历史考古、民俗文化等研究领域均有涉足，基于田野调查完成的人类学领域的著作颇多（见表5），可以说是日本学术界羌族人类学研究的领军人物。① 此外，松冈正子也对山东省的农村地区的汉族民俗，河北省武强等地的年画进行了田野调查与文献收集。

表 5　松冈正子羌族研究成果一览表

序号	题目	类别	年份
1	中国·青蔵高原東部の少数民族に関する民族学的研究：チャン族と「西番」諸集団	博士论文	2004

---

① 赵蕤：《近30年来日本学者的羌族研究文献综述——以文化人类学为中心》，《贵州民族研究》2014 年第 5 期。

续表5

序号	题目	类别	年份
2	「山海経」西次三経と羌族——昆侖之丘と羌の雪山について		1986
3	氐・羌族関連文献資料選目		1988
4	中国，四川省羌族の葬式		1990
5	中国，四川省羌族の衣食住（くらし）		1990
6	羌族研究の動向		1990
7	チャン族の「羌暦年」——理県蒲渓郷大蒲渓村の事例を中心として		1994
8	チャン族・プミ族（特集 中国少数民族百科——55民族・その歴史とくらし）		2000
9	中国・少数民族における改革開放後の人口移住——四川省チャン族を事例として	论文	2003
10	中国四川大地震後の羌族と羌族民族文化資源の復興		2009
11	汶川地震後におけるチャン文化の復興と禹羌文化の創出		2012
12	汶川地震後のチャン族研究（1）		2013
13	中国西部民族地区における貧困と移住（1）汶川地震後の四川省茂県雅都郷のチャン族を事例として		2015
14	中国西部民族地区における貧困と移住（2）汶川地震後の四川省茂県雅都郷のチャン族を事例として		2015
15	チャン族の「家族」：四川省阿壩蔵族羌族自治州茂県大瓜子寨を事例として（家族の諸相）		2021

序号	题目	类别	年份
16	中国少数民族事典		2001
17	チャン族と四川チベット族：中国青蔵高原東部の少数民族		2000
18	四川のチャン族：[ブン] 川大地震をのりこえて 1950－2009	专著	2010
19	青蔵高原東部のチャン族とチベット族：2008 汶川地震後の再建と開発 論文篇		2017
20	青蔵高原東部のチャン族とチベット族：2008 汶川地震後の再建と開発 写真篇		2017
21	歴史と記憶：文学と記録の起点を考える		2017
22	中国・モン川大地震後のチャン族と「羌文化」	课题	2009

松冈正子基于在四川留学期间的田野调查，撰写了博士论文《中国青藏高原东部少数民族的民族学研究：羌族与"西番"各族群》①，对羌族与"西番"进行了民族学研究。文章正文部分由八章构成，第一章基于前人的研究成果与自己所做的田野调查所获得的第一手资料，对羌族的人口流动、自然环境、生业、衣食住、祭祀仪式与葬礼习俗进行了概述，分析了羌族的传统生活文化及其变化。第二章以四川省阿坝藏族羌族自治州理县蒲溪村为研究对象，分析了羌族集落的形成、特征、运营，以及羌族宗族组织、婚姻关系和习俗。第三章以四川省阿坝藏族羌族自治州理县蒲溪村的人口流动为背景，以20世纪90年代之前与其后实施"天然林保护""退耕还林"政策阶段为两大时间段，考察了这两个时期羌族人口流动的过程与原因。第四章对比富裕的河谷集落与贫困的山腰集落在改革开放后的经济变化，分析两地经济状况产生差异的原因与背景，并考察了经济发展模式。第五章考察了四川省阿坝藏族羌族自治州理县蒲溪村祭祀仪式的变化与传统祭祀仪式的功能、特征与变化，明确了羌族民俗文化嬗变与意

① 松冈正子：《中国・青蔵高原東部の少数民族に関する民族学的研究：チャン族と「西番」諸集団》，早稲田大学，2004。

识变化。第六章到第八章是关于"西番"各族群的基础研究。第六章从嘉绒藏族的特征、传统文化、经济活动、家族生活的变化进行考察；第七章从白马藏族的生活文化、春节习俗对该民族意识内容及传承现状的影响等方面进行了考察，并分析了改革开放带来的巨变中白马族人的民族意识与日常生活变化；第八章考察了同一祖先和语言的普米语系族群演化为藏族、普米族两个不同民族的过程与历史原因，并从侧面分析了两个民族在迁徙历史、民族关系、家族关系、家庭经济、祭祀仪式和信仰等方面的异同。《中国青藏高原东部少数民族的民族学研究：羌族与"西番"各族群》对羌族进行了全面且详细的研究，并论述了"西番"各个族群的变迁，对日本学界的羌族研究起到了先驱作用，具有很高的资料价值，是日本学者羌族研究中具有代表性的著作。

除上述研究外，松冈正子还发表了《羌族的葬礼》① 《羌族的衣食住》②《〈山海经·西次三经〉与羌族——昆仑之丘与羌族雪山》③《汶川地震后的羌族研究（1）》④《羌族·普米族（中国少数民族百科特集——55 个民族的历史与生活）》⑤《改革开放后中国少数民族的人口迁移——以四川省羌族为例》⑥《中国西部少数民族地区的贫困与迁移（1）——以汶川地震后四川省茂县雅都乡的羌族为例》⑦《中国西部少数民族地区的贫困与迁移（2）——以汶川地震后四川省茂县雅都乡的羌族为例》⑧《汶川地

---

① 松冈正子：《中国，四川省羌族の葬式》，《季刊民族学》1990 年第 4 期。
② 松冈正子：《中国，四川省羌族の衣食住（くらし）》，《季刊民族学》1990 年第 3 期。
③ 松冈正子：《「山海経」西次三経と羌族——昆崙之丘と羌の雪山について》，《中国文化研究》1986 年第 12 期。
④ 松冈正子：《汶川地震後のチャン族研究（1）》，《愛知大学国際問題研究所紀要》2013 年第 3 期。
⑤ 松冈正子：《チャン族・プミ族（特集中国少数民族百科——55 民族・その歴史とくらし）》，《月刊しにか》2000 年第 1 期。
⑥ 松冈正子：《中国・少数民族における改革開放後の人口移住——四川省チャン族を事例として》，《岡山大学大学院科学研究科紀要》2003 年第 11 期。
⑦ 松冈正子：《中国西部民族地区における貧困と移住（1）汶川地震後の四川省茂県雅都郷のチャン族を事例として》，《愛知大学国際問題研究所紀要》2015 年第 1 期。
⑧ 松冈正子：《中国西部民族地区における貧困と移住（2）汶川地震後の四川省茂県雅都郷のチャン族を事例として》，《愛知大学国際問題研究所紀要》2015 年第 3 期。

震后的羌族与羌族文化资源复兴》①《氐羌族相关文献资料摘录》②《羌族研究的动向》③《羌族的"羌历年"——以理县蒲溪村的事例为中心》④《汶川地震后的羌文化复兴与禹羌文化重建》⑤《羌族的"家族"——以阿坝藏族羌族自治州茂县大瓜子寨为例》⑥等羌族研究的论文。

在专著方面，松冈正子于2000年出版的《中国青藏高原东部的少数民族——羌族与四川藏族》⑦，由YUMANI书房出版，是一部综合研究居住在四川省西部峡谷地带羌族和藏族的代表性著述。通过研究古代"羌族"的后裔的生活与传统文化的变化，阐明青藏高原东部的少数民族文化。2001年由东京堂出版了松冈正子与金丸良子、田畑久夫等共同撰写的《中国少数民族事典》⑧，采用图表结合的方式介绍了中国55个少数民族的传统、文化、自然环境、历史、经济、社会组织等，松冈正子负责的是藏缅语系的民族以及羌族、普米族、独龙族、怒族、彝族、傈僳族、纳西族、哈尼族、拉祜族、阿昌族、白族、基诺族、土家族的各项信息介绍以及"石碉文化"专栏。其他专著还有《四川羌族——战胜汶川地震（1950—2009）》⑨《青藏高原东部的羌族与藏族——2008年汶川地震后的重建与开发 论文篇》⑩《青藏高原东部的羌族与藏族——2008年汶川地震后的重

① 松岡正子:《中国四川大地震後の羌族と羌族民族文化資源の復興》,《日本文化人類学会》2009年第102页。

② 松岡正子:《氐·羌族関連文献資料選目》,《中国民俗研究通信》1988年第5期。

③ 松岡正子:《羌族研究の動向》,《中国民俗研究通信》1990年第7期。

④ 松岡正子:《チャン族の「羌暦年」——理県蒲溪郷大蒲溪村の事例を中心として》,竹村卓二編《儀礼·民族·境界:華南諸民族の「漢化」の諸相》,東京:風響社,1994,第145—174页。

⑤ 松岡正子:《汶川地震後におけるチャン文化の復興と禹羌文化の創出》,瀬川昌久編.《近現代中国における民族認識の人類学》,京都:昭和堂,2012,第134—164页。

⑥ 松岡正子:《チャン族の「家族」:四川省阿壩藏族羌族自治州茂県大瓜子寨を事例として（家族の諸相）》,《中国21》2021年第3期。

⑦ 松岡正子:《チャン族と四川チベット族:中国青藏高原東部の少数民族》,東京:ゆまに書房,2000。

⑧ 金丸良子,松岡正子,田畑久夫:《中国少数民族事典》,東京:東京堂,2001。

⑨ 李紹明,松岡正子:《四川のチャン族:[プン]川大地震をのりこえて1950—2009》,東京:風響社,2010。

⑩ 松岡正子:《青藏高原東部のチャン族とチベット族:2008汶川地震後の再建と開発 論文篇》,名古屋:あるむ,2017。

建与开发 写真篇》①《历史与记忆——文学与记录的起点》② 等。

除上述羌族研究成果外，松冈正子还主持课题"中国汶川大地震后的羌族与'羌文化'"，在法政大学谢荔教授，四川省民族研究所所长袁晓文、副所长李锦、研究员耿静以及茂县羌族博物馆馆长蔡清的共同合作下，以 2008 年汶川地震的受灾羌族为研究对象，从国家和羌族的视角分析灾后重建现状与遇到的问题，考察了民族文化复兴的机制。研究报告指出："在灾后文化重建的背景下，街道逐渐现代化，部分农村变成了民族旅游村。自古以来与羌族人民共生的羌文化与其他民族文化交融与互鉴，体现了中华多民族融合与文化一体化的特征。"③

2. 植田宪

植田宪 1991 年毕业于早稻田大学理工学部机械工学科，1998 年取得千叶大学研究生院自然科学研究科硕士学位，2002 年取得千叶大学自然科学研究科博士学位，此后留在千叶大学任教至今。植田教授主要关注羌族的服饰文化，与留日学者张夏共同开展了羌族服饰系列研究，如《从绘画资料看中国四川羌族居住地的服饰特征——考察中国羌族居住地的自发性地域活性化（1）》④《从照片资料看中国四川羌族居住地的服饰特征——考察中国羌族居住地的自发性地域活性化（2）》⑤，选取中国古代的绘画资料和大量晚清时期的照片作为研究史料，对羌族的服饰特征及形成背景做了详细的分析。

此外，植田宪还对羌族的刺绣工艺进行了研究，参与发表了《手工艺的地域性与现代生活用品的再设计——基于对中国四川省汶川羌族刺绣的

① 松冈正子：《青蔵高原東部のチャン族とチベット族：2008 汶川地震後の再建と開発 写真篇》，名古屋：あるむ，2017。

② 松冈正子：《歴史と記憶：文学と記録の起点を考える》，名古屋：あるむ，2017。

③ 松冈正子：《羌族、川西南蔵族、嘉戎蔵族、普米族以及納西族的"祭山"——祭山的系谱、蔵彝走廊 - 文化多様性》，《族际互动与发展》2011，第 224 - 231 页。

④ 張夏、植田憲：《絵画資料にみる中国四川省羌族居住地域における服飾の特質：中国少数民族羌族居住地域における内発的地域活性化を目指して（1）》，《デザイン学研究》2019 年第 2 期。

⑤ 張夏、植田憲：《写真資料にみる中国四川省羌族居住地域における服飾の特質：中国少数民族羌族居住地域における内発的地域活性化を目指して（2）》，《デザイン学研究》2020 年第 1 期。

实地调查》①《中国少数民族刺绣文化中的生活智慧——基于汶川县羌锋村的实地调查》② 等论文。在开展羌族服饰与刺绣研究的过程中，植田宪十分重视田野调查以及相关图文史料的收集与整理，研究内容十分细致，研究指出"羌绣在羌族人民心中具有十分重要的地位"。植田教授关于羌族服饰文化的论文还有《中国四川羌族对大麻纤维资源的利用》③《中国四川羌族服饰文化的嬗变——从服饰看地域特有的设计文化》④ 等，对传承和保护羌族的非物质文化有重要的参考价值。

3. 井上えり子

井上えり子教授 1986 年毕业于东京理科大学理工学部建筑学科，1988年修完东京理科大学理工学研究科建筑学课程，2001 年取得东京理科大学工学博士学位，2005 年至今在京都女子大学任教授，主要研究建筑规划与住宅规划、中国少数民族的居住文化，发表了《羌族的居住空间构成——中国古羌系民族的住房与集落研究（1）》⑤ 等一系列研究羌族居住空间的论文，通过对古羌系民族中唯一还以"羌"为名的羌族聚居地的居住空间构成进行了实地调查。他们研究指出：①羌族的居住空间反映了羌族人民将天奉为最高神灵的世界观，即"神的空间"为"天（净·圣·上位）"，"家畜的空间"为"地（不洁·俗·下位）"，天地二者之间则为人住的地方，人们的身边虽有很多神灵存在，但只有天神才能住在最高的位置。②主楼的平面基本上是一个正方形，这种形态和主楼的空间划分也体现了羌族人民的世界观。例如，带有神性的横梁将主楼分为了用餐、团聚、接待、休息和储藏等功能区，体现了羌族认为万物都是二元的思想。主楼中

---

① 鐘玮、張夏、植田憲：《手工芸の地域性と現代生活用品の再デザイン：中国四川省汶川羌族刺繍に関する現地調査に基づいて》，《日本デザイン学会》2016 年第 63 期。

② 張夏、植田憲：《中国少数民族の刺繍文化に内包された生活づくりの知恵：四川省汶川県羌鋒村における実態調査を中心として》，《アジアデザイン文化学会》2015 年第 5 期。

③ 張夏、植田憲：《中国四川省における羌族の大麻繊維の地域資源活用：栽培から加工ならびに生活用具としての活用まで》，*Bulletin of Asian Design Culture Society：International Symposium of Asian Design Culture Society*，2018 年第 12 期。

④ 張夏、植田憲：《中国四川省における羌族の服飾文化の変容：服飾に見る地域固有のデザイン文化》，《アジアデザイン文化学会》2016 年第 10 期。

⑤ 井上えり子：《羌（チャン）族の住居の空間構成——中国の古羌系民族の住居と集落に関する研究（その 1）》，《日本建築学会計画系論文集》，1999 年第 522 期。

央的神柱也在空间的划分上发挥了重要作用。③羌族房间的一角在居住空间中有重要意义，因为那里会摆放神龛、供奉家神。此外，上座、下座以及男女空间也是沿着房间对角线来进行划分的。

他参与发表的其他论文还有《中国少数民族的集落与住房（1）——羌族的居住空间构成》①《中国少数民族的集落与住房（2）——羌族的集落形态》②《关于中国羌族集落与住房的研究》③，为研究中国羌族的建筑结构与空间分布原理提供了文献资料。井上教授还主持了日本文部科学省课题"古羌系民族居住空间构成研究"，对四川省道孚县藏族的房屋进行调查，并与羌族、木雅藏族、纳西族等其他古羌系民族进行比较分析，认为古羌系民族的房屋空间概念与羌族的空间概念相似，体现了羌族文化的传承力与辐射力。

4. 其他日本学者

除上述学者以外，还有一些学者发表了关于中国羌族研究的学术成果。从这些学者轨迹和研究领域的成果来看，其研究中心并未放在羌族本身，只是在其漫长的学术生涯中对羌族略有涉及，相关成果亦对日本学界羌族研究提供可参考的研究视角。

（1）稻村哲也

稻村哲也教授是日本文化人类学学者、爱知县立大学名誉教授、放送大学特任教授，1950 年出生于静冈县，1976 年毕业于东京大学教养学部文化人类学分科，在东京大学研究生院社会学研究科文化人类学专业修完博士课程后退学，曾任"little world"野外民族博物馆的研究员，发表《对四川大地震羌族·藏族灾区的考察》④《四川（羌族聚居地）教育考察团

---

① 林直孝、井上えり子、初見学：《羌族の住居空間構成：中国少数民族の集落と住居に関する研究 その1》，《日本建築学会》1997 年第 7 期。

② 林直孝、井上えり子、初見学：《羌族の集落形態：中国少数民族の集落と住居に関する研究 その2》，《日本建築学会》1997 年第 7 期。

③ 井上えり子、鈴木見知子、一之瀬歌子、浜田優子：《中国羌族の集落と住居に関する研究》，《日本建築学会》1997 年第 37 期。

④ 稻村哲也：《四川大地震被災地チャン族・チベット族地域視察》，《共生の文化研究》2009 年第 2 期。

的访问与交流（特集　面对环境·灾害的地域开发）》①《四川·神户·爱知震后复兴交流论坛："地域的羁绊"四川羌族的诉说（特集　面对环境·灾害的地域开发）》②　等涉及羌族的论文。

（2）金丸良子

金丸良子 1951 年出生于东京，1975 年毕业于早稻田大学第一文学部文学科中国文学专业，1979—1981 年在山东师范大学外文系任外教，2005 年在冈山大学研究生院文化科学研究科中国民俗学·中国民族学专业修完博士后期课程，现任鹿泽大学外国语学部教授，发表羌族研究论文《地震前后的羌族民族志——李绍明、松冈正子主编〈四川羌族〉》③《书评 松冈正子著〈中国青藏高原东部的少数民族——羌族与四川藏族〉》④。

（3）塚田诚之

塚田诚之是日本文化人类学学者，目前是日本国立民族学博物馆教授，致力于中国少数民族文化人类学研究，1952 年出生于北海道，1978 年毕业于北海道大学文学部史学科东洋史学专业，1980 年硕士毕业于北海道大学研究生院文学研究科东洋史学专业，1987 年在北海道大学修完东洋史学博士后期课程。发表的论文包括：《书评：照片反映出的时代——李绍明、松冈正子编〈四川羌族——战胜汶川大地震（1950－2009）〉》⑤《书评：藏彝走廊少数民族的生活、变化与基层文化——松冈正子〈青藏高原东部的羌族与藏族——2008 年汶川地震后的重建与开发〉》⑥，与武内房司

---

① 稲村哲也：《四川（チャン族居住地）教育視察団の訪問と交流（特集 環境·災害と向き合う地域づくり）》，《共生の文化研究》2012 年第 6 期。

② 稲村哲也：《四川·神户·愛知震災復興交流フォーラム：つなげたい"地域の絆"四川少数民族チャン族が語る、奏でる（特集 環境·災害と向き合う地域づくり）》，《共生の文化研究》2012 年第 6 期。

③ 金丸良子：《チャン族の地震前後の姿を映し出す民族誌——李紹明·松岡正子主編『四川のチャン族』》，《東方》2010 年第 7 卷第 353 期。

④ 金丸良子：《書評、松岡正子著『中国青藏高原東部の少数民族——チャン族と四川チベット族』》，《中国 21》2001 年第 10 期。

⑤ 塚田誠之：《書評：写真は時代を映し出した——李紹明·松岡正子編『四川のチャン族——［ブン］川大地震をのりこえて［1950－2009］』》，《中国 21》2011 年第 34 期。

⑥ 塚田誠之：《書評：藏彝走廊の少数民族、その生活と変貌および基層文化：松岡正子『青藏高原東部のチャン族とチベット族：2008 汶川地震後の再建と開発』》，《中国 21》，2019 年第 49 期。

共同撰写并出版了专著《中国南方地区民族文化资源研究》①。

（4）中野谦二

中野谦二 1931 年出生于富山县，为日本记者、中国问题评论家、现代中国学会会员，1954 年毕业于东京外国语大学中文专业，同年进入每日新闻社，1970 年任首尔分局局长，1973 年任香港分局局长、东京总部外信部副部长，1976 年任北京分局局长，1979 年为评论委员，1986 年任高冈短期大学教授，1989 年任东海大学教授，发表论文《探访居住在"邛笼"的羌族》②，出版专著《从羌族史探访汉民族的源流》③。

（5）白井聪子

白井聪子主持"中国西南地区同系多语言社会地域特征的调查研究"，"中国四川省西部同系多语言社会的语言学研究"等日本文部科学省课题，将以四川省西部为中心向南北延伸的区域作为研究范围，对该区域内没有文字的 12 种语言进行了调查研究，通过将调查语言与周边语言进行比较，分析该地区语言的特征，对传播四川省（羌语支）语言的重要意义。

四、日本学术界羌族研究的内容焦点及成果述评

日本学术界羌族研究涉及的领域众多，主要集中在羌族的居住空间、服饰与刺绣文化、宗教信仰、汶川大地震等方面。

（一）居住空间

京都女子大学的井上えり子是建筑专业出身，对中国少数民族的居住文化较为关注，并于 1999 年发表论文《羌族的居住空间构成——中国古

---

① 武内房司、塚田誠之：《中国の民族文化资源：南部地域の分析から》，东京：風響社，2014。
② 中野谦二：《紀行：〔チョウ〕房に住む人びと 羌族をたずねて》，《中国研究月報》2002 年第 11 期。
③ 中野谦二：《漢民族の源流を探る：羌族史の解明から》，东京：エフ・アイ・プラン，2003。

羌系民族的住房与集落（1）》①，该文以古羌系民族中的羌族的居住空间为研究对象，对四川省阿坝藏族羌族自治州汶川县、理县的四个羌族村落进行了居住空间的实地考察，并将调查结果制成了分布图、立面图与断面图，详细展示了羌族居住空间的构成。研究指出：羌族住房为平屋顶，根据用途分为三层，分别用于奉神、日常生活以及饲养家畜，有的村落会将日常生活的区域再分为三层，将上层用于收纳农作物和农具。房屋外层用石材砌造，地板、屋顶和日常生活区域则为木造结构。

高冈えり子1996年主持日本文部科学省课题"中国羌族集落与住房研究"，以位于海拔1270—1980米山坡上的高密度村庄的羌族住房为研究对象，分析了传统集落与住房的空间构成，并对羌族的居住环境进行了细致记录。研究指出：羌族人民会在村子后方供奉神灵。村子里的道路狭窄而复杂，房屋抵着道路修建，基本没有庭院，外墙紧接邻居的房子。住宅为三层结构，下层为家禽的空间，中间是人住的空间，上层则是神住的空间，供奉着象征着神的白石。人住的空间中会以"老夫妇—年轻夫妇—儿童"的顺序对房间进行排序，且每个人有相应的座位。房屋外墙由石头制成，内部由木材制成。屋顶由石头和土制成，石墙的石头是用泥巴作为黏合剂堆起来的。作为羌族特有的建筑方式，两根横梁由一根柱子支撑，就像一个漩涡。② 研究成果展现了羌族住房的空间特点以及蕴含在羌族民居中空间背后的宗教信仰，为研究羌族的传统建筑和空间观念提供了跨学科研究的综合视角。

（二）服饰与刺绣文化

千叶大学植田宪教授对羌族的服饰与刺绣文化做了较为详细的研究，发表论文《从绘画资料看中国四川羌族居住地的服饰特征——考察中国羌

---

① 井上えり子：《羌族の住居の空間構成　中国の古羌系民族の住居と集落に関する研究その1》，《日本建築学会計画系論文集》，1999 年第 522 期。
② 高岡えり子：《中国羌族の集落と住居に関する研究》，1996 年京都女子大学。

族居住地的自发性地域活性化（1）》①。该文以中国四川省羌族聚居区的服饰为研究对象，基于文字与绘画资料对服饰特征进行分析。研究选取了南北朝时期萧绎的《职贡图》和清朝时期的《皇清职贡图》，对两部作品中描绘的羌族地区人民的服饰进行分析，综合实地调查的结果，明确了羌族服饰有以下几点特征：①羌族地区的服饰是由多种民俗交融形成的；②现在羌族服饰的特征被认为是刺绣，但是古代用于刺绣的原料较少，当地居民就充分利用大麻、羊毛、动物毛皮等制作衣服，形成了独具特色的服饰文化；③以农耕为主和以畜牧、狩猎为主的地区服饰会有所不同，羌族地区的服饰文化是由自然环境和生产方式共同影响形成的。

《从照片资料看中国四川羌族居住地的服饰特征——考察中国羌族居住地的自发性地域活性化（2）》② 一文中，以 252 张照片为图像史料，对晚清时期羌族服饰状况进行了分析，得出每个地区独特的服饰特征：①当地居民善于就地取材，利用大麻纤维、毛皮制品再加上一些要素制成独特的服装；②从大麻纤维、毛织品的使用时间和频率可以判断羌族地区较为成熟的纺织技术；③该地区的刺绣结合大麻纤维毛织品的特性，形成了种类丰富的特色服装；④该地区虽自古以来就受到汉族和藏族文化的影响，但还是形成了有别于汉、藏的独特的服饰文化。

除羌族传统服饰外，植田宪对羌族刺绣的研究也有涉及，参与发表了《手工艺的地域性与现代生活用品的再设计——基于对中国四川省汶川羌族刺绣的实地调查》③《中国少数民族刺绣文化中的生活智慧——基于汶川县羌锋村的实地调查》④，阐明了羌绣历史之悠久，作为羌族女性适应日常生活节奏、支撑家族的工艺，羌绣承载了羌族人民的信仰与审美意识，体

---

① 張夏、植田憲：《絵画資料にみる中国四川省羌族居住地域における服飾の特質：中国少数民族羌族居住地域における内発的地域活性化を目指して（1）》，《デザイン学研究》2019 年第 2 期。

② 張夏、植田憲：《写真資料にみる中国四川省羌族居住地域における服飾の特質：中国少数民族羌族居住地域における内発的地域活性化を目指して（2）》，《デザイン学研究》2020 年第 1 期。

③ 鐘瑋、張夏、植田憲：《手工芸の地域性と現代生活用品の再デザイン：中国四川省汶川羌族刺繡に関する現地調査に基づいて》，《日本デザイン学会》2016 年第 63 期。

④ 張夏、植田憲：《中国少数民族の刺繡文化に内包された生活づくりの知恵：四川省汶川県羌鋒村における実態調査を中心として》，《アジアデザイン文化学会》2015 年第 5 期。

现了羌族人民的美好愿望，是传播地域记忆的重要媒介，也是羌族人们进行人际交往的重要载体。

（三）宗教信仰

冉光荣等人撰写的《羌族史》①一书记载，羌族是多神信仰，巫师拥有很大的权利，羌族人民会在房屋内外各处摆放象征着神灵的白石。松冈正子于1986年发表了《〈山海经·西次三经〉与羌族——昆仑之丘与羌族雪山》②一文，文章提及羌语中的"雪山"一词是"昆仑"的音译，现在羌族盛行的白石崇拜是羌人自古以来延续的雪山信仰的展开。基于此，文章探寻了雪山对羌人的意义，以及雪山观念与记载于《西次三经》中的"昆仑"之间的关联。文章第二部分研究了《山海经·西次三经》中的昆仑与羌族雪山之间的关联，发现古羌语中称常年积雪的山峰为"昆"，与现代羌语中的"雪"发音一致，因此对于羌族来说，由于发音相同，青海的昆仑山即雪山，所以昆仑被作为神山信仰的对象，与附近民族的雪山崇拜联系在一起。第三部分指出，羌族的雪山崇拜以白石为象征。作者基于文献记录与考古学的报告以及羌族的神话，对羌族"白石"的由来以及其与"玉"的关联进行了研究，发现由于"玉"自古以来会让人联想到"白""雪"，与羌族地区象征着雪山的白石给人的印象相同。

研究结论表明，生活在四川省西北部的羌族有多种以白石为象征的神灵信仰，羌族人民视常年积雪的大山为圣地，也有自古就象征着雪山崇拜的圣物。因此，羌族人民自秦汉时期开始就在以青海为中心的地方活动，并信奉位于该地的大雪山"昆仑"。另一方面，在《山海经·西次三经》中，以昆仑之丘为中心的神话被集中记载，以作为羌语"雪山"的音译——昆仑为首，羌族的雪山和白石等观念也在昆仑界、西王母、玉形象中有所体现。文章对羌族的雪山崇拜以及作为神灵象征的"白石"文化做了详细的阐述，为羌族宗教信仰方面的研究提供了珍贵的文献资料。

---

① 冉光荣、李绍明、周锡银：《羌族史》，成都：四川人民出版社，1984。
② 松冈正子：《「山海経」西次三経と羌族——昆侖之丘と羌の雪山について》，《中国文学研究》1986年第12期。

（四）汶川地震

日本地处环太平洋火山地震带，地震灾害频发，长期以来积累了大量防灾与灾后重建的经验教训，有关地震的研究成果卷帙浩繁。在 2008 年四川省发生汶川特大地震后，日本学者极其关注灾后的系列研究，其中与羌族有关的研究主要从人口流动、文化资源复兴以及震后羌族研究三方面展开。

1. 人口流动

西部大开发政策实施以来，通过退耕还林、振兴牧业经济、发展现代特色农业等举措，西部地区的贫困问题得到了很大改善。2008 年汶川特大地震后，羌族地区受到重创，很多人再次陷入贫困，如四川茂县一夜之间就有 80% 的居民成为"贫困人口"。尽管地震发生以来，我国政府大力支援灾区的重建工作，力求"三年完成灾后重建"，让人民生活恢复到灾前水平，但是还是有很多人自发迁移到城市居住。

《中国西部少数民族地区的贫困与迁移（1）——以汶川地震后四川省茂县雅都乡的羌族为例》[①] 一文以四川茂县雅都乡为例，考察了羌族地区灾后的人口流动对迁入地和迁出地带来的问题。文章包括三个内容：第一，四川省茂县的贫困问题。位于四川省阿坝藏族羌族自治州的茂县是中国国内最大的羌族聚居地，该县总人口的 92% 都是羌族。由于地处峡谷地带，交通不便，且山体滑坡等自然灾害频发，该地区农牧业发展不稳定，经济落后。地震发生后，政府投入了大量资金，并实行了一系列政策支援灾区重建以解决该地的贫困问题，取得了可喜的成果。但同时作者也指出了政策中存在的问题，如受灾群众的直接参与较少，多数资金是用于自然资源开发和产业建设，忽视了对灾民劳动能力的培养，迁移和旅游开发的对策仍不充分等。第二，茂县雅都乡发生的各种变化。作者结合史料和实地调查对雅都乡受灾前后的状况进行了对比，基于《茂县志 1988—2005》和 2014 年的实地调查分析了雅都乡的经济变化。在政府引导下，该乡由种

---

① 松冈正子：《中国西部民族地区における贫困と移住（1）汶川地震後の四川省茂県雅都郷のチャン族を事例として》，《国研纪要》2015 年第 1 期。

植经济效益低的玉米、马铃薯转向种植经济效益高的李子、葡萄等水果，逐渐摆脱了贫困。第三，雅都乡的灾后重建及迁移。作者详细调查了由政府引导的迁移和居民自发迁移的情况，发现政府引导的农村间的迁移较为缓慢，减小了人们的精神压力，但农村间的迁移也存在一些问题，如农民耕地积极性降低造成耕地抛荒、家庭年收入主要来源于年轻人经商或外出务工并不稳定。除政府引导外，人们也会在经济效益的驱使下自发迁移，大多为由农村向城市或近郊农村迁移，雅都乡的居民在灾后为了谋求更好的发展，自发地向亲戚朋友的居住地迁移。

《中国西部少数民族地区的贫困与迁移（2）——以汶川地震后四川省茂县雅都乡的羌族为例》[1] 一文以全村迁移的大寨村和持续"半迁移"状态的俄俄村为例，分析了迁入地周边村落的现状，并从迁入地和迁出地两方面出发对迁移的背景和意义进行了研究。研究发现羌族地区的农民从高山地带向城市的迁移自 20 世纪 90 年代外出务工兴起时就已开始，2008 年后在政府迁移奖励的推动下，人口迁移的数量和规模已超出当地政府的控制，震后 5 年间人口迁移已达到数千人规模，很多高山地区的村落已无人居住。随着人口迁移，居民们的户籍也变成流动的。羌族移民从迁移初期开始，为了确保购入房屋的产权、孩子教育以及老人医疗，就将户籍都变更为迁入地的户籍，这样一来他们就失去了农耕地与退耕还林的补贴，经济来源依赖外出务工，并不稳定，考虑到农村户口在经济上会得到更多优惠，有些家庭只迁移需要接受教育的孩子和需要医疗服务的老人的户口。然而户口迁移也给迁入地带来了行政事务处理上的困难，有些地区已经停止办理户口变更手续，导致一些在迁入地购房的居民所需的各种行政服务仍由户籍所在地的村委会提供，给他们的生活带来了不便。文章也提出，今后城市近郊移民群体的社会补贴和土地管理等问题会逐渐凸显，需要与当地组织进行沟通，成立新的公共组织。

上述论文详细阐明了羌族地区震后经济状况的变化，中国政府在灾后实行的系列支援重建政策和存在的问题，分析了羌族人民震后迁移的背景

---

① 松冈正子：《中国西部民族地区における貧困と移住（2）汶川地震後の四川省茂県雅都郷のチャン族を事例として》，《国研纪要》2015 年第 3 期。

和大规模迁移对迁入地和迁出地带来的影响，引发对灾区重建规划问题的思考，对震后灾区重建与经济发展等具有参考意义。

2. 文化资源复兴

松冈正子在《汶川地震后的羌族与羌族文化资源复兴》① 一文中以在地震中受到重创的羌族及其民族文化资源为研究对象，对以下几个问题进行了探讨：羌族的生活生产以及民族文化资源重建在政府重建计划中的位置；以脱贫为目标，在西部民族地区进行的旅游开发和震后重建计划之间的关联；旅游开发会给羌族的生活和文化带来的影响；羌族受灾人民的意愿与政府重建计划存在的分歧。作者从以下两方面进行了研究：第一，分析中国政府的灾后重建内容。中国政府在震后制定了需投入巨额资金的重建计划以支援灾区重建，并将该灾后重建计划作为少数民族政策的一环，计划重建基础设施、受损城市和村落，尤其是优先重建学校和医院等公共设施，此外建成国家级羌族博物馆和生态文化保护区（如"羌族民俗村""藏羌风情走廊"）以复兴与传承民族文化资源。第二，从当地羌族看生活生产和羌族文化资源的复兴。羌族在地震中有10%的人丧生，80%的建筑物受损需重建，很多人由于房屋倒塌和地表下陷不得不迁移到别处，受灾人民背负着沉重的经济负担，外出务工也不容易。在此状况下，作者认为羌族人民震后脱贫绝非易事。

松冈正子在课题"中国汶川大地震后的羌族与'羌文化'"② 的研究成果中对震后复兴现状和存在的问题做了更为详细的分析：①中国的复兴计划以"对口支援"为代表，即由未受灾的省份对受灾地区进行经费、人才和管理上的对口支援，这种模式能明确各方责任，让重建工作高效进行。同时，为了尽快完成灾后重建，对口支援省份在支援时全部引用本省人才，导致当地居民无法参与到重建规划中去，忽视了人才培养，且重建建筑多是大城市水准的公共建筑，与当地的实际需求有所偏差。②灾后重建的新农村以及人口迁移给羌族人民的生活带来了极大的变化，自古以来

---

①　松冈正子：《中国四川大地震後の羌族と羌族民族文化资源の復興》，《日本文化人類学会》，2009 年。

②　松冈正子：《中国・モン川大地震後のチャン族と「羌文化」》，愛知大学，2009 - 2011。

的生活空间和生活习惯逐渐现代化。随着风俗习惯发生改变，人际关系、人生礼仪等非物质文化也逐渐发生变化。③震后为了保护羌族文化，在重建街道和村落时，人们刻意给房屋增加羌族传统建筑所具备的"石造"和"白墙"等元素，表面上看都是羌族传统的建筑元素，实则是单纯的模仿，导致羌族的传统房屋面临消失危险。松冈正子认为真正的羌族传统建筑是根据自然特点和历史背景，就近取材建成的，各有特色。在现代生活环境中刻意模仿传统建筑会对自然造成负担，与传统文化的意义大相径庭。④随着高速公路等交通路线重建完成，以藏族和羌族文化为核心的旅游业得以大力发展，在各旅游路线沿线建成了多个"民俗村"，然而这些村落被保留下来的传统羌族文化并不多。⑤在羌族聚居地，自20世纪80年代初已有约半数的人不会说羌语，地震发生后，政府取消了村小学，合并乡小学，导致曾经生活在羌语环境中的儿童只能听懂羌语而无法流畅说出羌语，且接受了义务教育的年轻一代大多会在城市工作，听到羌语的机会更少，这样一来羌语就会面临消亡的危机，羌语承载的文化和生活习惯也将面临消失。松冈正子的研究指出了羌族地区重建中存在的诸多问题，引发了如何真正地保护羌族和"羌文化"的思考，对少数民族文化的保护工作具有参考意义。

3. 震后羌族研究

汶川特大地震后，我国政府对羌族研究投入了巨额资金，因此羌族研究呈现出前所未有的盛况，研究成果丰硕。松冈正子在《汶川地震后的羌族研究（1）》① 一文指出：羌族研究在地震发生前主要由四川省民族研究所、西南民族大学、阿坝师范学院以及羌族居住地区各县的文化馆进行，而地震发生后，羌文化的保护和复兴成为国家文化政策，其相关研究主要在国家的推动下进行，羌族研究成为全国范围内的研究主题，各个大学和科研机构纷纷立项对羌族进行研究。文章主要列举了对今后羌族研究有较大影响的两项研究成果——"羌族文化数字博物馆"和"释比文化研究"，并指出研究中的问题。首先，"羌族文化数字博物馆"用大量图片和说明

---

① 松冈正子：《汶川地震後のチャン族研究（1）》，《愛知大学国際問題研究所紀要》2013年第141期。

性文字在网上公开介绍了羌族的历史、物质文化遗产和非物质文化遗产，让国内外的普通读者和研究者较为便捷地了解羌族。松冈正子认为，内容上物质和非物质文化遗产没有明确地区和实施时间，也没有考虑到地区差异和时间变化，不符合学术描述的特点。另外，文中还强调："'释比文化研究'最主要的成果是由四川省少数民族古籍整理办公室主编的《羌族释比经典》，对没有文字的羌族来说，尽可能地收录和书写释比经文是一项迫在眉睫的任务。从这个意义上说，以国际音标文字、汉语和汉语的意译记录的该书的贡献极大。但是该书在记录 50 多位羌人的经文时，没有考虑个人差异和地区差异，也没有提出统一的大纲，更没有提及记录时的基本条件，即人物、场合等，这从文化人类学的角度来看是巨大的损失。"

结　语

本文着眼于"他者视域"下羌族研究的史料文献，系统整理与译介述评了日本学术界羌族研究的学术成果，一方面呈现了日本羌族研究学者的群像、研究机构的空间分布，另一方面聚焦研究内容，基于翻译视角对代表性成果进行了述评。综合而言，日本学者通过扎实的文献资料查阅、细致的田野调查，以跨学科的研究视角，从羌族的居住空间，服饰与刺绣文化，宗教信仰，汶川地震后的建筑、文化等的重建与复兴等方面展开了综合、系统的研究，学术成果迭出，留下了极具参考价值的文献信息。可以说，日本学术界的羌族研究为国内学者从不同角度研究羌族历史、社会发展、民俗信仰、文化传承等提供了来自域外他者的视角与思考。

羌族研究的海外学者是"羌学"走向世界的"沟通者""传递者"与"担当者"。在今后的研究中，我们还需系统收集整理海外学者羌族研究的图文史料文献，打破民族学、翻译学、传播学、历史学、文化人类学等学科藩篱，进行多维度的碰撞与研究，同时重视中国学者与海外学者的学术交流与互动，为海外学者羌族研究史、羌族文化的海外传播与接受等领域的研究提供基础的文献信息。把握海外文献中对"羌族"的书写与认知，对建构中华民族海外形象，更好地促进中华民族多元文化的海外传播具有重要的参考价值与现实意义。

学术评论

【主持人：梁　昭】

◉ 主持人语

梁　昭*

　　近年来，文学人类学研究一方面总结过去涌现的理论和方法，另一方面不断与其他学科展开对话，开拓了新的研究领域。本栏目的两篇书评和两篇会议综述便体现了这一点。邱硕的《西南民俗的人类学表述——简评〈俗文化与人类学——西南民俗考察录〉》一文，对著名文学人类学学者徐新建教授的著作进行了评析，指出该著作在田野方法和写作文体上的独到之处。张栋的《文学人类学研究话语的拓展与深化——评〈新时期以来小说仪式叙事研究——以茅盾文学奖作品为中心〉》，针对学者马硕的专著，肯定了他将仪式叙事作为文学批评方法的尝试，进而指出文学人类学批评"试图探求人类与文学艺术创作的价值关系"。在吴鹏的会议综述里，我们看到中国社会科学院比较文学研究中心举办的"跨文化论坛"第十一讲，从概念史的角度讨论了文学研究的新视野，与会专家分别从不同专业领域对"概念"质疑，并阐述了各自领域里的重要概念。周嘉旭的文章聚焦于2022年由重庆大学举办的"首届成渝双城科幻研究工作坊"，总结了与会学者从人类学、文学人类学、现代文学、符号学等领域关注的科幻问题。这4篇文章以叙述和评议的方式，呈现了文学人类学研究者的最新成果和交流动向，揭示了跨学科研究的强劲动力。

---

* 梁昭，四川大学文学与新闻学院副教授，硕士生导师。

西南民俗的人类学表述

——简评《俗文化与人类学——西南民俗考察录》

邱　硕*

摘　要： 徐新建的《俗文化与人类学——西南民俗考察录》立足人类学理论和方法，通过田野实证方式，以文学的笔法记录、阐释西南地区丰富的民俗个案。该著作在"西南研究"的问题意识启发下和后现代人类学的影响脉络中产生，萌蘖了文学人类学的诸多理论观点，为我们追索中国文学人类学的学科开端和学术架构提供了重要依据。该著作具有明晰的文体意识，对文学技法的大量运用赋予文本较强的审美性，对人类学写文化富有启示意义。

关键词：《俗文化与人类学——西南民俗考察录》　西南民俗　文学人类学　徐新建

徐新建所著《俗文化与人类学——西南民俗考察录》（后文简称为《考察录》）于 2020 年 6 月面世。[1] 该书由作者在 20 世纪 90 年代先后发表的八篇专题报告组成，立足人类学理论和方法，通过田野实证方式，以文学的笔法记录、阐释西南地区丰富的民俗个案。在时隔二十多年的今天，重新结集出版这些报告，让我们得以在 20、21 世纪人文社会学术发展以及人类学、民俗学、文学、历史学等学科发展的脉络中重新审视其在内容、研究方法、书写方式上的独特价值。

---

* 邱硕，四川省社会科学院文学研究所副研究员，研究方向为文学人类学、地方文化。

[1] 徐新建：《俗文化与人类学——西南民俗的人类学考察》，成都：四川大学出版社，2020。

一、学术脉络：西南研究与人类学影响

近代中国学界对"西南"的关注，始于 20 世纪前半期国家危亡之时。抗战时期，政治、经济、文化中心被迫迁往西南，"西南联大"等高校师生从多学科角度对西南的诸多问题进行了研究。在民俗研究方面，西南联大学生在随学校南迁途中搜集、整理沿途民间歌谣，进行语言学研究，集为《西南采风录》，朱自清、黄钰生、闻一多等写的序言即从文学、民俗学、社会学等角度开启了西南歌谣风俗研究，凸显了大西南文化之于中华文明的价值。① 20 世纪 80、90 年代之交，"西南"作为一种人类生存空间和文化空间再次被中国西南的研究者们关注。当时中国大门打开，国际对话和交流活跃，出现了文化研究热潮，西南的一群研究者敏锐觉察到"后轴心时代"日益增强的文化多元、多向发展的世界背景以及中国所面临的重新把握内部族群多元构成的重要课题，批评学界对"中国"历史和文化长期所持的"中原汉族中心主义"单一看法，提倡以西南为对象挖掘和重估各种"小传统""亚文化""非儒家正统文化""非历史主流"等的意义价值，试图呈现西南在中国、东亚乃至整个世界的宏观格局中的特殊地位和历史意义。② 在"西南研究书系"中，徐新建的专著《西南研究论》正是秉持以上理念，从西南概念、西南文化和西南研究三部分研究西南，同时从西南透视中国，从理论上探讨了研究西南的方法和意义。③

在这一脉络中，《考察录》聚焦于西南贵州、四川、广西等地的苗族牯脏节祭祖仪式、布依族砍牛丧葬仪式、穿青人庆坛还愿仪式、侗族"吃新"歌节和"吃相思"歌赛、苗族生态博物馆建设、彝族火把节活动、多民族饮酒歌唱习俗等民俗文化，既继承了《西南采风录》的民间立场、审美偏好和实践精神，更具有新时期西南研究在新的问题意识下重新审视西南的新品格，也可视为对理论作品《西南研究论》的实践印证、案例呈现

---

① 刘兆吉编：《西南采风录》，北京：商务印书馆，1946。
② 《西南研究书系总序》，《西南研究书系》由云南教育出版社于 20 世纪 90 年代陆续出版。
③ 徐新建：《西南研究论》，昆明：云南教育出版社，1992。

与精细阐释。

《考察录》还应被放置于人类学对于中国人文社会科学之影响的背景下来认识。19世纪后期兴起的文化人类学关注"他者""异文化"的学科立场和田野调查的研究方法影响了西方世界的文化价值观和学术生产，中国新文化运动之后的民俗学、人类学、社会学等学科发展也深受其影响。改革开放后的新时期，中国学术界重新接续人类学，当时的西方人类学已经历过"后学"浪潮的反思，早期带有殖民色彩、科学主义论调和古典进化论模式的人类学范式式微，所以影响中国人文社科学界更多的是多元文化主义的观念、面向现实时空的取向以及精致深入的田野调查方法。民俗学界拥抱人类学，将"民俗"从书本和遗留物的窠臼中打捞起来，面对当下整体性的生活世界；① 历史学接轨人类学，历史人类学派建立起民众史观、研究民间社会的理论模型以及田野方法论；② 而文学在人类学影响下，也对"文学"的边界、由来、功能等有了全新的看法，进而逐渐建立打破文字中心主义、汉族中心主义、中原中心主义的文学人类学。③

《考察录》就诞生在学界的人类学转向过程中，成为文学人类学写文化的先行之作。因此，在关联学科中，我们往往会发现《考察录》与某些研究的共通性。比如，不只是满足于历史文化现象的梳理和描述，更重要的是发现现象背后的社会结构、文化逻辑、历史规律等；也不只是满足于研究某时某地某人群的文化，而是试图透过它观照整个中国——这些都与人类学的整体观和反思性密切相关。再比如，重视田野实证调查，将口碑材料、民间文献与传统史志文献互相印证的资料综合运用方法，也是人类学对有文字传统的社会惯用的研究方法。

---

① 高丙中：《中国民俗学的人类学倾向》，《民俗研究》1996年第2期。
② 刘志伟：《"华南研究"三十年》，载刘志伟：《溪畔灯微：社会经济史研究杂谈》，北京：北京师范大学出版社，2020，第73－95页。
③ 叶舒宪：《文学人类学的理论与方法——当代中国文学思想的人类学转向视角》，《河北学刊》2011年第3期。

二、"文学""表述"与田野方法：文学人类学的萌蘖之作

《考察录》已经萌蘖了后来文学人类学的诸多理论观点，对我们追索中国文学人类学的学科开端和学术架构提供了重要依据。比如，文学人类学秉持总体文学观、口传文学观、活态文学观、多元族群互动的文学观，以人类学的理论和方法对书面文学作品、神话、传说、民歌、仪式、少数民族文学和文化进行阐释和批评。① 对于1979年高考恢复后进入贵州大学中文系读书的作者来说，熟悉的是经典文学作品和新时期"改革文学"热潮，仅有的民间文学课程不足以让他反思"文学"的内涵和外延。只有在人类学式的田野考察中，他才会产生对"文学"的全新体认。

《考察录》中《布依"砍牛"：罗吏目丧葬民俗》一篇描述贵阳市郊布依族聚居村落罗吏目的砍牛丧葬民俗。祭师三公用口传神话解释"砍牛"的起源、在仪式的重要环节吟唱歌曲"掩棺歌""分街歌"、喜欢听录进采访机里自己唱的山歌……《侗族歌节：小黄民歌习俗》呈现贵州黔东南自治州高增乡小黄侗寨"吃新"歌节，《高安歌会：沿河走寨"吃相思"》记录贵州高增侗人采用传统"吃相思"的方式参加广西三江高安侗歌赛。这些篇目所反映的西南少数民族的歌唱传统以独特、鲜活的方式向作者示现了文学的别样存在状态，开启了他最初对"文学何来"和"文学何为"的思考。在2018年《文学人类学研究》辑刊创刊号的特别专题"文学人类学四十年回眸"中，徐新建回忆了当年西南民俗田野考察所带来的学术思想碰撞：

> 对我而言，促使将文学与人类学关联的内在动力，其实来自在苗乡侗寨的实地考察中，深受各种活形态文学场景的一次次激发。无论是月亮山的苗族祭祖、罗吏目的布依送葬，还是都柳江的侗歌传情，仿佛都以各自的文化方式解答了那令人困惑的久远难题——人类为什

---

① 参见叶舒宪：《文学人类学教程》，北京：中国社会科学出版社，2010；李菲：《新时期文学人类学研究的范式转换与理论推进》，《文艺理论研究》2009年第3期。

么文学？以人类学倡导的主位方式身处其境，我读出的答案是：为生命而文学。①

可见，人类学的介入使得研究者突破语言文字的囿限去思考文学的多元样态，到语言、歌唱、仪式相关联的文化框架中去认识它，最终将走向有关"文"的一切人类表征实践。

作者在 21 世纪初提出的将文化"自表述"与多重表述区别待之的"表述理论"，② 于《考察录》中也初现端倪。如何呈现"西南"、让"西南"被看见，一个重要手段就是让"西南"的人自己说话。该书第一篇文章《苗族祭祖：月亮山牯脏节考察》记述了黔东南月亮山地区计划乡加两寨的苗族牯脏节祭祖仪式。文章首先辨析"牯脏"一词，强调当地文化主体对其的自称意义和来源解释。《布依"砍牛"：罗吏目丧葬民俗》对砍牛故事意涵、习俗演变和象征替代的分析，都来源于对祭师三公讲述的详细援引。《穿青庆坛：以那民间还愿》下篇通过大段展示与女主人、年轻男主人的访谈对话，来呈现穿青人迁徙历史与认同、庆坛分坛与血缘传递关系、民间信仰表述的灵活性特点以及庆坛习俗的当代传承状况。尽管这些对文化主体话语的呈现尚未形成理论自觉，但作者有意让它们与史志记载、作者阐释等"他表述"构成对话交流，共同反映文化的结构和功能，故可视作文学人类学表述理论重视文化"自表述"的开端。

《考察录》中对田野考察方法的论说，也开启了文学人类学特殊而灵活的"田野"方法。文化人类学将为期一年的参与式观察作为人类学家的"成年礼"，而文学人类学将文化人类学的"田野"重塑为多元的田野方式，诸如具有隐喻意义的"文献田野"、考古发掘现场考察、人类学经典民族志田野调查、带有民族志诗学意味的考察类型等。③《考察录》采用的是将人类学民族志田野调查融入本土采风传统的田野调查方式。作者出身

① 徐新建：《一己之见：中国文学人类学的四十年和一百年》，《文学人类学研究》2018 年第 1 期。

② 徐新建、唐启翠：《"表述"问题：文学人类学的理论核心——上海交通大学人文学院徐新建教授访谈》，《社会科学家》2012 年第 2 期。

③ 李菲、邱硕：《"田野"的再概念化：兼论文学人类学跨学科研究方法的同一性问题》，《民族文学研究》2019 年第 3 期。

文学专业，当时接触人类学理论已有时日，并且参与过台湾人类学家王秋桂组织的以面具表演为核心的傩戏、傩文化调研计划，已经做过较长期的田野考察，① 但现实中田野作业时间的限制、西南山区的道阻且长以及各种情况的差错与周折，都令作者不太可能采取纯粹人类学田野调查的方式。在《苗族祭祖：月亮山牯脏节考察》中，作者对起鼓、杀猪、送礼、绕寨、分簸箕饭、跳芦笙舞的仪式过程进行了细描，并揭示了牯脏节世俗与宗教并存互补的结构和功能，然而他还是坦陈在西南山区进行田野调查需要"随缘从分"的经验事实：

> 为了较完整地记录牯脏节的情况，我这次专门请电视台的人带上摄像器材去拍摄。不过人员的组合完全是随机的，事前也来不及做细致的"案头"准备。因为我们的考察在性质上可以说是民间性的，故没条件也没心思做更多的"学院式"安排。一切只能随缘从分。这些年在贵州，我们似乎早已习惯了这种松散性的田野考察。在西南山区的现实情况下，太强调学科规范和专业步骤有时反而于事无补。②

《穿青庆坛：以那民间还愿》涉及作者对贵州省织金县以那地区穿青人庆坛还愿仪式相隔十年的两次田野调查。上篇为 1988 年的仪式，下篇为 1998 年对十年前举办仪式的家族的回访。第二次调查一开始就是随机性的，目的是与前次形成区别，所以事前没有联系访谈对象，临了访谈对象不在家，只好临时改为采访其他对象。但凭借作者的真诚态度和访谈技巧，还是了解到许多意想不到的情况，恰好对之前的调研形成补充。可见短期田野调查的有效信息获取，更来自于鲜明的问题意识、观察和访谈能力以及组织材料进行研究的水平。

---

① 徐新建：《一己之见：中国文学人类学的四十年和一百年》，《文学人类学研究》2018 年第 1 期。

② 徐新建：《俗文化与人类学——西南民俗的人类学考察》，成都：四川大学出版社，2020，第 8 页。

三、"考察录"的文体启示与文学书写

后现代浪潮对人文社会科学的"科学"定位进行批判，人类学也反思了马林诺夫斯基《西太平洋上的航海者》所建立的科学民族志写作范式，认识到民族志的诗学要素，实验民族志更是把个人经验讲述、情节化故事、充满情感和修辞的叙事从写作禁区中解放出来。西方学术界的这一潮流也影响到中国人类学的民族志写作，也给文学人类学的写文化提供了理论资源，但文学人类学还借用本土的史志文献传统、文学写作传统来理解民族志。徐新建就认为民族志不能仅限于某学科的特定文类，而应指代一种文本特质，即"用人类学或者类似于人类学的'文本书写'方式去描述某种文化"①。这种开放的认识来源于他的文学背景和包括《考察录》在内的早期写作实践。

与"随缘从分"的田野调查方法相对应，《考察录》的写作既有现代文化游记式的生动性，又具有人类学民族志的学术严谨性。《考察录》的每一篇章都以"我""我们"的第一人称视角叙事，充满了写作者的个人经验和生动细节。这种叙事方式既确认了作者"到过那里"②的真实性，又引导读者兴致盎然地跟随作者的笔触思接现场。但读者不会误把文本当作游记或散文，因为文本中还有大量史志文献考证、学理论说，显示出客观理性的论文风格，而且叙事顺序并不总是按照作者的游踪组织，而是曲致变化、摇曳多姿。比如，《侗族歌节：小黄民歌习俗》首先从繁杂的表述中厘清了"小黄中秋侗歌节"的由来，继而阐释说该节实际上是对八月十五"吃新"习俗、歌唱传统及当代新节日的重叠创造。此间在田野访谈对话、考察笔记、当地碑刻、口传文本、文字文献等资料引用中穿插评点，立体展现了"小黄"歌俗及其孕育土壤。文章到最后才载入该次节日的实录部分，按照时间顺序和地点转移顺序叙述"吃新"的全过程，让读

---

① 徐新建：《从文学到人类学——关于民族和写文化的答问》，《北方民族大学学报》（哲学社会科学版）2009年第1期。

② 〔美〕克利福德·格尔茨：《论著与生活：作为作者的人类学家》，方静文、黄剑波译，北京：中国人民大学出版社，2013，第15页。

者在深入理解习俗的基础上，体验习俗过程。

作者对于这种杂糅的文体有清楚的认识，所以名为"考察录"，区别于完全文学化的游记散文和规范化的学术论文。由于既有严谨的学术品格，又能融入个体情感体验、直觉洞见、旁逸斜出的思虑等因素，类似的文体被那一时期的人类学学者和具有人类学关怀的学者所钟爱。彭兆荣主编的"文化人类学笔记丛书"就是其中代表，1997年第一辑中有徐新建《苗疆考察记》、彭兆荣《生存于漂泊之中》、潘年英《扶贫手记》、王铭铭《山街的记忆》、易中天《读城记》，2000年第二辑中有郭于华《在乡野中阅读生命》、叶舒宪《两种旅行的足迹》、邓启耀《访灵札记》、夏敏《红头巾下的村落之谜》等。① 这些作品引导和提升了读者的阅读品位，最终达到与人类学民族志同样的目标：理解他者，反观自我。

《考察录》对种种文学技法的运用赋予了文本较强的审美性，显示了作者出色的写作禀赋。《布依"砍牛"：罗吏目丧葬民俗》在指出该丧葬传统的传承困境及原因后，作者以与三公的对话和机场兴建的场景结尾，给文本增添了悠长的怀旧情怀与朦胧的诗学美感。《梭戛展示：苗族生态博物馆》考察贵州六枝特区的梭戛苗族生态博物馆建设的多方力量，其中出国女子熊华艳的人生故事被写得传奇性十足。该女子曾被派往挪威参观学习八天，回国之后即判若两人。作者用多组强烈反差来展示"内"与"外"的强烈冲突：熊华艳对被呼汉名与苗名的态度反差，对本土人没文化与外国人有文化的差异判断，日常穿着与民族盛装的反差，徐美陵馆长伤感地说"熊华艳的心变了"与熊华艳回寨第一句话"我再也不想在这里了"的话语反差，等等。

全书结构也讲求呼应，形成融圆完整的一体。《穿青庆坛：以那民间还愿》内部上、下篇相互呼应，跨越时间又相互补充的篇章恰好映射庆坛还愿和结愿的循环结构。《侗族歌节：小黄民歌习俗》与《高安歌会：沿河走寨"吃相思"》相邻，构成姊妹篇，在"点"与"点"的连接中，突出侗族人"以歌为媒"建立的跨省联系，共同显示"歌唱"这一"历史类型"之于族群历史文化的重大意义。最后一篇《礼失求野：民族食俗的

---

① 参见"文化人类学笔记丛书"，上海文艺出版社1997年、2000年出版。

文化意义》具有总结全书的性质，在中国广阔的时空图谱中展开对饮酒歌唱这一文化事项的描绘和阐释。上半部从《诗经》《楚辞》分别代表的中原、非中原的饮酒歌唱传统中提炼出一套文化结构："诗—兴—醉—超越""礼—立—醒—调整""乐—成—醉醒相通—理性与灵性的和谐"。下半部以"礼失求野"为原则，用苗族"吃牯脏"、侗族"吃相思"等西南山地民族的饮酒和歌唱习俗来证明上篇归纳的文化结构，以此来全面认识含义丰富的中国文化。最后一篇恰如其分地呼应前七篇文章，收束全书。

总而论之，该书用实证叙事的方式突出中国西南的区域特征，与作者此前在"西南研究"脉络中的理论性专著《西南研究论》形成了纵向呼应，与人类学写文化脉络中的《苗疆考察记》[①] 也形成了横向关联。该书乃文学人类学写文化的先行之作，后来文学人类学的诸多理论观点已萌蘖其中，也为文学人类学建立以人类学、民俗学的材料作为第三重证据来研究中华文明史的四重证据法提供了资源。[②] 对于跨学科视角来讨论西南民族民俗文化、少数民族文学、比较文学等领域的研究而言，该书无疑也有所裨益。

---

① 徐新建：《苗疆考察记：在田野中寻找本文》，上海：上海文艺出版社，1997。

② 叶舒宪：《国学考据学的证据法研究及展望——从一重证据法到四重证据法》，《证据科学》2009 年第 4 期。

文学人类学研究话语的拓展与深化

——评《新时期以来小说仪式叙事研究
——以茅盾文学奖作品为中心》*

张　栋**

摘　要：《新时期以来小说仪式叙事研究——以茅盾文学奖作品为中心》一书，以仪式素、仪式化、仪式感这一套具有独创性的文学人类学理论话语系统，介入茅盾文学奖获奖作品的仪式分析及其文化特性解读。上述批评工作成为文学研究的人类学转向过程中的重要组成部分，是中国文学人类学研究的创新性理论与批评实践贡献，同时，为中国当代小说批评范式的转换提供了诸多启示性意义。在中国文学人类学研究话语不断拓展与深化的当下，小说仪式叙事研究贯通了人类的行为实践与小说文本批评两大范畴，且以中西既有的仪式理论为基础，具有值得深入解读与阐释，且可产生诸多创新性理论观念的广阔空间。

关键词：《新时期以来小说仪式叙事研究——以茅盾文学奖作品为中心》　文学人类学　茅盾文学奖　批评范式

作为跨学科研究的典型代表，文学人类学自 20 世纪后期开始浮现，并在发展过程中逐渐孕育出两大重要转向。叶舒宪等把这两大方向归结为"一是文化人类学研究的文学转向，又称人文转向；二是文学研究的人类

---

　　* 该文为广东技术师范大学人才引进项目"中国当代小说神话叙事研究"项目（项目编号 2021SDKYB010）的阶段性成果。

　　** 张栋，广东技术师范大学文学与传媒学院讲师、校聘副教授，研究方向为文学人类学、中国现当代文学。

学转向，又称文化转向"。① 学科的交叉引发了不同论说话语的交流与更新，并为中国文学人类学研究带来新的气象。就后一个方向而言，突出文学研究的文化性质，将人类学学科的某些理论术语化入文学的典型研究之中，已成为一种颇为风行的研究态势。在这一背景下，如何实现不同学科话语的融通，对既有的研究范式进行一定程度的更新，并在新的时代背景中提出文学人类学研究的新命题，便成为一项重要的工作。马硕的专著《新时期以来小说仪式叙事研究——以茅盾文学奖作品为中心》（武汉大学出版社 2020 年 8 月出版，以下简称《仪式叙事》），通过探讨茅盾文学奖获奖作品中的仪式叙事特质，为中国当代小说研究提供了一个新的探索方向，并为中国的文学人类学研究提供了一个典型个案。

一、仪式批评理论话语的尝试性构建

建立一套行之有效的理论话语体系，是一个学科能够具有理论支撑并开展实际研究活动的基础。对于文学人类学来说，一种圆熟的理论话语仍未最终成型，且处于不断的探索之中。"文学"与"人类学"之所以能够结合，一方面是因为二者均以"人"为研究对象，文学研究是以叙事分析的方式阐释"人"，人类学则以实践调查的方式探究"人"，虽方法不同，但在对人的内在关注层面，二者异曲同工；另一方面，则是话语融通的必然结果。彭兆荣认为，这种话语融通与学科的"知识生产"相关，因为"任何历史的变迁与语境的变化，都将带来新知识的全新装备"，这可称为"知识更新"。② 在新的历史背景中，文学与人类学的理论话语显然有了继续更新的需要，而在学科融合背景下，二者也有了更多交流的可能。

在人类学的诸多分支之中，研究人类行为的仪式批评理论显然颇为引人注目，这不仅是因为仪式行为是人类学家在田野调查中着重关注的对象，更是因为仪式在民族志之外，也构成了人类社会生活的主要内容。人

---

① 唐启翠、叶舒宪编著：《文学人类学新论——学科交叉的两大转向》，上海：复旦大学出版社，2019，序言第 1 页。

② 彭兆荣：《文学人类学：一种新型的人文学》，《吉首大学学报》（社会科学版）2021 年第 1 期。

类在由幼年至老年、由日常生活至社会行为、由家庭至社会等诸多阶段，均与仪式发生密切的关联，而人类社会中形形色色的仪式，也成为作家们关注的对象。在小说创作中描绘仪式的细节，还原人类社会生活的真实场景，同时凸显仪式存在对于人类生存的意义，是作家在仪式叙事中的普遍选择。那么，有没有可能透过小说文本中的仪式提炼出属于文学人类学范畴的理论话语？答案是肯定的，这也正是《仪式叙事》一书的主要理论贡献。

　　《仪式叙事》的首要贡献，是为文学人类学的仪式批评提出了一套具有内在逻辑性，同时可在更大范围得到内涵延展的理论话语体系，即以仪式素、仪式化、仪式感为中心的仪式批评话语系统。这一理论的总结，一方面来源于西方的仪式批评传统，即爱德华·泰勒的"仪式即宗教"及之后的神话—仪式学派对上述观念的深入阐释、涂尔干对仪式"世俗"性的揭示、阿诺德·范热内普对仪式动态性的观照、维克多·特纳的仪式过渡理论，乃至弗洛伊德与荣格的心理学派、埃德蒙·利奇与玛丽·道格拉斯的象征文化学派、皮埃尔·布迪厄与马歇尔·萨林斯的表演学派，等等。西方学者对仪式理论的阐释，构成《仪式叙事》的重要理论来源。另一方面，国内学者（如方克强、彭兆荣、叶舒宪）具有代表性的仪式研究成果，则使《仪式叙事》的讨论有了更符合客观实际的对象。在上述的理论背景之下，作者通过一系列的研究文章，逐渐得出了小说仪式叙事的核心概念，她认为，"所谓小说中的仪式，便是指作家在构造社会关系、塑造人物形象时，根据叙事过程的需要，让笔下的人物以完成一定叙事功能为目的，而进行的推动情节、制造悬念、展现文化、透视社会等行为过程，通过这种行为过程表达出关于作家创作的理念、立场与态度。这类展现在文本中的个人或群体性的行为过程，可以理解为小说的仪式书写"。① 在作者的理解中，"仪式"不仅是人类的一种社会行为，更构成了小说叙事的重要背景与核心架构，因此，以仪式叙事切入小说的阐释便成为一种可行的路径。

———————————

① 马硕：《人类学视野下的小说仪式书写》，《兰州大学学报》（社会科学版）2017年第2期。

具体到理论话语的建构中,《仪式叙事》创造性地提炼出一套以"仪式"为核心的批评话语体系,即仪式素、仪式化与仪式感。这三个概念层层递进,具有内在的逻辑演进特点,且不同的话语关涉不同的仪式表现问题。以仪式素为例,在《仪式叙事》中,仪式素被视为文本这座大厦的"砖瓦",即文本构成所需的基本材料,其内部又存在划分,即大型仪式素、中型仪式素与小型仪式素。对社会仪式的划分,最早见于美国社会学家贝格森,他把仪式划分为微型、中型、大型三个层面,在他的理解中,微型仪式对应的是仪式化用语,中型仪式对应的是人类的日常行为规范,大型仪式对应的则是集体的庆典仪式。《仪式叙事》对仪式素的命名,显然同时借鉴了列维-斯特劳斯的"神话素"(mytheme、mythemes)的概念,从而把仪式素视为仪式行为的最小单位。对社会学家与神话学家所提出概念的融合,使"仪式素"成为一种颇具理论背景同时又可切近仪式多元表象的学理性概念。在小说叙事分析中对仪式素进行分层,一方面是因为人类的仪式行为多种多样,因而难以作统一的界定,另一方面则是因为不同类型的仪式在小说叙事中所发生的作用也是不一样的。作家选择某一类型的仪式,或者选择以多大的篇幅、怎样的叙事语言去表现仪式,都内蕴着作家对仪式或浅或深的思考。

拿大型仪式素来说,作者认为,"一个大型仪式素本身就是一段完整的叙事。它不仅要交代小说叙事的时间、地点、人物、环境与情节,还需要明确仪式发生的时间、地点、人物、环境和情节,因此,要通过一场仪式对这些叙事要素进行充分地展现,势必需要一定的篇幅"。在这一背景下,作者把大型仪式素定义为"能在叙事中单独承担叙事任务,在文本中占有一定叙事比例,对仪式行为的发生具有明确、详细的交代,并最大程度地包含叙事各要素的仪式书写方式"。[①] 大型仪式素的存在,显然和人类在历史发展过程中丰厚的仪式记忆有着紧密的关联,尤其是在某些历史转变的关键节点,仪式甚至能够左右历史发展的走向。在小说创作中,大型仪式素往往能为读者提供大量真实的人类历史发展与现实生存的诸多细

---

① 马硕:《新时期以来小说仪式叙事研究——以茅盾文学奖作品为中心》,武汉:武汉大学出版社,2020,第43-44页。

节，仪式的描绘与情节的虚构设计不同，仪式还原程度的高低，能够直接反映出作家创作态度的严谨与否。在《仪式叙事》中，大型仪式素被认为贯通了人类的现实与想象，并在小说中实现了圆满地融通。与大型仪式素不同，中型与小型仪式素虽然在体量与所载思想的厚重程度方面与前者存在差别，但也是不可忽视的对象，三者的相互配合，共同构成仪式素批评话语的整体，且在仪式叙事批评中发挥着不同的作用。

如果说仪式素构成小说仪式叙事批评的"砖瓦"，那么"仪式化"就是作者眼中的"钢筋"，"仪式感"则是"蓝图"。仪式素关乎作家创作的表现对象，仪式化关涉作家表现仪式的方式，仪式感则上升到了作家的创作心理层面，三种话语的提炼解决的是小说仪式叙事所揭示的不同层面的问题，但话语之间实现的有机结合，则在整体上提升了小说仪式叙事批评话语的理论水准及实践性品格。总的来说，《仪式叙事》一书通过尝试构建小说仪式叙事研究的理论话语，为文学人类学理论的拓展与深化提出了具有建设性的意见，同时也以实际的小说文本批评，提供了具有代表性的批评案例。

二、小说文本的仪式叙事批评实践

对于一种理论来说，适当的文本阐释支撑是能够使理论落地的根本，理论与批评实践的结合，既能使理论通过文本的解读获得话语延展的空间，也能够使小说文本的阐释获得充分的自由度。对于仪式叙事批评来说，合适的小说文本的选择，显然是具有挑战性的一项工作。对于一种颇具创新性的理论话语，怎样的文本才是适切的呢，或者说，对哪种类型的小说进行理论阐释才是具有代表性的呢？《仪式叙事》选择了茅盾文学奖（1982—2014 年）获奖作品中的八部为代表性文本，同时辅以对其他获奖文本的观照，在验证小说仪式叙事理论适用性的同时，也为新时期以来的当代小说研究提供了一种新的思路。

对于将茅盾文学奖作品作为研究对象的考虑，作者认为，"在叙事方面，获奖作品几乎毫无例外地涉及了表现文化传统、民风民俗的仪式描写，其中，仪式素起到了在叙事中表现真实细节的作用，仪式化与仪式感则承担了真实细节描写之外的情感表达作用"。① 可见，在作者的研究视阈中，茅盾文学奖获奖作品具有其他小说无法比拟的优越性。首先，茅盾文学奖是中国现实主义题材小说的重镇。在叙事中尽可能多地触及中国社会历史发展的丰富内容，是中国现实主义作家的叙事共性。在小说中展示真实性与批判性的辩证关系，也是现实主义作家主要的叙事目的。作家们试图在小说中再造一个"真实"的世界，以彰显其现实批判与思考的态度。然而，小说是一种虚构的艺术创造，如何借由虚构而实现超越现实社会的"真实"呢？笔者认为，这里的关键在于叙事的细节塑造。一部小说之所以能够具有真实的质感，其秘诀即在于细节的刻画，而细节的核心即在"仪式"。仪式是人类的社会行为，在一定程度上已沉潜为人类的集体记忆，在作家对某一地域或人类群体的仪式行为的描画中，已内蕴着他/她对于现实的态度，也就是说，仪式以最本真的一面，成为作家观察与思考社会的一面镜子，也是作家触摸社会最本质要素的重要中介。因此，以获得茅盾文学奖的现实主义小说为对象，能够使小说仪式叙事批评获得最坚实的社会物质与精神现实的支撑。另一方面，在获奖作品中，仪式同样构成了一种象征性的力量。小说中的仪式书写不仅成为文本现实性的根基，同时也成为作家理解世界的一种方法。大卫·科泽认为，"仪式帮助我们理解世界的方法之一就是，它将过去和现在以及现在和将来关联在一起"，② 可见，仪式在小说中的象征意味建立在真实的表达之上，虽然作家只是面对眼前的仪式侃侃而谈，但这一仪式却贯穿了一个民族发展的全部历程。就像《少年天子》中的皇帝登基仪式、《白鹿原》中的宗族仪式、《钟鼓楼》中的婚礼仪式等，这些仪式中承载着民族的全部记忆，对这些记忆的回顾与整理，以仪式描绘的方式呈现出来，同时构成了作家观照与反思现实的前提。

具体到文本的批评，《仪式叙事》将理论话语与小说文本的解读实现了较为恰当地融合。对于专著所罗列的八本代表性文本，作者从时代与个

---

① 马硕：《新时期以来小说仪式叙事研究——以茅盾文学奖作品为中心》，武汉：武汉大学出版社，2020，第110页。

② 〔美〕大卫·科泽：《仪式、政治与权力》，王海洲译，南京：江苏人民出版社，2015，第13页。

人、乡土世界、民族精神、历史演绎等角度进行了划分。事实上，时代、乡土、民族、历史等字眼，已在多个层面触及文本所具有的现实主义特质，而仪式素、仪式化与仪式感这一系统性理论话语的介入，则对文本的现实主义要素进行了人类学意义上的提升，彰显出文学人类学批评话语的独特性。以对《白鹿原》的批评为例，《白鹿原》作为中国当代文学的重要收获，已成为批评家展开批评实践的绝佳样本，然而，从仪式叙事的角度对小说进行剖析，显然更能凸显小说的价值，这是因为《白鹿原》作为一本具有深重历史意义的小说，本身即需要大量真实的仪式细节作为支撑，缺乏对这些细节的考量，就难以理解《白鹿原》浓重历史与文化意味的来源。

《白鹿原》中存在大量的仪式素，《仪式叙事》将白鹿原土地上的仪式素做了不同类型的区分，这包括生命形态的展开、乡民伦理道德的支撑，以及对乡土秩序的维护。在以白嘉轩为中心而展开的诸多仪式中，上述仪式类型及其呈现的意义，不仅构成白鹿原的整体文化生态，同时也成为显露人物性格、帮助读者理解小说情节的重要依托。比如，白嘉轩为了维护宗族的秩序，在祠堂展开了包括修建祠堂、立乡约、惩戒违背乡约的族人等在内的一系列仪式行为，其中尤以惩罚田小娥的仪式令人印象深刻。田小娥作为外来者，似乎不必受到本地仪式秩序的规约，但白嘉轩仍然选择在宗族面前对田小娥施以刑罚。在笔者看来，这一惩戒仪式存在多重解读的空间，它不仅关乎正统伦理道德与民间道德形态的冲突，也涉及白嘉轩与女性之间的冲突，这显然能够深化读者对白嘉轩形象的理解。除了表层的仪式素解读，《仪式叙事》亦从更为深入的仪式化层面解读了"白鹿"及白、鹿两家的纷争在小说中的象征性意义。其中颇有意味的，是作者将小说中的"性"视为仪式化表达的重要对象。在陈忠实翻阅县志的过程中，长篇累牍的节烈妇女们的名字曾经给他以深刻的印象，因此他在小说中设置的田小娥形象便具有了浓厚的仪式化特点。"性"能够构成仪式化书写，自然不是因为对性行为或者性心理的刻画，而是由人物对"性"的处理而彰显出的人物关系及社会的文化生态，由此"性"便构成一种特殊的媒介。白嘉轩引以为豪的娶七房女人的行为与其对田小娥深恶痛绝的心态之间的剧烈冲突，构成白嘉轩人物心理与行为的分裂，"性"由此成为解读白嘉轩矛盾形象的仪式化承载物。《仪式叙事》同时别出心裁地发现了田小娥的家公鹿三在杀死自己儿媳之时的一系列动作，"他第四次拃起左手拇指试刀锋时，就感到了钢刃上的那种理想的效果……然后用一块烂布擦了擦钢刃上的水，压到被子底下，点燃一锅旱烟，坐在炕边上……"①。鹿三的行为虽然与"性"无关，却是一种对"性"的态度的行为呈现。这一仪式行为使得鹿三成为白嘉轩的同谋者，在更大的意义上，他们成为中国传统男性的代言人，成为几千年来压制与迫害女性自由意志的专制者。仪式感，不仅被《仪式叙事》归结为作家陈忠实在面对民族历史之时所生发的一种特殊感受，而且也成为对小说人物具有普遍性的心理与命运的提炼与升华。在这里，"悲剧"成为一个关键词，不管是白嘉轩作为传统儒家理念衰败之象征的悲剧，还是白灵在个人与家国的冲突中所遭遇的悲剧，这些悲剧不仅铸造了人物的心灵，同时也能够使读者产生复杂的阅读感受，这不仅包括对人物的同情，还有对于国家、民族、历史等宏大字眼的震撼心理。显然，仪式感是能够贯通作者、小说人物、读者等不同层次"人物"的核心概念，也是《仪式叙事》的独特理论发现。

以《白鹿原》等作品为探讨中心，《仪式叙事》完成了初步的小说仪式叙事的批评实践。这一批评的尝试，因为在一种新的理论话语的支撑下能够给人以新鲜之感，但理论话语往往需要在实践反复印证的条件下才能够逐渐成熟。《仪式叙事》虽然提出了新颖的批评语言，但一些概念显然仍需深化。比如，上文提到的"仪式感"概念，因其涵盖的范围较为广泛，反而使其失去了话语的特殊性，因此在具体的批评实践中有适用过于广泛且阐释时有含混不清之感。尽管存在一定的缺失，但《仪式叙事》仍有独特的理论贡献，并为当下小说叙事批评的范式转换，提供了有价值的思考空间。

三、小说叙事批评范式转换的启示性意义

学者程金城在《仪式叙事》的序言中提到，仪式叙事批评与传统的文

① 陈忠实：《白鹿原》，北京：作家出版社，2009，第 295 页。

学批评方法是有区别的，"仪式批评提供了一种新的认知范畴，使研究不再满足于停留在文本分析或作家分析的层面，而是进入到认识论与价值观的探寻之中，成为一种思考作品内涵与文本价值的方式"。① 此为确评。从更为广阔的批评视域来看，文学人类学批评超越了普遍的、一般的文学批评模式，不仅关注到了小说文本中存在的种种人类行为本身，而且也将阐释的范围拓展到行为所蕴含的人与人、人与社会、人与历史、人与文化等更为深广的层面。以小说仪式叙事批评来说，它不仅能够突出地呈现文学人类学批评的话语特质，同时也关涉人类与文学艺术创作的整体关系，并试图探求人类与文学艺术创作的价值关系。

《仪式叙事》的话语起点，是对于人类仪式行为的发现，如何将对人类一种日常行为的观察转化为文学研究的批评话语，是对作者的巨大挑战，而这一问题的解决，能够帮助我们窥探到文学人类学批评话语生成的秘密。人类的仪式行为从人类族群诞生之初即已存在，它区别于人类其他的日常行为，具有明确的目的性、动作的设计性、时空的循环性等诸多特征，对仪式行为的观察与记录，是人类学家田野调查工作的重心，而对于文学研究者来说，仪式成为一种"问题"。对这一问题的描绘与转化，即构成文学人类学批评的前提。学者徐新建将对问题的表述视为文学人类学的起点和核心，这是因为"在现实和历史的意义上，表述问题也是人类世界的起点和核心"。文学人类学的表达方式，在徐新建看来，"既与言说层面的'写作'、'表达'、'讲述'、'叙事'等关联，同时也跟实践层面的'展现'、'表演'、'仪式'及'践行'等相关"。② 这其实在一定程度上点明了文学人类学批评话语的转化原理。如果说小说用语言在叙事，那么仪式也可以视作一种叙事，只不过是以行为动作的语言完成，二者之间是可以实现一种对应的。

《仪式叙事》的作者也正是基于这一立场展开研究。在她看来，"一部作品就是一场仪式的展开，在这场'文本仪式'中，作家刻画出人物在一

---

① 马硕：《新时期以来小说仪式叙事研究——以茅盾文学奖作品为中心》，武汉：武汉大学出版社，2020，第3页。
② 徐新建：《表述问题：文学人类学的起点和核心——为中国文学人类学研究会第五届年会而作》，《西南民族大学学报》（人文社会科学版）2011年第1期。

定社会环境中的成长与经历，可视作是'仪式'发生的背景；叙述语言则构成了'仪式'过程中的行为动作，不同的人物属于'仪式'形形色色的参与者；而故事的叙事顺序则类似于仪式的发生阶段"。① 在上述类比的基础上，《仪式叙事》提炼出仪式素、仪式化、仪式感的理论脉络，从而在更深入的层面对人类的仪式行为过程进行了叙事学的升华。这一总结既注意到了仪式行为的细节元素，也将仪式结构、仪式与参与者心理的联结等要素纳入话语之中，从而成为一套可化入小说叙事批评的话语模式。相对于一般的文学批评，这种批评方式显然更具现实品格与实践品性，而与文化批评相比，它又具有极强的理论性。恰如作者所言，"仪式批评以一套仪式话语系统建构起自身的批评脉络，它不仅从人类学的角度对文本提出真实性要求，而且注重从文本叙事之中搭建与仪式行为相对应的叙事特征，使文本中某些被忽视的内容重新焕发出光彩"。② 对于许多作家来说，仪式早已成为其潜意识内容，总是以无意的形式得到表达，小说仪式叙事批评的目的，即是将人类丰富的潜意识层面的内容揭示出来，从而为小说批评范式的转换提供坚实的支撑。

文学人类学批评的文化品性及其批评方法的灵活性，使文学人类学批评面对的文本往往是多元的。因"文学"本身即有"人文"之意，按照一般意义上的理解，人类创造的诸多艺术创造，其实都可以被纳入文学人类学的批评范畴。对于仪式叙事批评来说，其研讨对象可否有进一步扩大的空间呢？答案是肯定的。人类的仪式记忆不仅存在于不断循环的仪式行为中，也被刻录在不同类型的艺术创作之中，小说只是其中的一个部分，其他类型的艺术作品的文学人类学分析，也得到越来越多的关注。对于《仪式叙事》的作者来说，小说的仪式叙事批评是其研究的起点，这一批评可被运用于更为广阔的艺术创作阐释。例如，在《观后即弃的仪式——春晚对传统春节仪式的影响研究》一文中，作者即从仪式批评的角度阐发新媒体对中国传统仪式的冲击，从而将阐释的对象由小说文本扩展到包括新媒

① 马硕：《新时期以来小说仪式叙事研究——以茅盾文学奖作品为中心》，武汉：武汉大学出版社，2020，第17页。
② 马硕：《新时期以来小说仪式叙事研究——以茅盾文学奖作品为中心》，武汉：武汉大学出版社，2020，第261页。

体在内的多元艺术形式。在此篇文章中，作者提到了一个关键的问题，即传统仪式在新的时代环境中所发生的变化有哪些。作家们在小说中展现的仪式叙事，其实是以文字的形式对传统仪式进行了改造，而在春晚等电视节目中，传统的春节仪式也被改造，而且相对于传统仪式而言，春晚是以娱乐的方式，大大简化了传统春节仪式中的神圣性与文化性内容。作者将春晚称作"新民俗"，但对于观众来说，却起到了"观后即弃"的效果，同时也形成了对传统仪式的"解构"。① 可见，作者对新旧仪式嬗变的阐释，其实是《仪式叙事》思路的延伸。

对仪式要素存在的关注，对仪式行为过程的还原性分析，对仪式参与者与旁观者的心理解读，其实是对仪式之所以成为仪式的原因的说明，这一分析逻辑在《仪式叙事》的文本批评中得到了较为全面的呈现，但当以这一逻辑去观照中国传统仪式的嬗变时，一些仪式成分的缺失或简化显然影响了仪式作用的发挥，而这必然影响仪式参与者的心理预期。在这一背景下，仪式的内涵与作用就会发生异化，乃至成为一种"伪仪式"。可见，《仪式叙事》对于批评范式转换的意义，不仅在于小说叙事批评方法的更新，也可以进入更为广阔的文艺阐释领域，从而使仪式批评成为具有广泛适用性与深刻性的重要理论话语。

结　语

20 世纪 80 年代末，加拿大人类学家费尔南多·波亚托斯以"文学人类学"课题为中心，尝试构建文学人类学的理论体系。他认为："文学人类学的研究将使用人类学的概念和方法，从'民族—国家文学'（national literature）中寻找人类学材料，同时还承认这样一个事实，即人类社会形形色色的文学叙事不仅优先于人类学方法与工具的发展，并且一直继续存活在各自今日的文化之中。"② 这一理念经由中西方学者的不断阐释，使文

---

① 马硕：《观后即弃的仪式——春晚对传统春节仪式的影响研究》，《当代传播》2021 第 2 期。

② 徐新建：《文学人类学：中西交流中的兼容与发展》，《思想战线》2001 年第 4 期，第 100－105 页。

学人类学研究成为文学朝着人类学转向过程中越发壮大的一股力量。《仪式叙事》一书，是文学人类学研究在当下发展的拓展与深化，作者从人类日常仪式行为中提炼出的仪式话语，被代入经典小说的文本分析之中，从而为小说的仪式叙事研究提供了诸多思路，也为中国的文学人类学理论话语建构贡献了可供借鉴并不断扩展及深化的实践。

文学研究中的概念史视野

——中国社会科学院比较文学研究中心"跨文化论坛"第十一讲综述

吴　鹏*

摘　要： 2021 年 11 月 24 日，"跨文化论坛"第十一讲——"文学研究中的概念史视野"在中国社科院文学研究所顺利召开。在主旨演讲中，北京师范大学方维规教授深入梳理了德国的概念史研究体系，并重点以"文学""跨文化"和"世界文学"三个基本概念作为研究案例，探讨概念史视野与文学学科结合的可能性。在对谈中，文学研究所比较文学室各位学者肯定了概念史的范式意义，尤其认为在当代国际交流日益频繁、学科界限逐渐消融的背景下，重视概念史研究，可以为文学研究带来新的突破口和增长点，甚至可能重新塑造文学研究的整体格局。

关键词： 概念史　文学　跨文化　世界文学　文学研究

2021 年 11 月 24 日，中国社会科学院比较文学研究中心在文学研究所会议室，成功举办"跨文化论坛"第十一讲——"文学研究中的概念史视野"。论坛由谭佳研究员主持，文学研究所（以下简称文学所）副所长丁国旗研究员、古代文学室主任吴光兴研究员、当代文学室主任李建军研究员、比较文学室主任董炳月研究员、现代文学室主任赵稀方研究员、数字信息与网络研究室主任祝晓风研究员、台港澳文学室主任张重岗研究员，分别从各自学科与方维规教授的概念史研究展开对话。此外，北京语言大学"一带一路"研究院副院长黄悦教授等专家和慕名而来的众多学生参加了本次论坛，并积极参与对话和讨论。

---

　*　吴鹏，中国社会科学院大学研究生院博士研究生。研究领域：比较文学。

一、概念梳理与辨析

方维规教授的演讲分为三个部分：第一部分，介绍概念史作为一门学科的定义和范畴。第二部分，介绍概念史所包含的诸种问题和研究方法。第三部分，论述概念史方法在文学研究中的应用。

首先，方教授通过概念史与观念史、词汇史和关键词研究的差别来确定概念史的内涵和外延。从字面而言，概念史（德：Begriffsgeschichte）指的是研究概念的起源和演进的学问。德国的概念史研究代表性理论家科塞雷克（Reinhart Koselleck）为概念史下了一个定义："概念史查考不同文化中的重要概念及其发展变化，并揭示特定词语的不同语境和联想。"从学科归属上来说，概念史和观念史、关键词研究同属于历史语义学（Historical Semantics），但内部有着复杂的分异和纠缠。概念史比观念史的研究范围更大，因为每个概念中都包含了复杂的思想内容；概念史以词汇史（词语史）为基础，词汇史比概念史的研究对象更广泛，更费考证功夫。同时，词语是一种指称工具，较为单一，方便界定；概念是一种含义工具，较为多义、含混，便于阐释。这决定了概念史与词汇史既存在意义、知识上的关联，又存在方法上的区别。总的来说，概念史以特定词汇的历史流变研究为基础，透视历史与文化的整体面貌，并最终落实于某个具体的思想课题。

其次，方教授从具体的方法论和逻辑体系的角度来诠释概念史。概念史建立于两个理论假说之上：一是历史沉淀于特定概念，历史政治的脉动在概念中得到表述和阐释；二是概念有其自身的变异轨迹，这个轨迹表现为其用法的改变，但是在实际的历史语境中，用法的改变即是意义的改变。概念史的研究意图是通过概念的考察，来重审社会史的整体面貌，为史学研究提供一种富于生产性的论据支持和范式探索。

为了说明前一个理论假设，方教授引用科塞雷克的学说来论证自己的观点。针对近代史的转型，科塞雷克提出了"鞍型期"的概念。所谓"鞍型期"指的是西方近代早期与现代社会之间的过渡时期，也就是现代化全面开启之前的转型期。就西方历史来说，"鞍型期"主要指的是启蒙运动晚期到法国大革命前后。这段历史时期社会形态剧烈转变，反映在概念的形态上，则表现为"民主""自由"等构成现代政治的概念大量涌现。就中国历史来说，"鞍型期"指的是 19 世纪末到 20 世纪初的这段时期。也正是这段时期救亡和启蒙的时代诉求，使得西方现代政治概念经由日本大量输入中国。正因为"鞍型期"的社会剧烈转型推动了概念的快速普及和变异，概念史的学术意义在这样的历史场域中才更加彰显。从研究现场来说，无论是中国还是欧洲，概念史的关注重点都是近代的起源这段"鞍型期"。

为了说明后一个理论假设，方教授举出了"民主"概念的演变作为例证。在 19 世纪，民主被视为"暴民政治"的代名词，直到后来才被视为一种良好的政治制度。民主概念的这种发展，虽然存在其社会政治前提，但主要是概念自身在思想上、逻辑上的自然演变。概念本身并不是变化的，它的变化是其用法和语境的变化，即维特根斯坦（Ludwig Wittgenstein）所说的"意义即用法"。

在这两个理论前提的基础上，概念表现出两个重要的特征：（1）以集群的形式存在。如果不通过相关的概念网络，我们就无法把握一个概念的准确含义。（2）概念与社会政治的关系是双向的，社会政治影响概念的形态和内涵，概念也能预见社会政治的进程和远景。

最后，方教授介绍了将概念史方法应用于文学研究的案例。概念史研究在德国诞生后，不仅跨越民族走向国际化，而且跨越学科界限，广泛应用于人文社科领域。方教授用概念史方法来研究文学问题，形成围绕"跨文化""文学"和"世界文学"三个重要概念的新异成果。这也是与比较文学研究最相关之处：

第一，关于"跨文化"问题。方教授区分了三个概念——"多元文化"（multiculture）、"文化间性"（interculturality）和"跨文化"（transculturality）。"多元文化"强调异文化的并存；"文化间性"强调文化之间的接触和对话；"跨文化"强调突破文化界限，创造新文化。"多元文化"及其衍生的多元文化主义，就建立在文化间性所强调的文化相对同质性之上，最终要达成的，就是"跨文化"这样一种行为范畴。对于"跨文化"概念的提出者韦尔施（Wolfgang Welsch）来说，"跨文化"不仅是一种目的性的文化活动，更是一种全球化时代普遍的存在状态和生活方式。尽管在文化产业的驱动下，会产生一些看似多元的文化景观，但在日常生活的层面上，每个人已经是"跨文化"地存在着了。只有追溯"跨文化"的概念起源，才能准确把握其核心意义。

第二，"文学"概念的来龙去脉。卡勒（J. Culler）在《文学理论》中提出现代的"文学"概念有二百来年的历史，对此方教授并不同意，指出现代"文学"概念只有一百来年的历史。传统的"文学"概念包括了历史、哲学、医学著作甚至包括实用文体在内的诸种文字作品，是一种广义的"文学"。这个概念一直到 19 世纪末 20 世纪初都还在被使用，后来才被由小说、诗歌散文、戏剧组成的，审美化的现代的"文学"概念所取代。因此，现代"文学"概念只能往前追溯一百年左右。

第三，对"世界文学"概念的理解。在这一部分，方教授主要根据自己的两篇文章，质疑世界文学的"歌德起源"说，对歌德（Johann Wolfgang von Goethe）所讲的"世界文学"的具体内涵进行重审。

方教授指出，尽管当前流行的观点，是将歌德在 1827 年说的"民族文学现在已经算不了什么，轮到世界文学时代了；现在每个人都应出力，促成其尽快来临"这段话作为"世界文学"概念的渊薮，但实际上，施勒策尔（August L. Schlözer）在 1773 年谈及冰岛文学在欧洲的影响时，已经初步提出了现代意义上的"世界文学"概念。方教授对歌德所使用的"世界文学"概念进行重点考察，指出其与现代所使用的"世界文学"概念之间的差异。歌德将"世界文学"定义为一种"普遍、自由的精神贸易"，并将其看作一种客观事情范畴和主观行为范畴的结合体。"世界文学"指的是世界各民族文学之间的普遍交流和自由往来，以及为了达成这种局面所需要付出的努力。当代的"世界文学"概念，常常将世界文学视为全球所有现存文学文本的集合，或者是各民族经典文学作品的统称，这与歌德的"世界文学"概念已经发生了偏差。

作为一个德意志和欧洲的办刊人，歌德认为要实现"世界文学"的目标，需要通过文学研究和文学刊物、文学翻译以及不同国家作者、译者之间的交往三种方式来实现。歌德去世前，对"世界文学"的实践转向持较为谨慎的态度，提出既然"世界文学"已经发展为一种趋势，那就应重点关注"它能做到什么和做到了什么"。总而言之，"世界文学"在歌德那里是一个动词性的范畴，而不是一个名词性的范畴。要理解歌德眼中的"世界文学"，就应该看到"世界"的"动词化"，这是一个"时间性的、开放的期待概念"。当下的"世界文学"概念，常常作为一种世界性的文学史理念或一种民族文学的一体化目标而存在，但对于歌德来说，跨民族的文学交流行为本身就是"世界文学"。

概括而言，方教授的概念史研究主要围绕德国学界的特殊语境展开，并通过与中国问题、后殖民理论等不同文化和知识体系的对话，来为概念史研究赋予更为及物的问题意识。文学概念的厘定是为了明确当前文学研究的边界；跨文化概念的追溯则为新兴的跨文化研究提供范式的参考；"世界文学"概念的辨析也给风行的"世界文学"研究注入了更为理性的因素，从而避免对于世界文学的讨论变为一种民族文学的庸俗相加或对民族交流史的空洞注解。方教授引进德国概念史的学科方法，并将其与中国比较文学的紧要问题相结合，从而产出了广泛适用于不同研究领域的新方法和新思路。

二、文学各领域中的"概念"问题

方教授演讲之后，来自文学研究所各学科的负责人与方教授进行对谈交流。

（一）比较文学

首先发言的是比较文学室的董炳月研究员。董老师做日本研究，便以近代日语中"文学"概念的演变为例，肯定了方教授概念史的现实意义。在他眼中，概念史的功用在于让我们重新思考概念在使用中意义的确定性。他向方教授提出了一个问题，如何看待概念演进中跨越文化边界，即概念（词汇）的越界移动这种现象，尤其是在中国和日本这样的共同使用汉字的国家，这样的现象更具有历史本体论的意义。方教授承认概念的越界是个重要的问题，应当得到重视。他以"封建"概念为例，说明日本作为西方概念进入中国的中介，在中国现代概念的形成过程中所起的特殊作用。因为共用汉字，所以中国近代知识往往直接借用日本新词汇，也产生了诸多与中国实际情况不相契合的情况。同时，他也指出，概念史的研究目的，不是对概念的现存意义进行价值判断，即裁定当代中国人对某个概念的理解是否符合其原初意义，而是考察概念在时间迭代和空间位移中发生意义转变的历史文化根源。

（二）现代文学

现代文学室赵稀方研究员从事后殖民理论研究，涉及概念的越界移动时，主要关注概念从殖民宗主国向前殖民地的移动，其中包含了后殖民的问题。"跨文化""文化间性"和"多元文化"概念与后殖民理论大家霍米·巴巴（Homi Bhabha）创造的"杂合"（Hybridity）、混杂、模仿等概念存在大范围的重合，这些概念描述了前殖民者和殖民地之间的"自我—他者"关系，其中包含了生产反抗性的可能，因而也更具有关注价值。此外，赵老师也讨论了概念史与后殖民主义翻译研究之间的联系，后殖民主义翻译研究由美国学者勒菲弗尔（Andre Lefevere）创立，关注殖民主义如何通过翻译过程中的选择和改写来建构殖民文化身份。方教授指出，后殖民主义文化理论与韦尔施的"跨文化"理论共享一些相似的结构，但从性质上来说，后殖民主义的理论政治性更强，比起文化行为，更关注一些文化政治层面的问题。方教授认同翻译的重要性，但将翻译视为一种不得已的行为，因为思想的核心内容是无法通过翻译传递的。

（三）当代文学

第三位发言的是当代文学室的李建军研究员。李老师引用别林斯基（Vissarion Grigoryevich Belinsky）的"批评是一种运动的美学"一说，指出概念本身就是一种运动的话语，是一种创造性的力量，可以指导社会、规训生活。李老师指出，概念可以根据其影响分为动力性概念和阻滞性概念，前者推动文化进步，后者阻滞人的思维。他将当代文学中常出现的"生活"概念视为一个因抽象化、特指化而压抑创造精神的阻滞性概念。同时，李老师也对方教授的"世界文学"观点提出商榷，认为"世界文学"不仅是一个动词，也是一个名词，是对民族文化视域的超越，给我们带来的最大进步是一种知识分子精神，即巴赫金（M. M. Bakhtin）所说的"世界感受"，这种精神指引知识分子在世界立场上思考问题，把握东西之间的共性。方教授在回应中，表示概念与社会政治有着复杂的相关性，无法做到绝对的清晰明了，有时候概念的模糊本身就是一种社会权力塑造的结果。

（四）数字与网络文学

第四位发言的是数字信息与网络研究室的祝晓风研究员。祝老师作为一位学术编辑，看到了方教授概念史研究在学术领域普遍的方法论意义，并指出当下很多年轻学人苦于找不到好的研究课题，但实际上，如果能跳出固有的思维框架，深入第一手材料，回到基本问题，在把握研究对象和研究方法的基本概念的流变上，就可以产出丰富的成果。同时，他也由方教授引用的科塞雷克"历史沉淀于概念之中"一语，联想到了李泽厚的积淀说和顾颉刚的层累造史说，指出二者都确证了概念与历史的深刻关联。

（五）古代文学

古代文学室的吴光兴研究员首先感谢了方教授完整地从西方引进了概念史的研究方法，指出这种学术进口在当下的可贵。其次，吴老师引用了维特根斯坦的"意义即用法"理念，指出其与乾嘉学派的训诂考证学、搜求异证法之间的结构性类同。他自己正是在综合两种方法的基础上，梳理了"文学"和"文章"等概念在中国古代历史中的嬗变。他指出，文学观念的变化本身就会决定"文学"概念的变化，如"盛唐气象"就是宋人所创造的概念，今人研究唐代文学，就应该超越这个异时代的概念，回到唐代的语境中去。吴老师指出，概念对人的规训作用，可以用皮亚杰心理学中的顺应和同化效应来解释，这是一种复杂的社会群体心理现象。最后，吴老师就"世界文学"提了一个问题，即"世界文学"是否与马克思主义和共产主义意识形态的世界性传播密切相关。方教授回应中提出，虽然马克思的《共产党宣言》等论述与世界文学概念的形成有深层联系，但世界文学与共产主义的世界理想并非对等，世界文学的研究并不仅仅存在于中国这样的社会主义国家，还广泛盛行于前殖民地世界和西方世界。其次，他指出概念的古代呈像非常重要，中国概念史研究的一个难点，就在于要把握中国古代传统与西方传入的概念含义之间的割裂，从这个意义上来说，近代词汇在中国古典中的渊源也是概念史研究不能越过的一部分。最后，方教授总结道，自己的概念史研究的一个重要旨归，是完整呈现塑造现代世界的诸多概念的多维相位，不能任由种种社会政治权力割裂和孤立。应该相信国人对概念的思考和批判能力，让概念的追究回归社会议题的中心位置。

（六）文学理论

最后总结的是丁国旗副所长。丁老师肯定了方教授作为一位思想型学者的独立精神及其独到的研究方法。丁老师指出，概念是每个学科最基础的问题，但当下的学术弊病却是忽略和无视这些最基础的问题点。年轻学人往往对自己使用的概念辨析不清，连"艺术自主"和"艺术自律"之间的区别都不清楚，就随意附会时髦的概念，导致自己的学术体系缺乏深厚可信的根基。他鼓励学生回到基本问题，让自己的研究更有自足性。同时，他认为，应该重视概念的历史流变，因为概念本身就是在变异中成立的，如果概念不再在民族跨界的过程中改变意义，本身就会失去存在的现实性。他提出"世界文学"的当代含义已经不同于歌德时代，应当被定义为"民族文学的本源追求"。方教授承认概念是历史性发展的，并指出这与追溯概念诞生时的原初含义并不矛盾。

在本次讲座中，方教授介绍了他从德国引进的概念史理论体系，列举了丰富的文献材料，并将概念史的方法运用到文学学科的基本概念研究当中，与文学研究所各学科的学者形成了全面对话关系，推动了一系列崭新视角和观点的生成。概念是刻印历史、塑造社会的基本文化元素，如果不能充分把握概念的含义，就会导致学术路径和结论的偏差，也将无法建立任何稳固的学术理论体系。通过概念史这种充满实证主义色彩的学术范式，文学研究得以重新思考自身的历史定位，并在历史的纵向溯源和世界性的文化跨界中，寻找新的研究突破口，争取在世界文学研究、跨文化研究、翻译研究、思想史研究、文化研究、文学人类学、文学社会学等一系列前沿学术阵地，实现学科疆界的开拓，真正为当代文学和文化建设提供一种富于知识性和思想性的方案。

走向中国科幻研究高地

——首届成渝双城科幻研究工作坊

周嘉旭[*]

摘　要：2022 年 7 月，首届成渝双城科幻研究工作坊在重庆大学举行。来自成渝两地多所高校的 40 余位学者齐聚重庆大学人文社会科学高等研究院，汇聚科幻研究新潮：立足史诗维度，讨论科幻与神话的渊源流变；回顾历史维度，钩沉科幻的厚重回响；聚焦现实维度，研讨科幻的实践方式；展望未来维度，想象科幻的可能图景。本次工作坊涵盖文学、语言学、人类学、艺术学、电影学等不同学科，以成渝科幻学术社群的蓬勃姿态尝试开启科幻研究的地方路径，以更广博的世界视野、更深邃的时空维度走向中国科幻研究高地。

关键词：科幻　神话　数智人文　成渝双城科幻研究工作坊

2022 年 7 月 13—14 日，首届成渝双城科幻研究工作坊在重庆大学顺利举行。本次工作坊由重庆大学人文社会科学高等研究院主办，四川大学文学与新闻学院、中国比较文学学会文学人类学分会联合主办，高研院科幻文学与科技人文研究中心承办，共包含一场主旨演讲和六场圆桌讨论。来自重庆大学、四川大学、西南大学、四川美术学院、重庆交通大学、四川师范大学、华东师范大学等高校，包括文学、语言学、人类学、艺术学、电影学在内不同学科的 40 余位教师、博士生和硕士生与会研讨。本届工作坊以成渝双城为地域依托，在跨学科背景下汇集中国科幻前沿研究，讨论内容包括科幻与神话的起源与演变、科幻在历史上的影响、科幻的实践模式以及未来科幻的可能前景等方面。

---

* 周嘉旭，重庆大学博雅学院本科生。

7月13日上午，开幕式在重庆大学博雅小院报告厅举行，重庆大学人文社会科学高等研究院副院长李广益教授致欢迎辞。李广益指出，成都和重庆这两座在高铁时代近在咫尺的国家级中心城市，在科幻领域毫无疑问是合则两利、相得益彰的。成渝两地的最高学府——四川大学和重庆大学，正围绕四川大学文学与新闻学院的"中国科幻研究院"和重庆大学人文社会科学高等研究院的"科幻文学与科技人文研究中心"等研究基地形成科幻学术研究社群，开启中国当代文学研究的新篇章。科幻作为人类命运共同体意识最为强烈的一种类型文艺，在从地方性知识和传统中汲取想象力营养的同时，还将以更广阔的世界视野、更宽博的人文关怀、更深刻的问题意识成就中国科幻研究高地。四川大学文学与新闻学院院长李怡教授致开场辞。李怡表示，科幻的底色是"想象的无限性"，期待双城两校能够以更丰富的联合方式、更多元的学科融合，以多地、多场域、多渠道的路径开展科幻研究。

一、科幻、神话与数智人文

13日上午，在研讨会的第一部分，徐新建以"神话、科幻与数智人文——从'万物有灵'到'万物有智'"为题为本届工作坊作主旨演讲。徐新建以"未来史学"[①] 为引子，提出了当下的人类面临的困境。人类是讲故事的物种，依靠故事而生存。如今，随着"人类主义"（Humanism）[②] 主题的流失，人类陷入了"零故事"困境。为寻求摆脱这种困境的可能性，徐新建提出了"科幻人类学"的概念。

首先，科幻人类学是一种共时性的结构，神话回溯"前人类"，科幻指向"后人类"，两者的统一将历史的过去式和将来的未来式联系在一起。其次，民国时期的科玄论战中，科学压倒了文史哲一类的"玄学"，从而

---

① 〔以色列〕尤瓦尔·赫拉利：《未来简史：从智人到神人》，林俊宏译，北京：中信出版社，2017，第71页。论及"未来史学"之于人类的意义所在，尤瓦尔·赫拉利指出其使命"不是为了预测未来，而是要摆脱过去，想象另一种命运"。

② 应译为"人文主义"，但为了配合"后人类""前人类"的提法，徐新建将其改译为"人类主义"。

成为具有价值导向的形容词。百年后的今天，警惕科学主义和科学原罪论的呼声时有振发。我们不禁要发问：科学是否真的能够形成自洽的伦理？"科幻人类学"将"数智"论战和"科玄"相争整合起来。在"数智故事"的叙事结构中，神话滋养科幻原型，科幻开创未来神话。质言之，人类进入了科玄并置的时代，正依赖"数智故事"延续。

现实科技运用时所具有的危险性远远大于科幻作品中的描述，如基因编辑婴儿的出现，给人类伦理等方面带来了巨大的挑战。相比在时间纵向上快速发展、在空间横向上侵入生活的日新月异的科学技术，科幻作品相较科技实践远远不足，所以"玄"应该介入，在"幻想"的层面追赶上科技发展的步伐。复观人类的进化历程，从产生生命到智人的形成，又从智人时代发展到如今的"数智"时代，讲述故事的主导者从"智人"变格为"智神"。达尔文的进化论在某种程度上只是对希伯来圣经的重新讲述，其故事脉络只存在过去的维度，而缺失未来的面向。"科技—赛博格"视角下的人机交汇，在"数智"时代下讲述新的"神话"故事。这类新的故事不仅作为既有的"科技自我志"而存在，同时也书写着未来的"人类民族志"，表现出超越现实数据的对未来维度的向往。

面对"数智"时代下新的"智神"——科技的挑战，人类或许应该回望自己走过的道路，反思历史上"故事"的遗产，从而调整自身，更新科幻人文。进入"数智"时代，当灵性与情感日趋离身，"万物有智"能否对应"万物有灵"？人类本初的"灵性"是否正在被科技的"智性"蚕食？抑或"智性"就是"数智"时代下人类的"灵性"？这些都是人类对自我、对时代的追问，亦是"科幻人类学"乃至科幻本身所需要探讨的永恒问题。科幻文学的学科任务绝不仅仅是将"刘慈欣们"和"《三体》们"编入中国文学史，不应该只是局限于"国学化"的中国文学，而应该是面向世界的未来文学。科幻文学的学科建设，应当与人类的命运关怀同舟共济，寻找自我解救的希望与能力。

与谈人胡易容从自己的学科背景出发，结合本次双城科幻研究工作坊的会议背景，期待能够以人类学、符号学和叙事学等方式进入科幻研究。其一，符号学关注跨种族、跨物种的符号互通，能够补充讲座内容中形而上的宏观论述。其二，从媒介学的工具论切入，人智和"数智"或许能够被看作不同时期人类工具的演变。但需要讨论的是，"数智"是否可以被看作人类的工具。就"智"的含义而言，其内含的"智能"或"智慧"又有着不同的意义。智能是基于信息论表现出来的能力增强，与人有关，但并非人类进化序列上的自然延伸。智慧则是一种符号的自我认知。

与谈人唐杰表示，回到"故事"、讲述故事的目的是理解人类为什么存在。其一，就人类发展的方向而言，新世纪以来的人类学学者一直在挖掘不同于西方中心论的"新故事"，尝试寻找非进化论、非基督教史观的发展经验。而科幻和"科幻人类学"则提供了新的经验和新的故事题材。其二，关注人类自我的问题，从单纯的生命发展到"数智"时代的人类和机器的过程，亦是从"万物有灵"到"万物有智"的过程。"智"与"灵"、人与机、科幻和神话等种种二元结构沉浸在"科幻人类学"的展望之中，"人"的消融抑或是"人"以新形态出现，都体现着"数智"时代对"人"的重新理解。

二、想象的无限可能

13 日上午，在以"想象的无限可能"为主题的首场研讨中，多位学者聚焦"想象"这一科幻的源起和核心，围绕其历史路径和未来面向展开论述。李怡从"科学"和"想象"在陈独秀的《敬告青年》中令人惊讶的对立说起，主张在科幻"时来运转"的今天，从科学、幻想、国家、民族和人类这五个关键词出发，重新审视"五四"以来的百年中国科幻道路。晚清以来，中国的知识分子们便力图引进"科学"思维来发展自身。"五四"浪潮中，陈独秀、胡适等人则将科学从自然科学的学科意义上升为世界观、人生观；"想象"也因此成为"科学"的对立面，并在随后的科玄论战中被全面压制。但"科学"在西方世界的原初意义就是自然科学，从而给宗教、文学等"想象"的精神现象留下了空间。此外，恰恰是在自然科学的前沿地带，更闪耀着一批伟大的科学家超出学科常规的幻想之力。于是，"想象"并非简单地处在"科学"的对立面，两者之间的对话可能会产生奇异的效用。鲁迅在《科学史教篇》等文章中的论述也始终聚焦于对科学有限性的揭示，并由此凸显了重建现代人精神信仰的迫切性。

　　蒲勇健则从自己的科幻创作经验出发，阐述了自己创作的科幻小说《爱克斯博士》①内蕴的元宇宙思想。朱志刚提出，"乌托邦 VS 反乌托邦"本身作为一种隐喻存在，是否可以超越，以何种形式超越，都体现了科幻文学的"社会"想象。雒三桂基于自身的科幻阅读与认知，回忆少年时期对太行山脉和浩瀚星空的思考，提出科幻内蕴着一种"演绎"模式。他认为，科幻从文本和想象走向现实，而想象是人类进步的阶梯。因此，科幻文学的魅力在于想象性的人类思维和人类的自我超越。王一平强调了后人类时代的实验性，即在科幻作品中，一系列类人物体被赋予了"X"元素②，从而具有与人一致的思想与情感。但是人类对前者又产生了"双标"的道德要求，导致类人物体难以被人类接受的矛盾和悲剧。由此，生物的特征和道德地位发生层级式的分化也是一种人类发展的危机警示。

　　李广益聚焦"赛博朋克"的概念，联系工业文明与城市景观讨论时代内蕴的科幻精神。历史上的工业革命塑造了不同时代的城市景观，而城市景观的更新也伴随着不同文明精神的冲击、融合与新生。以重庆为例，进入智能时代的城市景观颇具"赛博风"，但较少体现具有反抗性的、叛逆的"朋克"精神。李广益认为，中国语境下的赛博朋克不应仅仅被诠释和呈现为一种现代科技所造就的、消费文化所渗透的都市奇观，也不应自囿于"朋克"修辞。或许，在中国经验当中能够生长出一种有纵深的"社会主义赛博文化"，它是历经一个多世纪的奋斗臻于完成的中国工业化在人民生活中的体现，是地方的经验和记忆褶皱在高科技助力下面向世界和未来的舒展，也是需要整合、动员城市内外的创造力和想象力的创新实践。这种文化筑基于赛博实体，有着超越"朋克"的社会主义精神，从而为赛博科幻再出发提供一条可能的中国路径。

三、叙述模式、实践方式与未来样式

　　在"科幻中的符号、图像和场景"和"社会思想和实践中的科幻"两

---

　　①　蒲勇健：《爱克斯博士》，北京：清华大学出版社，2014。
　　②　人类对这些异于人类的"他者"施以一系列"人"的标准，这些"人"的标准下落在"他者"之上，表现为具有实验性质且不确定的"X"元素。

场研讨会中，学者们围绕科幻的叙述模式及其内蕴的思想性和实践性展开了讨论。刘琼从技术和视觉艺术出发，以"未完成性"为切入角度，辨析科学和技术，探究两者所体现的精神性主题。范倍关注科幻创作表现出的预警性和抵抗性，追问科幻创作对于人类自身的意义何在。郭宇通过对比古代神话中对月球的美好想象和登月后目睹的贫瘠荒凉，讨论想象与现实、未知与已知之间的张力。他指出，科幻电影作为一种可视化创作，用于描述人类探索的历程，投射出想象力与现实的边界：一边在已知领域摧毁想象，一边在未知领域增长想象。胡易容以核废料的标识设计为切入点，讨论这种需要跨越万年时间尺度的"深时间"① 的"核符号"传播设计及其衍生的多学科研究，分析其在技术面、社会面和主题面等领域对于人类命运现实的实验性质和影响力。"核符号学"② 不仅是从跨越"深时间"的符号传播设计实践生发出来的专题性研究领域，也是传播学仰望星空、凝视深渊、关切人类命运共同体、展开学术想象的可能路径之一。

陈颐提出，"疏离性"作为乌托邦小说的基础，为女性主义提供了一个特定的时空体，能够使"女性乌托邦小说"成为一种解决问题的武器。评议人王一平建议，在研究时应当注意"乌托邦"作为方法和目的存在的张力；男性与女性、乌托邦与现实确实存在差异性，但需要警惕将前者打造为"高等级"的倾向。周奕萱以岩井俊二的小说《庭守之犬》③ 为分析范例，围绕"后人类社会"中从"人"到"仿生人"的失去和重塑，讨论科幻文学的政治批判意识以及对"人"的理解和定义。评议人李刚表示，这项研究以"后人类社会"为讨论范畴，在分析时却更多地呈现中国传统文学史观的特征。在人类世界观已经发生较大变化的今天，应当注意不同时间、地点、环境等条件下的发展脉络，并加以准确把握。赵良杰联系元宇宙与人文学，指出元宇宙的核心规定即为人文规则的实验。"元宇

---

① 地质事件的时间尺度。"深时间"远比人类生活和人类认知时间尺度大得多，几乎无法想象。

② 核符号学是一个极其宽泛而深奥的研究领域，囊括核物理、工程学、人类学、科幻、艺术等多学科。作为跨越"深时间"对话的伟大尝试，核符号学主要探讨如何向未来的人类以及任何生命体，告知作为"遗产"的核废料的危害性。

③ 〔日〕岩井俊二：《庭守之犬》，张苓译，海口：南海出版公司，2016。

宙"以全息化与全官能的参与性、区块链的去中心性、自由退出权的保障性、社群的创造性等内涵构建了一个个体平等的结构框架，因此"元宇宙"及其现象代表了一系列重要价值原则的解放性。人文价值原则的现实化是"元宇宙"能够蓬勃发展的根本原因，超越了此前神性与人性、精神与肉体等一系列对立。肖达娜联系人类学与科幻，关注科幻文学的当代使命。在人类学视域下，科幻的宏大叙事和仪式的重大关切之间有着密切联系。两者都尝试以陌生化的手段进行颠覆、破坏和制造特殊，以此承载各自时代的使命。

四、科幻文学的伟力和潜力

科幻作家飞氘曾以"寂寞的伏兵"形容科幻文学在当代文学版图中的边缘境况，但随着《三体》的横空出世，科幻文学内蕴的伟力和潜力"厚积薄发"。在"科幻文学的伟力和潜力"这一套讨论中，学者们围绕进入科幻文学的可能路径和未来高度展开讨论。覃思从《AI 未来进行式》①中的"算法"概念出发，以语义网络分析和概念整合理论为数据处理工具，考察其文学化整合机制，剖析"算法"从计算机术语发展至文学幻想概念并演化至未来技术实践及人类发展理念载体的过程。覃思认为，从纯幻想发展为基于现实科技的人类共同命运展望，或为"五四"以来中国科幻文类的又一现实创新。评议人朱志刚表示，研究采用了实验性的文本和开拓性的方法。文学方法和算法方法是分属于不同世界观的两种设定，但在科幻的视域下获得了结合和统一。因此，需要把握传统延续和概念兴起之间的张力。王涛以语言为研究角度，考察人类所认识的"词"与"物"的"语言神性"在巫术、宗教和科学等不同历史时期的发展。20 世纪后期维特根斯坦、哈贝马斯等人对语言的哲学思辨，使得语言哲学的"神性"于科学时代下以全新姿态在科幻作品中复归。评议人金浪建议，在对"神性"复归的语言讨论中，本雅明的语言观不容忽略。从语言学角度进入科幻文学，语言学和科幻作品的两相印证应以详细的内容阐述加以展开。此

---

① 李开复、陈楸帆：《AI 未来进行式》，杭州：浙江人民出版社，2022。

外，基督教"神性"在不同时期的阐释，以及"语言"在不同时期的出现，都应更为准确地把握。

张泰旗从"当代文学"的概念和"边界"的讨论出发，指出《三体》具有"开放的文学性"。这并非当代文学史中要求"纯文学"的"文学性"——历来为批评家们所诟病的《三体》所缺乏的"文学技巧"。张泰旗认为，"文学性"不应是"纯文学"的注脚，而应该是对它的进一步思考。不同领域的学者都能够在《三体》中看到自己所关切的问题，这是标举"文学性"的"当代文学"难以理解的现象。《三体》通过科幻——一种别样的"文学性"，介入当代中国复杂的文化状况，突破了当代文学的表达形式，表现了对普遍人性的反思和期盼。高菲从文学传播机制出发，围绕"刘慈欣热"的"破壁"传播，指出文学机制的运作不再仅仅是围绕文学文本，还包括以媒介为载体的文化信息与物质产品。传统的图书出版和依托互联网平台的新媒体技术，已经成为大历史语境下中国当代独特的文学传播机制。就中国科幻文学未来的发展而言，"刘慈欣热"的经验或许具有参考价值，也能够促使对当下中国科幻文化景观的多元形态更为理性的分析。评议人朱志刚表示，研究讨论"刘慈欣何以'热'起来"，若将主题深化为"刘慈欣何以可能'热'起来"，则研究重心将从刘慈欣背后的传播机制扩大为整个当代中国文化的复杂生态，更具时代性和前沿性。

五、历史与未来

在"在历史中发现未来"这一场研讨会上，学者们围绕人类的文化史、社会史和生命史，在想象视野的未来向度之下深耕历史维度的沃土。余昕回顾了新中国成立初期农业病虫害生物防治的历史，认为作为舶来词汇的"生态"内蕴西方中心立场，从而忽视了新中国前期的革命，去政治化地审视相关技术；当下中国的"生态革命"观念作为后冷战时期的凝视，背后是对新中国农业技术革命中人与自然、社会关系之演进的遗忘。樊卓考察考古学作为视野和方法对童恩正科幻创作的影响，特别指出1980年代童恩正历史考古题材科幻小说的重心从历史层面的考古转向文化层面的考古，与同时代文学的"寻根潮流"形成呼应，共同体现了 20 世纪 80 年代新启蒙话语与现代化叙事的巨大影响。评议人徐新建对两位研究者的基础工作和论证表示高度肯定，认为其扎实的论述体现了研究者的全息在场。童恩正是串联起成渝双城的重要人物，其考古学者和科幻作家等多重身份之于科幻的意义独特且重大。在"当地人叙事"和"诉说我们的历史"等方面，其叙述主体的限定需要更为精确。姜佑怡聚焦盖娅神话，讨论"共时结构"下神话、科学和科幻三者之间的关系，通过梳理科幻与神话的内在共通性，指出科幻似乎是现代性抵达后所建构出来的想象传统，实则为我们勾勒出一个不同于当下历史观的可能抵达的未来。赵靓通过考察阿来的各类科普创作和随笔，分析其创作中的科学幻想和神话幻想元素，尝试梳理和提炼作为著名作家和科幻编辑的阿来的科幻观。评议人代启福表示，在人类学视角下，相较于从小说和史述两方面展开讨论，或许应该采用一种对文明的扩展式理解。通过超离人性而有意识地呈现对于多物种的去人类中心的讨论和想象，纵向连接现在与未来，横向比较不同文明和神话，从而在过去和现在之中展开某种连接，寻找共时性的情感结构。

本次工作坊的最后一场研讨会以"幻境与幻象"为主题，学者们聚焦科幻的未来发展图景，讨论未来的科幻将走向怎样的书写模式、影视模式和研究模式。李刚以《攻壳机动队》①《爱，死亡和机器人》② 等经典科幻动画为研究对象，讨论后人类影像志视阈下"现实生成—现实映射—现实再造"文化图式的情景重组。在科幻与现实的界限逐渐消弭的今天，义肢改造、脑机接口等科技革新下"人"的概念，本体、身份与造物世界之间的关系值得反思。李佳以《希巴罗》③ 为分析范例，聚焦其作为剧本的文字描写与剧集《爱，死亡和机器人》的镜头语言的高度契合，探讨"视觉—文字—再视觉"的语象叙事在文学叙事当中的独特效果。评议人王涛

---

① 《攻壳机动队》是由日本漫画家士郎正宗从 1989 年开始创作的漫画。随后，同名动漫、电影等又陆续被推出。

② 《爱，死亡和机器人》是由美国的 NetFlix 公司从 2019 年开始出品的系列成人向动画短片集，包含了幻想、科幻和恐怖等元素。

③ 《希巴罗》是《爱，死亡和机器人》第三季中的一集短片。

建议，若只从文本出发则较难关注作品的其他面向，应当尝试寻找更多文本的对读以夯实语料支撑。李佳蔓以电影《新神榜：哪吒重生》① 为例，指出其在本土动漫创作的美学逻辑中，成功融入了风格化的赛博朋克视觉元素，有效利用了本土神话传统和外来文化资源。因此，李佳蔓提出赛博朋克的"中国可能"：达成文化记忆的时空连续性，实现从被表述到自表述。评议人范倍表示，在文艺作品被用于解释文艺理论已经成为潮流的今天，回归文艺创作的讨论也是进入科幻"中国路径"的一种方式。姜振宇关注鲁迅早年的"科学"经历，聚焦"煤"与"矿洞"的审美意象。与刘慈欣作品的审美意象联系来看，地球的煤和月球的尘埃之间有着"惊人的幼稚"与"惊人的美感"的张力。一块不起眼的煤身上，实则凝聚了上亿年的时光。姜振宇指出，回归启蒙年代的起点之处，鲁迅早期对科学小说的译介凝聚着触及个体、深入魂灵的"立人"，是一条与梁启超自上而下、知识普及的"新民"不同的路径。在鲁迅与刘慈欣的对读中，对"煤"等审美意象的重新审视，或许将重构"现代文学"和"现代"。

　　研讨会的最后，高研院副院长唐杰作闭幕致辞。唐杰指出，首届成渝双城科幻研究工作坊为两地的研究者提供了交流平台，与会学友都有着研究者、热爱者和畅想者三重身份。科幻是理性和诗性的融合，是打开时空缺口、连接过去未来、汇聚生命智慧的广阔舞台。最后，唐杰表示，殷切期待 2023 年在四川大学举行的第二届工作坊，以及这一年将在成都隆重举行的世界科幻大会。在为期两天的研讨中，来自不同学科、不同领域的学者分享了关于科幻文本、科幻概念流变和科幻对社会政治影响等方面的思考。面对层涌的科幻新潮和尚需深度开拓的历史资源，成渝双城科幻研究工作坊是联合地区社群、促进学界交流的一次有意义的尝试。中国科幻呼唤优秀的研究者们在立足现实实践、总结历史经验的基础之上充分展望未来，在浪漫星空的想象之下把握科幻研究的历史使命和时代任务。

---

① 《新神榜：哪吒重生》是由追光动画制作、赵霁执导的动画电影，2021 年 2 月 12 日在中国大陆上映。

《文学人类学研究》征稿启事

　　本刊为中国比较文学学会文学人类学研究分会学术辑刊，由中国比较文学学会文学人类学研究分会、教育部人文社科重点研究基地四川大学中国俗文化研究所联合主办，四川大学"中国语言文学与中华文化全球传播双一流学科群"、教育部"2011 计划"中华多民族文化凝聚与全球传播省部共建协同创新中心等学术机构协办。每年两辑，分别于第二季度（6 月）和第四季度（12 月）出刊，由四川大学出版社出版发行。

　　文学人类学研究分会是隶属中国比较文学学会的二级学会，于 1996 年在长春举办的"中国比较文学第五届年会"上成立。经过十余年的发展壮大，研究分会建立了成熟的团队合作和学术交流方式、完备的机构组织和日常运行规则。2018 年研究分会创办《文学人类学研究》，以推动学术研究工作和学科发展。

　　《文学人类学研究》立足文学与人类学的学科交汇，突出跨文化视野，致力开拓体现本土学术自信、学术话语，同时对话西学的前沿领域；在响应当今新文科建设号召的时代背景下，聚焦若干具有重要学术理论意义和社会文化价值的重大议题，推动范式更新，展望未来前景。

　　凡向本刊投寄的稿件须为首次发表的论文，请勿一稿两投。本刊聘请资深学者担任学术顾问，组建高水平编委会。编务工作由编辑部严格把关，以确保刊物的学术规范和学术水准。

　　一、栏目设置

　　本刊近期拟设栏目：文学人类学理论与方法、田野民族志、新文科与跨学科前沿、神话与历史、文化大传统、文化遗产研究、科幻与数字人文、多民族文学与文化、世界少数族裔文学批评、跨文化比较、口头传统与民间文化等。

二、字数要求

来稿 6000—10000 字，特殊文稿不超过 15000 字。

三、标题与摘要

文章标题（含副标题不超过 30 个字）；附内容摘要（300 字以内）、关键词（4—6 个）。

四、作者简介

作者简介请在标题下作者名的脚注中标出，包括姓名、出生年、性别、供职机构、职称、学术职务、研究领域。

五、项目说明

文章若出自某科研项目，请在首页页下注明项目来源。

六、稿件授权

稿件经刊发即获得在"中国知网"（CNKI）集刊库、中国社会科学院全国采编平台等相关网络使用和传播该文章的权利。为维护作者权益，免生著作权纠纷，如不愿网络传播的作者，请在投稿时声明。如同意稿件被相关数据库和平台收录，请在收到编辑部正式用稿通知后签署相关作者授权书。

来稿请以电子文件方式发至本刊编辑部邮箱。编辑部收到稿件之后，即复函确认，并于 3 月内答复处理意见。稿件刊发后即寄送样刊 1 册。

本刊诚挚欢迎国内外专家学者赐稿。第八辑（2023 年下半年刊）截稿日期为 2023 年 7 月 30 日。

本刊编辑部投稿及联络方式：

四川省成都市望江路 29 号四川大学文科楼 250 办公室，邮编：610064
电子信箱：scu2011heritage@126.com